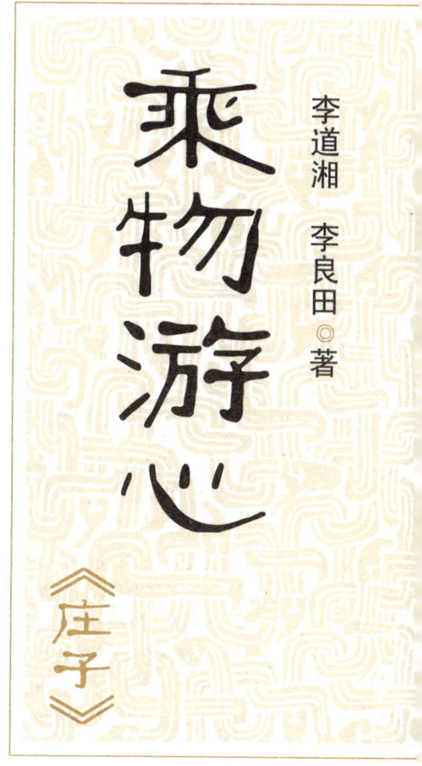

建设学习型机关博学文库

中国古典哲学名著品评丛书

中国民主法制出版社

图书在版编目 (CIP) 数据

乘物游心：《庄子》/李道湘　李良田著．—北京：中国民主法制出版社，2009.10
（建设学习型机关博学文库，中国古典哲学名著品评丛书）
ISBN 978-7-80219-646-9

Ⅰ.乘…　Ⅱ.李…　Ⅲ.①道家②庄子－注释③庄子－译文④庄子－研究
Ⅳ.B223.52

中国版本图书馆CIP数据核字（2009）第175626号

建设学习型机关博学文库
中国古典哲学名著品评丛书／张加才　主编

书名／乘物游心：《庄子》
CHENGWUYOUXIN：《ZHUANGZI》
作者／李道湘　李良田　著
出版·发行／中国民主法制出版社
地址／北京市丰台区右安门外玉林里7号（100069）
电话／010-63292534　63057714(发行部)　63053367(总编室)
传真／010-63292534
Http: //www.rendabook.com.cn
E-mail: MZFZ@263.net
经销／新华书店
开本／32 开　880 毫米×1230 毫米
印张／16.375　**字数**／413 千字
版本／2010 年1月第1版　2010年1月第1次印刷
印刷／北京东海印刷有限公司

书号／ISBN 978-7-80219-646-9
定价／35.00元（全套10册总定价：336.00元）

总序

方克立
中国社会科学院学部委员
中国哲学史学会名誉会长

这是一套为广大干部编写的中国哲学经典读本。

为了提高中国共产党的执政能力，领导全国人民胜利完成建设中国特色社会主义的伟大历史任务，党中央最近突出地提出了建设学习型政党、建设学习型社会的问题，号召各级干部特别是领导干部要爱读书、勤读书、读好书、善读书，在读书学习中增长知识，开阔视野，提高思想水平，增强工作能力，完善知识结构，提升精神境界。关于读书学习的重要性，大家都知道列宁的名言："只有了解人类创造的一切财富以丰富自己的头脑，才能成为共产主义者。""一定要给自己提出这样的任务：第一是学习，第二是学习，第三还是学习。"领导干部不仅要从提高自身素质和能力的角度来认识读书学习的重要性，而且要有强烈的社会责任感，通过自己好读书、善学习的自觉实践和表率作用，带动全社会形成崇尚知识、热爱读书的良好风气，促进全党、全民族思想文化素质的提高。

书籍是人类知识的载体、智慧的结晶和进步的阶梯。在古今中外汗牛充栋的书籍中，我们应该怎样有选择地读书呢？一般来说，领导干部最需要读的是以下三个方面的书：为了提高思想水平，重点要学习马克思主义基本理论特别是马克思主义中国化的最新理论成果，认真读这方面的书；为了增强工作能力，完善知识结构，重点要读做好领导工作所必需的各种知识书籍，包括经济、法律、科技、文化、管理、国际和信息网络等方面的专业知识书籍；为了提升精神境界，则很有必要多读一些中外优秀传统文化方面的经典名著，特别是本民族的传世文化经典。多读这方面的书，经常接受优秀传统文化的熏陶，可以提高人文素养，增强对人与自然、人与社会、人与人之间关系的认识和把握能力，正确处理义与利、己与他、权与民、物质享乐与精神享受的关系，做一个脱离了低级趣味的高尚的人，做一个党和人民信得过的好干部。

“经”本来是指纺织物的纵线，引申为常行的道路、义理、法则。“典”是“尊藏之册”即具有典范性的书籍。所谓经典就是文化共同体中经过时间的考验而最终被人们选择和流传下来的，涵蕴着宇宙、历史、人生之常理常道的原创性的典范之作，也是人类文化中恒久的、素朴的、直探人性本源的、最有价值和意义的精华部分。阅读经典是学习和掌握人类文明优秀成果的一条捷径，是站在巨人的肩膀上攀登。如何“了解人类创造的一切财富以丰富自己的头脑”呢？最有效的途径就是多读中外优秀传统文化经典名著。通过经典阅读我们得到的不仅是知识，而且是一种文化教养、高尚的精神气质和积极的人生态度，得到的是共同体赖以生生不息地延续和发展的优质文化基因。当然这不是一日两日之功，不是浅尝辄止即可生效的，而是一个长期濡化即所谓“变化气质”的过程。许多个体的气质都经过学习而发生了积极的变化，那么整个社会的风气也会随之而改变。

中华民族有五千年文明史，先辈给我们留下了丰厚的文化遗产，其中最有价值的部分之一，就是包括四书五经、先秦诸子、《史记》和《资治通鉴》、唐宋诗文、四大古典小说等等在内的传世经典名著。世代中国人通过经典阅读而汲取了多方面的营养，传承了中华文化，创造了新的生活经验。它在今天也仍然是我们的干部提高自身素质、保持民族自信的一条有效途径。在各类经典中，读一点以先秦诸子为代表的中国古代哲学经典，对于提高干部的思想水平和治国理政能力很有帮助。因为先秦诸子的哲学辩论，“皆务为治也”，即都是围绕着如何治国平天下而展开的，他们思考的问题和提出的应对之策，对今人也有启发和借鉴意义。我想，这大概就是中国民主法制出版社策划并编辑出版这套丛书的初衷。

恩格斯曾经说过：“在希腊哲学的多种多样的形式中，差不多可以找到以后各种观点的胚胎、萌芽。”中国哲学也有类似情况：在先秦时期诸子蜂起、百家争鸣的哲学大论辩中，差不多可以找到后世各种思想学说的胚胎和萌芽。中国哲学所关注的“究天人之际”、“探阴阳之赜”、“通古今之变”、“乐成人之道”、“求致知之方”五大问题，都在先秦哲学中有其发端并表现出多种多样的、最初的天然纯朴的形式。所以，要学习、了解中国哲学，首先必须阅读以孔、墨、老、庄、孟、荀、韩等为代表的先秦哲学原典，因为它是体认本民族的哲学智慧、进行传承和综合创新的基础。

本丛书正是力图为读者提供一套既能反映先秦哲学的整体面貌，又能体现诸子思想的个性特征及其错综的相互关系的、比较简明实用的经典读本。考虑到先秦诸子哲学文本都是用古文写成的，编著者做了注释、今译以帮助读者疏通文字；每部著作前面都有一篇“导言”，详细介绍成书时代、著者生平、主要思想内容和历史影响；各篇章都有“题解”，带有导读的性质。这套丛书最有特色的地方，是专设佳句“品评”一栏，把那些富于哲理、影响深远的名句放在历史与现实交融的语境中来加以分析和品评，帮助读者把握其思想精义。这样，它就成为一套可读性较强的、十分便于干部自学的经典读本，在我看来，对于那些喜欢中国哲学的大学生和青年读者也很适用，可以成为引导他们进入中国哲学殿堂的入门阶梯。

本丛书的主要编著者都是中国哲学专业博士，有多年教学与科研经验的教授（研究员）。他们做这项工作的态度是很认真的，有很强的社会责任感，并且能够把专业训练、学识与责任很好地结合起来，工作做得很细，处处为读者着想。首先他们自己是带着感情来品读经典、与先哲进行心灵沟通的，多有独到的心得体会，然后用平实的语言表达出来，与读者进行交流，这样就能拉近历史与现实的距离，帮助读者更容易进入古代先哲的思想世界。一套好的经典品评丛书应能起到引渡之津梁的作用，质量要求是很高的，社会责任也重。本丛书的编著者们力图这样做了，但社会效果如何，还需接受历史实践的检验。我希望它是一套经得起实践检验的、受广大干部和青年读者欢迎的中国哲学经典品读丛书。

2009 年 8 月 9 日

目 录

导言

庄子是中国古代著名的思想家，他在哲学、文学、美学等领域都有精辟的论述和独到的见解。《庄子》一书是他的代表作，集中体现了他的思想和观点。《庄子》是以老子和庄子为代表的道家的经典著作。

庄子其人

庄子的生卒年代、姓氏名号、籍贯等问题，学术界一直存在争议，现将有关情况作一分疏与概述。

1．庄子的生卒年代

记载庄子的史料是少之又少，除《庄子》本身记载庄子的史迹外，人们大都是从《史记·老庄申韩列传》中得悉。其中说，庄子与“梁惠王、齐宣王同时代”。又云，“楚威王闻庄周贤，使厚币迎之”。人们由此作为依据来推算庄子生卒年。钱穆在《先秦诸子系年》中认为庄子生于公元前 359 年间；叶国庄在《庄子研究》中推定为公元前 360 年左右；郎擎霄在《庄子学案》中确认在前 390—370 年间；梁启超在《先秦学术史》中认为庄子生在前370年左右；闻一多认为庄子当生于前375年（周烈王元年）；（参见闻一多:《新月》第二卷第九期，1929年出版）陈元德在《中国古代哲学史》中认为庄子应生于前350年左右；台湾学者杨汝舟在《道家思想与西方哲学》也认为庄子生于350年左右；陈品卿在《庄子新探》中推定庄子生于前370年左右；马叙伦在《庄子年表》中综合诸家，认为庄子生年为前369年。看来庄子生年为前370年左右还是能为大多数学者接受的。综合各家之说，我们认为庄子生于公元前369年，卒于公元前286年。从历史上看，庄子生活的年代是一个动荡的年代，这即是战国时代。

东周前期史家称为春秋时代，东周后半期史家称为战国时代。春秋时代起于公元前722年，止于公元前481年。战国时代起于公元前480年，止于公元前222年。如果庄子生年是公元前369年左右，那么刚好正是战国时代开始的一百多年之后，此后的一百年正是战乱的年代。在战国时代的二百多年中，战争连绵，经过春秋争霸只剩下了十多个国家，最后形成的七国更是群龙无首，不断上演战争的惨剧。到处是衣不遮体的流浪者，遍地是食不饱腹的贫困者，死体堆满着山泽，镣铐加身着挤满着大道，杀父弑君现象越来越多，人人自危，社会危机重重。所以庄子才告诫人们要想保命全身，必须处于材与不材之间。从庄子对自己时代社会现实的描述，可以说关于庄子生卒年的推断是与历史相吻合的。

2. 庄子的名号

庄子姓庄名周，这是一般人都知道的。然而在学术界关于庄周之名却是异说纷纭，莫衷一是，时至今日仍无定论。

《史记·老庄申韩列传》记载：“庄子者，蒙人也，名周，周尝为漆园史，与梁惠王、齐宣王同时。”这里只说庄子姓庄名周，而没有字号。唐朝陆德明在《经典释文序录》说：“庄子者，姓庄，名周(太史公云：字子休。)梁国蒙县人也。”(郭庆藩：《庄子集释》第1卷，中华书局，1961年版，第28页)但是，对照《史记·老庄申韩列传》并无此字号。陆德明引太史公之言一定有其出处。值得注意的是，唐朝西华法师成玄英在《庄子序》中说，庄子“其人姓庄，名周，字子休，生于宋国睢阳蒙县。”(郭庆藩：《庄子集释》第1卷，第30页。)这说明，在唐代，庄子的名号为大家所熟悉。

至近代，关于庄子的名号问题重又提出来讨论。蔡元培先生认为庄周即杨朱，杨庄同韵，朱周声近，犹之荀卿亦称孙卿。这种说法提出后，便招致多人的批评。因为庄子《胠箧》篇将曾、史、杨、墨并提，《徐无鬼》篇中也将儒、墨、杨、朱并论，《骈拇》篇也是杨、墨并列，更为严重的是，庄子曾提出要“削曾史之行，钳杨墨之口”。这说明庄周非杨朱也。学者孙开太作《杨朱是庄周吗？》(载《学术月刊》1983年第5期)一文作了详细的辩正，认为杨朱并非庄周。有学者认为庄周为子莫，“庄周非杨朱，即孟子所称之为莫也。周训普遍，莫训广漠无垠，庄子《齐物论》“子有大树，何不树之于无何有之乡；广莫之野？”所以，庄子，“名周，字子莫，故意义相生也。”(王树荣《庄子子莫说》，《古史辨》第六册，上海古籍出版社，1982年)直至今天，关于庄子的名号也没有可靠的考古和史料证据，只是推论。但人们仍然沿用传统的说法：“庄子，姓庄名周，字子休。”

3．庄子的籍贯

庄子籍贯最早记载的是《史记》。《史记·老庄申韩列传》中有："庄子者，蒙人也，名周；周尝为漆园吏。"蒙在何处？这是后来争论的焦点。战国时期称蒙地有三处。有梁国蒙县，属今河南开封一带；有宋国蒙县，今属河南商丘一带；有楚国蒙县，今属安徽蒙城一带。

有人认为庄子的籍贯是当时的梁国，梁国魏国也。公元前361年，魏惠王将国都从安邑（今山西夏县）迁至大梁（今河南开封），固改称梁国，并据班固《汉书·地理志》说蒙县属梁国，裴骃《集解》、司马贞《索隐》均在"蒙"下注"属梁国，所以认为庄周故里为梁国，庄周为梁国人。"（施宣圆等编：《千古之谜——中国文化500疑案》，《名人学悬案》中州古籍出版社1989年）但有人认为此梁国是汉晋的称法，《春秋》庄公十一年《左传》记有宗万杀闵公于蒙汉。贾逵曰："蒙泽，宋名也。"杜预注曰："蒙泽，宋地，梁国有蒙县"。由此近人郎擎霄认为，"盖杜以蒙开战国时为宋地，于汉晋为梁国蒙县"，所以"谓庄子梁人固当"，"谓庄子为宋人，亦当也"。（郎擎霄：《庄子学案》，天津市古籍书店，1990年）所以，后人认为，庄子的故里在宋国，庄子为宋国人。

宋国是战国时期的一个小国，国都在商丘，其地辖今河南东部和今山东、江苏、安徽省之一部分。后人大都认为司马迁所说的蒙县即是当时的宋国蒙县。刘向《别录》认为庄子"宋之蒙人也"。《淮南子·修务训》高诱注："宋蒙县人也。"《汉书·艺文志》也认为庄子"名周，宋人"，党晴焚在《先秦思想史论略》中根据《史记》的记载，旁征博引，得出结论说，“蒙为宋县，可知周为宋人。”郭沫若的《十批判书》和杨宽的《战国史》也主此说。当然也有人持异议，而主庄子为楚国人之说。冯天瑜等人认定“楚地是道家的发祥地”。又说：“老子之学，后为两支，一支为庄子哲学，一为稷下精气说”，楚文化瑰丽神奇，哲理宏妙，其“主要成就在庄子的散文和屈原的诗歌。”（冯天瑜等著：《中华文化史》，上海人民出版社，1990 年）刘师培在《南北文学不同论》中，从地理环境、社会条件、民俗风情对人们思想文化的影响的视角分析《庄子》产生于楚地的必然性。认为：“大抵北方之地，土厚水源，民生其间，多尚实际。南方之地，水势浩，发生其际，多尚虚无。民崇实际，故所著之文，不外记事，折理二端。民尚虚无，故所作之文，或为言志。抒情之休。”而庄子之言“深岩而津，汪洋辟阖”，又有“谬悠之说，荒唐之言，无端崖之辞，时恣纵而不傥”的瑰奇之思，所以，只有庄子生活在楚地，才能产生体现楚文化特点的《庄子》。

后人围绕着庄子的籍贯不断进行争论，至今也难以统一，要想弄个水落石出，既非一日之功，也非作者所能为。历代诸家的考辩，留给我们诸多有价值的资料。在此基础上，我们可以综合各家，大体确定庄子生活及其著述立说的地方。

关于庄子故里的考辨，不外两种，一为内证，一为外证。内证即是庄子著作中关于庄子事迹的记述。主宋人说可举出《庄子》一书中有“商之丘”的记载；主楚人说者亦能举出关于楚威王的记述。所谓外证即是当时或后来关于庄子事迹的记载，如《史记》等等。但诸家在争论中往往取其与自己有利的材料，而对其不利材料即置若罔闻，甚至避而不谈。从其论争之中我们发现，庄子的出生地和进行社会活动之地没有加以区分，混而为一的后果导致庄子宋人和楚人之争。从其大量的材料来看，庄子应为宋人，其故里为宋国的蒙县，即今河南商丘东北。而从其著作以及有关的史料记载来看，庄子的社会活动和思想创作遍迹于宋和楚，所以才有与屈原的《离骚》、《天问》一样的“诡异”、“谲怪”。由此，我们可以结论说，庄子的籍贯为宋，思想创作和社会活动遍布宋和楚之地。

《庄子》的作者及其思想的渊源

《庄子》一书的作者到底是谁？学术界至今仍有不同看法。它与《老子》的思想渊源关系，在此也有必要作些介绍。

1. 关于《庄子》一书的作者

关于《庄子》一书的作者，争论的焦点主要在于是庄子一人所作，还是庄子及其后学包括他人所作。有人认为，庄子就是《庄子》一书的作者；有人认为非庄子一人所作，而是庄子及其后学的作品。就其《庄子》一书各篇而言，有人认为内篇为庄子所作，外篇、杂篇为庄子后学所作；有人认为内篇绝非庄子思想，而是后期庄学的思想。到目前为止，学术界也仍然在争论。

读过先秦诸子的著作的人都知道，先秦诸子著作中大都不是本人所作。孔子述而不作，其《论语》由弟子记述事迹言行编撰而成；《老子》五千言也非出自老子本人手笔，也是弟子同作而成；据此也可说《庄子》是庄子及其弟子的共同作品。从史实的角度，人们希望能得出更为精确地结论。

司马迁最早认定《庄子》为庄子所作。《史记·老庄申韩列传》中说：“庄子者，蒙人也，名周。……其学无所不窥，然其要本归于老子之言。故其著书十余万言，大抵率寓言也。作《渔父》、《盗跖》、《胠箧》以诋訾孔子之徒，以明老子之术。”在司马迁看来，庄子著书的目的是，一为阐发老子主旨；二为诋訾孔子。这说明，庄子的思想是老子思想的继承，是道家学派的代表人物，所以，为了维护道家学说，而展开对儒家学说的批评。从司马迁对庄子学说的评论来看，他所见到的《庄子》不仅完整，而且有篇目。宗旨明确，内容丰富。据班固《汉书·艺文志》记载，《庄子》五十二篇”。高诱《吕氏春秋·必己》注曰：“庄子名周，……著书五十二篇，名曰庄子。”由此可见，汉人所见庄子为五十二篇。但是我们今天所见到的“庄子”是晋人郭象删定并加以注释的三十三篇，而且全书字数不超过七万言，这与司马迁所载“十余万言”差之甚多。这样就引起了后人关于这种差异的关注。这种差异从何而来，促使人们对《庄子》一书的追踪考订。苏轼最早提出《庄子》中有四篇不为庄周所作，即《让王》、《说剑》、《渔父》、《盗跖》。他在《庄子祠堂记》中说，“庄子诋訾孔子，明老子之术，”是“知庄子之粗者。”相反，“余以为庄子盖助孔子者，要不可以为法耳！”对孔子是“阳挤而阴助之”，因此，他认为《盗跖》、《渔父》不是庄周的手笔，而《让王》、《说剑》“皆浅陋不入于道”，是“昧者剿之以入其言”，并提出“凡分章名篇，皆出于世俗，非庄子本意。”苏轼的这一说法，引起诸多争论，也引起后人对《庄子》一书的怀疑。由四篇延及六篇、八篇以及内、外、杂诸篇列入阙疑范围，甚至整部著作是否为庄周所作也成了个问号。清人林云铭在《庄子因》中说：“内七篇是有题目之文，为庄子所手定者。外篇、杂篇各取篇首两字名篇，是无题目之文，乃后人取庄子杂著而编次之者。” 清人宣颖在《南华经解》中认为，《庄子》内篇是其心得而作，“外篇为之羽翼，” 杂篇除《天下》一篇外，“止是平日随手存记之文”。在宣颖看来，《庄子》是庄子本人的作品，只是其中有用心之作和随心而作。今人高亨也认为内七篇为庄子所作，并提出了六点论证。刘笑敢运用文字学、语法学、词汇学等方法详加考证，认为内七篇在前，外、杂篇在后，内篇为庄子所作，外、杂篇为庄子后学所作。但任继愈却认为内七篇决非庄子思想，而是后期庄学的思想，外杂篇才反映庄子的思想。这样，庄子的整部著作都列入了怀疑之列，使人们对《庄子》一书的作者归属问题越来越迷惑。

尽管如此，我们认为《庄子》一书的思想价值不应该因此而受到影响。尽管争论还在继续，但《庄子》一书凝聚了庄子及其后学的思想和智慧是不容置疑的。因此，我们认为，《庄子》一书是庄子及其后学的思想总集，是道家学派的经典之作，这应该得到肯定。

2.《庄子》与《老子》的思想渊源

《庄子》是《老子》思想的继承和发展。司马迁氏最早以史家的身份阐述《庄子》的宗旨。在他看来，《庄子》十余万言，要本归于老子之言，以明老子之术，而对孔子大加诋訾。

晋代郭象在《庄子集释•庄子序》中以其独化学说宏扩庄旨。认为庄子“与化为体，流万代而冥物，岂曾设对独遘而游谈乎方外哉！”又曰庄子“上知造物无物，下知有物之自造也。”（郭庆藩：《庄子集释》第1册，中华书局，1982年）在郭象看来，庄子“知本矣”。万物各自独化，无假外物，这才是得天地之真髓，也正合郭象之旨意。

唐代陆德明在《经典释文序录》中进一步阐发司马迁的思想，说庄子“依老子之旨，著书十余万言，以逍遥自然无为齐物而已。”清人林云铭也说《庄子》“大旨不外明道德、轻仁义、一死生、齐是非、虚静恬谈、寂寞无为而已矣。”（林云铭：《庄子因》）而明代陆西星则认为“看庄老之书，先要认道德”二字。道者，先天道朴，无名无相，所谓“无名天地之始”。“德则物得以生，本然之体，一而分，大要在人，不起情识，堕支黜聪，绝圣弃知，则复归于朴，而道其在是矣。”(陆西星：《南华经副墨》)这是说，《庄子》的主旨在于识“道德”二字。现代学者更是各持己说，有人认为庄旨在于“逍遥”二字，有人认为在于“齐物”二字。徐复观、牟宗三更是化庄子“道”的客观性为主观性、精神性，肯认其主旨在于讲人生。关于庄子学性质的争论更是热闹非凡。冯友兰、杨荣国、关锋等人认为庄子哲学是主观唯心主义的思想体系，严北溟认为庄子哲学基本上是客观唯心主义的，后来又改变其说认为是唯物主义的；任继愈在肯定内篇非庄周所作的基础上，认为庄子首先肯定了自然界的独立发展，并且是不依人的意志为转移的，所以庄子是个唯物主义哲学家，他的哲学属于唯物主义。

这种简单的分类法在学术界已经不再出现，但关于庄子思想宗旨的争论还在继续。

《庄子》的核心思想及主要内容

《庄子》一书的作者及其思想核心是什么，历代学者看法不一，成为争论的焦点之一。

《庄子》是一部散文著作，鲁迅说它“汪洋僻阖，仪态万方，先秦诸子莫能先也。”《庄子》是一部哲学著作，所以读《庄子》，须是穷理，试看庄子穷理之乐，直是口不能言而心以仿佛之者。

《庄子·天下》篇纵论诸子，评其得失，同时也详加申述自己的主旨。齐生死，冥万物，和是非，与造物者同游，独与天地精神往来。

在批判继承的基础上形成了自己的思想体系。

《庄子》的思想内容主要包括道论、气论、人论。

1.《庄子》的道论

“道”是先秦道家学派的重要概念。《老子》五千言就是论“道”之作。道是宇宙本体，宇宙运行的规则，“道”也是人生的境界，庄子其“要本归于老子之言”，然而又有所发挥和修正。庄子继承了老子关于“道”的思想，但他不同意老子对“道”的“物”的规定性，而是对“道”作了更进一步的抽象，使之完全摆脱了“物累”，成为一种完全绝对的、抽象的超验本体。

第一，《庄子》认为，道具有本原性和超验性。

《庄子·大宗师》篇中说："夫道，有情有信，无为无形，可传而不可受，可得而不可见，自本自根，未有天地，自古以固存；神鬼神帝，生天生地；在太极之上而不为高，在六极之下而不为深。先天地生而不为久，长于上古而不为老。"（郭庆藩《庄子集释》第1册，以下凡引此书只注篇名。）"情"即"精"也。"信"，伸也，变化也。"道"有变化，但却没有形象。人们可以得到它（"道不远人"），但却不能感知它，它以自身为根据，从古至今一直存在。世界上的万事万物，包括天地鬼神，全是道的杰作。它超越于时间和空间之外，具有绝对的无限性。从空间上来看，它在太极之上，六极之下。从时间上说来讲，它无生无灭，无成无毁，它无时不在，无处不在。"道"经过庄子的洗礼，就变得纯而又纯，真正达到了超绝对、超现实、超现象、超时空。

道是宇宙的本体，同时也是宇宙万物的总根源。《老子》曾提出一个宇宙生成模式，即"道生一、一生二、二生三、三生万物"。在老子那里，"道"也是万物的总根源。又说："天下万物生于有，有生于无。"在庄子看来，"物物者非物"，也即产生物的东西非物。它自本自根，它无生无求。这就是"道"，世界万物由此而产生。"夫道，覆载万物者，洋洋乎大哉！"（《庄子·天地》）"形非道不生"，（《庄子·天地》。）"行于万物者，道也。"（《庄子·天地》）万物非道不生，流行于万物者，道也，伟大的道啊！你时时莅临万物。

庄子对道的极度抽象，不仅使道成为本体，而且也成为一种观察、解释世界的方法，成为一种对世界的概括，从而表达为规律性。

第二,《庄子》认为,道具有抽象性和普遍性。

庄子为了宣染和夸大道的地位和作用的无限性，既要道先天地生，自古固存，自本自根，远离尘世与万物，又要“道”统摄万物，驾驭宇宙，无所不在，无时不在，似乎只有这样才能完全显示道的伟大和力量。《知北游》中记载了东郭子问道于庄子的故事，借此说明道的普遍性。故事说：“东郭子问于庄子曰：‘所谓道，恶乎在？’庄子曰:‘无所不在。’东郭子曰:‘期而后可？’庄子曰：‘在蝼蚁。’曰：‘何其下邪？’曰：‘在稊稗。’曰：‘何其愈下邪？’曰:‘在瓦甓。’曰:‘何其愈甚邪？’曰:‘在屎溺。’东郭子不应。”

“道”刚刚还在太极之上，六极之下，高不可攀，神秘难测，转眼间却沦落到蝼蚁、稊稗、瓦甓中,甚至不惜尊严而屈于屎溺中。听起来让人觉得荒唐，甚至有点玩世不恭。然而，只要你透过庄子的这种谬悠之言，荒唐无端崖之辞，就能体悟出其中的精奥和底蕴。庄子所暗示的是“道”的周流普遍性，“道”的可亲性和可近性。既然道无所不在，那么它就无处无时不发挥作用，所以庄子说:“天不得不高，地不得不广，日月不得不行，万物不得不昌，此其道与！”(《庄子·田子方》)

什么是道？这就是道。“循道而趋”，就是按照自己应有的规律运行。先前那种神秘的道至此已剥露无遗。所以,人们要把握道,体道也并非难事。但需要深厚的体悟力和修养功夫。

《庄子》认为，道是一个过程和一种境界。

庄子在《大宗师》中倾力描绘了道的境界。庄子对此境界，孜孜以求，倾尽生命，并为之如痴如醉，笃信不已。他认为，人一旦达到这种境界，便可“天地与我并生，而万物与我为一，”（《庄子•齐物论》）消融我与天地的分别，万物与我的差异，复归为一。这样人就可以“芒然彷徨乎尘垢之外，逍遥乎无为之业。”（《庄子•大宗师》）令人心旷神怡，物我两忘。尘世间的是是非非，人世间的悲悲喜喜，生活中的烦烦恼恼，一切的一切都化为乌有。

“道”是庄子哲学的最高概念，也是庄子思想体系的核心概念。

2.《庄子》的气论

庄子从中国哲学发展的链条中，抽象出“气”这个环节作为自己的基本概念，然后将它推拓泛化，提出“游乎天下之一气”、“通天下一气耳”两个具有普遍意义的命题，由这两个基本命题推导演绎出一系列基本命题和原则，从而建立起庄子气论用以解释自然、社会、人生的所有问题和现象。这种解释的过程，既是庄子气论具体展开的过程，也是庄子气论的基本内容。庄子气论在其整个思想体系中具有很重要的地位，构成其道论、人论、气论一个完整的体系。

第一，《庄子》认为，“气”是自然万物的本原或本体。

元气本原论把“气”看成世界万物的本原。它在时间上要求“气”是最初的或最先的，是自然万物产生和形成的开始。这一思想在庄子那里已经作了阐述。他从人的生命的存在一步一步地往前堆，直至芒芴之气为止。他说：“察其始而本无生；非徒无生也，而本无气；非徒无形也，而本无气，杂乎芒芴之间，变而有气，气变而有形，形变而有生。今又变而之死。是相与为春秋冬夏四时行也。”（《庄子•至乐》）

这段话的意思是说：从一个人的生命观察看来，起初并没有生命存在；再往前看，非但没有生命存在，连生命的载体或承担者即形体也不存在；非但形体不存在，连气也不存在。“气”从哪里来的呢？它不是生出来的，而是杂乎芒之间，也即是说，这种芒芴状态本身就是“气”的一种混沌未分化的状态。这在庄子那里可以找到证明。庄子曾有太虚、混沌、鸿蒙、溟涬等概念来形容“气”，这说明庄子认为“气”有各种不同的形态，而且这不同的形态之间可以相互转化，“气”自身有一个不断分化的过程。“芒芴之气”不过是“气”在自身分化过程中的一个阶段，在这里成为最原始的一个阶段。

“气”是自然万物的本体。元气本体论是建立在元气本原论基础上的。它与元气本原论的区别在于，本原论有时间的先后，而本体论则没有时间上的先后，而只有逻辑上的先后，它涉及到世界的本质问题，世界的构成问题，世界的统一性问题。那么元气本体论要说明的是，“气”是自然万物的基础；“气”是构成自然万物的物质元素；“气”是世界的本质。庄子对这些基本观点都在一定程度上作出了回答。他是把人的生死问题作为推论的前提，进而得出“万物一也”，即万物都是一气所为，都从“气”来又统一于“气”。

第二，“气”是运动变化的。

“气”永远在变化之中。那么要问，这种变化有没有规律？这种变化的原因是什么？在外部还是在内部？“气”无时不在变化，无处不在变化，“气”的变化是普遍的、永恒的。自然万物以至人类都是由“气”构成的，大至天地、日月、星辰、四时，小至飞潜动植无一不是“气”产生的。而天地、日月、星辰、四时、飞潜动植又无一不在运动变化，永远处于生死成毁的永恒的运动变化之中。这一方面说明了“气”是永恒运动变化的；另一方面，万物的生死成毁又无一不在证明“气”在运动变化着。庄子说人之生死就是“气”之聚散。人有生必有死，有死必有生，人永远处于生死成毁的永不停止的循环之中，那么“气”也就永远处于不断地聚散变化之中。

人是如此，物亦如此。任何物在庄子看来都是有限的，有限的东西都是有生死成毁的。

第三，“气”是无形和有形的统一。

“气”的变化首先表现为无形变而有形，无形和有形是“气”的两种表现形态。这显然是庄子“通天下一气耳”的逻辑展开。既然天下惟气存在，那么有形的是“气”，无形的也是“气”。气聚而成形，表现为万物的产生，“气”散而无形，表现为万物的死亡或毁灭。

从本原的意义上讲，“气”表现为芒芴混沌之状态，表现为无形。庄子认为，万物没有产生之前是一片混沌之气，也即“芒芴之气”,“芒芴之气”进而分化为阴阳清浊之气,由“气”而有形，由形而有生命及至人的产生。芒芴,即恍惚,若有若无,说明“气”之未曾分化，实际上是有与无的统一。此后一步一步从无到有进行演化，也即“气”从无形到有形的演化，最终产生出有形的自然万物和有形之人。

无形之“气”之所以能产生出有形万物，这是因为“无形”之中包含着有形，庄子在《应帝王》中以混沌七日凿死的故事比喻“气”的未曾分化的状态,说明了其中包含有无和有两种形态。

从本体论的意义上看，无形之形是有形之物的基础。“气”聚而成形就是物，而物最终又散归于无形之气。庄子认为人之生死就是“气”聚散，万物都是“一气”的变化，所以“通天下一气耳”。“通天下一气耳”这个命题本身就包含了有和无两个方面。“有”就是“气”聚而成的自然万物，“无”就是无形的虚空。虚空不是空无,而是无形的“气”。刘禹锡曾有“空者,形之希微者”，张载用“太虚即气”的命题来发挥庄子的这一思想。总之，在庄子看来，“气”是无形和有形的统一。庄子对“气”所作的这些规定，无疑是庄子对“气”理论的贡献，也表明庄子的气论具有丰富的思想内容，并形成了一套系统的理论体系，形成了独特的庄子气论。

3.《庄子》的人论

荀子批评庄子“蔽于天而不知人”，后代学者亦随之批评庄子悲观人生，重死轻生。然而认真细阅整部《庄子》，人们可以深刻体悟到其中对人的关怀，对人的自由的畅想和向往，对人的生存环境的忧虑和焦虑，对人的生死的放达。总之，整部《庄子》充满着对人的关注。

第一,《庄子》对人的绝对自由的向往。

《逍遥游》描述了一种无所依存的精神自由的逍遥境界，所谓“逍遥游”，就是自由自在的生活。真正的逍遥就是能够“乘天地之正，而御六气之辨”，“无所待，以游无穷”的生活，就是一种超越时空限制、超越物我的“无所待”的绝对自由的生活。

那么我们如何去追求去达到这种精神的纯粹的自由世界呢？《庄子》告诉人们，要消除功名利禄的束缚，理解真正有用的意义，达到无所可用才能真正大用的境界。

第二，素朴自然是人的自然本性。《庄子》从自然主义的前提出发，认为人是从最原始的生物演变而来，由无知无欲自然之气构成，成为宇宙中之一物，所以，素朴自然才是人的本性，是人最原始的纯然无杂的本性。这就是他所描述的："彼民有常性，织而衣，耕而食，是谓同德；一而不党，命曰天放。……同乎无知，其德不离；同乎无欲，是谓素朴，素朴而民性得矣。"（《庄子·马蹄》）在庄子看来，人类的共同本性就是织而衣，耕而食。远古的人们就是这样，他们无知无欲，无欲无求，素朴纯真自然，都保持自己的本性。在这样的社会里，人们芒昧无求。"当是时，阴阳和静，鬼神不就，四时得本，万物不伤，群生不夭，人虽有知，无所用之，此之谓至一。当是时也，莫之为而常自然。"（《庄子·缮性》）在一个人人都淡然无欲，素朴自然的社会里，阴阳和顺宁静，鬼神不扰，四时适宜，万物无伤，群生无折。人们有心智而无可用之，这是最完满的社会。在这个时候，人们都无所作为而顺任自然。这是庄子对人性完满追求，也是给世人树立一个人性的典范。但更重要的，是他对现实人性的批判，在他看来，现实的人性是丑恶的。

第三，《庄子》认为，人的个体存在陷入危机。《庄子》认为，社会的发展没有带来人的幸福快乐，反而带来痛苦和人心的不古。"故尝试论之，自三代以下者，天下莫不以物易其性矣；小人则以身殉利，士则以身殉名，大夫则以身殉家，圣人则以身殉天下，故此数子者，事业不同，名声异号，其于伤性，以身殉一也。"（《庄子·骈拇》）在远古时代，人们顺其自然，不伤物性，社会安定，人心纯朴；而自三代以下，情况就大变了，人们多用心智，伤物害情，各为一已之私为满足。小人牺牲自己来求私，士人牺牲自己去求名，大夫牺牲自己来保家，圣人牺牲自己来为天下。这些不同类型的人，虽然所做的事不同，名号相异，但伤物害情，牺牲自己是一样的。

从上到下，从小人至圣人君子无不为私利所包围，备用智巧，争相追逐，如此下去，则后果不堪设想。所以告诫世人："凡人心险于山川，难于知天；天犹有春秋冬夏旦暮之期。人者厚貌深情；故有貌厚而益，有长若不肖，有顺情而达，有坚而缦，有缓而钎；故其就义若渴者，其去义若热。"（《庄子·列御寇》）天有行常，春秋冬夏循环往复，日夜交替，这都是可以认识的，可以把握的；但人心却不行，它比山川险恶，它比认识天还难上加难。有的人看似憨厚而行为骄横，有的人看似长者而实为不肖之子，有的看似恭顺而内心刚正，有的人看似坚实而实际怠慢，有的人看似舒缓而内心焦虑。所以这些人取义急就，而弃义也神速。人，有理智有情感。当理智支配人时，人们所看到的都是貌；当情感支配人时，人们才看到人的真实，然而人们常常不会轻易表露出情感，它完全被掩藏在人的内心世界中，而内心世界的变化是变幻莫测的，其扩展是无限的。一旦人心思邪，其危害胜于兵剑之害，阴阳之敌。历史上那些杀君拭父的悲剧，战争的惨烈，无不与人心的思邪有关。

第四，《庄子》的理想人格。

儒家的理想人格是君子人格。君子应该有仁爱之心、道义的追求、强烈的自律、快乐的人生和坦荡的胸怀。这一君子人格甚至成为中华民族认同的理想人格。

与这种进取、入世的君子人格相反，道家塑造了一种遁世、出世、逍遥、无为、超越的理想人格。儒家重视君子人格的道德自律，道家重视自然本性。儒家的君子现实可亲，道家的理想人格超越凡尘。

《庄子》所塑造的“至人”、“神人”、“圣人”、“德人”等人物都“茫然徘徊乎尘垢之外”，“不食五谷”，“吸风饮露”，无情无欲，无功无利，远离现实，脱离人间，如此才能保持清纯的人格。这些人物体现《庄子》追求的理想人格及其特点。一是具有超越世俗的特点；二是具有超越物欲的特点；三是具有超越自我的特点。这些人格特点关注了庄子的理想和不懈的追求。

《庄子》的人论体现了庄子对人的思考以及终极关怀，是庄子思想体系重要组成部分。

阅读和解读《庄子》

历代解读《庄子》的著作不计其数，这些著作集中反映了作者个人的观点，也反映了那个时代的特点。今天重新阅读和解读《庄子》也必然融入了我们的时代特点和价值取向。在吸取前人研究的基础上，本书也融进了作者多年的研究成果和体会。根据体例的要求，本书在内容结构上进行了认真的设计，现做简单的说明：

1. 本书以中华书局出版的清代郭庆藩《庄子集释》(2006 年 1 月版)为蓝本，个别地方句读和文字均依据先贤考订及古本改正。

2. 在本书《庄子》选译中，按照《庄子》的内篇（7篇）、外篇（15篇）、杂篇（11篇）顺序编排；三部分的篇目也按照原文顺序排列；每篇都有题解、原文、注释、译文、品评五个部分，按自然段分别注译。每篇分若干自然段，在每个自然段中都有原文、注释、译文。对部分精彩片断有作者的品评。

3. 在每篇中的题解中，主要介绍本篇的主要思想。原文的分段主要以郭庆藩的《庄子集释》为根据，并参考了现代学者的划分方式。保持了古籍的大的自然段形式。注释除较全面地对难懂的词汇加以注解外，并对某些概念作了进一步的引申；译文以直译为主，力求做到语言通顺，通俗易懂；品评是我们对经典语句的现代诠释，也是我们在品读庄子时偶然得来的感受，希望与读者共同分享思考的快乐。

4. 在撰写中，我们参考了历代有关《庄子》的注释和庄子思想研究的成果。今人著作中，主要参考和借鉴了王先谦、刘武《庄子集解、庄子集解内篇补正》、王叔岷《庄子校诠》（上、下）、陈鼓应《庄子今注今译》、傅佩荣《解读庄子》等，以求博采众长，并取用了我们的新译。在参考文献中将列出诸家著作，在此不一一列出，谨表谢忱。

5. 本书是系列丛书之一种，鉴于篇幅的限制，本书在录用时采取的办法是：内篇全文选用，外篇和杂篇根据其段落的思想价值和艺术价值以及影响的大小择优录用。

以上对庄子和《庄子》及有关问题作了介绍和说明，以方便人们的阅读和理解，故为导言。

内篇

逍遥游

《逍遥游》以义名篇，为《庄子》首篇。文章将深邃的思想和浓郁的感情灌注于奇幻无比的寓言和繁复灵活的比喻之中，体现出庄子诡谲的语言风格和超凡脱俗的想象力和缜密的思辨力。

《逍遥游》描述了一种无所依存的精神自由的逍遥境界。真正的逍遥就是能够『乘天地之正，而御六气之辩』，『无所待，以游无穷』的生活，就是一种超越时空限制、超越物我的『无所待』的绝对自由的生活。那么我们如何去追求去达到这种精神的纯粹的自由世界呢？庄子认为，就是要转换视角，突破我们固定的思维框架，消除功名利禄的束缚，理解真正有用的意义，达到无所可用才能真正大用的境界。

让我们的心灵在他汪洋恣肆的思想之海中随之逍遥而游。

【原文】

北冥有鱼，其名为鲲[①]。鲲之大，不知其几千里也[②]。化而为鸟，其名为鹏[③]。鹏之背，不知其几千里也；怒而飞，其翼若垂天之云[④]。是鸟也，海运则将徙于南冥[⑤]。南冥者，天池也[⑥]。

【注释】

① 北冥：北海。冥，通溟，广阔幽深的大海。鲲（kūn）：传说中的大鱼。

② 之：的。大：指体积巨大。几：指不定的数目。

③ 化：变化，化成。为：变成，成为。鹏（péng）：传说中的大鸟。

④ 背：脊背。怒：奋飞，奋起。这里形容鼓动翅膀。若：如，好像。垂：挂缒。

⑤ 是：此，这只。是鸟：这只鸟。海运：指海啸，海动所引起的波涛动荡，此时必伴以大风，大鹏借此大风飞向南海。徙：迁移。南冥：南海。

⑥ 天池：天然的大池。

【译文】

北海有一条鱼，名字叫鲲。鲲的体积巨大，不知道有几千里。

鲲变化成鸟，名字叫鹏。鹏的脊背，不知道有几千里；奋起而飞翔的时候，它的翅膀就像挂缒在天上的云彩。这只鸟，风起海动时就要迁移到南海。那南海，是天然形成的大池。

【原文】

齐谐者，志怪者也[①]。谐之言曰：“鹏之徙于南冥也，水击三千里[②]，抟扶摇而上者九万里，去以六月息者也[③]。”野马也，尘埃也，生物之以息相吹也[④]。天之苍苍，其正色邪[⑤]？其远而无所至极邪[⑥]？其视下也，亦若是则已矣[⑦]。

【注释】

① 齐谐（xié）：齐国记载诙谐怪异的书。志：记，记述，记载。怪：怪异，奇异。

② 水击：拍打水面。水击三千里，说明鹏起飞时的声势极大。

③ 抟（tuán）：盘旋。扶摇：海上飓风。扶摇而上者九万里，是说眼界极远。去以六月息者也：飞向南海，要用六个月的时间，才能止息。

④ 野马：游气浮动于天地之间，状如野马奔驰。尘埃：指空中游尘。生物：指空间活动的生物。息：气息。以息相吹：气息相互吹动。

⑤ 苍苍：深蓝色。其：通岂。

⑥ 极：尽。邪，同“耶”，语气词。

⑦ 视：看。是：此，这样。则已：同“而已”。

【译文】

《齐谐》，是一部记载怪异事情的书。《谐》书上说：“当大鹏迁往南海时，翅膀拍击水面三千里，凭借飓风直上九万里高空，一飞去就要用六个月的时间才能息止。”野马般的游气，飞扬弥漫的尘埃以及空中活动的生物，都因气息相互吹动而上升。天色苍茫，难道那是它的本色吗？天空的高远难道就没有穷尽吗？大鹏向下看，也不过是这个样子罢了。

【原文】

且夫水之积也不厚[①]，则其负大舟也无力[②]。覆杯水于坳堂之上，则芥为之舟[③]；置杯焉则胶[④]，水浅而舟大也。风之积也不厚，则其负大翼也无力[⑤]。故九万里，则风斯在下矣[⑥]，而后乃今培风[⑦]；背负青天而莫之夭阏者[⑧]，而后乃今将图南[⑨]。

【注释】

① 且夫：提起将要议论的下文。厚：深。

② 负：载。

③ 覆：倒出来。坳（ào）：坑洼。坳堂：也作堂坳，堂地上的低洼处。芥：小草。

④ 置：放置。胶：粘连。

⑤ 大翼：指代大鹏。

⑥ 斯：乃，就。

⑦ 而后乃今：“乃今而后”为倒文，这时然后才。培：通凭，凭借。培风，凭风，乘风。

⑧ 夭阏（è）：阻碍，阻拦。阏：滞碍。

⑨ 图南：打算飞向南海。

【译文】

水聚积得不深，那么它就没有足以负起大船的力量。在堂前洼地倒一杯水，一根小草就可以当作船；放上一个杯子就会粘住不动，这是因为水浅而船大的缘故。风聚积得不大，它就无力负荷巨大的翅膀。所以鹏飞上九万里高空，是因为厚积的风在它翅膀的下面，然后才凭借风力；背负着青天而无所滞碍，而后才能飞到南海。

【品评】

且夫水之积也不厚，则其负大舟也无力。覆杯水于坳堂之上，则芥为之舟；置杯焉则胶，水浅而舟大也。风之积也不厚，则其负大翼也无力。

明末的德清和尚在《庄子内篇注》中说："此一节总结上面鲲鹏变化图南之意，以暗喻大圣必深畜厚养而可致用也。意谓北海之水不厚，则不能养大鲲，及鲲化为鹏，虽欲远举，非大风培负鼓送，必不能远至南冥，以喻非大道之渊深广大，不能涵养大圣之胚胎。纵养成大体，若不变化，亦不能致大用；纵有大圣之作用，若不乘世道交兴之大运，亦不能应运出兴，以成广大光明之事业。是必深畜厚养，待时而动，方尽大圣之体用。故就在水上风上以形容其厚积。然水积本意说在鲲上，今不说养鱼，则变其文曰负舟，乃是文之变化处。"

其实意思就是说，一个人有济世之才，还须有让你施展才华的空间。"天高任鸟飞，海阔凭鱼跃。"如果天空低矮，"未敢翻身已碰头"，你是鹏也只能匍匐在地，任凭蝼蛄蚂蚁的啃咬而垂死了；如果身处狭小的池塘，你是鲲，也只能在淤泥里翻滚，奄奄一息地呼吸，哪里有你可以任意遨游的空间？这也充分说明了环境对于一个人成长的重要性。

同时，从另外意义上说，有了足以供你发展的空间，而你却无知识的"垂天之翼"，没有长期积累的修养的浑厚的"培风"，最终也只能在小小的障碍面前捶胸哀叹了。

【原文】

蜩与学鸠笑之曰[①]：“我决起而飞，抢榆枋[②]，时则不至而控于地而已矣[③]，奚以之九万里而南为[④]？”适莽苍者[⑤]，三飡而反[⑥]，腹犹果然[⑦]；适百里者，宿舂粮[⑧]；适千里者，三月聚粮[⑨]。之二虫又何知[⑩]！

【注释】

① 蜩（tiáo）：蝉。学鸠：斑鸠。庄子认为蝉、鸠二虫的以小自限也是根本不懂相对相待的含义。

② 决：急促的样子。决起：奋飞。抢：碰，触。枋：檀树。

③ 时：指一个时辰。则：或。时则不至：一个时辰或不到一个时辰。控：投，落地，落下来。

④ 奚以：何以，为什么。适：往，到。

⑤ 莽苍：郊野的莽莽草色。

⑥ 飡：即餐。反：通返。

⑦ 犹：还。果然：吃饱的样子。

⑧ 宿：过夜，指一夜。舂：臼捣谷物。

⑨ 三月聚粮：准备吃三个月时间的粮食。

⑩ 之：这。二虫：指蜩鸠。

【译文】

蝉和斑鸠讥笑大鹏说：“我们奋力而飞，疾速地飞到榆树和檀树枝头那样高，飞不到一个时辰，那就落在地上罢了，为什么偏要飞上九万里的高空又飞往南海呢？”到郊野去的，只带三餐的干粮而当天返回来，肚子还是饱饱的；到百里远的地方去，就要准备过夜的粮食；而到千里之外的地方去，就需要准备三个月的粮食了。这两只虫鸟又哪里懂得这个道理呢？

【原文】

小知不及大知，小年不及大年[①]。奚以知其然也[②]？朝菌不知晦朔，蟪蛄不知春秋[③]，此小年也。楚之南有冥灵者[④]，以五百岁为春，五百岁为秋；上古有大椿者[⑤]，以八千岁为春，八千岁为秋。而彭祖乃今以久特闻[⑥]，众人匹之[⑦]，不亦悲乎[⑧]！

【注释】

① 知（zhì）：通智。不及，不了解。年：寿命。小年，短命。

② 奚：何，怎么。然：这样。

③ 朝菌：一种朝生暮死的菌类植物。晦朔：一个夜间一个白天，一天一夜。蟪蛄（huì gū）：寒蝉，春生夏死，夏生秋死。春秋：指一年。

④ 楚：楚国，在今湖北省。冥灵：大海灵龟。

⑤ 大椿：树名，传说中的神树。

⑥ 彭祖：传说中的长寿人物。特：独。闻：名声，闻名天下。

⑦ 匹：比，比附。匹之：与他相比。

⑧ 悲：悲哀。

【译文】

才智小的不理解才智大的，寿命短的不理解寿命长的。怎么知道是这样的呢？朝菌不可能了解昼夜的更替，寒蝉不会了解四季的变化。这就是“小年”。楚国南部有一种灵龟，把五百年当作一个春季，五百年当作一个秋季；上古时代有一种大椿树，更把八千年当作一个春季，八千年当作一个秋季。彭祖至今还以长寿闻名于世，众人都想与他比附，岂不是可悲吗？

【原文】

汤之问棘也是已[①]："穷发之北有冥海者[②]，天池也。有鱼焉，其广数千里，未有知其修者[③]，其名为鲲。有鸟焉，其名为鹏，背若太山[④]，翼若垂天之云，抟扶摇羊角而上者九万里，绝云气[⑤]，负青天，然后图南，且适南冥也[⑥]。斥鴳笑之曰[⑦]：'彼且奚适也？我腾跃而上，不过数仞而下，翱翔蓬蒿之间，此亦飞之至也[⑧]，而彼且奚适也？'"此小大之辩也[⑨]。

【注释】

① 汤：商朝第一个皇帝，一般称商汤。棘：人名，即夏革（ji），商汤时贤大夫。革与棘，读音相同。已：通矣。

② 穷发：寸草不生的地方。发：山和地皆以草木为发。

③ 广：宽。修：长。

④ 太山：一本作泰山，在今山东省泰安市北。

⑤ 羊角：形似羊角的旋风。绝：穿过。

⑥ 且：将。

⑦ 斥鴳（yàn）：生活在草泽中的小麻雀。斥：小泽，池塘。

⑧ 仞：周人以八尺为一仞。蓬蒿：野草。至：极致，指最高的境界。

⑨ 辩：通"辨"，分别。

【译文】

商汤询问棘有这样一段话："在不毛之地的北方，有一个广漠无涯的大海，就是所谓的天池。天池里有一条鱼，它数千里宽，没有人知道它有多长，它的名字叫鲲。有一只鸟，它的名字叫鹏，脊背像泰山般高大，翅膀像垂挂在天际的云彩，凭借旋风飞向九万里高空，穿过云层，背负青天，然后向南飞翔，飞往南海。草泽里的麻雀讥笑大鹏说：'它将飞往什么地方呢？我跳跃而飞，不过几丈就落下来，在蓬蒿之间飞来飞去，这样也是尽了飞翔的能事。而它究竟要飞往何处呢？'"这就是小和大的区别。

【原文】

故夫知效一官，行比一乡，德合一君[①]，而征一国者，其自视者亦若此矣[②]。而宋荣子犹然笑之[③]。且举世而誉之而不加劝，举世而非之而不加沮[④]，定乎内外之分，辩乎荣辱之境，斯已矣[⑤]。彼其于世未数数然也。虽然，犹有未树也[⑥]。

夫列子御风而行[⑦]，泠然善也，旬有五日而后反[⑧]。彼于致福者[⑨]，未数数然也。此虽免乎行，犹有所待者也[⑩]。若夫乘天地之正[⑪]，而御六气之辩[⑫]，以游无穷者[⑬]，彼且恶乎待哉！

故曰：至人无己[⑭]，神人无功[⑮]，圣人无名[⑯]。

【注释】

① 知：通智。效：功效，指做官能有功效，引申为胜任。行：行为，作为。比（bi）：庇护，亲近。德：品德，道德。合：符合。

② 而：才能，能力。一说转接语。其：指上述四种人。自视：自己看自己，自己对待自己。此：指上文蜩鸠、斥鴳囿于一隅而沾沾自喜。

③ 宋荣子：宋国人，宋之贤人。犹然：喜笑的样子。

④ 举世：整个社会。誉：赞誉。劝：奋勉，努力。非：责难，非难。沮：沮丧。

⑤ 内外之分：内我和外物。辩，通辨，辨别。境：界限。斯：这。已：止。

⑥ 数（shuò）数然：汲汲然，急促的样子。世：世情，指非誉荣辱所谓外。犹：还。树：建立，建树。

⑦ 列子：列御寇，郑人，春秋时期思想家。御：驾驭。列子御风而行：指御风是有待的。

⑧ 泠（líng）然：轻妙的样子。旬：十天。有：又。反：通返。

⑨ 致福：求福。

⑩ 免：避免。行：步行。待：凭借，依靠。

⑪ 乘：因循，顺着。天地：指万物。正：本性，规律。

⑫ 御：本义为驾驭，引申为顺从、顺应。六气：指阴、阳、雨、风、晦、明。辩：通变，指变化。

⑬ 无穷者：无穷尽的境界。虚指无限的境界，实指无限的自然界。

⑭ 至人：指思想道德达到最高境界的人。

⑮ 神人：庄子理想中得道而神妙莫测的人。无功：不追求功名。

⑯ 圣人：道德智能高尚的人。无名：不追求名声。

【译文】

鉴此，才智能胜任一官之职的，行为能符合一乡俗情的，德行能投合一国之君的，能力能够取信于民的，他们自鸣得意也就像斥鴳这种小雀一样。而宋荣子却讥笑这种人。宋荣子能做到当整个社会都夸赞他时，他也不因此更加努力；当整个社会都非议他时，他也不因此而感到沮丧。他能认定内我和外物的分别，能辨别光荣和耻辱的界限，不过如此而已！他对世俗的声誉并不汲汲去追求。虽然这样，但他还有尚未建树的。

列御寇能够驾着风行走，样子轻妙极了，走了十五天而后回来。他对于祈求幸福的事，从来不去汲汲追求。这样他虽然可以免去步行的劳苦，但他毕竟有所凭借。

若能因循自然的本性，顺应六气的变化，以遨游于无边无际的世界里，他还有什么必须依赖的呢？所以说，修养最高的至人，能够忘掉自己；修养达到人所莫测的神人，不去建立功业；修养臻于完美的圣人，不去树立名望。

【品评】

且举世而誉之而不加劝，举世而非之而不加沮，定乎内外之分，辩乎荣辱之境，斯已矣。

一个人能面对整个社会的称颂而不兴奋激动，面对整个社会的责难而不沮丧伤感，这是因为他把世俗社会的名利都看得透透彻彻，物我的区别，荣辱的分界，一切的一切都不过是如此而已。身在世俗，而又能超越世俗，这是很难的。

【原文】

尧让天下于许由，曰[①]：“日月出矣而爝火不息[②]，其于光也[③]，不亦难乎！时雨降矣[④]而犹浸灌[⑤]，其于泽也，不亦劳乎[⑥]！夫子立而天下治[⑦]，而我犹尸之[⑧]，吾自视缺然[⑨]。请致天下[⑩]。”

许由曰：“子治天下，天下既已治也。而我犹代子[⑪]，吾将为名乎？名者实之宾也[⑫]。吾将为宾乎？鹪鹪巢于深林[13]，不过一枝；偃鼠饮河[14]，不过满腹。归休乎君[15]，予无所用天下为！庖人虽不治庖，尸祝不越樽俎而代之矣[16]。”

【注释】

① 尧：上古帝王唐尧。天下：指中国的全部土地，引申为帝王的统治权力。许由：古代尧时的隐士，颖川阳城人。

② 爝（jué）火：小火，烛火。息：同“熄”，灭。

③ 其：它。于：对于。光：光亮。

④ 时雨：按一定时令节气降雨，俗称及时雨。

⑤ 浸灌：人工灌溉。

⑥ 泽：滋润土地。劳：徒劳。

⑦ 夫子：先生，指许由。立：立位，登位。治：安定，有秩序。

⑧ 犹：还。尸：主，主持。

⑨ 自视：自己看自己。缺然：歉然。

⑩ 致：送给。请致天下：请让我把天下让给你。

⑪ 子：你，指尧。治：治理。犹：如果。代子：代替你。

⑫ 宾：从属，派生的东西。

⑬ 鹪鹩（jiāo liáo）：小鸟名，善于筑巢，俗称巧妇鸟。

⑭ 偃（yān）：通鼹。偃鼠：小鼠。又叫隐鼠。

⑮ 归：回。休：罢了。君：指尧。

⑯ 庖人：厨师。尸祝：古代祠庙中主持祭礼的人。越：指越权。樽：酒器。俎（zǔ）：盛肉的器皿。樽俎：指厨事。

【译文】

尧要把天下让给许由，说：“太阳、月亮出来了，可是烛火还不熄灭，它还要与日月争辉，不也很难吗！雨知时而下了，还要进行人工灌溉，去滋润土地，岂非徒劳无功吗！先生一旦立为天子，天下便会安定，而我还占据此位，自己觉得惭愧，请允许我把天下让给你吧。”

许由说：“你治理天下，天下已经安定了。而我还来代替你，难道我是为了出名吗？名是从属于实的，难道我还去求取从属的东西吗？巧妇鸟筑巢在深林中，不过只占一根树枝罢了；鼹鼠到河里饮水，只不过喝满肚子罢了。你请回吧！算了吧！我的君主！我是不想对天下有所作为的！厨师虽然不下厨房，主持祭祀的人也不会逾越厨师的职位而代替厨师去烹调的。”

【品评】

鹪鹩巢于深林，不过一枝；偃鼠饮河，不过满腹。归休乎君，予无所用天下为！

尧要把天下让给许由，许由不接受。拒绝的理由之一是天下已经安定了，接受了就等于追逐名利。理由之二是自己对现实所得已经感到满足，不想再去获取功名利禄，鸟居深林不过一枝，鼹鼠河中饮水不过一腹，人的欲望仅此而已。这种淡薄名利的境界值得今天那些整天沉溺于物欲中的人好好反思。

【原文】

肩吾问于连叔曰：“吾闻言于接舆[①]，大而无当，往而不返[②]，吾惊怖其言，犹河汉而无极也[③]；大有径庭，不近人情焉[④]。”

连叔曰：“其言谓何哉[⑤]？”

曰：“‘藐姑射之山，有神人居焉[⑥]，肌肤若冰雪，绰约若处子[⑦]。不食五谷，吸风饮露。乘云气，御飞龙[8]，而游乎四海之外。其神凝[9]，使物不疵疠而年谷熟[10]。’吾以是狂而不信也[11]。”

连叔曰：“然。瞽者无以与乎文章之观[12]，聋者无以与乎钟鼓之声[13]。岂唯形骸有聋盲哉[14]？夫知亦有之[15]。是其言也，犹时女也[16]。之人也，之德也，将旁礴万物以为一[17]，世蕲乎乱[18]，孰弊弊焉以天下为事[19]！之人也，物莫之伤，大浸稽天而不溺[20]，大旱金石流[21]山土焦而不热，是其尘垢粃糠[22]，将犹陶铸尧舜者也[23]，孰肯以物为事[24]！”

【注释】

① 肩吾、连叔：虚拟人物。闻：听到。接舆：楚国的隐士。

② 无当：不着边际，不切实际。当：适当。往：到，此处指说到。不返：一发而不可收拾。

③ 惊怖：惊恐害怕。河汉：指银河系，俗称天河。无极：无边无际。

④ 径：门外的道路。庭：院内堂外之地。径庭：比喻差别很大。人情：人之常情。

⑤ 谓：说。何：什么。

⑥ 藐姑射：神话中的山名。一说遥远的姑射山。神人：指得道神妙莫测的人。

⑦ 若：如，像。绰约：姿态柔美的样子。处子：未嫁的处女。

⑧ 御：驾驭。

⑨ 凝：凝聚，专一。神疑：精神内守，凝聚专注。

⑩ 疵疠：灾害，疾病。

⑪ 以：认为。是：此，指接舆的那段话。狂：通诳，谎言。

⑫ 瞽（gǔ）：眼瞎。文章：文采，指华美的色彩和花纹。观：景色。

⑬ 与：参与。聋：聋子。
⑭ 岂唯：难道只有。
⑮ 知：通智，指认识。
⑯ 是：此。时：是。女：汝，你，指肩吾。
⑰ 旁礴万物：指与万物混同。
⑱ 世：世人，社会上的人。蕲（qí）：求。此句意指世人争功求名，纷纷扰扰；党派倾轧，钩心斗角。
⑲ 孰：谁。弊弊：辛苦经营。
⑳ 大浸：大水。稽：至，及。大浸稽天：大水滔天。溺（nì）：淹没在水里。
㉑ 流：熔化。
㉒ 秕糠：米糠的瘪谷，比喻细小的糟粕。
㉓ 陶：烧制的瓦器。铸：熔铸的金属器物。陶铸：制作，造就。
㉔ 物：事，指世务。

【译文】

肩吾向连叔请教说："我听接舆说话，夸大其词不着边际，侃侃而谈，一发而不可收拾。我惊骇他的言论，犹如银河一样漫无边际，和常理差别极大，实在有点不近人情。"

连叔说："他都说些什么呢？"

肩吾说："'在遥远的姑射山上，住着一位神人，肌肤如雪般白洁，姿态婉柔如同处女。不吃五谷杂粮，而吸风饮露。乘云气，驾飞龙，遨游于四海之外。他的精神专注，能使万物不受灾害，五谷丰登。'我认为这都是一些虚言诳语而不足为信。"

连叔说："当然了。瞎子无法同他共赏文采的美观，聋子无法同他共赏钟鼓的乐声。难道只是在形体上有聋有瞎吗？心智上也有啊！接舆的话，就是对你而言的。那位神人，其德行与万物混同为一，而社会上的人则追求纷争，他怎肯劳形伤神治理尘世上的俗务呢！这种人，外物不能伤害他，洪水滔天也淹不死他，天旱热到金石熔化，土地和大山都被烤焦，他也不会感到热。用他身上的细小尘垢和秕糠，就可以铸造出尧舜，他怎肯把治理纷扰世务当作自己的事业呢！”

【原文】

宋人资章甫而适诸越[①]，越人断发文身[②]，无所用之。尧治天下之民，平海内之政。往见四子藐姑射之山，汾水之阳，窅然丧其天下焉[③]。

【注释】

①资：贩卖。章甫：古代的帽子。宋：宋国。越：越国。适：到。诸：兼词，之于。

②断发：不留头发。文身：身上刺花纹。

③汾水之阳：汾水，在今山西省境内。阳：指水的北面。窅（yǎo）：惆怅的样子。

【译文】

宋国有个人到越国去卖帽子，而越国人有断发文身的习俗，用不着帽子。尧治理天下的人民，平定海内的政事，到遥远的姑射山上，汾水的北面，拜见四位得道之士，不禁惆怅茫然忘其身居天下之位。

【原文】

惠子谓庄子曰[①]：“魏王贻我大瓠之种[②]，我树之成而实五石[③]，以盛水浆，其坚不能自举也；剖之以为瓢，则瓠落无所容[④]。非不呺然大也，吾为其无用而掊之[5]。”

庄子曰：“夫子固拙于用大矣。宋人有善为不龟手之药者[6]，世世以洴澼絖为事[7]。客闻之，请买其方以百金。聚族而谋曰：‘我世世为洴澼絖，不过数金；今一朝而鬻技百金[8]，请与之。’客得之，以说吴王[9]。越有难，吴王使之将[10]，冬与越人水战，大败越人，裂地而封之[11]。能不龟手，一也；或以封，或不免于洴澼絖，则所用之异也。今子有五石之瓠，何不虑以为大樽而浮乎江湖[12]，而忧其瓠落无所容[13]？则夫子犹有蓬之心也夫[14]！”

【注释】

① 惠子：惠施，庄子的朋友，先秦名家学派的代表人物。

② 魏王：指魏惠王，即梁惠王。贻：赠送。瓠（hù）：葫芦。

③ 树：种植。实：装。五石（dàn）：五十斗。

④ 剖：破开。瓠落：瓢太大而无处可容。

⑤ 掊：砸破。呺然：虚大的样子。

⑥ 龟（jūn）：通皲，手足皮肤沾水或受冻而开裂。

⑦ 洴澼（píng pì）：在水中漂洗。絖（kuàng），通纩，絮衣服的新丝绵。

⑧ 鬻技：出卖技术。

⑨ 说（shuì）：游说。

⑩ 难：军事行动。使之将（jiàng）：派他率领军队。

⑪ 裂地：割一块地方。封之：封赐给他。

⑫ 虑：通摅，拴，结。大樽：腰舟。

⑬ 忧：忧虑。

⑭ 蓬：草名。蓬之心：喻心灵茅塞不通。

【译文】

惠施对庄子说："魏惠王送给我一颗大葫芦种子，我把它种植长大，结出的果实足可容纳五石粮食那样大，用来盛水，可它的坚固程度却经不起自身所盛水的重量。把它切开制成瓢，则瓢底大而平浅，不能容纳什么东西。这个葫芦不是不大，而是因为它没有什么用处，便把它砸碎了。"

庄子说："先生，原来你不善于使用大的东西！宋国有一个人善于炮制不皲手的药物，祖祖辈辈在水中从事漂洗丝絮的劳动。一位客人听到了这件事，请求以百金购买他的药方。宋人把全家集合在一起，商量说：'我家祖祖辈辈从事漂洗丝絮的劳动，所得到的钱很少，现在一旦卖出这个药方就可得到百金，让我们把药方卖给他吧。'客人买得药方，用它去游说吴国的国王。一次越国发难侵吴，吴王派这个人统帅大军，冬天和越军在水上作战，大败越军，于是得到割地的封赏。能不皲手的药方只有一个，有的用来博取封赏，有的仍然不能免于在水中漂洗丝絮的劳苦，这就是因为对药方的使用不同。现在你有五石容量的大葫芦，为什么不将它做成腰舟，拴在腰间，借以飘浮在江湖之上，反而愁它太大无物可容呢？可见先生的心窍还是被蓬草堵塞了吧！"

【原文】

惠子谓庄子曰："吾有大树，人谓之樗[①]。其大本拥肿而不中绳墨[②]，其小枝卷曲而不中规矩，立之涂[③]，匠人不顾。今子之言，大而无用，众所同去也[④]。"

庄子曰："子独不见狸狌乎[⑤]？卑身而伏，以候敖者[⑥]；东西跳梁，不辟高下[⑦]；中于机辟，死于网罟[⑧]。今夫斄牛[⑨]，其大若垂天之云。此能为大矣，而不能执鼠。今子有大树，患其无用，何不树之于无何有之乡，广莫之野[⑩]，彷徨乎无为其侧，逍遥乎寝卧其下[⑪]。不夭斤斧，物无害者，无所可用，安所困苦哉[⑫]！”

【注释】

① 樗（chū）：俗称臭椿，质地粗劣的大树。

② 本：指树干。拥肿：木瘤盘结，即疙瘩。绳墨：木匠用的墨线。中：合。

③ 涂：通途。立之涂：立在路上。

④ 众：大家。去：抛弃。

⑤ 独：偏偏。见：看到。狸：野猫。狌：黄鼠狼。

⑥ 卑：低。敖：通遨，出游。

⑦ 跳梁：跳跃。辟：通避，躲避。

⑧ 中（zhòng）：触到。机辟：捕禽兽的工具。罟（gǔ）：网的总名。

⑨ 斄（lí）：亦作牦，牦牛。

⑩ 广莫：辽阔。

⑪ 彷徨：悠游自得的样子。无为：无所作为。逍遥：悠游自在。寝卧：躺着。

⑫ 夭：折。斤：大斧头。

【译文】

惠施对庄子说：“我有一棵大树，人们都叫它‘樗’。它的树干长满凹凸不平的大疙瘩而不合墨线，它的小枝又都弯弯曲曲不合规矩，生长在路上，木匠连看也不看它一眼。现在你说的那些言论，都是大而无用的，众人都远离而去了。”

庄子说：“先生你没看那野猫和黄鼠狼吗？它们在地上趴伏着身子，以等候那些出游的小动物。东跳西跃，不避高低，往往踏中机关，死于网罗之中。再看那牦牛，它的庞大的身体就像挂在天上的云彩，它的能力很大，然而却不会捕鼠。现在你有这么一棵大树，却愁它无用，你为什么不把它栽到虚寂的乡土广漠的旷野，悠闲自在地徘徊在它的旁边，怡然自得地躺在树下。它不会遭到斧头的砍伐而夭折，也没有什么东西去侵害它。它没有什么用处，又哪里会招来什么困苦呢？”

内篇

齐物论

《齐物论》是庄子哲学思想的代表作。这篇文章表述了庄子『天地与我并生，而万物与我为一』的思想，从而强调世界浑然一体、天人合一的终极境界。『齐物』是观察世界和体悟人生的重要方式。这就要求我们面对真实的生活，要调整身心，超越世俗，不要执著于偏见，而要倾听那自然和谐的『天籁』，从有限空间进入无限之域。《齐物论》是《庄子》中最富有哲学思辨力的一篇。庄子以相对主义的视域，反对唯我独尊，不承认有绝对的宇宙中心，主张破除成见，更换视角去理解别人。文章处处闪烁着美妙的智慧光芒。

【原文】

南郭子綦隐机而坐[①]，仰天而嘘，荅焉似丧其耦[②]。颜成子游立侍乎前[③]，曰："何居乎[④]？形固可使如槁木，而心固可使如死灰乎[⑤]？今之隐机者，非昔之隐机者也。"

子綦曰："偃，不亦善乎，而问之也[⑥]！今者吾丧我[⑦]，汝知之乎？女闻人籁而未闻地籁[⑧]，女闻地籁而未闻天籁夫！"

子游曰："敢问其方[⑨]。"

子綦曰："夫大块噫气[⑩]，其名为风。是唯无作，作则万窍怒呺[⑪]。而独不闻之翏翏乎[⑫]？山林之畏佳[⑬]，大木百围之窍穴，似鼻，似口，似耳，似枅[⑭]，似圈，似臼，似洼者，似污者[⑮]；激者，謞者，叱者，吸者[⑯]，叫者，譹者，宎者，咬者[⑰]，前者唱于而随者唱喁。冷风则小和，飘风则大和[⑱]，厉风济则众窍为虚[⑲]，而独不见之调调，之刁刁乎[⑳]？"

子游曰："地籁则众窍是已，人籁则比竹是已[㉑]。敢问天籁。"

子綦曰："夫吹万不同，而使其自己也，咸其自取，怒者其谁邪[22]！”

【注释】

① 南郭子綦（qí）：楚昭王的庶弟，曾任楚庄王的司马，因居于南郭，故称南郭子綦。隐：凭，靠。机：通几，案。“隐机而坐”：指倚靠几案静坐，说的是静。

② 嘘：缓缓吐气。荅（dá）：形体不存在的样子。丧：丧失。耦：一作偶，指精神与肉体相对偶，进入了忘我的境界。

③ 颜成子游：南伯的学生，姓颜，名偃，字子游，谥号成，故称颜成子游。

④ 居：通与，表疑问，引申作故或缘由，即何故。

⑤ 形如槁木：躯体像枯干的树木。

⑥ 而：通尔，你。

⑦ 吾丧我：吾指真我；我指偏执的我。丧：丧失，忘掉。

⑧ 籁：箫。人箫出于人为，地箫、天箫出于自然，庄子主张去人为，尚自然。女：通“汝”。

⑨ 方：道理。

⑩ 大块：指大地。噫气：犹嘘，吹气，吐气出声。

⑪ 号（háo）：呼啸，吼叫。

⑫ 而：你。翏翏（liáo）：长风声，一本作飂飂。

⑬ 畏佳：指山林高大雄伟的样子。

⑭ 似鼻：以下举窍穴的形状。枅（jī）：房柱头上的横木，斗拱。

⑮ 圈：杯圈。洼：大而深的洼地，指深窍。污：小而浅的池溏，指浅窍。

⑯ 激：水流冲激之声。谪（xiào）：如飞箭声。叱（chì）：呵叱，发怒时的出气声。吸：吸气声。

⑰ 譹（háo）：号哭声。宎（yǎo）：深沉的声音，如风吹到深谷之声。咬：哀切声。以上指形容各种窍穴发出的声音。

⑱ 泠（líng）风：小风，微风。飘风：大风，疾风。

⑲ 厉风：烈风。济：停止，风过。虚：没有声音。

⑳ 而：你。调调、刀刀：风吹林木枝叶摇曳的样子。刀刀：一作刁刁。

㉑ 比竹：用多竹并起来制作的乐器，如笙簧之类。

㉒ 怒者其谁邪：发动者还有谁呢？反诘子游，让他自己领会天籁的旨趣。怒：发动。

【译文】

南郭子綦凭靠着几案静坐，仰面朝天，缓慢呼吸，形体木然，好像精神脱离了身躯。颜成子游站立着陪侍在跟前，问说："为什么这个样子呢？形体安定固然可以使它像枯干的树木，而心灵寂静固然可以使它像熄灭的灰烬吗？你现在凭靠几案而坐的样子，不是过去凭靠几案而坐的你了。"

子綦回答说："偃，你问的问题，好极了！如今我忘掉了偏执的我，你知道吗？你听到过人籁，却不一定听到过地籁，你听到过地籁，却不一定听到过天籁吧！"

子游说："我想请教一下三籁的道理。"

子綦说："大地发出的气，它叫风。这风不作则已，一发作则地上所有的孔穴都会怒号起来。你没有听过长风呼呼的声音吗？山林高大参差的地方，百围大树上的孔穴，有的像鼻孔，有的像嘴巴，有的像耳朵，有的像舂臼，有的像深池，有的像浅塘。那发出的声音，有的像湍急的流水声，有的像飞箭发射之声，有的像呵叱声，有的像吸气声，有的像喊叫声，有的像嚎哭声，有的声音深沉如幽怨声，有的声音像哀切的叹息。前面的风声呜呜地唱着，后面的风声就呼呼地随应着。微风时，则相和的声音小，疾风则相和的声音大。暴风停止了，则所有的孔穴就都空寂无声了，你难道没看见风吹林木、枝叶还在摇曳摆动着吗？"

子游说："地籁不过是众多的孔穴中发出来的声音，人籁的声音不过是从用笙簧的乐器中发出来的乐声。请问天籁是什么呢？”

子綦说：“所谓天籁，就是风吹万窍而声音不同，然而使它们发作或停止的都是它们自己。都是各自的自然状态所致，谁能去发动它们呢！”

【品评】

子游曰：“地籁则众窍是已，人籁则比竹是已。敢问天籁。”

子綦曰：“夫吹万不同，而使其自己也，咸其自取，怒者其谁邪！”

“人籁”是人吹竹箫发出来的乐声，“地籁”是风吹万窍发出来的声音，“天籁”是风吹万窍发出的各种不同的声音，这些不同的声音不是由谁发动的，而是自然而然，无为而为。表现了崇尚自然、崇尚无为的精神追求。

【原文】

大知闲闲，小知间间[①]。大言炎炎，小言詹詹[②]。其寐也魂交，其觉也形开[③]。与接为构，日以心斗[④]。缦者，窖者，密者[⑤]，小恐惴惴，大恐缦缦[⑥]。其发若机栝，其司是非之谓也[⑦]；其留如诅盟，其守胜之谓也[⑧]；其杀若秋冬，以言其日消也[⑨]；其溺之所为之，不可使复之也[⑩]；其厌也如缄，以言其老洫也[⑪]；近死之心，莫使复阳也[⑫]。喜怒哀乐，虑叹变慹，姚佚启态[⑬]；乐出虚，蒸成菌[⑭]。日夜相代乎前，而莫知其所萌。已乎，已乎！旦暮得此[⑮]，其所由以生乎！

【注释】

① 闲闲：过于广博。间间：过于精细。

② 炎炎：烈火燎原，引申为盛气凌人。詹詹：犹沓沓，说话烦琐，喋喋不休的样子。

③ 魂交：心神交错烦乱。形开：形体不得安宁。

④ 与接为构：与，交。接：接触，与社会接触。构：交构，构合。日以心斗：整天钩心斗角。

⑤ 缦：通慢，迟缓，漫不经心。窖：用心深沉，用心良苦，设下圈套。密：严密，谨慎。缦、窖、密三种状况讲的都是由缓而紧、由浅而深、由疏而密的心斗状态。

⑥ 惴惴（zhuì）：惴惴不安，提心吊胆。缦缦：情绪沮丧、惊魂失魄的样子。

⑦ 发：发出。机：弩的发射器。栝：箭尾部扣弦的部位。发若机栝：指速度之快如射箭一般。司：同伺，窥伺，侦候，探察。

⑧ 留：止，守，与“发”互为对文，即保守于内心。诅盟：誓约。留如诅盟：指守胜心的顽固性，即心藏主见好像誓约一样不肯吐露。守胜：以守取胜。

⑨ 杀（shài）：衰杀，减杀，衰退。消：消铄，消弱。

⑩ 溺：沉溺。不可使复之也：无法恢复真性。

⑪ 厌：塞，闭藏。洫（xù）：败，枯竭。老洫：老朽枯竭。

⑫ 复阳：恢复生机。

⑬ 变：反复。慹（zhí）：通“慑”，恐惧，畏惧不敢动，引申为固执不变。姚：浮躁。佚：通逸，安逸，放纵。启：开，放荡，张狂。态：作态，装模作样。

⑭ 乐出虚：乐声从空虚的箫管中发出。蒸成菌：地上的蒸气使菌类生长出来。

⑮ 旦暮：早晚，几时，引申为日夜。暮亦作莫。此：这，指上面讲的十二种心“相代乎前”者的道理。

【译文】

大智广博，小智精细。大言盛气凌人，小言则喋喋不休。他们睡觉时也心神交错烦乱，醒来时也形体不宁。与外界接触构合纠葛，整天钩心斗角。有的显得漫不经心，有的却设下陷阱，有的则言辞谨密。小的恐惧惴惴不安，大的恐惧惊魂失魄。他们的发言犹如飞箭一样疾速，窥伺别人的是非来攻击；他们沉默犹如盟誓，等待取胜之机；他们衰败好似秋风冬寒的景物，这是说他们一天天在消亡；他们沉溺于辩论的活动之中，再无法使他们恢复本然之性；他们心灵闭塞如同被绳索束缚，说明他们老而枯竭败坏；走近死亡的心灵，再也不能使它恢复生机。他喜欢、恼怒、悲哀、快乐，忧虑、喟叹、诡变、恐惧，轻浮、放纵、张狂、作态等种种神态，就像乐声从空虚的乐器中发出来的，又像菌类从地上的蒸气中生长出来一样。这种种情绪和心态日夜变化着，交互更替地出现，却不知道它们是从哪里萌发出来的。算了吧，算了吧！一旦懂得了这些情态发生的道理，也就懂得了它们所以发生的根由了！

【原文】

非彼无我，非我无所取[①]。是亦近矣，而不知其所为使，若有真宰，而特不得其眹[②]。可行已信，而不见其形，有情而无形[③]。

百骸、九窍、六藏[④]，赅而存焉[⑤]，吾谁与为亲？汝皆说之乎[⑥]？其有私焉？如是皆有为臣妾乎？其臣妾不足以相治乎？其递相为君臣乎？其有真君存焉[⑦]？如求得其情与不得，无益损乎其真。

一受其成形，不忘以待尽[⑧]。与物相刃相靡，其行尽如驰，而莫之能止[9]，不亦悲乎！终身役役而不见其成功，苶然疲役而不知其所归[10]，可不哀邪！人谓之不死，奚益！其形化，其心与之然，可不谓大哀乎？

人之生也，固若是芒乎[11]？其我独芒，而人亦有不芒者乎？夫随其成心而师之，谁独且无师乎[12]？奚必知代而心自取者有之[13]？愚者与有焉。未成乎心而有是非，是今日适越而昔至也[14]。是以无有为有。无有为有，虽有神禹，且不能知，吾独且奈何哉！

【注释】

① 非彼无我：彼即“此其所由以生”之“此”，指上述各种情态。取：资。禀受：体现。

② 真宰：真心，真我。特：独，但。眹（zhèn）：通朕，迹像，端倪。

③ 情：信，实。

④百骸（hái）：一百个骨节，多个骨节。九窍：指眼、耳、鼻等人体器官的九个孔穴。六藏：藏通脏，心、肝、脾、肺、肾，称为五藏，肾有左肾和右命门，故称为六藏。

⑤ 赅：兼备，具备。

⑥ 说（yuè）：通悦，喜欢，喜悦。

⑦ 真君：真心，真我，真宰，是继“怒者其谁”而言。

⑧ 不忘以待尽：一旦禀受天地之气而成形，便要不失本真之性以尽天年。

⑨ 刃：比喻矛盾。靡：同劘，切实，切中事理。

⑩ 役役：形容劳苦不休。苶（nié）然：颓唐，疲倦的样子。所归：归宿，目的。

⑪ 芒：通茫，昏昧、迷糊。

⑫ 成心：偏见，主观成见。师：取法，效法，判断。且：语助词。师：大宗师的师，宗大道为师的师。

⑬ 知代：自然变化之相代。心自取者：有见地的人或

有心得的人。

⑭ 未成乎心：未形成的主观成见。

【译文】

如果没有这种种情态的存在，也就没有我的存在；没有我，它们也就无法体现。这样我与它们也就近似统一了，然而不知道它受谁支配。仿佛有个真宰主使者这种关系，但是却看不见它的端倪。我们可以从它的行为中得到验证，却看不到它的形体，它是真实可信的，却没有具体的形象。

百骸、九窍和六藏，都完备地存在我的身上，我和哪一个最亲近呢？你都喜欢它们呢，还是有所偏爱呢？如此不是都把它们当成臣仆了吗？他们之间还能相互支配吗？还是让他们轮流做君臣呢？或者果然另有真君存在吗？无论能否求得真君的真实情况，这都不能减损或者增益它的本真。

人一旦禀受天地之气而形成形体，便要不失本真已尽天年。人和外物接触，便会有矛盾摩擦，也有相互依附之时。他的行为追逐外物奔驰忙碌不能停止，这不是很可悲的吗！终生劳碌而看不见成功，颓唐委靡，疲于劳役，而不知道他的归宿，这不是很悲哀吗！这样的人生虽说不死，又有何益呢？他的形体在不断地衰老枯竭，他的精神又随着形体的变化而消失，这可不是最大的悲哀吗？

人生在世，本来就是如此的昏昧吗？难道只是我昏昧无知，而别人就不昏昧无知吗？如果只是依据自己的成见作为判断是非的标准，那么谁没有一个标准呢？何必一定要了解事物发展变化而有见地的人才有呢？就是愚昧的人也是有的。如果说没有形成主观成见，便有了是非观念，这就像惠施的“今天去越国而昨天就到了”的观点一样。这是把“无有”当作“有”。把“无有”

当作“有”，就是神明的大禹尚且无法理解，我又有什么办法呢！

【品评】

一受其成形，不忘以待尽。与物相刃相靡，其行尽如驰，而莫之能止，不亦悲乎！

人一旦禀受天地之气而成为有形之体，就与外物形成对立，从而相互摩擦、碰撞、冲突直至伤害，同时也形成无法分离而相互依存的关系。人对外物的追逐，造成了双方的不幸，但却无法停止。这真是可悲。这是人的悲剧，也是难以避免的悲剧。庄子的伤感也是今天好多人的伤感。多少人成为物欲的奴隶而无法自拔。

【原文】

夫言非吹也，言者有言[①]，其所言者特未定也[②]。果有言邪？其未尝有言邪？其以为异于鷇音，亦有辩乎[③]，其无辩乎？道恶乎隐而有真伪[④]？言恶乎隐而有是非？道恶乎往而不存？言恶乎存而不可？道隐于小成，言隐于荣华[⑤]。故有儒墨之是非，以是其所非而非其所是。欲是其所非而非其所是，则莫若以明[⑥]。

物无非彼，物无非是[⑦]。自彼则不见，自是则知之[⑧]。故曰：彼出于是，是亦因彼[⑨]。彼是方生之说也[⑩]。虽然，方生方死，方死方生，方可方不可，方不可方可[⑪]；因是因非，因非因是[⑫]。是以圣人不由[⑬]，而照之于天，亦因是也。是亦彼也，彼亦是也。彼亦一是非，此亦一是非[⑭]。果且有彼是乎哉？果且无彼是乎哉？彼是莫得其偶，谓之道枢[⑮]。枢始得其环中，以应无穷。是亦一无穷，非亦一无穷也。故曰莫若以明。

【注释】

① 吹：吹风。言与吹风不同，意为言论出于成见，而风乃发于自然。言者有言：辩论者各有所说。

② 特未定：但还不一定，无一定的标准。

③ 鷇（gòu）：初生小鸟。辩：亦作辨，分别，辨别。

④ 道：本意为道路，引申为道理、规律、本质。恶乎：什么。隐：隐蔽。

⑤ 小成：片面的认识成果。荣华（huā）：浮华之词。

⑥ 莫若以明：不如使心灵达到空明的境地去反照外物。

⑦ 物无非是：事物没有不是这样的。

⑧ 自彼则不见，自是则知之："是"众本作"知"。依严灵峰《庄子章句新编》校改。彼与是对立，见与知对立。从彼方看不见此方，从此方来看就知道了。

⑨ 因：因依，依托，依存。

⑩ 彼是方生："彼"与"此"的观念相对而生，相依并存。

⑪ 方生方死，方死方生：生与死相互渗透和相互转化。方可方不可，方不可方可：正题与反题相互渗透，相互转化，有同一性。

⑫ 因是因非，因非因是：由是而得非，由非而得是，是非相反相成。

⑬ 圣人不由：圣人不由是非对立之途，不问生死之分的问题。照：反映。天：自然。因：因任。

⑭ 彼亦一是非，此亦一是非：彼方的是非不同于此方的是非，此方的是非不同于彼方的是非。

⑮ 偶：对立面。道枢：道的关键，道的中心部分，引申为规律。

【译文】

言论不是风的吹动那样出于自然，发表言论的人议论纷纷，但他们的言论并不能作为正确判定是非的标准。他们果真有自己的言论吗？还是不曾有过自己的这些言论呢？他们都认为自己的言论有异于刚出蛋壳的小鸟叫声，到底是有分别呢，还是没有分别呢？

大道是怎么被隐蔽而有真伪之别的呢？言论是怎样被隐蔽而有是非之辩的呢？道是如何出现而又不复存在的呢？言论是如何展现过又如何不被承认的呢？道被片面认识隐蔽了，至言被花言巧语隐蔽了，所以才有儒墨显学的是非之争，他们都各自肯定对方之所非，而非议对方之所是，如要肯定对方的所非而非议对方的所是，则不如以空明的心境去观照事物的本源。

宇宙间的事物没有不是彼方的，也没有不是此方的，从彼方来观察就看不见此方，从此方来了解就知道了。所以说，事物的彼方是由此方产生的，而此方也因对立的彼方而依存于彼方。彼与此的概念是一并产生而相互并存的。虽然如此，万事万物都是随着生就随着灭，随着灭就随着生；肯定中有否定因素而向否定转化，否定中有肯定因素而向肯定转化；由是而得非，由非而得是，所以，圣人不经由是非之途而只是如实地观照事物的本然，也就是因任自然的道理。“此”也是“彼”,“彼”也是“此”。“彼”有它的是非，“此”也有一个它的是非。果真有彼此之分吗？果真无彼此之分吗？彼此都没有它的对立面，这就是道的枢纽。合乎道枢，才能得到它的运转的圆机，以顺应无穷无尽的事物流变。“是”的变化是无穷尽的，“非”的变化也是无穷尽的。所以说不如以空明的心境去观照事物的实情。

【品评】

彼亦一是非，此亦一是非。果且有彼是乎哉？果且无彼是乎哉？彼是莫得其偶，谓之道枢。枢始得其环中，以应无穷。是亦一无穷，非亦一无穷也。故曰莫若以明。

齐是非是庄子道通为一思想在认识论上的表现。庄子认为，是非的产生是由于认识的局限性，是非的存在是由于人认识的片面性。齐是非的客观依据是因为是非在永不停止地转化，齐是非的理论依据是以道观之万物一体，没有分别。这里包含着发展和变化的辩证法思想，也集中体现了庄子的相对主义和诡辩思想。

【原文】

以指喻指之非指，不若以非指喻指之非指也；以马喻马之非马，不若以非马喻马之非马也。天地一指也，万物一马也。

可乎可，不可乎不可。道行之而成，物谓之而然。恶乎然[①]？然于然。恶乎不然？不然于不然。物固有所然[②]，物固有所可。无物不然，无物不可。故为是举莛与楹[③]，厉与西施[④]，恢恑憰怪[⑤]，道通为一[⑥]。

其分也，成也[⑦]；其成也，毁也。凡物无成于毁，复通为一。唯达者知通为一，为是不用而寓诸庸[⑧]。庸也者，用也；用也者，通也；通也者，得也[⑨]。适得而几矣。因是已。已而不知其然，谓之道。

劳神明为一而不知其同也，谓之朝三。何谓朝三？狙公赋芧[⑩]曰："朝三而暮四。"众狙皆怒。曰："然则朝四而暮三。"众狙皆悦。名实未亏而喜怒为用，亦因是也。是以圣人和之以是非而休乎天钧，是之谓两行[⑪]。

【注释】

① 恶乎然：何以这样，为什么这样。

② 固：本然，本来。物固有所然：万物各有它的本来面貌。
③ 莛（tíng）：草茎。楹（yíng）：厅堂前面的柱子。莛楹在这里分别代表物的大小。
④ 厉：通病，古代的丑女人。西施：泛指古代的美女。
⑤ 恢恑憰怪：千奇百怪的异状。恢：同诙，诙诞，荒诞。恑（guǐ）：通诡，狡猾，一说变异。憰（jué）：通谲，欺诈。怪：奇异，怪异。
⑥ 道通为一：以道的角度来看都是一样的。
⑦ 分：分离，分散。成：组成，组合，成器。
⑧ 为是：因此。不用：指不用成毁的观点看问题。诸：之于。庸：常。寓：托付，寄托。寓诸庸：托付于循环往复的变化。
⑨ 得：自得，满意。
⑩ 狙（jū）：猕猴。狙公：养猴人。赋：颁，给。芧：橡子。
⑪ 和：调和。休：休息，引申为无为。天钧：自然调和，自然均衡的道理。

【译文】

用手指来说明手指不是手指，不如用非手指来说明手指不是手指；用白马来说明白马不是马，不如用非白马来说明白马不是马。从道通为一、万物浑然一体的道理来看，其实天地之大就是一指，万物千差万别不过就是一马。

肯定自有肯定的道理，否定自有否定的道理。道路是人走出来的，事物的名称是人叫出来的，怎样才算是？是就是是；怎样算是不是？不是就是不是。万物原来就有它的原因，万物都有适可的道理，没有什么事物是不是的，没有什么事物是不可肯定的。所以就举草茎和大柱子、丑厉和西施，以及世上奇奇怪怪的一切事物，从道的观点来看，都是可通为一的。

万物总有所分，必有所成，有所成必有所毁。所以一切事物没有成与毁的分别，还是可以贯通为一体的。只有这样，通达的人才会懂得万物浑然相通的道理。因此，他们不用固执常人的成见，而寄托于循环往复的观点看问题，按循环往复的变化行事，就是无用之用，就无所不通，无所不通，就无所不得。达到满意而有所得也就差不多了。因任自然吧，把万物看成贯通为一而不去了解它的所以然，这就叫做道。

辩者们竭尽自己的聪明才智才追求万物齐一，却不知道它本来就是相同的，这就是所谓的“朝三”。什么叫“朝三”呢？有一个养猕猴的老人，在分给猕猴橡子时说：“早晨三升，晚上四升。”所有的猴子听了，都非常愤怒。老人又说：“那么就早晨四升而晚上三升吧。”所有的猴子都高兴起来。其实名和实都没有什么改变，然而却使猴子喜怒不同，这就是顺应猴子主观的心理作用罢了。所以，圣人不执著于是非的争论，而依顺自然均衡之理，这就是物我并行，各得其所。

【品评】

其分也，成也；其成也，毁也。凡物无成于毁，复通为一。

庄子认为，人之生，气之聚，聚则为生，散则为灭。世界万物的生毁成亡即是气之聚散。从道的观点看，生死循环是没有区别的。庄子对世界万物的发生、发展、消亡的规律的认识是深刻的。但这一道理并非所有的人都能看得透，看得清。

【原文】

古之人，其知有所至矣[①]。恶乎至？有以为未始有物者[2]，至矣，尽矣，不可以加矣。其次以为有物矣，而未始有封也[3]。其次以为有封焉，而未始有是非也。是非之彰也，道之所以亏也[4]。道之所以亏，爱之所以成，果且有成与亏乎哉[5]？果且无成与亏乎哉？有成与亏，故昭氏之鼓琴也[6]；无成与亏，故昭氏之不鼓琴也。昭文之鼓琴也，师旷之枝策也，惠子之据梧也[7]，三子之知几乎，皆其盛者也，故载之末年[8]。唯其好之也，以异于彼，其好之也，欲以明之。彼非所明而明之，故以坚白之昧终[9]。而其子又以文之纶终[10]，终身无成。若是而可谓成乎？虽我亦成也[11]。若是而不可谓成乎？物与我无成也。是故滑疑之耀[12]，圣人之所图也[13]，为是不用而寓诸庸，此之谓以明。

【注释】

① 知：通智，智慧，引申为认识。有所至：达到最高境界。

② 以为：认为。未始：未曾。未始有物：指无有、无物。

③ 封：界域，界限。

④ 彰：明显，显著。亏：亏损，失败，是对成而言。

⑤ 爱：私，偏爱，与公相对。成：全，成功。

⑥ 故：则。昭氏：姓昭名文，郑人，古代的音乐家，善于弹琴。庄子借昭文鼓琴五音不能并举，不能得“全”为例，说明鼓琴不如不鼓琴可以保持音乐的全声。鼓琴：弹奏琴瑟。

⑦ 师旷：是晋平公的乐师。惠子：惠施。据：依靠。梧：梧桐树。

⑧ 三子：昭文、师旷和惠施。几：接近。盛：最强。载之末年：载，从事；末年：晚年，终生。

⑨ 坚白：指战国时关于坚白论的观点。即惠施的“离坚白”的观点。昧：指愚昧不明，是说坚白论不足以明道，

只益于暗昧。终：终生。

⑩ 其子：指昭文的儿子。纶：琴弦。

⑪ 成：成就。

⑫ 滑（gǔ）：迷乱。疑：同稽，同的意思。耀：眩耀。滑疑之耀：迷乱人心的炫耀。

⑬ 图：鄙，鄙除，摒弃。

【译文】

古时候得道的人，他们的智慧达到了最高境界。是怎么样的最高境界呢？他们认为宇宙始初，万物不存，这便是最高境界的，尽美尽善的，再不能增加什么了。稍次等的人，则认为宇宙初始，有了万物时，万物之间并没有严格分界。再次等的人，认为有了分界，但未曾有是非之别。是非观念明确了，道也就因此而亏损了。道之所以亏损，是因偏私形成的。果真有所谓成就和亏损呢？果真还是没有成就和亏损呢？有成就和亏损，犹如昭文弹琴；没有成功和亏损，犹如昭文不弹琴。昭文弹琴，师旷持杖击节，惠施倚着梧桐树的辩论，这三位先生的才艺也算是登峰造极了，所以载誉于晚年。正因为他们各有所好，而炫异于别人，他们各以所好去教诲明示别人，用不是别人所非了解不可的东西而硬让别人去了解，因此终身被坚白论的糊涂观念所迷惑。然而昭文的儿子又继续从事昭文的余绪，以至于终生无所成就。如果说这就是所谓成就，那么像我这样的也算有成就了。如果说这不能算是成就，那么外物和我都不能算是有成就。所以，那些迷乱世人的炫耀，圣人总是要摒弃的。所以圣人不用个人的一孔之见、一技之长夸示于人，而是寄寓于各物自身的功分上，这就叫做“以明”。

【原文】

今且有言于此[①]，不知其与是类乎？其与是不类乎[②]？类与不类，相与为类，则与彼无以异矣。虽然，请尝言之：有始也者[③]，有未始有始也者，有未始有夫未始有始也者。有有也者，有无也者，有未始有无也者，有未始有夫未始有无也者。俄而有无矣，而未知有无之果孰有孰无也。今我则已有谓矣，而未知吾所谓之其果有谓乎，其果无谓乎？天下莫大于秋毫之末，而大山为小[④]；莫寿于殇子[⑤]，而彭祖为夭。天地与我并生，而万物与我为一[⑥]。既已为一矣，且得有言乎？既已谓之一矣，且得无言乎？一与言为二，二与一为三[⑦]。自此以往，巧历不能得[⑧]，而况其凡乎[⑨]！

故自无适有以至于三[⑩]，而况自有适有乎！无适焉，因是已。

【注释】

① 今：现在。且：姑且，假设。

② 不类：不同类，不相同。

③ 有始也者：指宇宙有个开始。

④ 秋毫：兔毛的尖部。大山：泰山。大：太，泰。

⑤ 殇（shāng）子：夭折的婴儿。

⑥ 一：一体。

⑦ 一与言为二，二与一为三：即同于老子的“道生一，一生二，二生三”的观点。

⑧ 巧历：巧于计算者。不能得：不能算尽这个数。

⑨ 凡：普通人。

⑩ 适：往，到，引申为推算。

【译文】

现在在这里说出的话，不知道与其他人说的话是一样呢？还是不一样呢？一样也好，不一样也好，既然都是议论，那也就是一样了。那也就与其他人的议论没有什么差别了。虽然如此，还是请容许我说出来：宇宙有一个开始，有它的未曾开始的开始，更有它的未曾开始的未曾开始的开始。宇宙有自己的有，有自己的无，更有自己的未曾有无的无，更有它的未曾有无未曾有无的无。忽然发生了有和无，却不知道这个有无果真是有，果真是无。现在我说了这些话，却不知道我说了这些话呢，还是我没说过这些话呢？天下没有比秋毫的末端更大的东西，而泰山却是小的；没有比夭折的婴儿更长寿的，而彭祖却是短命者。天地万物都和我们同生共存，都与我同为一体。既然合为一体了，还能再说什么呢？既然已经说了万物一体了，又怎能说没有说什么呢？万物一体加上我所说的话就成为二，二再加上一就成三，这样推算下去，最巧妙的计算者也不能得出最后的答案，何况普通人呢？

所以从无到有，以至于推出三来，何况从有到有的推算呢？不要再往下推算了，还是因任自然吧。

【品评】

天下莫大于秋毫之末，而大山为小；莫寿于殇子，而彭祖为夭。天地与我并生，而万物与我为一。

从道通为一的观点来看，万物齐一，没有高下种类的差别，所以秋毫和泰山、夭折的婴儿与彭祖相比，没有大小、寿夭的分别。但其中透露出的辩证法思想的光辉还是很闪光的。因为比较的参照物不同，可以说秋毫很大，泰山很小，彭祖命短，夭折的婴儿长寿。在现实生活中，我们常常会遇到那些自以为是、目空一切的人，想想自己是和谁比较的，就会谦虚多了。

【原文】

夫道未始有封，言未始有常，为是而有畛也[①]。请言其畛：有左，有右，有伦，有义[②]，有分，有辩，有竞，有争，此之谓八德[③]。六合之外，圣人存而不论；六合之内，圣人论而不议[④]。春秋经世先王之志，圣人议而不辩[⑤]。故分也者[⑥]，有不分也；辩也者，有不辩也。曰：何也？圣人怀之，众人辩之以相示也[⑦]。故曰辩也者，有不见也[⑧]。

夫大道不称，大辩不言[⑨]，大仁不仁，大廉不嗛，大勇不忮[⑩]。道昭而不道[⑪]，言辩而不及，仁常而不成，廉清而不信，勇忮而不成[⑫]。五者圆而几向方矣[⑬]，故知止其所不知，至矣。

孰知不言之辩，不道之道？若有能知，此之谓天府[⑭]。注焉而不满，酌焉而不竭[⑮]，而不知其所由来，此之谓葆光[⑯]。

【注释】

① 道未始有封：道未曾有界限，道无所不在。封：界限。常：定准，定论。畛：田间的疆界，界限。

② 有左，有右：指畛的左右，即有了类别。伦：次序、类。义：法度礼数。

③ 分：分粗。辩：辩细。竞：竟弱。争：争强。八德：八种事。这是指儒墨所争执的八种争执。

④ 论而不议：考核其类，而下议论它是否合宜，因为各有各的合宜，不能议论清楚。

⑤春秋：古代成玄英疏，春秋，时代也。经世：治理社会。先王之志：先王治世的记载。志：用文字记载。议而不辩：只议其义而不辩其辞。

⑥分：分别。

⑦怀：议论藏于心中。相示：互相夸耀自胜，相互显示其才智。

⑧辩也者，有不见也：善于争辩的人只见是而不见非。

⑨称：声扬，声张。

⑩大仁不仁：大仁是没有偏爱的。嗛（qiǎn）：通谦，谦逊。忮：（zhì）：伤害。

⑪昭：彰明，显扬，显示。

⑫仁常：常仁。不成：不周。

⑬圆：通"刓"，指残缺。方：指道的一隅。

⑭天府：宇宙，自然的仓库，实指心灵。

⑮酌：酌酒，引申为取用。

⑯葆光：包藏光明却不外露。

【译文】

大道原本没有界限，语言开始没有定准，因为有了是与非这样的概念，才划分出许多的界限，请让我谈一谈它的界限，有左，有右，有次序，有等级，有分析，有辨别，有竞说，有争强，这是界限的八种表现。天地以外的事情，圣人是存而不论的；天地以内的事情，圣人只论说而不加以评议。春秋时代记载的先王之史迹。圣人只评议而不争辩。所以说，天下有分别，就有不分别；有争辩，就有不争辩。这是什么意思呢？就是说，圣人不争不辩，虚怀若谷，而众人却争辩不休而相互夸耀以显扬自己。所以说辩论的存在，必有眼界看不到的地方。

大道是不可称谓的，大辩是不用言说的，大仁是无所偏爱的，大廉是不谦逊的，大勇是不伤害人的。"道"一旦显示彰明就不是大道了，言如争辩就有所达不到，仁有常爱而不周，廉到过于清白就不信实，勇到害人逆物就不是真正的勇敢。这五者遵行不弃，就差不多接近大道了。所以，一个明智的人止于他所不知的境地，就是极点了。

谁能知道不用语言的辩论，不用声扬的道呢？如果有谁能知道这一点，这就称得上是天然的府库了。在这里，无论注入多少东西都不会盈满，取出多少东西也不会枯竭，而且不知道它的源流来自何处，这就叫做潜藏的光明。

【原文】

故昔者尧问于舜曰："我欲伐宗、脍、胥敖[①]，南面而不释然[②]。其故何也？"

舜曰："夫三子者，犹存乎蓬艾之间[③]。若不释然，何哉[④]？昔者十日并出[⑤]，万物皆照，而况德之进乎日者乎[⑥]！"

【注释】

① 宗、脍（kuài）、胥敖（áo）：上古时代的三个小国。
② 南面：古代帝王的座位面向南，此处为临朝。释（yì）：通怿，喜悦，安然。不释然：芥蒂于心。
③ 三子：三个国家的君主。蓬艾：蓬蒿艾草。
④ 若：汝，你。
⑤ 十日并出：古代的寓言，比喻光明普照万物的意思。
⑥ 进：更加，胜过。

【译文】

过去尧问舜说，"我想讨伐宗、脍、胥敖，每当临朝理政，总是感到心绪不宁，这是为什么呢？”

舜说：“这三个小国的君主，犹如生存在蓬蒿艾草之下，你心绪不宁，这是为什么呢？当年十个太阳一并升起，万物都在阳光的照耀之下，何况你的德行超过太阳的光芒了呢！”

【原文】

齧缺问乎王倪曰[1]：“子知物之所同是乎[2]？”

曰：“吾恶乎知之！”

“子知子之所不知邪？”

曰：“吾恶乎知之！”

“然则物无知邪[3]？”

曰：“吾恶乎知之！虽然，尝试言之。庸讵知吾所谓知之非不知邪[4]？庸讵知吾所谓不知之非知邪？且吾尝试问乎汝：民湿寝则腰疾偏死，鳅然乎哉[5]？木处则惴栗恂惧[6]，猿猴然乎哉？三者孰知正处[7]？民食刍豢，麋鹿食荐[8]，蝍蛆甘带，鸱鸦耆鼠，四者孰知正味[9]？猿猵狙以为雌，麋与鹿交，鳅与鱼游[10]。毛嫱丽姬[11]，人之所美也；鱼见之深入，鸟见之高飞，麋鹿见之决骤，四者孰知天下之正色哉[12]？自我观之，仁义之端，是非之涂[13]，樊然淆乱，吾恶能知其辩[14]！”

齧缺曰：“子不知利害，则至人固不知利害乎？”

王倪曰：“至人神矣，大泽焚而不能热，河汉沍而不能寒[15]，疾雷破山、飘风振海而不能惊。若然者，乘云气，骑日月，而游乎四海之外，死生无变于己[16]，而况利害之端乎！”

【注释】

① 啮（niè）缺、王倪：虚拟人物。

② 子：先生，你。所同是：共同认可的，共同标准。

③ 无知：没法认识。

④ 庸讵：怎么，哪里。庸讵知：安知，何知，岂能知。

⑤ 湿寝：在潮湿的地方睡觉。腰疾：腰痛。偏死：偏瘫。然乎哉：是这样吗。

⑥ 木处：在树上住。惴栗：惊恐得发抖。恂（xún）惧：害怕。

⑧ 三者：指人、泥鳅和猿猴。孰：谁。正处：真正舒适的处所。刍豢（chú huàn）：喂草为刍（指牛羊），喂谷物为豢（指猪狗）。荐：繁茂的草。

⑨ 蝍蛆（jī jū）：蜈蚣。甘：喜欢。带：小蛇。鸱（chī）：猫头鹰。鸦：乌鸦。耆：通嗜，好（hào）吃。正味：真正好吃的味道。

⑩ 猵（biān）狙：猿的一种。以为雌：相配的为雌雄。交：相为交配。游：指泥鳅与鱼相追尾。

⑪ 丽姬：古代美女。

⑫ 决骤：迅疾奔走。正色：真正美丽的面容。

⑬ 自：依。观之：看来。端：端倪，端绪。涂：通途，途径。

⑭ 樊然：杂乱的样子。淆：混杂，搅扰。辩：通辨，分别，区别。

⑮ 河汉：黄河和汉水，此处指江河。沍（hù）：冻结，封冻。疾雷：迅猛的雷。飘风：暴风。惊：震惊。

⑯ 变于己：使自己发生变化。

【译文】

啮缺向王倪问道：“你知道万物共同的标准吗？”

王倪回答说：“我怎么知道呢！”

啮缺又问说：“你知道你所不了解的东西吗？”

王倪说："我怎么会知道呢！"

齧缺再问说："那么万物就无法知道了吗？"

王倪说："我怎么会知道呢！虽然如此，姑且让我说说看。怎么知道我所说的'知道'不是'不知道'呢？怎么知道我所说的'不知道'并不是'知道'呢？现在且让我问你：人睡在潮湿的地方就会腰痛而偏瘫，泥鳅也会这样吗？人居住在树上就会惊恐不安，猿猴也会这样吗？这三种动物究竟谁最了解哪里是真正合适的处所呢？人吃家畜的肉，麋鹿吃美草，蜈蚣爱吃小蛇，猫头鹰和乌鸦喜欢吃老鼠，这四类动物究竟谁知道什么样的食物才是真正好吃的美味呢？雌猿与猵狙配为雌雄，麋和鹿相交合，泥鳅和鱼相追尾。毛嫱、丽姬，这是世人所羡美；然而鱼见到她们就会潜入水底，鸟见到她们就会飞向高空，麋鹿见了就会疾速奔跑，这四种动物到底谁更知道什么才是天下真正的美色呢？依我看来，那些仁义的端倪，是非的途径，错综复杂，我怎么能知道它们之间的分别呢！"

齧缺说："你不了解世间的利害，难道至人也不了解世间的利害吗？"

王倪说："至人神妙极了！山泽燃烧，他不会感到炎热；江河封冻，他也不会感到寒冷；雷电劈山、暴风掠海，他也不会感到惊恐。像这样的至人，驾着云气，骑着日月，而遨游于四海之外，生死都不能让他受到影响，更何况世间的利害小事呢！"

【品评】

民湿寝则腰疾偏死，鳅然乎哉？木处则惴栗恂惧，猿猴然乎哉？三者孰知正处？民食刍豢，麋鹿食荐，蝍蛆甘带，鸱鸦耆鼠，四者孰知正味？猿猵狙以为雌，麋与鹿交，鳅与鱼游。毛嫱丽姬，人之所美也；鱼见之深入，鸟见之高飞，麋鹿见之决骤，四者孰知天下之正色哉？自我观之，仁义之端，是非之涂，樊然淆乱，吾恶能知其辩！

人总是认为自己为万物之灵，人总是认为自己能够掌握这个世界，人总是认为自己可以按照自己的意愿塑造这个世界。庄子借王倪之口说，这是不对的。人睡在潮湿的地方会有腰疾，但泥鳅不会；人爬上高树会恐惧，但猿猴不会。人所美味，其他动物不一定爱吃；人之所美，但鱼见会潜入水底，鸟见之却要高飞。可见，人不能把自己的意愿和想法强加给这个世界，人也不知道万物都有什么习性和特点。

【原文】

瞿鹊子问乎长梧子曰[①]："吾闻诸夫子，圣人不从事于务，不就利，不违害，不喜求，不缘道[②]；无谓有谓，有谓无谓[③]，而游乎尘垢之外。夫子以为孟浪之言，而我以为妙道之行也[④]。吾子以为奚若？"

长梧子曰："是黄帝之所听荧也[⑤]，而丘也何足以知之！且女亦大早计，见卵而求时夜，见弹而求鸮炙[⑥]。予尝为女妄言之，女以妄听之。奚旁日月，挟宇宙[⑦]，为其脗合，置其滑涽[⑧]，以隶相尊。众人役役，圣人愚芚，参万岁而一成纯[⑨]。万物尽然，而以是相蕴[⑩]。"予恶乎知说生之非惑邪[⑪]！"

予恶乎知恶死之非弱丧而不知归者邪[⑫]！丽之姬[⑬]，艾封人之子也[⑭]。晋国之始得之也，涕泣沾襟；及其至于王所，与王同筐床[⑮]，食刍豢，而后悔其泣也。予恶乎知夫死者不悔其始之蕲生乎[⑯]！"

【注释】

① 瞿鹊子、长梧子：虚拟人物。

② 违：回避。缘：拘泥。

③ 无谓有谓：没说话就好像说话了。有谓无谓，说了话就如同没说话。

④ 妙道：美妙的大道。行：与“言”对，指行径。

⑤ 是：此，指瞿鹊所听到的孔夫子有关圣人的那段言论。荧：通莹，疑惑。

⑥ 大：通太。大早计：求之过急，操之过急。时夜：亦称司夜，五更报晓的鸡。鸮（xiāo）：似斑鸠的一种鸟。炙：烤。

⑦ 奚：何不。旁：同傍，依傍。旁日月：即万物与我并生的意思。挟：怀抱。

⑧ 为：与。脗：同吻。为其脗合：与宇宙万物合为一体。置：任凭。滑涽：杂乱。

⑨ 役役：劳苦不休。愚芚（chūn）：愚昧无知的样子。圣人愚芚：指圣人藏知于愚。参：糁的假借字。糁：糅合。万岁：年代久远。一：指一体无别。纯：不浑杂。

⑩ 是：此。蕴：蕴涵。万物以是相蕴：万物都相互蕴涵于齐一之中，无物我之别。

⑪ 说：通悦。

⑫ 恶（wū）乎：怎么。恶（wù）死：厌恶死亡。弱丧：少年在外流浪不回家的人。

⑬ 丽之姬：丽戎国的美女。

⑭ 艾：丽戎国内的地名。封：封疆。子：女儿。

⑮ 筐床：方正而安适的君主的床。

⑯ 蕲（qí）：通祈，求。

【译文】

瞿鹊子问于长梧子说：“我听孔夫子说过：圣人不去追名求利，不贪图利益，不躲避灾祸，不喜欢妄求，不拘泥于道；没有说话就好像说话了，说了话就好像没有说话，而遨游于世俗之外。

孔夫子认为这些都是轻率的言论，而我认为这些正是精妙之道。你怎样认为？”

长梧子说：“这些话黄帝听了也会感到疑惑不解，而孔丘怎么能了解呢？而且你也太操之过早过急了，就好像见到鸡蛋便想得到报晓的雄鸡，见到弹丸就想吃到烤熟的鸮肉。我姑且给你说说，你也就姑且听听吧。为什么不依傍着日月，怀抱着宇宙，与万物混合为一体，任凭是非杂乱置之不问，而世俗上尊卑贵贱的分别看作是一样的。那些世俗之人纷纷扰扰追求不休，圣人则表现为混混沌沌的样子，浑同历代变异而归为浑然一体之中。万物都是如此，而互相蕴涵于精纯浑朴之中。

“我怎么知道贪生而不是迷惑呢？我怎么知道对死亡感到厌恶而不像少年流浪在外不知回家的人呢？丽姬是戎国在艾地戍守边界人的女儿。当晋国开始得到她的时候，她哭得泪水湿透了衣襟；等她到了晋献公的王宫里，和国王睡在一张方正而安适的床上，同吃美味的肉食时，才后悔当初的哭泣。我怎能知道死了不后悔当初不该贪生呢？”

【原文】

“梦饮酒者，旦而哭泣；梦哭泣者，旦而田猎。方其梦也，不知其梦也。梦之中又占其梦焉，觉而后知其梦也。且有大觉而后知此其大梦也，而愚者自以为觉，窃窃然知之[①]。君乎，牧乎，固哉[②]！丘也与女，皆梦也；予谓女梦，亦梦也。是其言也，其名为吊诡[③]。万世之后而一遇大圣，知其解者，是旦暮遇之也。”

“既使我与若辩矣，若胜我，我不若胜，若果是也，我果非也邪？我胜若，若不吾胜，我果是也，而果非也邪？其或是也，其或非也邪？其俱是也，其俱非也邪？”

“我与若不能相知也，则人固受其黮暗[④]。吾谁使正之[⑤]？使同乎若者正之？既与若同矣，恶能正之？使同乎我者正之？既同乎我矣，恶能正之！使异乎我与若者正之？既异乎我与若矣，恶能正之！使同乎我与若者正之？既同乎我与若矣，恶能正之！然则我与若与人俱不能相知也，而待彼也邪[⑥]？”

“何谓和之以天倪[⑦]？”

曰：“是不是，然不然[⑧]。是若果是也，则是之异乎不是也亦无辩[⑨]；然若果然也，则然之异乎不然也亦无辩。化声之相待[⑩]，若其不相待，和之以天倪，因之以曼衍[⑪]，所以穷年也。忘年忘义，振于无竟，故寓诸无竟[⑫]。”

【注释】

① 窃窃然：明察自知的样子。
② 君：君主。牧：牧民。固：固陋。
③ 吊（dì）诡：怪异，奇特。
④ 黮暗（dǎn àn）：暗昧不明的样子。
⑤ 正：纠正，评判。
⑥ 彼：指上文说的“大圣”。
⑦ 和之以天倪：顺应事物的自然而然，不加主观意念去分辨。天倪：自然的分际。
⑧ 是不是：肯定不对的。然不然：把不是这样的看成是这样的。
⑨ 辩：通辨，分别，辨别。
⑩ 化声：大道变成言论。相待：相对立。
⑪ 因：任。曼衍：成玄英疏，曼衍，犹变化也。不拘常规。
⑫ 振：畅。竟：通境。

【译文】

“梦中开怀畅饮，醒了之后或许遇到祸事而要痛哭流涕；梦中伤心哭泣的人，早晨醒来却又去狩猎取乐。当他正在梦中，却不知道自己是在做梦，睡梦中在做梦，醒了之后才知道是在做梦。只有特别清醒的人才知道人生是一场大梦，而愚昧无知的人，自以为很清醒，表现出明察秋毫的样子，自以为他什么都知道。什么君主啊，什么臣子啊，真是太浅陋了！我看孔丘和你都在做梦，我说你们在做梦，我也是在做梦。这些话，可以称之为怪异的言论，也许经过万世之后，会遇到一位大圣人，了悟了这个道理，那也是朝夕相遇一样的平常。”

“即使我与你进行辩论，你胜了我，我没有胜你，你肯定对，我肯定就错了吗？假如我胜了你，你没有胜我，我肯定就对，你肯定就错了吗？是我们两个人有一方是对的，有一方是错的呢？还是我们双方都对，或者都错呢？我与你都不知道，别人本来就暗昧不明。我们请谁来评判是非呢？假使请观点和你的观点相同的人来评判，他既然和你的观点相同了，又怎样能评判呢？假使请观点和我的观点相同的人来评判，他既然和我的观点相同了，又怎么能评判呢？假使请观点和你我观点都不同的人来评判，他既然与我和你的观点都不同，又怎么能评判呢？假使请观点和你我都相同的人来评判，他既然与我和你的观点都相同，又怎么能评判呢？那么，我和你及其他别人都不能评定谁是谁非了；还等待谁来评判是非呢？”

“什么叫做用自然的天平来调和一切是非呢？”

长梧子说：“万事万物的都有‘是’就有‘不是’，有‘然’就有‘不然’。‘是’如果真的是‘是’,那么,‘是’不同于‘不是’也就不须分辨了。‘然’果真是‘然’,那么就和‘不然’有了区别，这样也就不要辩论了。那些变化的声音是相待而成的，因为不能相互评判，所以就像没有对立一样，混同于自然之分，顺应着无穷的变化，从而享尽天年。安适于生死岁月，忘掉是非仁义，就能畅游于无穷的境域，这样也就把自己寄托于不能穷尽的境域了。”

【品评】

既使我与若辩矣，若胜我，我不若胜，若果是也，我果非也邪？我胜若，若不吾胜，我果是也，而果非也邪？其或是也，其或非也邪？其俱是也，其俱非也邪？

庄子借虚拟人物之口，告诉世人别去无谓地分别什么是“是”什么是“非”的问题，世界上根本就不存在是非问题，都是人自己造出来的。人们相互辩论，不管谁胜谁负，都不代表谁是谁非的问题。尽管这是一种相对主义观点，否定了真理的客观存在，但却指出了主体认识的局限性，以及依据这种局限性去判断真理必然出现的局限性问题。

【原文】

罔两问景曰①：“曩子行②，今子止；曩子坐，今子起。何其无特操与③？”

景曰：“吾有待而然者邪④？吾所待又有待而然者邪⑤？吾待蛇蚹蜩翼邪⑥？恶识所以然！恶识所以不然！”

【注释】

① 罔两：影子的虚影。景：古“影”字。

② 曩（nāng）：从前。
③ 无特操：没有独特的操守、随物而动，没有独立性。特：独立。
④ 有待：有条件，有依赖。
⑤ 吾：影子。所待：所依赖的东西。又有待：指影子依赖的东西又有所依赖。
⑥ 蛇蚹（fù）：蛇凭借腹下的鳞皮而爬行；蜩翼：蝉凭翅膀而起飞。

【译文】

影子的虚影问影子说："刚才你移动，现在你又站下来；过去你坐着，现在你又站起来。为什么你不能有独立的意志呢？"

影子回答说："我是有依赖才这样的吧！我所依赖的东西又有所依赖才这样的吧！我所依赖的东西就像蛇依靠腹下的鳞皮和蝉依靠它的翅膀才这样的吧？我怎能知道为什么会这样！我怎能知道为什么不会是这样呢！"

【原文】

昔者庄周梦为胡蝶[①]，栩栩然胡蝶也[②]，自喻适志与[③]！不知周也[④]。俄然觉，则蘧蘧然周也[⑤]。不知周之梦为胡蝶与，胡蝶之梦为周与？周与胡蝶，则必有分矣。此之谓物化[⑥]。

【注释】

① 胡蝶：即"蝴蝶"。
② 栩栩（xǔ）然：蝴蝶翩翩飞舞的样子。
③ 喻：通愉，愉快。适志：快意。
④ 不知周也：忘记自己是庄周了。

⑤ 俄：顷刻。蘧蘧（qú）然：僵直的样子。一说悠然自得的样子。
⑥ 物化：万物融为一体。

【译文】

从前，庄周梦见自己变为蝴蝶，翩翩飞来飞去的蝴蝶，遨游各处而悠然自得。根本忘掉自己原来是庄周了。顷刻间觉醒过来，就惊喜地意识到自己分明是庄周。不知道是庄周在梦中化为了蝴蝶呢，还是蝴蝶在梦中化为庄周了呢？庄周和蝴蝶毕竟是有区别的，但在梦中可以互化一体。这种变化就叫做“物化”。

【品评】

不知周之梦为胡蝶与，胡蝶之梦为周与？周与胡蝶，则必有分矣。此之谓物化。

这是一个弥漫了童趣的梦境。庄子认为，万事万物平等齐同，而认知上的是或非、然或否都是相对的，是人的私心成见所致，梦就是醒，醒就是梦，万物始于一，复归于一。认为人们如果能打破生死、物我的界限；就会有人生至乐。所以庄与蝶、梦与觉相互转化，彼此渗透，最后成为浑然一体，庄子是借庄、蝶交会贯通；物、我消解融合的美感经验，让人们去领略“物化”的佳境。

但是我们相信，当庄子从蝶梦中醒来时，发现自己仍然辗转于榻上，饱尝人世间的冷暖炎凉，因而他宁愿自己还在梦境之中，做一只翩翩飞舞自由的蝴蝶，也拒绝接受醒来冷酷的现实。因为他知道只有在梦境之中，他才能身轻如蝶，翩然而飞，实现其精神的无限自由。

假若一定要庄子作出两者必居其一的抉择，庄子也只能承认现实的自我，但是他有理由把梦作为他这个现实的延伸，至少这个蝶梦满足过他对精神自由寄寓的美好愿望。正是由于这层含义，“庄周梦蝶”的故事深受人们的喜好，它鼓励人们以一种非现实的精神，抵抗现实的苦难。

庄周梦蝶这则寓言是中国哲学史上的一个经典。唐代大诗人李白的《古风》中感慨万端：“庄周梦蝴蝶，蝴蝶为庄周。一体更变易，万事良悠悠。乃知蓬莱水，复作清浅流。青门种瓜人，旧日东陵侯。富贵故如此，营营何所求？”人生本如蝴蝶梦一般，变化莫测，功名利禄哪有定数，又怎值得汲汲追求呢?

内篇

养生主

《养生主》的主旨是讲庄子的『缘督以为经』的人生观，其中主要阐述养生的要领和养神的方法。他主张因其自然，循乎天理，而不被外在的物欲所拘役；忘却感情的悲欢而不违逆自然。

庄子的养生更多意义是让人修养自己的心性，求得精神上的适意。庄子说，知识无穷，认识有涯，穷其一生也无法全知全能，那么我们要学会顺天之理，将知识转化为智慧，以达保身全生之目的。

养生不仅保身，更要宝贵精神。人适时来去，应该安时处顺；而精神生命却有薪尽火传的本性，我们尽可崇尚自然，反对人为，听任命运的安排和天性的延展。

【原文】

吾生也有涯，而知也无涯[①]。以有涯随无涯，殆已[②]；已而为知者[③]，殆而已矣。为善无近名，为恶无近刑[④]。缘督以为经[⑤]，可以保身[⑥]，可以全生[⑦]，可以养亲[⑧]，可以尽年[⑨]。

【注释】

① 生：生命。涯：涯际，界限。知：通智，智慧，知识。
② 随：犹逐，追随、追求。逐：逐物。殆：通怠，疲困。
③ 已：此。而：还。为：从事，求。为知：追求知识。
④ 为：做。名：名利。刑：刑戮。
⑤ 缘：因，顺行。督：中，中道。经：常法。缘督以为经：因顺着自然之道作为养生的常法。
⑥ 保身：保全身躯，免遭刑戮。
⑦ 全生：生通性，保全自己的天性，免受思虑之苦。
⑧ 养亲：事养父母。
⑨ 尽年：指享尽天年，保持自然的寿命而不使年寿夭折。

【译文】

我们的生命是有极限的，而知识是无极限的。要想用有限的生命去追求无限的知识，就会很困倦不堪了。明知如此，仍要汲汲地追求知识，那就会更疲困不堪了。做善事不能有求名利之心，做恶事不遭受刑戮之苦，顺着自然之道作为常法，就可以保全生命，可以保全天性，可以奉养双亲，可以尽享天年了。

【品评】

吾生也有涯，而知也无涯。以有涯随无涯，殆已；已而为知者，殆而已矣。

人生有限，而知识无限，以有限的人生去追求无限的知识，必然要疲惫不堪了。在这里，庄子说了一句大实话，因为他看到了认识主体的局限性。他还说过类似的话："计人之所知，不若其所不知；其生之时，不若未生之时；以其至小求穷其至大之域，是故迷乱而不能自得也。"（《秋水》）人之所知，远远不及人所不知，有生之年大大短于未生的时间，以昙花一现的短暂人生，去穷尽亿万斯年的浩茫宇宙，是根本不可能的，只能使自己陷入迷乱和困惑的境况。

爱因斯坦在《获奖致词》中讲过一段意味深长的话："用一个大圆圈代表我学到的知识，但是圆圈之外是那么多空白，对我来说就意味着无知。而且圆圈越大，它的圆周就越长，它与外界空白的接触面也就越大。由此可见，我感到不懂的地方还大得很呢！"

所以尽管我们头悬梁，锥刺股，囊萤映雪地汲汲以求，也无法罄尽人类社会的知识。我们面对亘古无垠的大千世界，常常会浩叹不已："前不见古人，后不见来者，念天地之悠悠，独怆然而涕下。"但是庄子提醒我们，当知识的探求超出人类的极限的时候，应该适可而止，对于我们能力不可达到的事物，应该安于无知。

米兰•昆拉德说："人类一思考，上帝就发笑。"人类常常迷失于自造的幻境，企图穷尽宇宙的智慧。所以才对自然毫无敬畏。反省自身，我们更多的是将知识转化成智慧，正确地认识人类自己，敬畏自然，敬畏宇宙。

【原文】

庖丁为文惠君解牛[①]，手之所触，肩之所倚，足之所履，膝之所踦[②]，砉然响然，奏刀騞然，莫不中音[③]。合于《桑林》之舞，乃中《经首》之会[④]。

文惠君曰："譆，善哉！技盖至此乎[⑤]？"

庖丁释刀对曰[⑥]："臣之所好者道也，进乎技矣[⑦]。始臣之解牛之时，所见无非全牛者。三年之后，未尝见全牛也。方今之时，臣以神遇而不以目视，官知止而神欲行[⑧]。依乎天理，批大郤[⑨]，导大窾，因其固然[⑩]。技经肯綮之未尝，而况大軱乎[⑪]！良庖岁更刀，割也；族庖月更刀[⑫]，折也。今臣之刀十九年矣，所解数千牛矣，而刀刃若新发于硎[⑬]。彼节者有间[⑭]，而刀刃者无厚，以无厚入有间，恢恢乎其于游刃必有余地矣[⑮]，是以十九年而刀刃若新发于硎。虽然，每至于族，吾见其难为，怵然为戒[⑯]，视为止，行为迟[⑰]。动刀甚微，謋然已解，如土委地[⑱]。提刀而立，为之四顾，为之踌躇满志，善刀而藏之[⑲]。"

文惠君曰："善哉！吾闻庖丁之言，得养生焉[⑳]。"

【注释】

① 庖（páo）丁：厨师。文惠君：梁惠王。
② 踦（yǐ）：犹倚，用力抵住。
③ 砉（huò）：皮骨相离声。奏刀：进刀。騞（huō）然：刀砍物的声音。
④ 中（zhòng）音：与乐音相合。桑林：商汤时的乐曲名。桑林之舞：用《桑林》乐曲伴奏的舞蹈。《经首》：尧时的乐曲名。会：韵律，节奏。
⑤ 盖：通盍（hé），何，什么。
⑥ 释：放。
⑦ 好（hào）：爱好，喜好。道：指规律。进：超出，超过。乎：于。
⑧ 遇：接触。官：感觉器官，指耳目等。官知：指视觉。止：停止。神欲：指心神。行：运行。
⑨ 依乎：依照于。天理：指牛的自然纹理。批：劈击。
⑩ 导：引，入。窾（kuǎn）：空。因：循，顺着。固然：指牛体结构本来的样子。
⑪ 技：犹枝。经：经脉。技经：经络。肯：附着在骨头上的肉。綮（qīng）：指筋肉盘结之处。軱（gū）：大骨头。
⑫ 良：善。岁：年。更：更换。族：众。族庖：一般的厨工。折：犹斫。
⑬ 十九年：指十年九年。硎：磨刀石，磨石。发：磨。
⑭ 节：骨节。间（jiàn）：间隙。
⑮ 恢恢：宽裕，宽绰。游刃：运转刀口。
⑯ 族：犹簇，筋骨交错处。怵（chù）：惕，小心谨慎。怵然为戒：小心谨慎。
⑰ 视：目光。为：因。视为止：眼神专注。迟：缓慢。
⑱ 微：轻。谍（huò）：同磔，张，开，这里指骨肉相离的声音。解：解体。委：堆、积。
⑲ 踌躇满志：从容自得而心满意足。善：同缮，擦拭，将刀好好地收拾起来。
⑳ 养生：指养生的道理。

【译文】

庖丁替文惠君宰牛，手所触到的地方，肩所倚着的地方，脚踩着的地方，膝顶着的地方，都发出嚯嚯的响声。每次进刀时发出砉砉的声音，没有不合乎音节的。既符合《桑林》舞曲的节拍，又合乎《经首》的韵律。

文惠君说："哎呀，太好了！你的技艺怎么精湛到这种程度呢？"

庖丁放下刀回答说："我所爱好的是道，已经超过技艺了。当初我宰牛的时候，所见到的无非是整牛；三年之后，就未曾见过整个的牛了。到了现在，我只用心神去看牛，而不用眼睛去看。感官停止了而心神在运动。顺着牛身的自然结构，劈开筋肉之间的缝隙，导入骨节之间的空隙，顺着它的自然结构去运刀。刀所到之处，脉筋骨相连的地方毫无阻碍，更何况大骨头呢！好的厨师每年更换一把刀，因为他们用刀割筋肉；普通的厨师每月更换一把刀，因为他们用刀砍骨头。如今我的这把刀已经用十九年了，所宰的牛有几千头了，可是刀刃还像刚刚在磨刀石上磨过的一样锋利。因为牛的骨节之间有空隙，而刀刃薄得如同没有厚度，以没有厚度的刀刃切入有空隙的骨节，宽绰地运转刀口，当然就游刃有余了，所以这把刀用了十九年，还像刚在磨刀石上磨过的一样。虽然如此，每当碰到筋骨交错聚结的地方，我觉得难以下刀，就更加谨小慎微，神情专注，动作迟缓，刀子轻轻一动，牛就哗啦解体了，就像泥土散在地上一样。这时，我提刀站着，环视四周，心安理得，把刀修治得干净后就收藏起来。"

文惠君说："好啊！我听了庖丁的话，懂得了养生的道理啦。"

【原文】

公文轩见右师而惊曰[①]："是何人也？恶乎介也[②]？天与，其人与[③]？"曰："天也，非人也。天之生是使独也，人之貌有与也[④]。以是知其天也，非人也。泽雉十步一啄[⑤]，百步一饮，不蕲畜乎樊中[⑥]。神虽王，不善也[⑦]。"

【注释】

① 公文轩：人名，姓公文，名轩，宋国人。右师：官名，指任右师的人。
② 恶（wū）乎：何以，怎么。介：单足，引申为独特。
③ 其：犹抑，还是，或是。与（yú）：通欤。
④ 是：指养生的生而言，即是性。独：指刖刑砍去一只脚。貌：相貌，形状。与（yù）：赋予。
⑤ 泽雉：草泽里的野鸡。
⑥ 蕲：期，求。畜：畜养。樊：笼子。
⑦ 王（wàng）：通"旺"，旺盛。不善：不乐，不能自遂。

【译文】

公文轩看到任右师的人惊奇地说："这是什么样的人？怎么只有一只脚呢？这是天性生的，还是人为的呢？"公文轩又说："这是天生的，不是人为的。他是生下来只有一只脚的，人的形体是天赋予的，所以这是天生的，并不是人为的。草泽里的野鸡十步才啄一次食，百步才饮一次水，也不祈求被畜养在笼子里。（养在笼子里）精神虽然旺盛，但行动却不能自由自在。"

【品评】

泽雉十步一啄，百步一饮，不蕲畜乎樊中。神虽王，不善也。

草泽里的野鸡尽管觅食艰难，但也不希望畜养在笼子里，因为虽然生活无忧，但行动却不自由。人也是如此，天性自由，顺应自然，不应该自我设限，扼杀天性。

【原文】

老聃死，秦失吊之[①]，三号而出[②]。

弟子曰："非夫子之友邪？"

曰："然。"

"然则吊焉若此，可乎？"

曰："然。始也吾以为其人也[③]，而今非也。向吾入而吊焉[④]，有老者哭之，如哭其子；少者哭之，如哭其母。彼其所以会之[⑤]，必有不蕲言而言[⑥]，不蕲哭而哭者。是遁天倍情，忘其所受，古者谓之遁天之刑[⑦]。适来，夫子时也；适去，夫子顺也[⑧]。安时而处顺，哀乐不能入也，古者谓是帝之县解[⑨]。"

指穷于为薪，火传也[⑩]，不知其尽也。

【注释】

① 老聃（dān）：即老子，春秋末期道家的创始人，著有《道德经》（亦称《老子》）。秦失（yì）：人名，姓秦名失，老聃的朋友。

② 三：指古代的概数，非指三声。号：哭而不哀为号。三号（háo）：指大哭一阵。

③ 弟子：指老聃的弟子。夫子：指老聃。

④ 向：刚才。

⑤ 彼：指老聃弟子中哭的人。会：感会。

⑥ 言：言说。一说借为"唁"。

⑦ 遁：违背，违反。遁天：逃避自然。倍情：增益人

情。受：禀受。刑：过错，过失。

⑧ 适：有时。来：指生。去：指死。

⑨ 帝：天帝或自然。解：悬解，道家对生死、得失等都持无所谓的态度。

⑩ 指：手。薪：薪柴。火传：火种的流传。

【译文】

老聃死了，秦失去吊唁他，大哭一阵就出来了。

老聃的弟子说他："你不是我们先生的朋友吗？"

秦失说："是的。"

"那么这样吊唁，行吗？"

秦失说："行的。以前我认为你们都是得道之人，现在看来并非如此。刚才我进去吊唁时，看见有年长的哭他，好像哭自己的孩子；有年轻的人哭他，好像哭自己的父母。老少哭得如此悲伤，一定是感情执著，不想哭而哭了。这是违反天性增加俗情的，忘记了人生的长短取决于自然，古时候的人认为这是违反天性的过错。该来的时候，老聃应时而生；该去时，老聃顺乎自然而死。应时而生而又顺乎自然而死，那么哀、乐就不能侵入身心，古时人称自然的解脱。"

烛薪的燃烧会有穷尽，但火种的传递却是无穷无尽的。

【品评】

指穷于为薪，火传也，不知其尽也。

人虽然死了，但薪尽火传，其精神永世长存。庄子注重养生，并非是要人的肉体永世保存，而是追求精神的不朽，永世的传承。

内篇

人间世

《人间世》以义名篇。主要是庄子对待人与人的关系的处世哲学。

本篇主旨在描述人际关系的纷争纠结，以及处人、自处之道。庄子处于一个权谋狡诈的战乱频仍的时代，统治者凶暴贪婪，无辜者横遭杀戮，世界仿佛人间地狱。处于黑暗的社会，庄子提供的处世之道也是无奈的。

他认为，一个人在世上要『心斋坐忘』，摒弃名利和心智，使心境达于空明虚静的境地，并持有『知其不可奈何而安之若命』的态度，一切都顺从自然，生死置之度外，才能免祸消灾。而『无用之大用』的价值观念实际上提出人的社会价值和自身存在的矛盾。庄子认为维护个人生命的权利远胜于被别人当作他们获益的工具，这样才能真正发现自己的有用之处，进而发展自己。

在庄子的笔下，那些丑陋不堪的小人物都因为具有美好的德行而变得美丽，追逐名利之徒却因外物所累而穷途末路，生动形象而发人深思。

【原文】

颜回见仲尼，请行。

曰："奚之[①]？"

曰："将之卫[②]。"

曰："奚为焉？"

曰："回闻卫君，其年壮，其行独；轻用其国，而不见其过[③]；轻用民死，死者以国量乎泽，若蕉，民其无如矣[④]。回尝闻之夫子曰：'治国去之，乱国就之，医门多疾[⑤]。'原以所闻思其则，庶几其国有瘳乎[⑥]！"

仲尼曰："譆！若殆往而刑耳[⑦]！夫道不欲杂，杂则多，多则扰，扰者忧，忧而不救。古之至人，先存诸己而后存诸人。所存于己者未定，何暇至于暴人之所行[⑧]！且若亦知夫德之所荡而知之所为出乎哉[⑨]？德荡乎名，知出乎争。名也者，相轧也；知也者，争之器也。二者凶器，非所以尽行也[⑩]。且德厚信矼[⑪]，未达人气，名闻不争，未达人心。而强以仁义绳墨之言术暴人之前者[⑫]，是以人恶有其美也，命之曰菑人。菑人者，人必反菑之，若殆为人菑夫！且苟为悦贤而恶不肖，恶用而求有以异？若唯无诏，王公必将乘人而斗其捷[13]。而目将荧之，而色将平之，口将营之，容将形之，心且成之[14]。是以火救火，以水救水，名之曰益多。顺始无穷，若殆以不信厚言，必死于暴人之前矣！且昔者桀杀关龙逢，纣杀王子比干[15]，是皆修其身以下伛拊人之民[16]，以下拂其上者也，故其君因其修以挤之[17]。是好名者也。昔者尧攻丛枝、胥敖，禹攻有扈，国为虚厉[18]，身为刑戮。其用兵不止，其求实无已[19]。是皆求名实者也，而独不闻之乎？名实者，圣人之所不能胜也，而况若乎！虽然，若必有以也，尝以语我来[20]！”

【注释】

① 颜回：姓颜名回，孔子最得意的弟子。仲尼：孔丘的字。请行：辞行。奚：何处。之：往。

②卫：春秋时期国名。

③卫君：指出公辄。行独：行为专断。轻用其国：指轻率处理国事。不见其过：不知自己的过错。

④ 死者以国量乎泽：死尸填满国内的山泽。蕉：通“焦”，焦枯。无如矣：无所归依。

⑤ 去：离开，离去。就：趋从，此处为做官、就任。医门多疾：良医门前多病人。

⑥ 则：道理，办法。庶几：差不多。瘳（chōu)：病愈，引申为恢复元气。

⑦ 若：你。殆：将要，恐怕。刑：刑戮。

⑧ 先存诸己而后存诸人：指先立己而后立人。暇：空闲。暴人：暴君。

⑨ 荡：丧失。

⑩ 轧：倾轧。器：工具，手段。尽：善于。

⑪ 德厚：道德纯厚，信矼（gāng)：信行确实。

⑫ 术：通“述”，陈述。绳墨：比喻规矩或法度。命：命名。菑：同“灾”，灾害。

⑬ 若：你。诏：告，多用于上告下。王公：指卫君。乘：凭借。人：指颜回。捷：胜。

⑭ 而：同汝，你。荧（yíng）：指迷惑不解。色：气色。平：平静。营：营救。形：外形，表现。成：行成，妥协。

⑮ 桀：夏朝暴君。关龙逢（páng）：桀的贤臣，因谏桀而被斩首。纣：殷朝暴君，他的庶叔比干因忠谏而被他挖心而死。

⑯ 伛拊（yǔ fǔ）：怜爱抚育。人：指国君。

⑰ 拂：违背。修：好，善。挤：排挤。

⑱ 丛枝、胥敖：小国。有扈：国名。虚：同墟，废墟。厉：厉鬼。

⑲ 实：实利，指国土、人口和财物。

⑳ 以：因，原因，办法。

【译文】

颜回拜见孔子，向他辞行。

孔子问："你要到哪里去？"

颜回说："我要到卫国去。"

孔子又问："去做什么事？"

颜回说："我听说卫国君主，他年壮气盛，行为专断；处理国事轻率鲁莽，而不知道自己的过错；他轻率地用兵而不恤百姓的生命，战死的人填满国内的山泽，如同草芥一般，老百姓真无路可走了。安定的国家可以离开，危乱的国家就应去救助，就像良医门前有好多病人。'我希望按照先生所说的去做，也许可以使卫国免于疾苦吧！"

孔子说："哎呀！你去了恐怕要遭受杀戮的！道是不宜喧乱的，喧乱就会多事，多事就受干扰，受干扰就引致忧患，忧患到来时就无可救药，古代的至人，先充实自己而后去帮助别人，如果自己立足未稳，怎能有闲暇去纠正暴人的恶行呢？况且你知道道德之所以丧失、智慧之所以外露的原因吗？道德的丧失在于求名，智慧的外露在于争胜。名是相互倾轧的病根；智是相互斗争的工具。这两者都是凶器，不可以尽行于世的，而且一个人德性纯厚，信行着实，未必达到了解别人的程度，即使不与别人争名夺誉，也未必达到让别人了解你。如果你强用仁义规范的言论在暴人的面前夸耀，他会认为这是以揭露别人的过失来显扬你自己的美德，认为你是在害人。害别人的人，别人必然反过来害他。你恐怕要为人所害了。况且，假如卫君喜欢贤人而厌恶不肖之徒，何必用你去显示有异于人呢？除非你不向他诤谏，否则卫君必定抓住你言论的漏洞而施展他的胜辩。到那时，你将会眼目迷惑，面色和顺，口里只能说些自救的话，态度恭顺，内心就会屈从于他的主张了。这是用火去救火，用水去救水，可以称之为添乱。开始你顺从他，以后就会没有休止。假如一开始他就不信厚言谏诤，那你就一定会死在暴君的面前了。再说，过去夏桀斩杀关龙逢，殷纣割杀王子比干，都是因为他们是注重修身，以臣下身份怜爱人君的百姓，以在下的地位违逆君主。所以君主因为他们修身养性来排挤、陷害他们。这就是好名者的下场。过去尧攻打丛枝、胥敖，禹攻打有扈氏，使这些国家成为废墟，百姓成为厉鬼，国君被杀，就是因为他们不断用兵，贪求土地田赋造成的，这也都是追求名利的结果，你难道也没有听说过吗？对于名利的诱惑，就是圣人也无法战胜它，何况你呢！虽然如此，你必定有你的想法。不妨说给我听听。”

【原文】

颜回曰：“端而虚，勉而一[①]，则可乎？”

曰："恶！恶可！夫以阳为充孔扬，采色不定，常人之所不违[②]，因案人之所感，以求容与其心[③]。名之曰日渐之德不成[④]，而况大德乎！将执而不化，外合而内不訾，其庸讵可乎[⑤]！"

"然则我内直而外曲，成而上比[⑥]。内直者，与天为徒。与天为徒者，知天子之与己皆天之所子，而独以己言蕲乎而人善之，蕲乎而人不善之邪[⑦]？若然者，人谓之童子，是之谓与天为徒。外曲者，与人之为徒也。擎跽曲拳[⑧]，人臣之礼也，人皆为之，吾敢不为邪！为人之所为者，人亦无疵焉，是之谓与人为徒，成而上比者，与古为徒，其言虽教，谪之实也[⑨]，古之有也，非吾有也。若然者，虽直而不病，是之谓与古为徒。若是则可乎？"

仲尼曰："恶！恶可！大多政，法而不谍，虽固亦无罪[⑩]。虽然，止是耳矣，夫胡可以及化！犹师心者也[⑪]。"

颜回曰："吾无以进矣，敢问其方。"

仲尼曰："斋，吾将语若[⑫]！有心而为之，其易邪？易之者，暤天不宜[⑬]。"

颜回曰："回之家贫，唯不饮酒不茹荤者数月矣。如此，则可以为斋乎？"

曰："是祭祀之斋，非心斋也[⑭]。"

回曰："敢问心斋。"

仲尼曰："若一志，无听之以耳而听之以心，无听之以心而听之以气！听止于耳，心止于符[⑮]。气也者，虚而待物者也。唯道集虚。虚者，心斋也。"

颜回曰："回之未始得使，实自回也；得使之也，未始有回也；可谓虚乎？”

夫子曰：“尽矣。吾语若！若能入游其樊而无感其名[16]，入则鸣，不入则止。无门无毒，一宅而寓于不得已[17]，则几矣。绝迹易，无行地难。为人使易以伪，为天使难以伪。闻以有翼飞者矣，未闻以无翼飞者也；闻以有知知者矣，未闻以无知知者也。瞻彼阕者，虚室生白，吉祥止止[18]。夫且不止，是之谓坐驰[19]。夫徇耳目内通而外于心知，鬼神将来舍，而况人乎？是万物之化也，禹舜之所纽也[20]，伏戏、几蘧之所行终，而况散焉者乎[21]！”

【注释】

① 端：端正，端庄。虚：谦虚。勉：勤勉。一：执著。

② 阳：指气质刚强。孔：甚。扬：张扬，宣扬。采色：表情的轻易变化。不违：不敢拂逆。

③ 案：压抑。感：想。容与：自快，放纵。

④ 渐：逐渐，指小德一天天长进。

⑤ 执：固执。执而不化：执一而不化。外：外表，表面。内：内心。訾（zī）：采纳。

⑥ 内直：内心正直。外曲：外表委曲。成：自以为得当的看法。上比：上比古人的见解。

⑦ 徒：类。天之所子：属于天生的。

⑧ 擎（qíng）：执，指执笏。跽（jì）：长跪而拜。曲拳：鞠躬。

⑨ 谪：诤。

⑩ 大：通太。政：通正。法：法规。谍：通达。固：浅陋。

⑪ 师心：以自心为师，坚持己见。

⑫ 斋：本意为斋戒，引申为心地平静专一。

⑬ 暤（hào）：通“皓”，明白。暤天：自然。不宜：不如。

⑭ 心斋：空明的心境。

⑮ 止：停止。符：征，概念。心止于符：即心止于感应现象。

⑯ 樊：笼子，藩篱，这里指卫国的领域。无感其名：不为名位所动。

⑰ 无门无毒：承前"医门多疾"说的。毒：暴怒。一宅：心灵凝聚。

⑱ 阕（què）：空明。白：纯静。虚室生白：空明纯静的心境生出光明来。止止，止其所止，止在宁静的心。

⑲ 坐驰：指形坐而心驰。

⑳ 徇：使。纽：枢纽，关键。

㉑ 伏戏（牺、羲）、几蘧：上古时代的帝王名。散：疏散之人，没有才识的一般人。

【译文】

颜回说："我外貌端庄而内心谦虚，做起事来勤勉而精神专一，这样可以吗？"

孔子说："不！这怎么行呢！卫君骄横之气张扬不止，喜怒无常，一般人都不敢违逆他。压抑别人对他的劝告，以求内心的放纵。这种人每天用小德渐渐感化都不成，何况用大德来规劝他呢！他必定固执不化，即使外表附和而内心也不接纳。你的做法怎么行得通呢！"

"那么我就内心诚直而外表恭顺，援引成说上比于古人。内心诚直是与大自然同类。与大自然同类，知道人君和我，都是天生的，哪里期望别人对我的言论要求称善呢？又哪里祈求别人不称善呢？这样，大家都以我称作怀有赤子之心的童子，这就叫做和自然同类。外表上恭顺的人，是与一般人相同的人。执笏跪拜，鞠躬行礼，这是作为人臣应尽的礼节，人们都这样做，我敢不这样做吗？做一般人都做的事情，人们也就不指责我了。这就叫做与世人同类。所谓援引成说上比于古人，就是和古代贤人同类。援引的成说虽然都是教训，但是都是诤谏的根据，在古代就有这种情况，并非我独创的。像这样，虽然语言直率了些但是不会招来怨恨，这就叫做和古人同类。这样做可以吗？”

孔子说：“唉！这怎么可以呢！纠正人君的方法太多了，又不太妥当，虽然浅陋也可以免罪，然而，只不过如此而已，怎么能够达到感化他呢！你太执著于自己的成见了。”

颜回说：“我没有更好的办法了，请问你有什么办法？”

孔子说：“你先斋戒，我再告诉你。你有诚心去感化卫君，哪里有这么容易呢？如果你以为容易，便是不合自然之理了。”

颜回说：“我家境贫寒，不饮酒，不吃荤，已经有好几个月了。像这样，就可算是斋戒了吧？”

孔子说：“这是祭祀的斋戒，并不是我所说的心斋。”

颜回问：“请问什么是心斋？”

孔子说：“你要专心致志摒（bìng）除一切杂念，不要用耳朵去听，而要用心灵去体会；不仅用心灵去体会，还要用气去感应。耳朵的作用只是听取外物，心的作用只是符合外物。气则是以空明容纳万物。只有你达到空明的境界，才能达到道的聚集。这种虚静，就是心斋。”

颜回说：“我没有听到心斋教诲时，实在觉得我自身的存在。听到了心斋的道理之后，就觉得未尝有我自身的存在了。这空明的虚静就是心斋吗？”

孔子说：“你说得很详尽了。我可以告诉你了，假如能够进入这种藩篱之中悠游，而不为名位所动，人家能听进你的话，就说；人家听不进你的话，就不说。自己不固闭也不暴躁，把心志专一起来寄托于不得已而为之的境地，这样就差不多了。不走路还容易，走路不留痕迹就很困难；为人的欲望所驱使容易作伪，顺任自然就难以作伪。只知道有了翅膀才能飞翔，不知道没有翅膀也能飞翔的；只知道有了智慧才能获取知识，不知道没有智慧却可以获取知识的。观照那空明的心境，静寂空明的心境就可以生出光明来，吉祥之光就会汇集于虚寂空明之心。如果心境不能宁静，这就叫做形坐而心驰。使耳目感官向内通达而排除心机，鬼神也会前来归附，何况是人呢？这样万物都会感化，正是禹和舜所把握的关键，伏牺和几蘧也作为终身奉行的准则，何况普通人呢？”

【品评】

绝迹易，无行地难。

不走路容易，走路而不留下踪迹难。一个人可以不看、不听，自我封闭，不与外界接触，这是可以做到的；而一个人用眼去看，用耳去听，与外界广泛接触，而不受影响这是不可能的。面对到处充满着物质利诱的社会，能有几个人不为物欲驱使，不为名利所动。庄子告诉人们，人们应该达到“心斋”，意即虚而待物，空明寂静。

【原文】

叶公子高将使于齐[①]，问于仲尼曰：“王使诸梁也甚重[②]，齐之待使者，盖将甚敬而不急[③]。匹夫犹未可动，而况诸侯乎[④]！吾甚栗之。子尝语诸梁也曰[⑤]：‘凡事若小若大，寡不道以欢成[⑥]。事若不成，则必有人道之患[⑦]；事若成，则必有阴阳之患[⑧]。若成若不成而后无患者，唯有德者能之。’吾食也执粗而不臧，爨无欲清之人[⑨]。今吾朝受命而夕饮冰，我其内热与[⑩]！吾未至乎事之情，而既有阴阳之患矣；事若不成，必有人道之患。是两也，为人臣者不足以任之[11]。子其有以语我来！”

【注释】

① 叶公子高：为叶县令，名诸梁，字子高。使于齐：出使到齐国。

② 王：楚国的国君。使：派遣。重：指任务重大。

③ 甚敬而不急：态度十分恭敬而办事却不着急。

④ 匹夫：一般人，普通人。

⑤ 子：先生，指孔子。

⑥ 寡：很少。道：大道。欢：欢快，双方乐意。成：成功。

⑦ 人道之患：国君的惩处。

⑧ 阴阳之患：阴阳失调而造成的病患，即人身的忧苦。

⑨ 执粗：用粗茶淡饭。臧：美好，善。爨（cuàn）：烧火做饭的人。清：凉。

⑩ 内热：内心焦躁而上火。

⑪ 两：指内外两方面的祸端。

【译文】

叶公子高将要出使齐国，向孔子请教说："楚王交给我的使命是重大的，而齐国接待外国的使者，总是表面上很恭敬而实际上却推托怠慢。一般人尚不能轻易感化，何况是诸侯国君呢！我很害怕。先生曾对我说过：'凡事不论小大，很少有不合乎大道能达到双方满意而成功的。事情如果办不成，就必然遭受惩罚；事情如办成了，也必有阴阳失调下招致的病患，无论成败都不会遭受祸患的人，只有大德之人才能做到。'平时我吃的都是粗茶淡饭而不求精细，所以家中烧火做饭的人不会因热而请求清凉的。现在我早晨接受出使的任务而晚上就要喝冰水，我是心中焦躁上火了吧！我还没有了解事情的真相，就已经阴阳失调招致病患了；

事情如果再办不成，必定遭到人君的祸患。这双重的灾祸，做人臣的实在承受不了，你有什么避灾的办法教导我吗？”

【原文】

仲尼曰：“天下有大戒二[①]：其一，命也；其一，义也[②]。子之爱亲，命也，不可解于心；臣之事君，义也，无适而非君也，无所逃于天地之间[③]。是之谓大戒。是以夫事其亲者，不择地而安之，孝之至也；夫事其君者，不择事而安之，忠之盛也；自事其心者，哀乐不易施乎前[④]，知其不可奈何而安之若命，德之至也。为人臣子者，固有所不得已。行事之情而忘其身[⑤]，何暇至于悦生而恶死！夫子其行可矣！”

“丘请复以所闻：凡交近则必相靡以信，远则必忠之以言[⑥]，言必或传之。夫传两喜两怒之言，天下之难者也。夫两喜必多溢美之言，两怒必多溢恶之言，凡溢之类妄[⑦]，妄则其信之也莫，莫则传言者殃[⑧]。故法言曰：‘传其常情，无传其溢言，则几乎全。’且以巧斗力者，始乎阳，常卒乎阴，大至则多奇巧[⑨]；以礼饮酒者，始乎治，常卒乎乱，大至则多奇乐[⑩]。凡事亦然。始乎谅，常卒乎鄙；其作始也简，其将毕也必巨[⑪]。”

“夫言者，风波也；行者，实丧也[⑫]。风波易以动，实丧易以危[⑬]。故忿设无由，巧言偏辞[⑭]。兽死不择音，气息茀然，于是并生心厉[⑮]。克核大至，则必有不肖之心应之，而不知其然也[⑯]。苟为不知其然也，孰知其所终[⑰]！故法言曰：‘无迁令，无劝成。过度益也[⑱]。’迁令劝成殆事，美成在久，恶成不及改，可不慎与！且夫乘物以游心，托不得已以养中，至矣[19]。何作为报也！莫若为致命[20]。此其难者。”

【注释】

① 大戒：指应当遵守的戒条或法则。戒：法，法则。
② 命：天命，天性。义：人义，行为规范。
③ 解：解释。适：到，往。无适：不论到什么地方。
④ 易施：改变移动。前：当前。
⑤ 行：实行，执行。情：情实。行事之情：按实际行事。忘其身：忘掉自己的得失哀乐。
⑥ 交：交往，国家间的外交。靡：顺。相靡以信：即以信相靡的倒装，指以信任相亲怜。
⑦ 溢：夸张。溢美：夸大好处。类妄：类似谎言。
⑧ 莫：通漠，薄，淡漠。信之也莫：信之不笃。殃：遭殃。
⑨ 法言：指古代的古语、格言。以巧斗力：以技巧角斗争力。阳：明朗，公开。阴：阴谋，暗算。大：通太。大至：大甚，太过分。奇巧：特别的机巧，即指阴谋诡计。
⑩ 治：指规规矩矩。乱：迷乱。
⑪ 谅：信，诚实，谅解。鄙：欺诈。简：简单，单纯。巨：艰巨。风波：捉摸不定。
⑫ 行：行为，做事，作为。实丧：得失。
⑬ 危：危难。
⑭ 忿：忿怒。设：设置，引申为发作。偏辞：片面的言词。
⑮ 音：叫。不择音：狂呼乱叫。茀（bó）：犹“勃”，气息急、怒气勃然发作的样子。厉：恶，害。心厉：心中的恶念。
⑯ 克核：苛责。不肖：不善，不贤。
⑰ 所终：结果。
⑱ 迁：变迁，变更，更改。迁令：改变所受使命。益：增加，添加。
⑲ 养中：保养心性。

⑳ 作：作意。报：指齐国给的报答。莫若：莫如。致命：指真实无妄的传达君令。

【译文】

孔子说："天下有两种足以为戒的法则：一是天命，一是人义。子女爱父母，就是自然的天性，无法用心思去解释；臣子侍奉君主，就是人为之义，不得不然，无论任何国家都不会无君，所以普天之下无从逃避。这就是所谓的足以为戒的法则。所以子女赡养父母，不论在什么环境下都要让父母安适，这是尽孝的极点了；人臣侍奉君主，无论做任何事情，都要顺从君主的旨意，这就是尽忠的极点了。自我修养心性无论是哀是乐都不会改变自己原来的心境，知道事情难以预料却安心去做，这是道德的最高境界了。为人臣子，本来就有不得已而为之的事情。只要按照事情去做，置自身的得失于不顾，哪里还会乐生而惧死呢！你这样去做就可以了！"

"我再把听到的告诉你：凡是各国相交就必定以信用求亲顺，远方的国家就一定用信守诺言来维系两国之间的关系。这语言就一定用靠使臣去传达。传达两国双方都高兴或都愤怒的言词，是天下最难做好的事情。使双方国君都喜欢的言词一定有很多溢美之辞；使双方国君都愤怒的言词一定有很多溢恶之辞。凡是溢美之辞都类似谎言，谎言就无诚信可言，无诚信的传话就会使使臣遭殃。所以古语说，'要传达真实不妄的言词，不要传达过分的言词，那就可以保全自己了。'那些用角力争胜的人，开始时明来明去，到后来往往搞阴谋暗算，太过分时就搞阴谋诡计；那些讲究礼节喝酒的人，开始规规矩矩，到后来迷乱昏醉，太过分时就放荡不羁了。什么事情都是如此。开始时彼此谅解，到后来就相互欺诈了；很多事情开始做起时很简单，将要结束时就变得繁难复杂了。”

“语言这东西，就像捉摸不定的风波一样；而传达语言的人，自然有得有失。风波容易兴作而起，得失之间容易发生危难。所以忿怒的发作往往没有别的原因，就是由于花言巧语和片面之词造成的。陷入困境的野兽将死时会狂呼乱叫，怒气发作，于是产生噬人的恶念。做事太苛责太过分时，就一定让人心生恶念来报复他，而自己还不知道怎么回事。如果自己不知道怎么回事，谁能知道将会出现什么结果呢！所以古语说：‘不要改变所受的使命，不要强求事情的成功，过度就是溢了。”改变使命，强求成功，都会败坏事情。成就好事需要很久的时间，做成一件恶事便悔之不及，可以不慎重吗！顺着外物的变化而悠游自适，托身自然，不得已而应之，保养心性，这是最好的选择了。何必刻意为了报答君命而为呢！还不如顺应自然的分际，这样做已是很不容易了！”

【品评】

自事其心者，哀乐不易施乎前，知其不可奈何而安之若命，德之至也。

知道事情的艰难而又无法预知前途，却能安心地去做，这是道德修养的最高境界。一个人在社会上具有各种身份，为人臣，为人子，为人父，在忠孝不能两全时，能够做出选择，这的确是道德最高境界。实际上，在现实社会中，一个人不管发生任何事情，都能够安心做好自己的本职工作，就是最高的境界了。

【原文】

颜阖将傅卫灵公太子[①]，而问于蘧伯玉曰[②]：“有人于此，其德天杀[3]。与之为无方，则危吾国[4]，与之为有方，则危吾身。其知适足以知人之过[5]，而不知其所以过。若然者，吾奈之何？”

蘧伯玉曰：“善哉问乎！戒之，慎之，正女身也哉[6]！形莫若就，心莫若和[7]。虽然，之二者有患。就不欲入，和不欲出[8]。形就而入，且为颠为灭，为崩为蹶[9]。心和而出，且为声为名，为妖为孽。彼且为婴儿，亦与之为婴儿；彼且为无町畦，亦与之为无町畦[10]。彼且为无崖[11]，亦与之为无崖。达之，入于无疵。”

“汝不知夫螳螂乎？怒其臂以当车辙，不知其不胜任也，是其才之美者也[12]。戒之，慎之！积伐而美者以犯之，几矣[13]。”

“汝不知夫养虎者乎？不敢以生物与之，为其杀之之怒也；不敢以全物与之，为其决之之怒也，时其饥饱，达其怒心[14]。虎之与人异类而媚养己者，顺也；故其杀者，逆也。夫爱马者，以筐盛矢，以蜄盛溺[15]。适有蚊虻仆缘，而拊之不时[16]，则缺衔毁首碎胸[17]。意有所至而爱有所亡，可不慎邪？”

【注释】

①颜阖（hē）：人名，姓颜名阖，鲁国的贤人。傅：师傅、老师。

②蘧（qú）伯玉：人名，姓蘧名媛，字伯玉，卫国的贤大夫，孔子的朋友。

③天杀：天性刻薄。

④与：相与。方：法度，原则。

⑤适：只。适足：只能。知：通智。

⑥戒，警惕。慎：谨慎。女：同汝，你。身：自身，自己。
⑦形：外形，外表。和：和顺。
⑧之：此。患：祸患，危险。入：进入，陷入。出：露出，显现。
⑨且：将。颠：颠倒，堕落。灭：灭亡，毁灭。崩：坏，败坏。蹶：跌倒，失败。
⑩町畦（tǐng qí）：田界，引申为限制、约束。
⑪崖：通涯。无崖：无拘束。
⑫怒：奋举，奋起。当：通“挡”。辙：此指车轮。是：自是的是，指自负。美：美化，夸大。
⑬积：多次，屡次。伐：夸。之：指为声、为名、为妖、为孽。而：你。几矣：危险了。
⑭决：决断。时其饥饱：食之以时。时：同“饲”，喂。达其怒心：不触犯他的怒心。
⑮盛（chéng）：装。矢：同“屎”。
⑯蜄（shèn）：同蜃，大蛤壳。溺：尿的借字。
⑰适：恰巧。仆缘：附着，叮着。拊：拍打。缺衔：咬断口勒。首，辔头。胸：胸络。

【译文】

颜阖要做卫灵公太子的老师，向蘧伯玉请教说：“在这里有一个人，他天性凶残，对他不用法度劝导就会危害国家，对他要用法度规劝就会危害我自己。他的才智足以认识别人的过错，而不能知道别人之所以产生过错的原因。像这样的人。我怎么对待他呢？”

蘧伯玉说：“问得好啊！要警惕他，要谨慎啊，要端正你的行为！外表不如表现出随顺迁就之态，内心要存着诱导之意。虽然这样，这两者也仍有灾祸。迁就亲附他不要太过分，诱导他不要过于显露。表现出迁就顺从他太深，就要颠败毁灭。内心诱导过于显露，就会招致不祥的声名之祸、妖孽之灾。他如果像婴儿那样天真无知，你也姑且和他一样像婴儿那样天真无知；他如果没有界限的约束，你也随他没有界限的约束；他要放荡不羁，你也随他放荡不羁。这样委婉地引导他，逐渐地使他达到没有过错的境地。”

“你不知道那螳螂吗？奋力举起它的臂膀去阻挡车轮的前进，却不知道这是不自量力，这是因为它过分夸大了自己的才能的缘故。要警惕啊！要谨慎啊！你要经常夸耀自己的长处去触犯他，那就危险了。”

“你不知道那个养虎的人吗？他不敢用活着的生物去喂它，因为怕它在捕杀活物时激起它凶残的天性；不敢用整个的动物喂它，怕它在撕裂整个动物时引起残忍；知道它什么时候饥饱，顺着它的喜怒之情。虎与人虽然是异类，然而它却驯服于饲养它的人，就是因为饲养者能顺从它的天性。所以被它伤害的人都是因为忤逆了它的天性的。那爱马的人，用精致的竹筐盛马屎，用珍贵的大蛤壳接马尿。一旦有只牛虻叮在马身上，而拍打牛虻不及时，马就会咬断口勒，毁掉辔头，挣碎胸络。本意在于爱马，而结果却适得其反，这可以不谨慎吗！”

【品评】

汝不知夫螳螂乎？怒其臂以当车辙，不知其不胜任也，是其才之美者也。

人们熟知的成语“螳臂当车”就源于这里。人们也知道这个成语的含义以及它对人们的告诫。但仍有很多人相信自己能够阻挡历史的车轮前进。中国的和平发展已经成为历史发展的必然趋势，但仍有很多政客或国家企图用各种手段遏制中国的前进步伐。这不是他们不知道不自量力，而是过分夸大了自己的力量。

【原文】

匠石之齐，至於曲辕，见栎社树[①]。其大蔽数千牛，絜之百围[②]，其高临山十仞而后有枝，其可以为舟者旁十数[③]。观者如市，匠伯不顾，遂行不辍[④]。

弟子厌观之，走及匠石[⑤]，曰："自吾执斧斤以随夫子，未尝见材如此其美也[⑥]。先生不肯视，行不辍，何邪？"

曰："已矣，勿言之矣！散木也[⑦]！以为舟则沉，以为棺椁则速腐，以为器则速毁，以为门户则液樠，以为柱则蠹[⑧]。是不材之木也，无所可用，故能若是之寿？"

匠石归，栎社见梦曰[⑨]："女将恶乎比予哉？若将比予于文木邪[⑩]？夫柤梨橘柚，果蓏之属，实熟则剥，剥则辱[⑪]；大枝折，小枝泄[⑫]。此以其能苦其生者也，故不终其天年而中道夭，自掊击于世俗者也[⑬]。物莫不若是。且予求无所可用久矣，几死，乃今得之，为予大用[⑭]。使予也而有用，且得有此大也邪？且也若与予也皆物也。奈何哉其相物也？而几死之散人，又恶知散木[⑮]！"

匠石觉而诊其梦[⑯]。弟子曰："趣取无用[⑰]，则为社何邪？"

曰："密！若无言[⑱]！彼亦直寄焉，以为不知己者诟厉也[⑲]。不为社者，且几有翦乎[⑳]！且也彼其所保与众异，而以义喻之，不亦远乎[㉑]！"

【注释】

① 匠石：木匠，名石，宋国人。之：往，去。齐：齐

国。曲辕：曲道。（一说为齐国的地名。）栎（lì）：树名。社树：土神树。

② 蔽：遮。数：几。絜（xié）：用绳量。围：两手合抱。

③ 临山：临居山顶，高出山头。旁：旁枝。

④ 市：集市，市场。匠伯：工匠之长，匠石。不顾：不看。

⑤ 弟子：徒弟。厌：通餍，饱。厌观：饱看。走：跑。及：赶上。

⑥ 执：拿。斧斤：斧子，此处泛指木匠工具。夫子：指匠石。材：材料。美：好。

⑦ 散木：无用之木。

⑧ 棺：棺材。椁：外棺。樠（mán）：树名。液樠：脂液流出。蠹：虫蛀。

⑨ 见（xiàn）梦：托梦。

⑩ 女：同汝，你。文木：文理紧凑的可用树木。

⑪ 柤（zhā）：通楂，山楂。果蓏（luǒ）：有核为果，无核为蓏。实熟：果实成熟。剥：剥落，脱落。辱：折，损。

⑫ 泄（yè）：通"抴"，牵扯。

⑬ 苦：受苦。掊（pǒu）：打击。

⑭ 几：近。乃今：现在。得之：指无所不用。

⑮ 散人：不才的人。恶（wū）：何，怎么。

⑯ 觉：醒。诊：通畛，告。

⑰ 趣：志趣。

⑱ 密：停下，保密。若：你，你们。

⑲ 直：特。直寄：特意寄托。诟厉：辱骂。

⑳ 几：几乎。翦（jiǎn）：砍伐。

㉑ 义：指常理。喻：说明。

【译文】

匠石前往齐国，经过弯道时，看见一棵为社神的栎树。这棵树大到可以供几千头牛来遮蔽，用绳子量有一百多围，树干高出山头八十尺而后才长出枝条，其中可以造船的旁杈就有十几枝，观看的人就像赶集一样众多，然而匠石不屑一顾，照样不停步地往前走。

徒弟在树边饱看一番，这才跑着赶上匠石，说："自从我拿着斧头跟随先生以来，还从未见过这样好的木材。先生却不肯看它一眼，（只是）走个不停，这是为什么呢？"

匠石说："算了吧，不要提它了！那是一棵无用的散木！用它造船，船就会沉没；用它做棺椁，棺椁就会很快腐烂；用它做器具，器具就会很快毁掉；用它做门户，门户就会流出脂液；用它做柱子，柱子就会为虫所蛀。这是一棵没有任何材料价值的树木，正因为它没有任何用处，所以才能有这么长的寿命。"

匠石回来后，社神栎树托梦说："你要拿什么和我相比呢？你要用质地细密的树跟我比吗？那些山楂树、梨树、橘子树、柚子树及瓜果之类，果实熟了就要遭受打击，被击打便遭到扭折，大枝被折断了，小枝也被牵扯了下来。这些都是因为它们有用才痛苦一生呀，所以不能享尽天然的寿命就半路夭折了，这都是它们自己招来世俗的打击的结果。万物莫非如此，何况我寻求无所可用的境地已经很久了。几乎被砍伐，直到现在才得以保全我的生命，我以无所可用作为我的大用。假使我真的对人有用，还能长得这么高大吗？况且，你和我都是天地之间的物，你为什么把我视为散木这东西呢？你这行将死亡的散人，又怎能了解这无用之用的散木呢？"

匠石醒后把梦告诉给弟子。弟子说："栎树的志趣既然在于寻求无用，那么它为什么还要做社神树呢？"

匠石说："闭嘴！你不要再说了，它也不过是特意借社神寄托自己的形体罢了！这才招致那些不了解它的人辱骂它。它如果不做社树，岂不早就遭到砍伐了吗？况且，它所用的保身方法与众不同，你以常理来评论它，不也相差甚远了吗！"

【原文】

南伯子綦游乎商之丘[1]，见大木焉有异[2]，结驷千乘，隐将芘其所藾[3]。

子綦曰："此何木也哉？此必有异材夫！"仰而视其细枝，则拳曲而不可以为栋梁；俯而视其大根，则轴解而不可以为棺椁[4]；咶其叶[5]，则口烂而为伤；嗅之，则使人狂酲[6]，三日而不已。子綦曰："此果不材之木也，以至于此其大也。嗟呼神人，以此不材！"

宋有荆氏者，宜楸柏桑[7]。其拱把而上者，求狙猴之杙者斩之[8]；三围四围，求高名之丽者斩之[9]；七围八围，贵人富商之家求椫傍者斩之[10]。故未终其天年，而中道之夭于斧斤，此材之患也。故解之以牛之白颡者与豚之亢鼻者[11]，与人有痔病者不可以适河[12]。此皆巫祝以知之矣，所以为不祥也，此乃神人之所以为大祥也。

【注释】

① 南伯子綦：即《齐物论》中的南郭子綦。商之丘：商丘，宋国都城。

② 异：异样，指大树长得奇特。

③ 结：集结。驷：四匹马拉一辆车。千乘：千辆车。隐：隐藏。隐将：将隐。芘（bì）：通庇，隐蔽。藾（lài）：荫庇。所藾：指车马。

④ 大根：树干底部。轴解：树干中间出现裂纹。

⑤ 咶（shì）：通舐，舔。

⑥ 酲（chéng）：喝醉酒。狂酲：酒醉如狂。

⑦ 荆氏：宋国地名。楸：落叶乔木，木质细密坚实，树干端直。

⑧ 拱：两手合握。把：一手把握。拱把：指树的粗细。

杙（yì）：小木桩。狙猴：猕猴。
⑨ 高名：高大。丽：屋栋，脊檩。
⑩ 樿（shàn）傍：独板棺木。
⑪ 颡（sǎng）：额。豚：小猪。亢鼻：仰鼻，高鼻。
⑫ 痔病：痔疮。适：往，投入。

【译文】

南伯子綦到商丘游玩，看到一棵大树茂盛得异乎寻常，就是集结一千辆马车，也可以隐蔽其下庇荫凉。

子綦说："这是什么树呀？这树必定有奇特的材质吧！"仰头看了看它的细枝，却见弯弯曲曲的，不能做栋梁；低下头去看它粗大的树干，则轴心出现裂纹而不能做棺椁；舔舔它的叶子，则嘴溃烂而舌头受到伤害；闻闻它的气味，则使人大醉如狂，三天清醒不过来。子綦叹息道："这树果真是不能成材的树木，因此它才得以长这么大。唉！神人也像这树一样把不材显示给世人的啊！"

宋国荆氏那个地方，适宜种植楸、柏、桑三种树。当它们长到一把两把以上粗的时候，就被寻求拴猴子的小木桩的人把它砍了去；当长到三围四围粗时，就被用它建造华丽豪宅的人砍了去；当长到七围八围粗的时候，就被想用它做独板棺木的贵族、富商之家砍了去。因此它们不能享尽天年的寿命，而中途便夭折于斧头之下，这就是有用之材招来的祸患。所以在禳除祭祀的时候，凡是白额头的牛，高鼻梁的小猪，长着痔疮的人都是不可以用以祭河神的，这些巫祝都是知道的，认为这些都是不吉祥的，而神人却因为它们可以保身认为是最大的吉祥了。

【原文】

支离疏者[①]，颐隐于脐，肩高于顶，会撮指天[②]，五管在上，两髀为胁，挫针治繲，足以糊口[③]；鼓筴播精，足以食十人[④]。上征武士，则支离攘臂而游于其间[⑤]；上有大役，则支离以有常疾不受功[⑥]；上与病者粟，则受三钟与十束薪[⑦]。夫支离其形者，犹足以养其身，终其天年，又况支离其德者乎！

【注释】

① 支离疏：虚拟人物。

② 颐（yí）：面颊。脐：肚脐。顶：头顶。会撮：发髻。指天：朝天。

③ 五管：五脏的穴位。髀（bì）：股部，大腿。挫针：挫同剉，缝衣服。繲：脏衣服。

④ 鼓：叩，振动。筴（cè）：小簸箕。播：扬土。精：精米。食（sì）：供养别人。

⑤ 攘臂：捋起袖子，伸出胳膊。

⑥ 役：劳役。常疾：残疾。功：当差。

⑦ 粟：谷。钟：重量单位，六斛四斗为一钟。

【译文】

有个叫支离疏的人，面颊隐藏在肚脐之下，双肩高过头顶，发髻朝天，五脏的穴位向上，两条大腿和胸旁肋骨贴在一起。他给人家缝洗衣服足够养家糊口；他给人家簸米筛糠，足供十个人生活所用。国家征兵时，支离疏敢于捋袖伸臂而游于闹市；国家要征劳役时，他则以残疾而免除劳役；国家救济贫困时，他便可以领到三钟米和十捆柴。像这样形体残疾之人，尚且可以养活自身，享尽天年，更何况那忘掉世俗德行的人呢！

【原文】

孔子适楚[①]，楚狂接舆游其门曰[②]："凤兮凤兮，何如德之衰也[③]！来世不可待，往世不可追也[④]。天下有道，圣人成焉[⑤]；天下无道，圣人生焉[⑥]。方今之时，仅免刑焉[⑦]。福轻乎羽，莫之知载[⑧]；祸重乎地，莫之知避。已乎已乎！临人以德！殆乎殆乎！画地而趋[⑨]！迷阳迷阳，无伤吾行[⑩]！吾行郤曲，无伤吾足！"山木自寇也；膏火自煎也[⑪]。桂可食，故伐之；漆可用，故割之。人皆知有用之用，而莫知无用之用也。

【注释】

① 适：往，去。

② 楚狂接舆：姓陆，名通，字接舆。楚国的隐士。游其门：路过孔子住处。

③ 凤：比喻孔子。何如：如何。

④ 来世：未来。待：等待。往世：过去。追：追回。

⑤ 成：成就事业。

⑥ 生：全生，保全生命，即全性。

⑦ 刑：刑戮。

⑧ 羽：羽毛。载：承受。

⑨ 趋（cù）：赶快。

⑩ 迷阳：荆棘。

⑪ 寇：砍伐。自寇：自讨砍伐。

【译文】

孔子到楚国去，楚国狂人接舆走过孔子馆舍门前，唱道："凤啊，凤啊，你的德行如何变得如此衰微了呢！来世不可期待，往世无法追回。天下有道，圣人可以成就事业；天下无道，圣人只能保全生命。当今这个时代，仅可免于刑戮。幸福轻如羽毛，却不知如何承受；祸患重过大地，却不知如何躲避。算了吧，算了吧！不要再以德教人了！危险啊，危险啊！莫要画地为牢让人盲目钻进！荆棘啊荆棘！不要影响我走路！郤曲啊郤曲，不要伤害我的双脚呵！”

山上的树木是因为有用而自讨砍伐，带油的膏脂是自己招来的燃烧，桂树可以食用，所以遭人砍伐；漆树可以用作涂料，所以遭人割。世人都知道有用的用途，而不知道无用的用途。

【品评】

人皆知有用之用，而莫知无用之用也。

这是一句诡谲之语，却蕴涵深刻道理。

所谓“有用”和“无用”，只是世人按经验习惯对事物所作的不同分类，并不是着眼于事物的本质规律。但是在庄子看来，“有用”或“无用”，一切都合于自然的本真之性。而至人、真人、神人不会因为眼前的利益而连累自己的精神自由，更不会为了功名利禄牺牲自己的生命。在当时乱世，庄子的“无用”是针对统治者而言，不为统治者所用，虽然目的是免祸全身，但是从维护生命权利、生命尊严来看，庄子的思想与现代人的思想有着相通之处。

从另外意义上说，我们不必为自己某些方面的不足而自暴自弃，相反，在其他方面，这些不足也许正是我们获取成功的优势呢！

内篇

德充符

《德充符》是谈论人生修为的重要篇章。德能充实于内，物能充实于外，从而使内外相符合。

《德充符》主要说明了庄子的道德观，本篇通过王骀、叔山无趾、中徒嘉等身残而德全的人，说明形骸并不重要，而德才重要，其关键在于能真正的忘形，忘死，不为外物所累，从而达到遗形骸而取德。

庄子首先从生死入手，揭示生命的有限性和道德的长久性，从而将人的外形与道德分离开来。世间万物均由『道』所生，尽管千差万别但都统一为『道』。而追求智慧充实、心境祥和的全德者往往可以达到在外形上的隐匿。

庄子以《德充符》命题，体现了作者对完美道德的无限推崇，他把道德纳入审美范畴去审视，去对比，塑造了这理性之美，给我们更多的生命体悟。

【原文】

鲁有兀者王骀，从之游者与仲尼相若[①]。常季问于仲尼曰[②]："王骀，兀者也，从之游者与夫子中分鲁[③]。立不教，坐不议，虚而往，实而归[④]。固有不言之教，无形而心成者邪[⑤]？是何人也？"

仲尼曰："夫子，圣人也，丘也直后而未往耳。丘将以为师，而况不若丘者乎！奚假鲁国[⑥]！丘将引天下而与从之。"

常季曰："彼兀者也，而王先生，其与庸亦远矣[⑦]。若然者，其用心也独若之何[⑧]？"

仲尼曰："死生亦大矣，而不得与之变，虽天地覆坠，亦将不与之遗[⑨]。审乎无假而不与物迁，命物之化而守其宗也[⑩]。"

常季曰："何谓也？"

仲尼曰："自其异者视之，肝胆楚越也[⑪]；自其同者视之，万物皆一也。夫若然者，且不知耳目之所宜，而游心乎德之和[⑫]；物视其所一而不见其所丧，视丧其足犹遗土也。"

常季曰："彼为己以其知，得其心以其心。得其常心，物何为最之哉[13]？"

仲尼曰："人莫鉴于流水而鉴于止水，唯止能止众止[14]。受命于地，唯松柏独也正，在冬夏青青[15]；受命于天，唯舜独也正，幸能正生，以正众生，夫保始之征，不惧之实[16]。勇士一人，雄入于九军[17]。将求名而能自要者[18]，而犹若是，而况官天地，府万物，直寓六骸，像耳目[19]，一知之所知，而心未尝死者乎[20]！彼且择日而登假，人则从是也[21]。彼且何肯以物为事乎[22]！"

【注释】

① 兀（wù）：通"介"，断足。王骀：（tái）：虚拟人名。游：游学，跟随老师学习。相若：相当，相似。

② 常季：人名，孔子弟子。

③ 中分鲁：占鲁国学生的一半。

④ 立不教：站立时不施教。坐不议：坐着时不议论学问。虚而往：学生空虚而去。实而归：学生装满学问而归。

⑤ 不言之教：指不用语言的教化。无形而心成：潜移默化之功。

⑥ 直：特。奚假：何止，岂止。

⑦ 王（wàng）：高出，胜出。王先生：作先生的师长。庸：普通人。

⑧ 若然：这样。用心：运用心智。独：唯独，特，又。若之何：怎样。

⑨ 不得：不会。与之变：跟着死生变化。天地覆坠：天塌地陷。之：指天地。遗：失。

⑩ 审：明知，明悉。无假：无所假借。迁：变迁，变化。命：听命，顺任。化：变迁。守：固守。宗：宗主，道。

⑪ 自：从。异：不同。楚越：楚国越国。

⑫ 宜：适宜，宜于。游：遨游。德：天德。德之和：

指宗、道。

⑬ 为己：修己。心：理智。常心：原始本然之心。最：同聚。

⑭ 莫：没有。鉴：昭。唯止：唯有静止的水。能止：能留住。众止：众人停止脚步。能止众止：引申前止为心，后止为物。

⑮ 正：本性。

⑯ 幸能：难得能。正生：生通性，端正自己的心性。正众生：使众人的心性纯正。保始之征：保持受命本始符验。实：实质，本质。

⑰ 雄：称雄。入：冲入。九军：以八阵九宫之法为军队的阵势。

⑱ 自要：自己要求自己。

⑲ 官：以天地为官。府：以万物为府。寓：以六骸为寓。六骸：身、头、四肢。像：以耳目为像。

⑳ 知之所知：指天地、万物、六骸、耳目，都是一个知的表现和贯注，是得常心以后的知，亦即真知。心未尝死：指正常的心。

㉑ 择日：指日。登假：飞升。假：通"遐"。从是：追随这一点。

㉒ 彼：指王骀。何肯以物为事：哪里有意让众人追随他所做事呢。

【译文】

鲁国有个断了一只脚的人名叫王骀，随他游学的弟子与孔子相当。常季问孔子说："王骀是个断了一只脚的人，跟他游学的弟子和先生在鲁国各占一半。他站立不施教，坐着不讲述，跟他学习的人空虚而去，满载而归，果真有不用言语的教化，能使学生无形之中得到潜移默化吗？这是一个什么样的人呢！"

孔子曰："这位先生是个圣人，我只是落在后面，而没来得及前往请教他罢了！我将要拜他为师，何况不如我的人呢？何止鲁国！我将要引导天下人全去追随他。”

常季说：“他是断了一只脚的人，却能超出您，那么，他与普通人相比，相差也太远了。像这样的人，他是怎样运用自己的心智的呢？”

孔子说：“死生也就是件大事了，却不能改变他的心境；即使天塌地陷，他也不会与天地一起消亡；他洞悉无所待的道理而不随万物的变化而变化，却可以顺任万物的变化而固守万物的道。”

常季说：“这又怎么解释呢？”

孔子说：“从事物不同角度观察，肝和胆虽然临近却也像楚国和越国之间一样遥远；从事物彼此相同的角度观察，世界上的万事万物都是一样的。如果这样了解到这一点，那就不知道什么声音是耳目感到适宜的，而只是在意心灵遨游于和谐的道德境地。对事物只看到它的共性，而看不到有什么丧失，看到他断了一只脚就像失落了一块泥土一样。”

常季说：“王骀只是善于修养自己，用他的智慧获取明理之心，用他的明理之心去获得无所分辨的永恒之心。那么，为什么众人还能归依他呢？”

孔子说：“人不会在流动的水中照自己的影子，而在静止的水中来观照，因为唯有静止的水才能留住众人进一步的观照。同是接受生命于地的树木，只有松柏禀自然之性而冬夏常青。同是接受生命于天的众人，只有尧舜独自得到天地的真气，成为万物之上的帝王。幸而能自正自己的本性，去端正众人的本性。能保持本始的征验，才具有无畏的品质。就是一个勇敢的武士，也能一个人称雄于千军万马之中。那些为了追求功名而能严格要求自己的人尚且能够做到这样，何况是主宰天地，包藏万物，以六骸为寓所，以耳目为迹象，把世间万般认识看作同一而未曾失去常心的人呢！王骀将会指日飞升，与大道冥合为一体。所以人们都愿意跟随他。王骀他哪里会有意想吸引众人为事呢！”

【品评】

人莫鉴于流水而鉴于止水，唯止能止众止。

庄子借孔子之口，回答断足之人王骀为什么有那么多人崇拜和归依他，即他能够顺应万物的自然变化而与大道冥和一体。从赞扬王骀的话中，我们引申出一个发人深思的道理。一个人不会在流动的水中观照自己，而是在静止的水中看自己，因为只有静止的水才能留住自己的影子。就一个人来说，浮躁的自己，骚动的自己，是不会有反思的，是不会发现自己的过去和现在，也不会发现自己的不足和错误，而只有在沉静中才会有真正的反思和醒悟。现代社会的浮躁，会造成现代人缺少反省自己的意识和能力。

【原文】

申徒嘉，兀者也，而与郑子产同师于伯昏无人[①]。

子产谓申徒嘉曰：“我先出则子止，子先出则我止[②]。”

其明日，又与合堂同席而坐。子产谓申徒嘉曰：“我先出则子止，子先出则我止。今我将出，子可以止乎，其未邪[③]？且子见执政而不违，子齐执政乎[④]？”

申徒嘉曰：“先生之门，固有执政焉如此哉[⑤]？子而说子之执政而后人者也[⑥]？闻之曰：‘鉴明则尘垢不止[⑦]，止则不明也。久与贤人处则无过。’今子之所取大者，先生也，而犹出言若是[⑧]，不亦过乎！”

子产曰："子既若是矣，犹与尧争善，计子之德不足以自反邪[9]？"

申徒嘉曰："自状其过以不当亡者众，不状其过以不当存者寡[10]。知不可奈何而安之若命，唯有德者能之。游于羿之彀中[11]。中央者，中地也[12]；然而不中者，命也。人以其全足笑吾不全足者多矣，我怫然而怒[13]；而适先生之所，则废然而反[14]。不知先生之洗我以善邪？吾与夫子游十九年矣[15]，而未尝知吾兀者也。今子与我游于形骸之内，而子索我于形骸之外[16]，不亦过乎！"

子产蹴然改容更貌曰[17]："子无乃称[18]！"

【注释】

① 申徒嘉：姓申徒，名嘉，郑国贤人。而：他，指申徒嘉。子产：姓公孙，名侨，字子产，郑国大夫。伯昏无人：虚拟人物。

② 止：留下。

③ 子：你。其：抑或。

④ 执政：指宰相，子产自称。违：通"讳"，回避。齐：同"并"，比齐。这里指与宰相比齐。

⑤ 先生：指伯昏无人。门：门人，学生。固：岂。

⑥ 说：通悦，得意。后人：轻视别人。

⑦ 鉴：镜子。

⑧ 子：你。取：求取。大者：广博。而：你。

⑨ 若是：如此。子既若是：指申徒嘉的形体不完备而言。与尧争善：与尧争高低。计：计算。自反：自己反省。

⑩ 状：陈述，申辩。过：过错。以：认为。亡：指亡善。众：多。存：存善，存足。

⑪ 羿（yì）：后羿，古代传说中善射的人。彀（gòu）中：射程之内，喻刑网。

⑫ 中（zhòng）地：射中目标，喻在刑网中。

⑬ 全足：双脚。怫（fú）然：发怒的样子。

⑭ 适：往。所：处所，住所。废：废弃，舍弃，此指怒气消除。

⑮ 洗：洗刷。洗我以善：即以善洗我，以善道教育我。夫子：先生，指伯昏无人。游：学习。

⑯ 形骸之内：精神世界，心灵，实际指道德。索：索求，追求。形骸之外：指外貌，指断足之身。

⑰ 蹴（cù）然：惭愧不安的样子。

⑱ 乃：再。称：说，称述。

【译文】

申徒嘉是一个断了一只脚的人，他和子产同是伯昏无人的弟子。

子产对申徒嘉说："我先出去你就留下，你先出去我就留下。"

到了第二天，子产和申徒嘉又在厅堂里同席而坐。子产对申徒嘉说："我先出去你就留下，你先出去我就留下。现在我要先出去，你是稍停一下呢，还是不能呢？再说，你见到执政大臣不知道回避，你要和执政大臣平起平坐吗？"

申徒嘉说："在老师的门下，岂有这样的执政大臣呢？你得意于你的执政大臣就轻视别人吗？我听先生说过：'镜子明亮就不会落下灰尘，落下了灰尘的镜子就不会明亮。与贤人相处长久就不会犯有过错。'现在，你来这里是向老师求学修德，还说出这样的话，不是太过分了吗？"

子产说："你既然都这样了，还要与尧争个高低，衡量一下你的德行还不足以使你自我反省吗？"

申徒嘉说："自己申辩自己的过错，认为自己不应断足的人是多数。虽然不申辩自己的过错，但是认为自己应当断足的人还是极少数。知道对事情无可奈何而安然接受，这只有有道德的人才能做到。就像我们走进后羿的射程之内。那中央的地方，就是箭矢必中之地。然而有时却不被射中目标，这就是命运。人们以他们的双脚来讥笑我一只脚的人很多，我听了勃然大怒；当我到了伯昏先生这里，我的怒气就全消了。你还不知道这是伯昏先生在用善道教育我吗？我跟随伯昏先生学习已经十九年了，他还不曾感到我是断了脚的人。现在，你和我以道德相处，而你却要在我形体上来衡量我，这不是太过分了吗？”

子产惭愧不安地改变了态度，说：“请你不必再说了！”

【原文】

鲁有兀者叔山无趾，踵见仲尼[①]。

仲尼曰：“子不谨，前既犯患若是矣[②]。虽今来，何及矣[③]！”

无趾曰：“吾唯不知务而轻用吾身[④]，吾是以亡足。今吾来也，犹有尊足者存，吾是以务全之也[⑤]。夫天无不覆，地无不载[⑥]，吾以夫子为天地，安知夫子之犹若是也[⑦]！”

孔子曰：“丘则陋矣[⑧]。夫子胡不入乎[⑨]，请讲以所闻！”

无趾出。孔子曰：“弟子，勉之！夫无趾，兀者也，犹务学以复补前行之恶，而况全德之人乎[⑩]！”

无趾语老聃曰[⑪]：“孔丘之于至人，其未邪[⑫]？彼何宾宾以学子为[⑬]？彼且蕲以諔诡幻怪之名闻，不知至人之以是为己桎梏邪[⑭]？”

老聃曰：“胡不直使彼以死生为一条，以可不可为一贯者[⑮]，解其桎梏，其可乎？”

无趾曰："天刑之，安可解[16]！"

【注释】

① 叔山无趾：虚拟人物。无趾：因断足而得名。踵：脚后跟，用脚跟行走。

② 子：你。不谨前：以前不谨慎。犯：触犯。犯患：触犯刑律遭致祸患。

③ 虽今来：今虽来。何及矣：来不及挽救了。

④ 不知务：不明事务之理，愚昧无知。轻用吾身：指好管事。

⑤ 尊足者：比足还贵重的东西，指道德。全：求全，保全。

⑥ 天无不覆，地无不载：指天地有广大的恩德。

⑦ 安知：怎么知道。若是：如此有拣择。

⑧ 丘：孔子自称。陋：浅陋。

⑨ 夫子：指叔山无趾。胡：何，为什么。

⑩ 出：走。勉之：努力。务学：努力求学。前行之恶：从前行为中的过错。全德：完美的道德。

⑪ 老聃：老子。

⑫ 其：抑或。

⑬ 彼：孔子。宾宾：频频。子：你。

⑭ 諔（chù）诡：奇异。蕲：求。幻怪：虚妄。桎梏（zhìgù）：本意脚镣手铐，引申为束缚。

⑮ 一条：指一样。可不可为一贯：肯定与不肯定一样，即齐是非。

⑯ 天刑之：自然的根器如此。安可解：不可解除，不可救药。

【译文】

鲁国有个被砍断了脚的人叫叔山无趾，他用脚后跟走去拜见孔子。

孔子说："你从前不谨慎，已经触犯刑律遭致这样的祸患了。

现在虽然来请教，哪里还来得及挽回呢？”

无趾说：“我只因不识时务而轻用我的身子，因此才断了脚。现在我来这里，就是还有比脚更珍贵的东西尚存在。由此我要竭力去保全它。天是无所不覆的，地是无所不载的，我把先生看成天地，哪知先生是这样的人呢！”

孔子说：“我实在太浅陋了。先生为什么不进来呢？请说说你的高见吧！”

无趾走了。孔子说：“弟子们，要勤勉啊！无趾是被砍断了脚的人，还要学习以求弥补以前的过错，更何况没有犯过过错又具备完美道德的人呢！”

无趾对老子说：“孔子还是没有达到至人的境界吧？他为什么还频频地向你求教呢？况且他还追求奇异的虚幻的名声，殊不知至人把这些东西看成是束缚自己的桎梏呢？”

老子说：“你为什么不直接使他认识死和生一体，是非齐一的道理，从而解除他的桎梏，这样做可以吗？”

无趾说：“这是孔子自然的根器如此，怎么可能解除呢！”

【品评】

吾唯不知务而轻用吾身，吾是以亡足。今吾来也，犹有尊足者存，吾是以务全之也。夫天无不覆，地无不载，吾以夫子为天地，安知夫子之犹若是也！

庄子借叔山无趾之口，批评孔子追求虚幻的名声，拘泥于形体，而缺少对德性的修养和大道的体悟。而赞扬形体残疾而崇尚德性的无趾。从古至今，有多少人追求外在的精彩华丽，而缺少内在的质朴高尚。有多少人外表完美，而内心残缺阴暗。庄子告诫人们，应注重人的内在的道德之美，而不应关注人的形体缺陷。

【原文】

鲁哀公问于仲尼曰："卫有恶人焉，曰哀骀它[①]。丈夫与之处者，思而不能去也[②]。妇人见之，请于父母曰：'与为人妻宁为夫子妾'者[③]，十数而未止也。未尝有闻其唱者也，常和人而已矣[④]。无君人之位以济乎人之死，无聚禄以望人之腹[⑤]。又以恶骇天下[⑥]，和而不唱，知不出乎四域，且而雌雄合乎前[⑦]。是必有异乎人者也。寡人召而观之[⑧]，果以恶骇天下。与寡人处，不至以月数，而寡人有意乎其为人也；不至乎期年[⑨]，而寡人信之。国无宰，寡人传国焉[⑩]。闷然而后应[⑪]。氾而若辞，寡人丑乎，卒授之国[⑫]。无几何也，去寡人而行[⑬]，寡人恤焉若有亡也[⑭]，若无与乐是国也[⑮]。是何人者也？"

【注释】

① 恶：丑。恶人：长相丑陋的人。哀骀它：虚拟人物。

② 丈夫：男子。与：跟。之：他。处：相处。思：思慕，眷恋。去：离去，离开。

③ 与：与其。宁：宁肯，勿宁。夫子：指哀骀它。

④ 唱：提倡，倡导。和：应和。

⑤ 君：作动词，权位。聚禄：积蓄钱财。望：月满为望，饱满。

⑥ 骇：惊动，震惊。

⑦ 知：智慧，认识。四域：四境，四方。且：此。合：聚合。雌雄：女人和男人。

⑧ 寡人：国君的谦称，即哀公自称。召：请，召见。

⑨ 期（jī）年：周年。

⑩ 宰：宰相。传国：授以国政。

⑪ 闷然：无心、淡漠的样子。

⑫ 氾：同泛，心不在焉，漠不关心的样子。丑：惭愧。

卒：终于。授：授任。

⑬ 去：离开，离去。

⑭ 恤（xù）：忧虑，忧闷的样子。亡：失。

⑮ 若：好像。无与乐：没有与我共乐的人。

【译文】

鲁哀公向孔子问道：“卫国有位相貌丑陋的人，名叫哀骀它。男人与他相处，就眷恋他而舍不得离开他。女人见了他，就请求父母说：‘与其嫁给别人做妻子，还不如做他的小妾。’这样的女人已不下十多位了。不曾听说他提倡过什么，却总是经常地附和别人罢了。他没有统治者的权位去挽救别人的死亡，也没有积蓄钱财填饱别人的肚子，而且相貌丑陋得使天下人惊骇。他只应和而不倡导，他的识见不超出人世之外，然而男人和女人都来亲近他，这样的人必定有异乎常人之处。我把他召来一看，果然见他相貌丑陋，让天下人都感到震惊。他和我相处，不到一个月，而我已经觉察到他可爱的为人了。不到一年，我便完全信任他了。正巧国内没有宰相，我要把国事托付给他。他却心不在焉无意应承，而后来漫漫然好像有所推辞。我甚感羞愧，终于把国事托付给他。不久，他就离我而去。我感到忧闷，若有所失，好像在这个国家里再没有和我同感快乐的人了。他到底是什么样的人呢？”

【原文】

仲尼曰：“丘也尝使于楚矣[①]，适见㹠子食于其死母者[②]，少焉眴若[③]皆弃之而走，不见己焉尔，不得类焉尔[④]。所爱其母者，非爱其形也，爱使其形者也。战而死者，其人之葬也不以翣资[5]，刖者之屦，无为爱之[6]；皆无其本矣[7]。为天子之诸御，不爪翦，不穿耳[8]；取妻者止于外[9]，不得复使。形全犹足以为尔，而况全德之人乎[10]！今哀骀它未言而信，无功而亲，使人授己国，唯恐其不受也，是必才全而德不形者也[11]。"

【注释】

① 尝使：曾经出使。

② 适：恰巧遇到。㹠：一作豚。㹠子：小猪。食：通饮，饮乳。

③ 少焉：一会。眴（shùn）：一作瞬，目动而惊慌的样子。

④ 焉尔：才如此。不得类：小猪得不到同类，意为不像活着的样子。

⑤ 翣（shà）：棺材饰物。资：给，送。

⑥ 屦（jù）：鞋。

⑦ 无其本：失去了根本。

⑧ 诸御：各种侍从。翦：同"剪"。爪翦：剪指甲，指不伤形体。

⑨ 止于外：留在宫外。

⑩ 全德：指所享受的天德。

⑪ 才全：才质完美。德不形：内不表现在外形上。

【译文】

孔子说："我也出使到楚国去，恰巧遇到一群小猪羔在吸吮着刚刚死去母猪的乳汁，不大一会儿就露出惊恐的样子，然后抛弃母猪四散而逃了。因为死母猪已经没有了任何感觉，而小猪发现母猪已经不像活着的样子了。小猪爱它母亲，并不是爱它母亲的形体，而是爱其形体所赋予的精神。在战场上战死的人，被安葬的时候，不用装饰棺椁；被砍断脚的人就没有理由再去吝惜他的鞋子，都因为没有了根本。做天子侍从的人，女的不剪指甲，不穿耳眼；娶了妻子的男人留在宫外，不再服役。为保持完整的形体尚且如此，何况保全道德的人呢！现在哀骀它不开口就能获得信任，没建功业就能得人亲近，能让别人把一个国家交给他，还唯恐他不接受；这个人一定是‘才全’而‘德不形’的人。”

【原文】

哀公曰：“何谓才全？”仲尼曰：“死生存亡，穷达贫富，贤与不肖毁誉，饥渴寒暑，是事之变，命之行也[①]；日夜相代乎前，而知不能规乎其始者也[②]。故不足以滑和，不可入于灵府[③]。使之和豫，通而不失于兑[④]；使日夜无郤而与物为春，是接而生时于心者也[⑤]。是之谓才全。”

“何谓德不形？”

曰：“平者，水停之盛也。其可以为法也，内保之而外不荡也[⑥]。德者，成和之修也。德不形者，物不能离也。”

哀公异日以告闵子曰[⑦]：“始也吾以面南而君天下，执民之纪而忧其死，吾自以为至通矣[⑧]。今吾闻至人之言，恐吾无其实，轻用吾身而亡其国。吾与孔丘，非君臣也，德友而已矣[⑨]。”

【注释】

① 事之变：人事的变化。命：天命。行：运行。

② 规：度，测度。始：由来。

③ 滑：乱。和：和顺。指德之所以为德的和谐状态。灵府：精神之府宅。

④ 和：顺。豫：乐。兑：通“悦”，喜悦。

⑤ 郤：同“隙”，空隙。接：指与外物事变相接触。

⑥ 荡：动荡。

⑦ 异日：他日，过几天。闵子：孔子的弟子闵子骞。

⑧ 纪：纲纪。忧其死：忧民不得其所而死亡。通：非常通达，指明于治道。

⑨ 德友：以德交友。

【译文】

哀公说："什么叫'才全'？"

孔子说："生死与存亡，贫穷与富贵，贤与不肖，赞誉与毁谤，饥渴与冷暖，这些都是事物的变化，天命的运行。犹如日夜交替不断，而智慧不能测度它们的起始，因此，这些变化不足以扰乱和顺的德性，不会让纷扰侵入心灵。使心境和谐快乐；非常畅通而不失其怡悦，使自己日夜不断地和万物同游于像春天一样的和乐之中。这样，顺应外物而在心中产生的和悦的气质，就叫做'才全'。"

"什么叫做'德不形'？"

孔子说："水平是指水在容器中的静止状态。它可以成为我们取法的准绳。内心保持极端的静止，就可以不会为外物所摇荡。德，就是成就最纯净的修养。所谓'德不形'，就是道德高尚不显露，万物自然亲附而不会离开。"

后来，哀公告诉闵子说："开始，我以国君的地位统治天下，掌握治理臣民的纲纪，忧虑百姓的生死，自以为是非常通达明理了。现在，我听到至人的言论，担心自己有名无实，轻率地使用自己的身心，以致危亡自己的国家，我和孔子，并不是君臣，而是以道德相交的朋友。"

【原文】

闉跂支离无脤说卫灵公[①]，灵公说之，而视全人，其脰肩肩[②]。瓮盎大瘿说齐桓公，桓公说之[③]，而视全人，其脰肩肩。故德有所长而形有所忘，人不忘其所忘而忘其所不忘，此谓诚忘[④]。

故圣人有所游，而知为孽，约为胶[⑤]，德为接，工为商[⑥]。圣人不谋[⑦]，恶用知？不斫[⑧]，恶用胶？无丧[⑨]，恶用德？不货[⑩]，恶用商？四者，天鬻也[⑪]。天鬻者，天食也[⑫]。既受食于天，又恶用人[⑬]！有人之形，无人之情[⑭]。

有人之形，故群于人[⑮]；无人之情，故是非不得于身。眇乎小哉，所以属于人也[⑯]！謷乎大哉，独成其天[⑰]！

【注释】

① 闉跂支离无脤：虚拟人物。闉（yīn）：城的曲门。跂：一足。支离：伛背。无脤（chún）：缺唇。说（shuì）：游说。

② 说（yuè）：通"悦"，高兴。脰（dòu）：颈项。肩肩：细长的样子。

③ 瓮（wèng）：陶制的盛器。盎（áng）：盆。大瘿（yǐng）：脖子上长的大瘤。

④ 长：善、好。亡：形残。忘：前"忘"指遗忘。次"忘"指形残。三"忘"指遗忘。后"忘"指德。

⑤ 知：通"智"。孽：灾孽。约：约束。胶：胶漆。

⑥ 德：使人得，施小恩小惠。接：接合。工：工巧。商：物品交换。

⑦ 圣人不谋：圣人不搞权谋，不去谋虑。

⑧ 不斫（zhuó）：不砍削，意为不施雕琢，顺任自然。

⑨ 丧：保其大和而本不丧失。
⑩ 货：相买卖。
⑪ 鬻（yù）：通养，养育。
⑫ 食（sì）：给人吃，饲养。天食：受自然的饲养。
⑬ 人：人为。
⑭ 情：指人的性情，即世间的是非。
⑮ 群于人：与人为群。
⑯ 眇：通"秒"，渺小，微小。
⑰ 警（áo）：高大的样子。

【译文】

有个曲足、驼背、无唇的人向卫灵公游说，卫灵公很喜欢他，再看到身体完整的人，反而觉得脖子长得太细长了。有位脖子上长着像盆一样的大瘤子的人向齐桓公游说，齐桓公很喜欢他，再看到身体完整的人，反而觉得他们的脖子也太细长了。所以德性有所建树而身体上的缺陷就会被人所遗忘。人如果不遗忘他所应当遗忘的残形，而遗忘他所不应遗忘的德性，那才是真正的遗忘。

所以圣人能保持悠游自得，把智慧当作灾孽，把约束当作胶执，把施展小恩小惠看作交接的手段，把工巧看成是商贾行径。圣人不搞权谋，哪里用得着智慧？不去雕琢万物，哪里用得着胶漆？天性没有丧失，哪里用得着修德？不求利益，哪里用得着通商？这四者都是大自然的哺育，也就是靠天养育。既然禀受自然的养育，又哪里还用人为的东西呢？

有人的形体，没有人的俗情。有了人的形体，所以就能与人群居；没有人的俗情，所以是非就不会影响他。太渺小了啊，与人同类的人情世故。太伟大了啊，与大自然同为一体！

【品评】

故德有所长而形有所忘，人不忘其所忘而忘其所不忘，此谓诚忘。

庄子认为，道德高尚的人就会忘记自己的外形，因为其内在的精神更有无穷的魅力。郭象的注解："生则爱之，死则弃之。故德者，世之所不忘也；形者，理之所不存也。故夫忘形者非忘也，不忘形而忘德者，乃诚忘也。"一个人活着非常可爱，死时就抛弃之。但道德是世人所不应该忘记的，我们看雨果的《巴黎圣母院》，读到加西莫多的时候，我们震惊于他的丑陋，但是他的善良却让我们浑然忘记了他相貌的丑。不仅如此，反而让我们更加喜欢这个形象。

那么，什么样的道德会让我们忘记丑者的外形呢？《德充符》中明确地说："德者，成和之修也。"所谓"成和之修"，即是达到了一种完满纯和的修养境界。具有这种境界的人，宁寂，淡漠，能够摒除世俗争名逐利之心，保存与修养成具有淳朴的自然本性。所以，庄子在《德充符》中，刻画了如此多的"形残而德全"的人，正是"用形体之奇丑来反衬精神之极美"，以此极端手法，试图达到震惊世俗的作用，说明修养淳朴的自然本性的重要性，这种淳朴之"德"，必然会产生一种巨大的精神魅力。

上面所举两则寓言中的"全德"之人，不仅他们自己不在乎形体的残缺丑陋，而且能使世人都忘记他们的缺陷，而且争相亲近、归附他们，正是这种精神魅力的表现。超越丑，不是说这些人的外形不丑，或者说变美了。丑，就其根本而言，是对正常的负方向偏离，丑转化为美是一个很艰难的过程。所谓"超越丑是指内在的品质使人不以丑为意，不因丑而生厌恶感，甚至完全忘掉他的丑，即'德有所长而形有所忘'。美的效果就是使人不自觉地愿意与之交往，与美的人在一起使人感到愉悦，当形丑者的德有所长而达到如美人一般的效果时，这在一定意义上已经完全‘化丑为美’了”（雨果）。

【原文】

惠子谓庄子曰：“人故无情乎？”庄子曰：“然”。惠子曰：“人而无情，何以谓之人？”庄子曰：“道与之貌[①]，天与之形，恶得不谓之人？”惠子曰：“既谓之人。恶得无情？”庄子曰：“是非吾所谓情也[②]。吾所谓无情者，言人之不以好恶内伤其身，常因自然而不益生也[③]。”惠子曰：“不益生，何以有其身[④]？”庄子曰：“道与之貌，天与之形，无以好恶内伤其身。今子外乎子之神[⑤]，劳乎子之精，倚树而吟[⑥]，据槁梧而瞑[⑦]，天选子之形[⑧]，子以坚白鸣[⑨]！”

【注释】

① 与：赋予。

② 是：此指惠子说的人情。

③ 因：顺。不益生：不对生命做额外的增益保护。

④ 有其身：有身体存在。

⑤ 子：你，指惠施。外：神驰于外。

⑥ 劳：操劳，耗费。吟：歌吟。

⑦ 瞑：睡眠。

⑧ 选：天授。形：形体。

⑨ 坚白：坚白论，战国时名家的著名论题。

【译文】

惠子对庄子说：“人本来就没有情吗？”

庄子说：“是的。”

惠子说：“要是无情，怎么能叫做人呢？”

庄子说：“自然之道赋予他容貌，天然之理赋予他形体，怎么不叫人呢？”

惠子说：“既然称作人，为什么会没有情呢？”

庄子说：“这不是我所说的情。我所说的无情是说人不要以好恶爱憎伤害他自己的本性，要经常因顺自然而不人为去增益生命。”

惠子说：“不人为地增益生命，怎么能保存他的身体？”

庄子说：“自然之道已经赋予了人以容貌，天然之理已经赋予了人以形体，不要以好恶爱憎伤害他自己的本性。现在，你放纵你的心神，耗费你的精力；你倚在树边歌吟，靠着枯干的梧桐树而休眠，大自然赋予了你形体，你却抱着坚白论而自鸣得意！”

【品评】

庄子曰：“是非吾所谓情也。吾所谓无情者，言人之不以好恶内伤其身，常因自然而不益生也。”

庄子和惠子讨论人的有情和无情的问题。庄子所谓的“情”，就是是非问题。所谓“无情”就是不要执著于是非问题，不能让这种执著伤害自己的本性，而应该去除是非的观念，因顺自然而不人为地去增益自己的生命。我们反对不分是非的观点，但我们也反对以宿命为借口而缺少进取精神。

内篇

大宗师

《大宗师》以义名篇。即宗大道为师。

《大宗师》是庄子对老子道的思想的发挥，其主旨是说『道』是世界万物的主宰，这是庄子的本体论。

在庄子看来，生死不过是昼夜的更替，无须乐生而悲死。应当忘掉死生变化而与自然合为一体，听从命运的安排。这样方才领悟了大道，才能超越生死，不拘于形躯的限制，与大化同流，在顺任自然中达到精神的绝对自由，进入所谓无古今、无生死、无烦恼的宁静境界。

【原文】

知天之所为[1]，知人之所为者，至矣[2]。知天之所为者，天而生也[3]，知人之所为者，以其知之所知[4]以养其知之所不知，终其天年而不中道夭者，是知之盛也[5]。虽然，有患[6]。夫知有所待而后当，其所待者，特未定也[7]。庸讵知吾所谓天之非人乎[8]？所谓人之非天乎？

【注释】

① 知：知道，认识。天：自然。
② 人之所为：运化，运化的产物。至矣：认知的极致，天人合一了。
③ 天而生：顺着自然而生，即无为自然而生。
④ 以：用。其：自己。知：同智。所知：所认识的。
⑤ 终其天年：享尽天然的寿命。夭：夭折。是：这，此。知：认识。盛：顶点，极点。
⑥ 有患：有祸患，有问题。
⑦ 所待：所待的对象。当：得当。特：但，不过。未定：不可确定。
⑧ 庸讵：何以。天：自然。人：人为。

【译文】

知道天道自然运化，也认识了人的主观作用，这就是洞察事理的极致了。知道天道自然运化，是出于自然的。认识人的主观作用是，用自己的智慧所认识的，去保养自己的知慧所不能认识的，使自己能享尽自然所赋予的寿命而不中途夭折，就是智慧的极致了。虽然如此，但是还有问题。认识必定有所待的对象而后才能断定是否正确。而作为认识所反映的对象的条件则是变化不定的。你怎么知道我所说的天道自然不是人为呢？所谓属于人为的不是天道自然呢？

【品评】

知天之所为，知人之所为者，至矣。

认识了自然界万事万物中哪些是天之所为，哪些是人之所为，这是认识的最高境界。听起来，这些话没有深刻的道理。如果人类坚守着这一分际，天人和谐也许能保持长久，也许自然界中很多天灾人祸就可避免。结果是人类不断逾越这一分际，甚至武断地认为，人类可以改变自然界的一切，把人的作用无限地夸大，破坏了自然的运行变化，也伤害了人类自身。有些简单的道理，人类却有意无意地忽略了，从而造成灾难。

【原文】

何谓真人？古之真人，不逆寡[①]，不雄成，不谟士[②]。若然者，过而弗悔[③]，当而不自得也[④]。若然者，登高不栗，入水不濡[⑤]，入火不热，是知之能登假于道者也若此[⑥]。

古之真人，其寝不梦，其觉无忧，其食不甘，其息深深[⑦]。真人之息以踵，众人之息以喉。屈服者，其嗌言若哇[8]。其耆欲深者，其天机浅[9]。

【注释】

① 逆：预料，预测。

② 雄成：自傲，自尊。谟：同“谋”，谋虑。士：同“事”。不谋士：不谋虑未来的事情。

③ 过而弗悔：有了过失不后悔。

④ 当而不自得：得当而不自觉得意。

⑤ 栗：恐惧，害怕。濡：沾湿。

⑥ 登假：升到。假：至。

⑦ 寝：睡觉。觉：醒。忧：忧愁。甘：精美，肥美。深深：渊深静默的样子。

⑧ 息：呼吸。嗌言：咽在喉头中的话。哇：呕吐。嗌言若哇：要说话而又顿住的样子。

⑨ 耆：同“嗜”。耆欲：嗜好欲望。天机：天然的根器。浅：浅薄。

【译文】

什么叫真人？古代的真人，不违逆微小，不自恃成功，不谋事功。像这样的人，有过而不懊悔，有功而不沾沾自喜。像这样的人，登高不惧怕，下水不沾湿，入火不觉焦热。这是他的智慧已经合于大道而处惊不变。

古代的真人，睡觉时不做梦，醒来时不忧虑。饮食不求甘美，呼吸则是深沉静然。真人的气息可以达到脚跟，普通人的呼吸仅存喉咙。那些争辩着被人屈服的人，他的言语哽在喉头，就像呕吐那样难受。嗜好欲望强烈的人，他的天然根器就浅薄了。

【原文】

古之真人，不知说生，不知恶死；其出不䜣，其入不距[1]；翛然而往，翛然而来而已矣[2]。不忘其所始，不求其所终；受而喜之，忘而复之[3]。是之谓不以心捐道，不以人助天[4]。是之谓真人。

若然者，其心志，其容寂，其颡頯[5]；凄然似秋，暖然似春，喜怒通四时，与物有宜而莫知其极[6]。

故圣人之用兵也，亡国而不失人心[7]；利泽施乎万世，不为爱人。故乐通物，非圣人也[8]；有亲，非仁也；天时，非贤也；利害不通，非君子也；行名失己，非士也；亡身不真，非役人也[9]。若狐不偕、务光、伯夷、叔齐、箕子、胥余、纪他、申徒狄[10]，是役人之役，适人之适[11]，而不自适其适者也。

【注释】

① 说：通“悦”。出：出生。䜣（xīn）：通“欣”，高兴。入：死亡。距：通“拒”，抗拒。

② 翛（xiāo）：自由无拘的样子。往：指死。来：指生。

③ 始：天命之始。终：天命之终。受：得，引申为生。忘：失。复之：复归天道。

④ 是：此，这。心：指主观。捐：弃。天：天道。

⑤ 心志：神凝，思想安定。容：貌。寂：静，不动。颡（sǎng）：额。頯（kuí）：颧骨，引申为宽大。

⑥ 凄然：严肃的样子。

⑦ 亡国：亡人之国。

⑧ 乐通物：愿意与万物相和。

⑨ 有亲：有偏爱。亡身不真：自丧真性。役人：卑贱的人。

⑩ 狐不偕：尧时人名，尧让帝位给他，他不接受，投河而死。务光：夏时人名，好养性弹琴，汤要让帝位给他，他不接受，负石沉于房水。夷、叔齐：殷代末年人，孤竹君的两个儿子，父死兄弟相让，因谏武王

不从。遂隐居首阳山，不食周粟，最后饿死。箕子、胥余：殷纣王的贤臣，因谏纣王而遭奴役。纪他：汤时人，劝说汤让位务光，务光负石沉水而死，恐怕汤让位于己，遂率弟子投寂水而死。申徒狄：人名，汤时的贤人。听务光负石沉水而死又听纪他入水而死，自己也沉于河中死去。

⑪ 役人之役：为人所用。适：畅快，舒适。适人之适：把别人的快乐当作自己的快乐。

【译文】

古代的真人，对生存不感到欢喜，对死亡不感到恐惧。出生了不欣喜，人死了不拒绝，自然无心地离开人间，无拘无束地来到人间。不忘自己生命的本源，不寻求自己的归宿。接受了自然赋予的生命就欣然自得，忘却了生死的变化而复归于自然。这就叫做不以心机而损害大道，不用人为的意志辅助自然之命。这就叫做真人。

这样的人，心志专一，容貌安寂，面额宽大；严肃像秋天，温暖像春天，喜怒无心，如同四季变化一样自然，和万物混为一体，无迹可寻。

所以圣人发动战争，灭亡了别人的国家而不会失掉人心。利益恩泽施及万世，却并非出自偏爱之心。由此可见，有心通达物情，就不是圣人；有心亲近他人，就不是仁人；有心求得天时，就不是贤人；不等观利害，就不是君子；追求声名而失掉自己的本性，就不是士人；失去本真之心，就不是役使之人。像狐不偕、务光、伯夷、叔齐、箕子、胥余、纪他和申徒狄他们，都是为别人所操劳，使别人快意，而不是为自己的安适而求适的人。

【原文】

古之真人，其状义而不朋，若不足而不承[①]；与乎其觚而不坚也，张乎其虚而不华也[②]；邴邴乎其似喜乎[③]！崔乎其不得已乎！滀乎进我色也，与乎止我德也[④]；厉乎其似世乎！謷乎其未可制也[⑤]；连乎其似好闭也，悗乎忘其言也[⑥]。以刑为体，以礼为翼，以知为时，以德为循[⑦]。以刑为体者，绰乎其杀也[⑧]；以礼为翼者，所以行于世也；以知为时者，不得已于事也；以德为循者，言其与有足者至于丘也[⑨]。而人真以为勤行者也。故其好之也一[⑩]，其弗好之也一。其一也一，其不一也一。

其一与天为徒，其不一与人为徒。天与人不相胜也，是之谓真人。

【注释】

① 朋：同“崩”。承：承受。

② 与：通举。觚：棱角，引申为特立不群。坚：坚固。张：宽宏大度。华：浮华。

③ 邴邴（bǐng）乎：欣喜的样子。

④ 崔：活动。滀（chù）：水蓄积的样子，引申为颜色温和而有光泽。与：交接。止：归依。德：德行。

⑤ 厉：同“励”，勤勉。似世：同于世俗。謷（áo）：高大的样子。制：遏制。

⑥ 连：深沉。闭：闭口不言。非闲字误。悗（mèn）：无心的样子。

⑦ 知：周知。时：时变。循：遵循，据。

⑧ 绰（chuò）：宽绰。

⑨ 丘：山丘。

⑩ 一：合一。

【译文】

古代的真人，他形象高大而不崩坏；好像不足而又无以承受。安闲特立而不固执；襟怀开阔而不浮华；神情爽朗似有喜色，一举一动就像出于不得已！内心深沉而面色充盈着光辉，他的德性宽厚闲适而令人归依；勤勉的行径犹如世欲作为！高大的形象好像不能控制；深沉不语好像遗忘了要说的话。以刑罚为主体，以礼仪为辅助，以智慧为审时度势，以道德为处事所遵循的原则。以刑罚的本体，杀人也是宽大。以礼仪为辅助，才能推行于天下；以智慧审时度势，不过是不得已应付于事务；以道德为处事所遵守的原则，说的是有脚者就可以登上山丘。而真人认为只有勤于行走的人才能达到。所以，他无心好恶，他喜欢和厌恶都是一样的。他以为相同的是一，他以为不相同的也是一。

他以为相同的与大道同类，不同的与人同类。天与人是不能相互对立的。这样的人就叫做真人。

【品评】

其一与天为徒，其不一与人为徒。天与人不相胜也，是之谓真人。

庄子描绘了真人的各种性格特点，实际上是他追求的一种境界，这种境界就是“道”的境界。认识天人的分际不是目的，认识到天人的合一才是最高的境界。天与人不是对立的，人也不是能胜天的。自然是人类的宗师，顺应自然，是人类的必然选择。反思我们所做过的一切，我们曾经认为“人定胜天”，当遭受天的惩罚之后，才明白“人法自然”的道理。

【原文】

死生，命也，其有夜旦之常，天也[①]。人之有所不得与，皆物之情也。彼特以天为父，而身犹爱之，而况其卓乎[②]！人特以有君为愈乎己，而身犹死之，而况其真乎[③]！

泉涸，鱼相与处于陆，相呴以湿，相濡以沫，不如相忘于江湖[④]。与其誉尧而非桀也，不如两忘而化其道[⑤]。夫大块载我以形，劳我以生，佚我以老，息我以死[⑥]。故善吾生者，乃所以善吾死也。

夫藏舟于壑，藏山于泽，谓之固矣[⑦]。然而夜半有力者负之而走，昧者不知也[⑧]。藏小大有宜，犹有所遁[⑨]。若夫藏天下于天下而不得所遁，是恒物之大情也[⑩]。特犯人之形[⑪]，而犹喜之。若人之形者，万化而未始有极也，其为乐可胜计邪！故圣人将游于物之所不得遁而皆存[⑫]。善妖善老，善始善终[⑬]，人犹效之，又况万物之所系，而一化之所待乎[⑭]！

【注释】

① 命：命定，必然。旦：白天。常：恒常。天：自然的规律。

② 彼：指人。特：只是。身：自身。之：指代天。卓：卓绝，指天道。

③ 愈：胜过。真：指道。

④ 涸（hé）：水干。呴：吐气。濡（rú）：沾湿。沫：吐沫。相忘：互相忘掉。

⑤ 誉：赞誉，称颂。非：反对，谴责。两忘：指忘掉誉和非。化其道：同化于大道。

⑥ 大块：大地，泛指天地。载：负载，寄托。形：

形体。佚：安逸，清闲。息：安息。
⑦ 壑（hè）：山谷。泽：沼泽，湖泊。固：牢固。
⑧ 负：背。昧：通寐，睡。
⑨ 宜：适宜，适当。遁：逃，亡失。
⑩ 恒物：恒常的事物。大情：本质。
⑪ 特：只。犯：通范，模子。
⑫ 皆存：与道共存。
⑬ 妖：同“夭”，夭折。始：生。终：死。
⑭ 系：从属，根源。一化：大化流行。待：依赖。

【译文】

死和生是不可避免的生命活动，它有如黑夜和白天的永恒的交替变化一样，都是自然的规律。这是人们无法干预的，都是万物变化的情理。人们以天作为生命之父，而终身爱慕它，何况那派生天地的大道呢！人们认为君主的势力地位超过了自己，而舍身为他效忠，何况是主宰万物的大道呢！

泉水干涸了，鱼儿被困在陆地上，它们相互用嘴吐着湿气滋润着对方，用唾液彼此沾湿对方的身体，与其如此，这就不如在江湖中生活自由自在，彼此忘掉对方。与其赞誉唐尧而非难夏桀，就不如把两者的是非都忘掉而同化于大道之中。大自然给我形体，使我生时操劳，使我老后清闲，死后让我安息。所以称善我的生存，也同样称善我的死亡。

把船藏在山谷里，把山藏在大泽中，可以说是牢靠了。然而，倘使夜半三更有造化的大力士却背它而走，蒙昧的人是不会知道的。所以把小的藏在大的里面，可以说很合适了，然而也会丢失。如果把天下藏到天下里就不能丢失了，这是万物普遍的至理。人们一旦获得形体就欣然自喜。其实人的形体，是千变万化而没有止境的，如此这种快乐也就不可胜数了。所以，圣人要遨游于万无一失的境地而和大道共存。不论寿命的长短，也不论开始还是终结都欣喜不已，他们尚且被世人效仿，更何况是万物的根本，一切变化所依赖的大道呢！

【品评】

泉涸，鱼相与处于陆，相呴以湿，相濡以沫，不如相忘于江湖。

身处困境，勉强维持生命，真是一件极其痛苦的事情。这些枯水沟里的鱼儿，依靠着互相怜惜吐沫滋润对方。也许有人会感慨：多坚贞的爱！但是这样的活着，在庄子看来，还不如两相忘怀，各自在江湖中畅游。看样子，庄子不欣赏这样的相濡以沫的生活。他更看重寻找自己的“道”，寻求自己独特的生存方式。

“相忘于江湖”是一种境界，更需要一个坦荡、淡泊的心境吧。能够忘记，能够放弃，也是一种幸福。

庄子认为，大自然给我形体，使我生时操劳，使我老后清闲，死后让我安息。濒临死亡的鱼儿苟延残喘，充满对生命死亡的恐惧，不如痛快地死去。快乐地死去，才会快乐地生。为什么宁可痛苦地生，却对死亡如此的恐惧和拒绝呢？

用平常心看待生活中的一切，包括生死，真正融入到自然的运化中去，在自然的运化中求得生命的永恒。

【原文】

夫道，有情有信，无为无形[①]；可传而不可受，可得而不可见[②]；自本自根，未有天地，自古以固存；神鬼神帝[③]，生天生地；在太极之上而不为高，在六极之下而不为深[④]，先天地生而不为久，长于上古而不为老。

猪韦氏得之，以挈天地[5]；伏戏氏得之，以袭气母；维斗得之，终古不忒[6]；日月得之，终古不息；堪坏得之，以袭昆仑；冯夷得之，以游大川[7]；肩吾得之，以处大山；黄帝得之，以登云天[8]；颛顼得之，以处玄宫；禺强得之，立乎北极[9]；西王母得之，坐乎少广，莫知其始，莫知其终；彭祖得之，上及有虞，下及五伯[10]；傅说得之，以相武丁，奄有天下[11]，乘东维，骑箕尾[12]，而比于列星。

【注释】

①有情：实。信：真。

②受：通“授”。

③神：生，引出。

④太极：阴阳未分时的混沌之气，派生万物的本源。

⑤狶（xī）韦氏：传说中的古代帝王。挈（qiè）：提挈，提举，开辟。

⑥袭：沿袭，调合。气母：指元气。维斗：北斗星。忒（tè）：差错。

⑦堪坏（pēi）：昆仑山神。袭：入。冯夷：人名，得水仙或野浴于河而死，成为河神，亦称河伯。

⑧肩吾：泰山之神。大山：大山即泰山。黄帝：传说中的帝王，轩辕氏。登云天：相传黄帝采首山之铜，铸鼎山之下，鼎成后，有龙垂于鼎迎帝，帝遂将群臣及后七十二人，白日驾云乘龙，登天而去。

⑨颛顼（zhuān xū）：古代部落首领，号高阳，黄帝之孙，又称玄帝。玄宫：北方宫。玄：为黑色，代表北方的染色。禺强：又叫禺京，水神名。立乎北极：自立于北海之神。

⑩西王母：居海涯的神人。少广：山名。彭祖：长寿八百岁，或以为仙。有虞：指舜。五伯（bà）：齐桓、晋文、秦穆、楚庄、宋襄五公。

⑪ 傅说（yuè）：人名，原为奴隶，后殷高宗任用为相。武丁：殷高宗。奄：包括。

⑫ 东维：星宿名。箕尾：星名。

【译文】

大道是真实而有信验的，同时又是无为无形的；它可以心传而不可以口授，可以心得而不可以目睹；它是万物最原始的本根，在没有天地之前，自古就存在着；是它产生了鬼神和上帝，是它产生了天和地；它在太极之上还不算高，在六极之下还不算深；生于天地之前不算长久，长于上古之前不算古老。狶韦氏得到它，用它协理天地；伏牺氏得到它，用以调合阴阳元气；北斗星得到它，用以保障终古不变的运行轨道；太阳和月亮得到它，就能终始运行不息；堪坏得到它，就能入主昆仑；冯夷得到它，用来巡游于大河；肩吾得到它，就能镇守泰山；黄帝得到它，就能登天成仙；颛顼得到它，就能入居玄宫；禺强得到它，能自立于北海之神；西王母得到它，就能安坐守少广之山，不复生死，不知始终；彭祖得到它，上及有虞，往下活到五霸时代；傅说得到它，用以做武丁的宰相，包有天下，死后驾驭着东维星和箕尾星，遨游于众星之间。

【品评】

夫道，有情有信，无为无形；可传而不可受，可得而不可见；自本自根，未有天地，自古以固存；神鬼神帝，生天生地；在太极之上而不为高，在六极之下而不为深，先天地生而不为久，长于上古而不为老。

研究庄子，不能不关注这一段，这是庄子对“道”的最为系统、最为抽象的描述，也是庄子思想的核心之所在。规定了“道”的本体性和根源性，它是宇宙的本体，也是宇宙万物产生存在发展变化的总根源；阐明了“道”的普遍性和抽象性；揭示了“道”是一个过程，也是一种境界。站在这里，俯瞰全书，就可统领一切。立足于“道”的境界，齐万物、同生死，才有最后和最高的根据。

【原文】

南伯子葵问乎女偊曰[①]：“子之年长矣，而色若孺子[②]，何也？”曰：“吾闻道矣。”南伯子葵曰：“道可得学邪？”曰：“恶！恶可！子非其人也[③]。夫卜梁倚有圣人之才而无圣人之道[④]，我有圣人之道而无圣人之才。吾欲以教之，庶几其果为圣人乎[⑤]！不然，以圣人之道告圣人之才，亦易矣。吾犹告而守之，参日而后能外天下；已外天下矣，吾又守之，七日而后能外物[⑥]；已外物矣，吾又守之，九日而后能外生；已外生矣，而后能朝彻[⑦]；朝彻，而后能见独；见独，而后能无古今[⑧]；无古今，而后能入于不死不生。杀生者不死，生生者不生[⑨]。其为物，无不将也，无不迎也[⑩]；无不毁也，无不成也。其名为撄宁[⑪]，撄宁也者，撄而后成者也。”南伯子葵曰：“子独恶乎闻之？”曰：“闻诸副墨之子，副墨之子闻诸洛诵之孙[⑫]，洛诵之孙闻之瞻明，瞻明闻之聂许[⑬]，聂许闻之需役，需役闻之於讴[⑭]，於讴闻之玄冥，玄冥闻之参寥，参寥闻之疑始[⑮]。”

【注释】

① 南伯子葵：虚拟人物。

②子：你。孺子：孩童。
③子非其人也：你不是学道的那种人。
④卜梁倚：虚拟人物。
⑤庶几：也许可以。
⑥守：修持，保持。参：同三。外：忘却。
⑦外生：忘我，忘身。
⑧朝：早晨。彻：明彻，贯通。独：指大道。见独：见常人所不见的大道，即洞见独立无待的道。
⑨杀：灭，无。杀生：灭绝生命。生生：产生生命，指道。
⑩将：到送。
⑪撄：扰乱。宁：宁静，安定。撄宁：虽扰乱而安定。
⑫副墨之子：书册。洛诵之孙：喻诵读。
⑬瞻明：谓见，感觉。聂许：耳闻。
⑭需：须，饮食之需要。役：劳动。於讴（wū ōu）：咏叹歌咏。
⑮玄冥：深远幽寂，静默。参寥：空旷寂寥。疑始：迷茫之始。

【译文】

南伯子葵问女偊说：“你的年岁已高，而面色却如孩童一般，为什么呢？”

女偊说：“我得道了。”

南伯子葵说：“道可以学得吗？”

女偊说：“不，不可以！你不是可以学道的那类人。卜梁倚有圣人的才质却没有圣人的根器，我虽有圣人的根器而没有圣人的才质。我准备用圣人之道来教导他，也许使他可以真的成为圣人吧！即使不能，用圣人之道教导有圣人之才的人，也是容易的。我仍然守持以道来教导他，三天而后才能遗忘天下；已经遗忘了天下了，我继续守持教导，七天而后他就能不被万物役使；已经不为万物役使了，我又继续守持教导，九天而后，他已经可以忘记生死了；已经把生死置之度外了，而后才能心境清明洞彻；一旦心境清明洞彻了，而后才能洞见独立而不改的大道；能洞见独立而不改的大道了，而后才能不再受古今时间的束缚；不再受古今时间的束缚了，然后才能领悟不死不生的永恒境界。灭绝生命的东西没有死，产生生命的东西就没有生。只要是物，没有不送走的，没有迎而不接的；没有不毁坏的，没有不成功的。这就是宇宙万物生死成毁的运动变化。”

南伯子葵曰：“你从哪里学到的这些道呢？”

女偊说：“我从文字那里得到的，文字是从语言那里得到的，语言又是从目睹那里得到的，目睹又是从耳闻那里得到的，耳闻又是从修持那里得到的，修持又是从咏叹歌吟那里得到的，咏叹歌吟又是从深远幽寂那里得到的，深远幽寂又是从空廓那里得到的，空廓又是从疑是本源那里得到的。”

【品评】

南伯子葵曰：“子独恶乎闻之？”曰：“闻诸副墨之子，副墨之子闻诸洛诵之孙，洛诵之孙闻之瞻明，瞻明闻之聂许，聂许闻之需役，需役闻之於讴，於讴闻之玄冥，玄冥闻之参寥，参寥闻之疑始。”

庄子形象地描述了得“道”的过程，这一过程不仅告诉人们得“道”的方法和途径，更重要的是体现着直觉和感悟。学“道”的过程不同于一般的学习知识的过程，不是越学越明白，而是一个不断相忘的过程，是一个不断进入混沌不清境界的过程。由此可以了解道家“道可道，非常道”的意蕴。

【原文】

子祀、子舆、子犁、子来四人相与语曰[①]："孰能以无为首，以生为脊，以死为尻[②]，孰知死生存亡之一体者，吾与之友矣[③]。"四人相视而笑，莫逆于心，遂相与为友[④]。

俄而子舆有病，子祀往问之，曰："伟哉！夫造物者，将以予为此拘拘也[⑤]！曲偻发背，上有五管，颐隐于齐，肩高于顶，句赘指天[⑥]。"阴阳之气有沴，其心闲而无事[⑦]。跰𨇤而鉴于井，曰："嗟呼！夫造物者又将以予为此拘拘也！"

子祀曰："女恶之乎[⑧]？"

曰："亡，予何恶！浸假而化予之左臂以为鸡，予因以求时夜[⑨]；浸假而化予之右臂以为弹，予因以求鸮炙[⑩]；浸假而化予之尻以为轮，以神为马，予因以乘之，岂更驾哉[⑪]！且夫得者，时也，失者，顺也；安时而处顺，哀乐不能入也[⑫]。此古之所谓县解也，而不能自解者，物有结之[⑬]。且夫物不胜天久矣，吾又何恶焉！"

俄而子来有病，喘喘然将死，其妻子环而泣之[⑭]。子犁往问之，曰："叱！避！无怛化！"倚其户与之语曰[⑮]："伟哉造化！又将奚以汝为，将奚以汝适[⑯]？以汝为鼠肝乎？以汝为虫臂乎？"

子来曰："父母于子，东西南北，唯命之从。阴阳于人，不翅于父母[⑰]；彼近吾死而我不听[⑱]，我则悍矣，彼何罪焉！夫大块载我以形，劳我以生，佚我以老，息我以死。故善吾生者，乃所以善吾死也。今之大冶铸金，金踊跃曰：'我且必为镆铘[⑲]！'大冶必以为不祥之金。今一犯人之形，而曰：'人耳人耳'，夫造化者必以为不祥之人。今一以天地为大炉，以造化为大冶，恶乎往而不可哉！”成然寐，蘧然觉[20]。

【注释】

① 子祀、子舆、子犁、子来：虚拟人物。

② 首：头，引申为始。脊：脊背，引申为中。尻（kāo），尾骨，引申为终。

③ 死生存亡之一体：从生到死再到生的往复为一体。之：他。

④ 逆：默契。莫逆于心：内心相契。

⑤ 造物者：造化，指“道”。拘拘：拘挛拳曲的身体。也：同邪。

⑥ 曲偻：驼背。发背：脊骨向上拱起。五管：五脏的穴位。颐：面颊。齐：通脐，腹脐，肚脐。顶：头顶。句赘：发髻。

⑦ 沴（lì）：凌乱。闲：宽。无事：若无其事。

⑧ 跰（蹮）（pián xiān）：走路蹒跚的样子。鉴：照。女：通汝，你。恶之：厌恶造化的形状。

⑨ 亡：无，不是。浸假：假使。浸：逐渐。时夜：司夜，报晓的公鸡。

⑩ 弹：打鸟的弹丸。鸮炙：烤鸟肉。

⑪ 轮：车轮。神：精神。更：变更。更驾：再驾，改驾。

⑫ 得：指得到生命。时：适时。失：失去生命，指死。顺：顺应自然变化。安时而处顺：安于时运而生而处于顺应自然而死。哀：悲哀。乐：欢乐。

⑬ 县解：县同悬，即悬解，解其倒悬。物：指外物。结之：束缚。

⑭ 喘喘然：呼吸急促的样子。环：绕。

⑮ 怛（dá）：惊动。化：指人将死。无怛化：无须惊恐于生死的变化。倚：靠。户：门户。

⑯ 奚：你，怎么。适：往。

⑰ 不翅：不仅，何止。

⑱ 近：迫，使。

⑲ 镆铘：即莫邪，宝剑名。传说春秋时期，干将、莫邪夫妇为楚王铸雄雌二剑，三年而成，故称雄剑为干将，雌剑为莫邪。

⑳ 成然：安然。寐：睡觉，引申为死。蘧（qú）：自适的样子。

【译文】

子祀、子舆、子犁、子来四人互相议论，说："谁能把无当作头颅，把生当作脊梁，把死当作尾骨；谁能认识死生存亡是一体，我们就可以和他结成朋友。"四人相视而笑，默契于心，就相互结成朋友。

不久，子舆得病了，子祀去探望他，子舆说："伟大啊！造物者把我的身躯变成如此拘挛拳曲的样子！"只见他弯腰驼背，五脏穴位朝上，面颊隐藏在肚脐之下，双肩高出头顶，发髻朝天。阴阳二气虽然错乱不调，可是他心胸开阔闲逸自适、若无其事，步履蹒跚地走到井边，照着自己的影子，说："哎呀！造物者又把我变成这样拘挛拳曲的人了！"

子祀说："你嫌恶这种样子吗？"

子舆说："不！我怎么会嫌恶呢？要是造物者把我的左臂变成公鸡，我就用它来司晨报晓；要是把我的右臂变成弹丸，我就用它打可以烤吃的小鸮鸟；要是把我的尾骨变成车轮，就以精神变为马，我就乘它出游，哪里还会再用别的车驾呢？况且，我获得生命，这是适时而得；失去生命，这是顺应自然变化。人们应该安心于时运而生处于顺应自然而死，悲哀和欢乐的情绪就不会进入胸中了。这就是古语所说的解开倒悬之苦。那些不能自己解脱的人，是因为被外物所束缚。况且，人力不能胜天是由来已久了，我为什么要嫌恶呢？”

不久，子来病了，呼吸急促，将要死了，他的妻子儿女围绕他哭泣。子犁前往慰问他，对子来的妻子儿女说：“去吧！走开！不要惊动变化的人！”他倚着门户对子来说：“伟大呀，造物者！它将把你变成何物呢？将把你送到何处呢？要把你变成老鼠肝吗？要把你变成虫子的臂膀吗？”

子来说：“子女对于父母，无论东西南北，你都要唯命是从。人对阴阳的运行，何止于子女对于父母；阴阳造化让我死，我要是不听，就是违逆不顺，它有什么罪过呢？大自然给我形体，使我生来操劳，使我老年安逸，让我死后安息。因而我生而有益，死而无憾。譬如现在有个铁匠铸造金属器物，金属跳起来说：‘一定要把我铸成莫邪宝剑’，铁匠必定把这金属视为不祥之物。现在人一旦被赋予了人的形状，这个人就喊：‘成人了！成人了！’那么造物者必定认为他是不吉祥的人。现在一旦把天地视为大熔炉，把造化当作大铁匠，往哪里去不可呢！”子来说完就安祥地睡去，然后又自适地醒来。

【原文】

颜回问仲尼曰：“孟孙才，其母死，哭泣无涕[①]，中心不戚，居丧不哀[②]。无是三者，以善处丧盖鲁国[③]。固有无其实而得其名者乎？回壹怪之[④]。”仲尼曰：“夫孟孙氏尽之矣，进于知矣[⑤]。唯简之而不得[⑥]，夫已有所简矣。孟孙氏不知所以生，不知所以死[⑦]；不知就先，不知就后[⑧]；若化为物，以待其所不知之化已乎[⑨]！且方将化，恶知不化哉？方将不化，恶知已化哉？吾特与汝，其梦未始觉者邪！且彼有骇形而无损心，有旦宅而无情死[10]。孟孙氏特觉，人哭亦哭，是自其所以乃[11]。且也相与吾之耳矣，庸讵知吾所谓吾之乎[12]？且汝梦为鸟而厉乎天，梦为鱼而没于渊[13]。不识今之言者，其觉者乎，其梦者乎？造适不及笑，献笑不及排，安排而去化，乃入于寥天一[14]。”

【注释】

① 孟孙才：人名，复姓孟孙，名才，鲁国人。涕：泪水。
② 中心：心中。戚：忧伤。居丧：服丧事。
③ 无是：无不以此。三者：指哭泣无涕，中心不戚，居丧不哀。以：以为。善处丧：善于守丧。盖：覆盖，超越。
④ 固：怎么。回：颜回自称。壹：真是，实在，也可理解为助词。
⑤ 尽之：做得彻底。进于知：超过了懂得丧礼的人。
⑥ 简：简化。之：指丧。
⑦ 生：活着。死：死亡。
⑧ 就：趋从，引申为追求。先：指生。后：指死。
⑨ 若：如果。化：化生，变化。待：期待，等待。
⑩ 吾：我。汝：你。特：但。骇：惊。形：形体，躯体。骇形：指人死后形体发生的惊人变化。旦宅：惊恐。无情死：没有情感的损伤。
⑪ 特：独。觉：清醒。是自其所以乃：是乃卧其所以。这就是所以如此做的缘故。
⑫ 相与“吾之”：互相称说这是“我”。庸讵：何以，怎么。吾：我。朱桂曜在其《庄子内篇证补》中据文义在“吾之”后补“非吾”二字，只能参考。
⑬ 厉：通“戾”，至。没：沉没。渊：深渊。
⑭ 造适：突然感到的适意。献：发。排：安排。安排：自然安排。去化：随行变化。寥：空寂。天：天道。一：齐一。

【译文】

颜回问孔子说："孟孙才的母亲死了，他哭泣却没有眼泪，心中不忧伤，守丧不哀痛。他没有做到这三点，却以善于处丧而闻名鲁国，难道有不具其实而能博得声名的吗？我觉得实在奇怪。"

孔子说："孟孙氏已尽了居丧之礼，超过了懂得服丧礼仪的人。人们想简办丧事却办不到，然而他已经有所简办了。孟孙氏不知道什么是生，也不知道什么是死；不知道追求先生，不知道迷恋后死。他顺任自然的变化，以应付那不可知的变化而已。况且如今将要变化，怎能知道不变化的情景呢？如今尚未变化，又怎能知道已经变化了的情景呢？可我和你吧，恐怕还在梦幻之中还没有觉醒过来啊！孟孙氏认为，人的形体虽发生了惊人的变化，但心智却没有受到伤害；虽有惊恐，而无精神的死亡。孟孙氏尤为彻悟，别人哭泣他也哭泣，这就是他所以这样做的缘故。人们相互称说'这是我'，怎么知道我所谓'这是我'果真不是我呢！再说你做梦为鸟在天空上飞翔，做梦为鱼而潜入深潭。不知道如今说话的我们，是醒着呢，还是做梦呢？突如其来的适意时来不及笑，由衷的快乐来不及事先安排。只有听任自然的安排而随行变化，这就可以进入与空寂天道齐一的境界。"

【原文】

意而子见许由[①]。许由曰："尧何以资汝[②]？"

意而子曰："尧谓我：'汝必躬服仁义而明言是非[③]。'"

许由曰："而奚来为轵[④]？夫尧既已黥汝以仁义，而劓汝以是非矣，汝将何以游夫遥荡恣睢转徙之涂乎[⑤]？"

意而子曰："虽然，吾愿游于其藩[⑥]。"

许由曰："不然。夫盲者无以与乎眉目颜色之好，瞽者无以与乎青黄黼黻之观[⑦]。"

意而子曰："夫无庄之失其美，据梁之失其力，黄帝之亡其知，皆在炉捶之间耳[⑧]。庸讵知夫造物者之不息我黥而补我劓，使我乘成以随先生邪[⑨]？"许由曰："噫！未可知也。我为汝言其大略[⑩]。吾师乎！吾师乎！整万物而不为义，泽及万世而不为仁[⑪]，长于上古而不为老，覆载天地刻雕众形而不为巧[⑫]。此所游已。"

【注释】

① 意而子：虚拟人物。

② 资：资助，引申为指教。

③ 谓：教导。躬服：亲自实践，身体力行。明言：明辨。

④ 而：你。轵（zhǐ）：语助词。

⑤ 黥（qíng）：墨刑。劓（yì）：鼻刑。遥荡：逍遥放荡。恣睢（zìsuī）：放纵不拘。转徙：变迁。涂：通"途"。

⑥ 藩：藩篱，门户。

⑦ 与：参与，下同。黼黻（fǔ fú）：衣上绣的花纹。观：华丽。

⑧ 无庄：虚拟美女。失：忘，下同。据梁：古代大力士，勇夫。炉捶：冶炼工具，指锻炼。捶：通"锤"。

⑨ 息我黥：生长出被刺掉的皮肉。补我劓：补回我被割掉的鼻子。乘成：载有完整的身体。大略：大概。

⑩ 吾师：指大道，即大宗师。整（jī）：调和。不为义：不算是义。

⑪ 泽及万世：恩泽万世。

⑫ 刻雕：雕刻。巧：技巧。

【译文】

意而子去见许由。许由说："尧用什么教导你呢？"

意而子说："尧告诉我，'你一定要身体力行推行仁义而明辨是非。'"

许由说："你为什么还到这里来呢？尧既然对你像黥刑一样施以仁义，像劓刑一样施以是非，你怎么能遨游于逍遥放荡、无拘无束的变迁境界呢？"

意而子说："虽然如此，我还是愿意遨游于这种境地。"

许由说："不行的。盲人无法观赏眉目颜面的娇艳美丽，瞎子无法观赏衣服上绣的青黄颜色和斧形花纹。"

意而子说："无庄忘却自己的美貌，据梁忽视了自己的力气，黄帝忘记了自己的智慧，这些都是在熔炉中锤炼而成的。你怎么能知道造物者不会修复我黥刑的皮肉，修补上我劓刑割去的鼻子，使我有着完整的形体来追随先生呢？"

许由说："唉！这是无法知道的。我给你说说它的大概吧！我的大宗师呵！我的大宗师呵！调和万物却不认为是义，恩泽施于万代却不认为是仁，生在上古却不算老，包容天地、雕刻万物的形状也不算巧，这就是大宗师所达到的逍遥游心的境界！"

【品评】

吾师乎！吾师乎！整万物而不为义，泽及万世而不为仁，长于上古而不为老，覆载天地刻雕众形而不为巧。此所游已。

本篇名为"大宗师"。何谓"大宗师"？庄子给人们描绘了"大宗师"覆载天地、化育万物的作用。这也是"道"的无为而无不为的作用。本篇中庄子对作为"大宗师"的"道"作了多方面的规定，使人们对“道”有更多的认识和了解。对解读《庄子》很有意义。

【原文】

颜回曰：“回益矣[①]。”

仲尼曰：“何谓也？”

曰：“回忘仁义矣。”

曰：“可矣，犹未也。”

它日复见，曰：“回益矣。”

曰：“何谓也？”

曰：“回忘礼乐矣。”

曰：“可矣，犹未也。”

它日复见，曰：“回益矣。”

曰：“何谓也？”

曰：“回坐忘矣[②]。”

仲尼蹴然曰[③]：“何谓坐忘？”

颜回曰：“堕肢体，黜聪明[④]，离形去知，同于大通[⑤]，此谓坐忘。”

仲尼曰：“同则无好也[⑥]，化则无常也[⑦]，而果其贤乎[⑧]！丘也请从而后也。”

【注释】

① 益：长进，进步，指修炼得到提高。

② 坐忘：无为无虑，物我两忘的精神境界。

③ 蹴然：惊异不安的样子。

④ 堕（huī）：通隳，毁弃，废弃。黜（chù）：废除，抛弃。

⑤ 形：形体。知：知识。同：和同。大通：一切无碍。
⑥ 好：偏好。
⑦ 常：常规。
⑧ 而：通“尔”。

【译文】

颜回说：“我提高了。”

孔子说：“你怎么提高了呢？”

颜回说：“我开始忘掉仁义了。”

孔子说：“很好，但还是不够。”

过些日子，颜回又一次见到孔子，说：“我又有提高了。”

孔子说：“你说的提高又是什么呢？”

颜回说：“我已经忘掉礼乐了。”

孔子说：“很好，但还是不够。”

过些日子，颜回又一次见到孔子，说：“我又提高了。”

孔子说：“你说的又提高了是什么呢？”

颜回说：“我坐忘了。”

孔子惊奇地说：“什么叫坐忘？”

颜回说：“不着意自己的肢体，抛弃自己的聪明，摆脱形体和智能的束缚，与大道融通为一，这就是坐忘。”

孔子说：“与大道混为一体就没有偏好了，与万物一同变化就没有偏执了。你果真是个贤人啊，我愿意追随在你的身后了。”

【原文】

子舆与子桑友[①]，而霖雨十日[②]。

子舆曰：“子桑殆病矣[③]！”裹饭而往食之[④]。至子桑之门，则若歌若哭，鼓琴曰：“父邪！母邪！天乎！

人乎[5]！”有不任其声而趋举其诗焉[6]。

子舆入，曰：“子之歌诗，何故若是？”

曰：“吾思夫使我至此极者而弗得也[7]。父母岂欲吾贫哉？天无私覆，地无私载，天地岂私贫我哉？求其为之者而不得也。然而至此极者[8]，命也夫[9]！”

【注释】

① 子桑：即子桑户。
② 霖雨：连阴雨。
③ 殆：大概，恐怕。病：困乏，困难，此指饥饿。
④ 裹：包。食：通“饲”，给人饭吃。
⑤ 此四问是探求使自己贫困的原因由谁造成的。
⑥ 不任：不胜，不堪。趋举：急促吟唱。
⑦ 弗：同“不”。
⑧ 极：饥贫的绝境。
⑨ 命：命运。

【译文】

子舆和子桑户是朋友。连绵不断的大雨下了十天。子舆说：“子桑户大概饿坏了吧！”于是就带着饭前往子桑户住处，送给他吃。到子桑户的门口，就听到里面有好像唱歌又好像在啼哭的声音。子桑户弹着琴唱道：“父亲啊！母亲啊！天啊！人啊！”歌声微弱而诗句短促。

子舆进去，说：“你唱歌念诗，调子为什么是这样？”

子桑户说：“我在思索是谁使我达到如此地步而得不到答案。难道父母希望我贫困吗？天没有偏私覆盖着万物，地没有偏私负载着万物，难道天地偏偏让我贫困潦倒吗？探求造成这种情况的原因而得不到答案。然而使我达到这般绝境的，就是命运吧！”

【品评】

吾思夫使我至此极者而弗得也。父母岂欲吾贫哉？天无私覆，地无私载，天地岂私贫我哉？求其为之者而不得也。然而至此极者，命也夫！

庄子借子桑之口，批评现实社会。子桑的贫困原因，不是父母带来的，不是天地的偏私，是什么呢？是命运，是身在其中的现实社会。通观《庄子》的整个内容，充满着对现实社会的批判精神。

内篇

应帝王

《应帝王》是《庄子》政治思想的代表篇章。《应帝王》的核心就是庄子的社会政治观点：顺民、无为、不治。

庄子认为，作为帝王应该『游心于淡，合气于漠，顺物自然而无容私』，依天道而行，合乎自然之气，不要把社会和百姓当作实现自己政治抱负的试验田，而应该让百姓各尽所能，自我管理，这样才能社会安定，百姓和乐，达到天下大治。

帝王治国的顺其自然，就是顺乎民心，顺乎天道，国家方才上下和谐，长治久安。这种无为的政治主张，继承了老子的无为而无不为的思想，批判了各家各派的政治观点。

这篇文章与《逍遥游》开篇遥相呼应，说明内篇结构严谨，文意连贯，不愧为庄子的精心之作。

【原文】

啮缺问于王倪，四问而四不知[①]。啮缺因跃而大喜，行以告蒲衣子[②]。

蒲衣子曰："而乃今知之乎？有虞氏不及泰氏[③]。有虞氏，其犹藏仁以要人[④]；亦得人矣，而未始出于非人[⑤]。泰氏，其卧徐徐，其觉于于[⑥]；一以己为马[⑦]，一以己为牛；其知情信[⑧]，其德甚真，而未始入于非人[⑨]。"

【注释】

① 啮缺问于王倪事：见于《齐物论》。

② 蒲衣子：传说中尧时贤人，舜曾拜他为老师并要把帝位让给他，他没有接受。

③ 而：你。乃：才。有虞氏：指舜。泰氏：泰通"太"，太昊，伏牺氏。

④ 藏仁：指心怀仁义。要（yāo）：结。

⑤ 非人：指物而言。未始出于非人：没有超出物的牵累。

⑥ 徐徐：缓慢的样子。于于：安闲迂缓的样子。

⑦ 一：或。

⑧ 知：通"智"，理智。情：情感。信：真实。

⑨ 未始入于非人：未曾陷入外物的牵累。

【译文】

啮缺向王倪请教，问了四次，王倪四次回答都说不知道。啮缺因此高兴地跳起来，走去把这事告诉了蒲衣子。

蒲衣子说："你现在才知道了吧，有虞氏不如泰氏。有虞氏还心怀仁义，以此要结人心，虽然也能得到人心，然而从未能超然物外。泰氏却睡觉时安闲舒缓；他醒来时悠游自得，任人称自己为马，任人称自己为牛。他的心智真实无伪，他的德性纯真高尚，而他从来没有陷入外物的牵累。"

【原文】

肩吾见狂接舆。狂接舆曰："日中始何以语女[①]？"

肩吾曰："告我君人者以己出经式义度[②]，人孰敢不听而化诸[③]！"

狂接舆曰："是欺德也；其于治天下也，犹涉海凿河而使蚊负山也[④]。夫圣人之治也，治外乎[⑤]？正而后行，确乎能其事者而已矣[⑥]。且鸟高飞以避矰弋之害[⑦]，鼷鼠深穴乎神丘之下以避熏凿之患[⑧]，而曾二虫之无知！"

【注释】

① 日中始：虚拟人物。

② 君人者：国君。义：通仪。经式义度：均指法度。

③ 孰：谁。化：教化。诸：同乎、呢。

④ 欺德：虚伪不实的言行。涉海凿河、使蚊负山：指二者都是不可能做到的。

⑤ 治：治理。治外：统治别人，治理别人。

⑥ 正：正己，自正。行：推行，行教化。确：确定。

⑦ 矰弋（zēng yì）：捕鸟器具。

⑧ 鼷鼠：小鼠。神丘：社坛。熏：烟熏。凿：挖掘、凿穿。

【译文】

肩吾见到狂接舆。狂接舆说："日中始对你说了些什么？"

肩吾说："他告诉我，那些做国君的，凭着自己的想法制定各种法度，臣民谁敢不听从而接受教化呢！"

狂接舆说："这是虚伪不实的做法。他这样去治理天下，就好像在大海里凿河，让蚊子背山一样。圣人治理天下，难道是用法度来约束人们的外表吗？圣人是先正己而后才能推行教化，任人各尽所能就是了。况且鸟尚且知道高飞以逃避网罗弓箭的伤害，小鼠知道在社坛的下面打深洞以避免烟熏挖掘的祸患，难道人连这两个小虫子也不如吗！"

【原文】

天根游于殷阳，至蓼水之上①，适遭无名人而问焉②，曰："请问为天下③。"

无名人曰："去！汝鄙人也，何问之不豫也④！予方将与造物者为人，厌，则又乘夫莽眇之鸟⑤，以出六极之外，而游无何有之乡，以处圹埌之野⑥。汝又何帠以治天下感予之心为⑦？"

又复问。无名人曰："汝游心于淡，合气于漠⑧，顺物自然而无容私焉⑨，而天下治矣。"

【注释】

① 天根：虚拟人物。殷阳：虚拟地名。蓼（liǎo）水：虚拟河名。

② 适：恰巧。遭：碰到。无名人：虚拟人物，喻指圣人、至人、神人、真人。

③ 为：治理。

④ 去：离去，离开。鄙人：指鄙陋的人。不豫：不悦，不快。

⑤ 为人：交友，为偶。厌：厌烦。乘：驾。莽眇之鸟：可大可小的鸟，指道。

⑥ 云极：天地四方。游：遨游。无何有之乡：虚无的境界。圹埌（kuàng làng）：空旷寥廓。

⑦ 汝：你。帠（yì）：通寱，梦话。感：摇撼，动摇。

⑧ 淡、漠：清静无为。

⑨ 顺物自然：顺从物的规律。无容私：不参与私意。

【译文】

天根在殷阳游玩，走到蓼水岸边，恰巧碰到无名人，便向他请教，说："请问如何治理天下？"

无名人说："离开，你这个鄙陋的人，为什么问这些让人不快的问题！我正在和造物者交游，厌烦时，就乘轻盈虚无的鸟，飞翔到天地四方之外，遨游于无何有之乡，歇息于广阔圹荡的旷野。你又何必用治理天下这种梦话来扰乱我的内心呢？"

天根再次向无名人请教。无名人说："你的心神要安于虚静，清静无为，顺应自然的规律而不掺杂私意，而天下也就大治了。"

【原文】

阳子居见老聃[①]，曰："有人于此，向疾强梁，物彻疏明[②]，学道不倦。如是者，可比明王乎[③]？"

老聃曰："是于圣人也，胥易技系，劳形怵心者也[④]。且也虎豹之文来田，猿狙之便执斄之狗来藉[⑤]。如是者，可比明王乎？"

阳子居蹴然曰："敢问明王之治[⑥]。"

老聃曰："明王之治，功盖天下而似不自己[⑦]，化贷万物而民弗恃[⑧]；有莫举名，使物自喜[⑨]；立乎不测，而游于无有者也[⑩]。"

【注释】

① 阳子居：虚拟人物。

② 向疾：敏捷。向：同"响"。强梁：强悍果断。物：鉴物。彻：透彻。疏明：疏通明达。

③ 明：贤明。明王：指圣王。

④ 胥：胥吏。易：变更行事，亦即易吏。技：一种技艺。系：系累。劳形：操劳形体。怵：惊惧。

⑤ 文：通纹，花纹。来：招来。田：田猎。便：敏捷。执：捉住。斄（lí）：狸。藉：绳系，拘系。

⑥ 蹴：惊恐的样子。

⑦ 功盖天下：功德覆盖天下。

⑧ 化：教化，化育。贷：施、放。恃：依赖，倚仗。

⑨ 有：得到。莫：无法。举：称举。名：表白。自喜：各得其所。

⑩ 立：站在。不测：不可识测。无有：虚无。

【译文】

阳子居见到老聃，说："有这样一个人，他做事聪敏果敢，看问题透彻明达，学道勤奋不倦。像这样的人，可以和贤明圣王相比吗？"

老聃说："这样的人在圣人看来，不过就像有才智的小吏，不断被自己的技艺所牵累，终身操劳形体担惊受怕罢了。况且虎豹因为自己的花纹招来田猎，猿猴因为敏捷、猎狗因为会捉狐狸才招来拘系。像这种情况，怎么指望可以和圣明相比呢？"

阳子居惭愧地问："请问明王如何治理天下？"

老聃说："圣明之王治理天下，功德布满天下却好像与自己无关；化育万物而百姓并不感到有所依赖；他有功德却不去称举表白，使人各得其所，而自己却站在不可识测的地方，生活在虚无无为的境地。"

【原文】

郑有神巫曰季咸[①]，知人之死生存亡，祸福寿夭[②]。期以岁月旬日，若神[③]。郑人见之，皆弃而走[④]。

列子见之而心醉，归，以告壶子[⑤]，曰："始吾以夫子之道为至矣，则又有至焉者矣。"

壶子曰："吾与汝既其文[⑥]，未既其实，而固得道与[⑦]？众雌而无雄，而又奚卵焉！而以道与世亢，必信，夫故使人得而相汝[⑧]。尝试与来，以予示之。"

明日，列子与之见壶子。出而谓列子曰："嘻！子之先生死矣！弗活矣！不以旬数矣[⑨]！吾见怪焉，见湿灰焉[⑩]。"

列子入，泣涕沾襟以告壶子。壶子曰："乡吾示之以地文，萌乎不震不正[⑪]。是殆见吾杜德机也[⑫]。尝又与来。"

明日，又与之见壶子。出而谓列子曰："幸矣，子之先生遇我也！有瘳矣，全然有生矣！吾见其杜权矣[⑬]。"

列子入，以告壶子。壶子曰："乡吾示之以天壤，名实不入，而机发于踵[⑭]。是殆见吾善者机也[⑮]。尝又与来。"

【注释】

① 神巫：占卜吉凶的人。季咸：神巫的名字。
② 知：测知，预测。寿夭：长寿短命。
③ 期：预测。若神：如神。
④ 之：他，指季咸。弃：抛弃。走：跑。
⑤ 列子：列御寇。心醉：迷恋。壶子：名林，列子的老师。
⑥ 与：授予。既：尽。文：表面，现象。
⑦ 实：实质。而：通尔，你。固：岂。
⑧ 亢：通“抗”，较量。信：通“伸”，表露。
⑨ 不以：不用。
⑩ 怪：怪异。湿灰：喻毫无生气，死定了。
⑪ 乡：同“向”，刚才。地文：大地寂静之象。萌：昏昧的样子。震：震动。正：修正。
⑫ 是：此。殆：大概。杜：闭塞。权：动。
⑬ 瘳（chóu）：病愈。杜：闭塞。
⑭ 天壤：大地。名：名誉、名声。实：实利。不入：指不入于心。踵：脚后跟。
⑮ 善：好生，病愈。机：气机。

【译文】

郑国有一个善于相面的神巫叫季咸，能测知人的生死存亡，祸福寿夭，所预言的年、月、旬、日准确如神。郑国人见到他，都惊慌地逃开。

列子见了却心醉如痴。回来便告诉壶子说：“原来我以为先生的道术是最高的，现在才知道还有更高的。”

壶子说：“我教你的尽是名相，真实的道理并没有传授给你，你就以为得道了吗？多是雌鸟而无雄鸟，又怎能生出蛋呢？你以表面的道与世人周旋，而求人的信任，所以才让人家看清了你的心思。你把他请来，给我看看我的相。”

第二天,列子和季咸一起来见壶子。季咸出来对列子说。"唉!你的老师快要死了，不能活了！过不了十天！我看他形色怪异，面如湿灰。"

列子进屋，痛哭流涕，泪水沾襟，把季咸的话告诉给壶子。壶子说："刚才我显示给他的像地文地貌那样的寂静，静中有动，像山没震动又没修正一样，这大概是他见我关闭了生机。你和他再来一次看看。"

第二天，列子又和季咸来见壶子。季咸出来对列子说："你的老师幸亏遇见我了！现在有好转了，完全有活的希望了，我看到他闭塞的生机活动了。"

列子走进屋，把季咸的话告诉给壶子。壶子说："刚才我显示的是天地间的一丝生机，名实不入于心，而一线生机从脚后跟升起，他大概看到了我的这线生机了。你和他再来一次看看。"

【原文】

明日，又与之见壶子。出而谓列子曰："子之先生不齐[①]，吾无得而相焉[②]。试齐，且复相之。"

列子入,以告壶子。壶子曰:"乡吾示之以太冲莫胜。是殆见吾衡气机也[③]。鲵桓之审为渊[④]，止水之审为渊，流水之审为渊。渊有九名，此处三焉。尝又与来。"

明日，又与之见壶子。立未定，自失而走[⑤]。壶子曰:"追之！列子追之不及。反，以报壶子曰:"已灭矣，已失矣，吾弗及已[⑥]。"

壶子曰："乡吾示之以未始出吾宗。吾与之虚而委蛇[⑦],不知其谁何[⑧],因以为弟靡[⑨],因以为波流,故逃也。"

然后列子自以为未始学而归，三年不出，为其妻爨，食豕如食人[⑩]。于事无与亲，雕琢复朴，块然独以其形立。纷而封哉[⑪]，一以是终。

【注释】

① 不齐：神色变化不定。

② 无得：没法。

③ 衡：平衡。

④ 鲵（ní）：雌鲸，在此指大鱼。桓：逗留。审：深意。

⑤ 立未定：指季咸未站稳。

⑥ 失：通佚，逃走。

⑦ 委蛇（wē yí）：随顺应变的样子。

⑧ 不知：指季咸不知，其：壶子自指。谁何：怎样一个人。

⑨ 弟靡：随顺的样子。弟：即稊茅草类。

⑩ 爨（cuàn）：炊，烧火做饭。食（sì）：喂。

⑪ 纷：纷繁的事务。封：坚守。块然：如土块。

【译文】

第二天，列子又和季咸一起来见壶子。季咸出来对列子说："你的老师精神恍惚不定，我没法给他相面。等他心神安定之后，我再给他看相。"

列子进屋，告诉壶子。壶子说："刚才我给他显示的是无迹可寻的太虚境界。他大概见到我均衡的机兆。鲸鱼逗留之处成为深渊，止水之处成为深渊，流动的深水成为深渊。渊有九种，我给他看的只有三种。你再和他一起来看看。"

第二天，列子又和季咸一起来见壶子。季咸脚跟还没站稳，就惊慌地逃跑了。

壶子对列子说："追赶他！"列子没追上，返回来，把情况告诉给壶子，说：“已经不见踪影了，已经跑掉了，我追不上他了。”

壶子说：“刚才我显示的并不是我的根本大道。我不过跟他随顺应变，他分不清彼此，犹如草随风转、水随波逐流一样，他只好逃跑了。”

从此以后，列子认为自己什么也没有学到，便回家了，三年不出家门。给他的妻子烧火做饭，喂猪如同侍奉人一样，对事物无亲无疏，除掉修饰，返回质朴，安然地把自己的形体立于世间，在纷繁的事物中固守真朴，终身如此而已。

【原文】

无为名尸，无为谋府[①]；无为事任，无为知主[②]。体尽无穷，而游无朕[③]；尽其所受乎天[④]，而无见得，亦虚而已[⑤]。至人之用心若镜[⑥]，不将不迎[⑦]，应而不藏[⑧]，故能胜物而不伤。

【注释】

① 无为：不作。名：名声。尸：主，载体。谋府：出谋划策的地方。

② 事任：担当事物的责任。无为事任：让物各自任。知主：智慧的主人，主谋。

③ 体：本体。尽无穷：无穷无尽。朕：迹象。

④ 尽其所受乎天：享尽他所禀受的天性。

⑤ 虚：形容空明的心境。

⑥ 若镜：纯客观的反映。

⑦ 将：送。迎：迎接。

⑧ 应：反映。不藏：不保留痕迹。

【译文】

不要做名声的载体，不要做谋策的机关；不要承担任何事情的责任，不要做智慧的主持。体悟无穷的大道，而遨游开始没有迹象；用尽它所禀受的天然本性，不要以为自己得到了什么，这正是虚寂无为的心境。至人的用心犹如镜子，任物的来去而不加迎送，顺任自然，如实反应而无所隐藏，所以能够经得起考验而不受损伤。

【原文】

南海之帝为倏，北海之帝为忽[①]，中央之帝为浑沌[②]。倏与忽时相与遇于浑沌之地，浑沌待之甚善[③]。倏与忽谋报浑沌之德[④]，曰："人皆有七窍以视听食息[⑤]，此独无有，尝试凿之。"日凿一窍，七日而浑沌死。

【注释】

① 倏（shū）：同"儵"，与下文的"忽"都是虚拟神名。

② 浑沌：虚拟神名。意为淳朴自然的意思。

③ 待：款待。之：他们，指倏、忽。甚善：特别好。

④ 谋报：商量报答。之：的。

⑤ 七窍：一口，两耳，两目，两鼻孔。视：看。食：吃喝。

【译文】

南海的帝王叫倏，北海的帝王叫忽，中央的帝王叫浑沌。倏和忽时常在浑沌的地方见面，浑沌款待他们特别好。倏和忽共同商量报答浑沌的美意，说："人们都有七窍用以看、听、吃喝、呼吸，唯独浑沌没有，我们试着给他凿成七窍。”一天凿出一窍，凿到七天浑沌就死了。

【品评】

倏与忽谋报浑沌之德，曰：“人皆有七窍以视听食息，此独无有，尝试凿之。”日凿一窍，七日而浑沌死。

这篇更像一篇童话。

老庄也反对人类把自己的意志强加给自然，对于自然的规律横加干涉和改变。人为地改变自然，不仅无益，甚至会置自然之物于死地。因此，老子强调指出，人类应当“辅万物之自然，而不敢为”。

浑沌为什么死了？因为破坏了原本的样子，损害了自身的本性。他原本是浑浑沌沌、无所分辨的，现在有了七窍，有了分界，开始辨物，失去了自性。

故事中的浑沌代表的是道，代表的是宇宙的原本。人类之初，道本来是浑然一体，浑浑沌沌、无心无欲，淳朴自然。可是倏和忽积极有为，用自己的意愿去改造浑沌，要让他变得聪明智慧，结果却使他失去了生命。这就是开天辟地毁灭了大同，人类文明破坏了原始的敦厚，而智能的开发破坏了浑朴童真。从此道的同一隐没了，浑沌消散了，淳朴泯灭了，童真遗失了，说得简单些，也就是说凿死了浑沌才出现了凡人。

今天我们更多的家长，也在做着倏和忽的事情：家长们认真而努力地用自己的方式培养着孩子的兴趣，推搡着孩子朝着自己替孩子制定的目标前进着。根本不问孩子的个性和兴趣。这样的教育与破坏浑沌的自然的生活方式有何不同？

外篇

骈拇

《骈拇》以篇首二字名篇，《骈拇》篇主旨在阐述顺性无为，因任自然的原理，反对以仁义等人为枷锁去破坏人性。

仁义对人性来说如同骈拇枝指、附赘悬疣一样，不仅多余，而且有害，会迷乱人的本性。庄子以此来说明虚伪的仁义是欺世眩人、追逐浮名，徒然在惑乱世道人心。由于人的本性为仁义所惑，人们才为义利而纷争不已，致使社会动乱不止，摒弃了仁义智辩，回复自然本性，才能止息无穷的纷争和罪恶。这种无为之道才能引导人民走向幸福的内心生活。

庄子在这里发挥了老子自然无为、返璞归真的政治理想，反映了他的无为而治、返归自然的社会观和政治观。《骈拇》典型地运用了『以小见大』的方法，由残疾人写到人性，再通过人性展示『道』的魅力。

【原文】

骈拇枝指，出乎性哉[①]！而侈于德[②]。附赘悬疣，出乎形哉！而侈于性[③]。多方乎仁义而用之者，列于五藏哉[④]！而非道德之正也。是故骈于足者，连无用之肉也；枝于手者，树无用之指也；多方骈枝于五藏之情者[⑤]，淫僻于仁义之行，而多方于聪明之用也[⑥]。

是故骈于明者，乱五色，淫文章[⑦]，青黄黼黻之煌煌非乎[⑧]？而离朱是已[⑨]。多于聪者，乱五声，淫六律，金石丝竹黄钟大吕之声非乎[⑩]？而师旷是已[⑪]。枝于仁者，擢德塞性以收名声，使天下簧鼓以奉不及之法非乎[⑫]？而曾史是已[⑬]。骈于辩者，累瓦结绳窜句[⑭]，游心于坚白同异之间[⑮]，而敝跬誉无用之言非乎[⑯]？而杨墨是已[⑰]。故此皆多骈旁枝之道[⑱]，非天下之至正也[⑲]。

【注释】

① 骈（pián）：合、并。拇：为大拇指或足大趾。骈拇：指足大趾与二趾长在一起，合为一趾。枝：通“支”，分支。枝指：旁生的手指。性：自然本性。

② 侈：多，剩余。德：通“得”。

③ 附赘悬疣：附悬的赘疣。

④ 多方：多端，多方面。五藏：肝心脾肺肾也。列于五藏：将仁义配五脏。

⑤ 五藏之情：泛指人之自然本性。

⑥ 淫僻：过分邪僻。

⑦ 骈引申为过。骈于明：过分明目，目光过分敏锐。五色：指青、黄、赤、白、黑五色，古人以此五色为正色，其他颜色为间色。淫：惑乱，过度。文章：彩色斑斓的花纹。

⑧ 煌煌：光耀眩目。

⑨ 离朱：《孟子》作离娄。传说为黄帝时人，以目力超人著称，能于百步外看清秋天兽类绒毛末梢，还说能于千步外看清针尖。

⑩ 五声：又称五音，即宫、商、角（jué）、徵（zhǐ）、羽，为中国古乐的五个音节。六律：指黄钟、大吕、姑洗、蕤宾、无射、夹钟，古乐中的六个谐音。金石丝竹：指用这些材料制成的乐器，主要指管弦乐和打击乐。黄钟大吕：分别为六律六吕的第一声，以代表十二律乐声之全。

⑪ 师旷：春秋时晋平公乐师，精通音律。

⑫ 擢：拔也。擢（zhuó）德塞性：炫耀德行，蔽塞本性。簧鼓：笙簧鼓动，意指喧嚷。不及之法：人们力所不及、不能作到的礼法。

⑬ 曾史：曾指曾参，孔子弟子，以仁孝著称。史：指史鳅，春秋时卫灵公之臣，以忠义闻名。

⑭ 累瓦结绳：把瓦堆起，把绳子打成许多结，皆为先民用以记事的方法。窜句：穿凿文句。形容工于辩术的人极力堆砌事例，玩弄词句。

⑮ 游心：放纵心智。坚白同异：为当时辩论的典型命题。公孙龙提出离坚白，惠施提出合同异。

⑯ 敝：疲惫。跬（kuǐ）：半步。敝跬誉：为眼前的一时声誉，致使精神疲惫。

⑰ 杨墨：杨为杨朱，墨为墨翟。

⑱ 多骈旁枝之道：非本性所固有而附加之邪门歪道。

⑲至正：至道正理。

【译文】

连生的脚趾和枝生的手指，但是对于人的体容来说却是多余的；附生在身体上的肉瘤，虽然生长在人身上，但是对于天生的身体却是多余的；对仁义多方面扩充应用，并将其与五脏功能比列，然而却并非道德的本然。因而连生在一起的脚趾，只是连接着一块无用的肉；枝生出来的手指，只是多长出一个无用的指头。节外生枝地把仁义与五脏相匹配而超出了五脏的实情的，这种实行仁义的过分邪僻之行，真是滥用了聪明智慧呀。

所以，纵情于视觉的，会被五色所迷乱，被绚丽的花纹所迷惑，岂不是像礼服上色彩斑斓的花纹耀眼眩目那样吗？而离朱就是这样的人。听觉过度灵敏的人，就会被混淆五音、淫乱六律，岂不像各种乐器奏出的像黄钟、大吕等各种动听的乐声让人沉迷吗？师旷就是这样的人。多余地提倡仁义，拔高其德行而蔽塞自然本性，以此来沽名钓誉，岂不是让天下人用音乐般言辞鼓吹奉行那些人们力所不及的礼法吗？而曾参、史鳅就是这样的人！过分工于辩解的，像累瓦结绳一样堆砌事例、玩弄词句，放纵心智于坚白同异等论题的争辩上，岂不是精疲力竭地为眼前声誉夸耀自己那些无用言辞吗？而杨朱、墨翟就是这样的人！因此，这些都是附加在本性上的邪门歪道，并非是天下最纯正的道。

【原文】

彼正正者[①]，不失其性命之情，故合者不为骈，而枝者不为跂[②]，长者不为有余，短者不为不足。是故凫胫虽短[③]，续之则忧；鹤胫虽长，断之则悲。故性长非所断，性短非所续，无所去忧也[④]。意仁义其非人情乎[⑤]！彼仁人何其多忧也？

【注释】

① 正正：应作至正，指合乎自然之正理。
② 跂（qí）：同歧，指枝生的脚趾。
③ 凫（fú）：野鸭。胫：人之小腿，禽兽之腿亦称胫。
④ 无所去忧：没有什么可忧愁的。
⑤ 意：同噫，叹息之词。其：作或许解，表推测之意。人情：人之自然本性。

【译文】

那些天下最纯正的道德，就是出自他们真实的自然本性。所以从自然而然的角度而言，合生在一起的不为过，枝生出来的不为多余，长的不算有余，短的不为不足。故而野鸭的腿虽然短小，但是给它续上一段则可忧；鹤的腿虽然长，截去一段则可悲。因此，本性该长的，就不该去截短它；本性该短的，不该去接长它。各任其自然则无可忧愁的了。噫，仁义它不合乎人之本性吧！那些仁人为什么有那么多忧愁呢？

【品评】

是故凫胫虽短，续之则忧；鹤胫虽长，断之则悲。

天下万物各有自己的秉性，各有自己的特点。曲圆方正都是自然本性，不是人为修正出来的。一旦有人去修正固定，那就是损伤事物的本性的事情。所以万事万物的发展需要顺任自然，而不能人为干涉。

当人们认为野鸭的腿短，野鹤的腿太长时，其实就是用自己的标准来衡量它们。倘若人为地加长野鸭的腿，或者截短野鹤的腿，就像《应帝王》中的浑沌被凿七窍一样，违背了事物的本性。

我们很多时候都是在做傻事。努力改变自己的本性去从属于仁义，结果，没有把人带进完善，反而丢失了更多的东西。

【原文】

夫小惑易方[①]，大惑易性。何以知其然邪？自虞氏招仁义以挠天下也[②]，天下莫不奔命于仁义，是非以仁义易其性与[③]？故尝试论之，自三代以下者，天下莫不以物易其性矣。小人则以身殉利[④]，士则以身殉名，大夫则以身殉家，圣人则以身殉天下。故此数子者[⑤]，事业不同，名声异号，其于伤性以身为殉，一也。臧与谷，二人相与牧羊而俱亡其羊[⑥]。问臧奚事，则挟筴读书[⑦]；问谷奚事，则博塞以游[⑧]。二人者，事业不同，其于亡羊均也。伯夷死名于首阳之下[⑨]，盗跖死利于东陵之上[⑩]，二人者，所死不同，其于残生伤性均也。奚必伯夷之是而盗跖之非乎！天下尽殉也。彼其所殉仁义也，则俗谓之君子；其所殉货财也，则俗谓之小人。其殉一也，则有君子焉，有小人焉；若其残生损性，则盗跖亦伯夷已，又恶取君子小人于其间哉！

【注释】

① 惑：迷惑。易方：改变方向，使东西南北错位。

② 虞氏：有虞氏，即舜，传说为夏代以前的圣王。招：推崇、举荐之意。挠：扰乱、搅扰。

③ 是：作此解，代词。性：指人的自然本性。

④ 小人：泛指农民、工匠、商人等靠职业收益谋生的

人。殉利：为求利不惜舍弃性命。
⑤ 数子：指上述小人、士、大夫、圣人四种类型的人。
⑥ 臧与谷：庄子虚拟的二个人名。亡：丢失。
⑦ 奚：什么。挟：持、拿。筴：古时把字刻在统一规格的竹简上，用皮条串起来而成册，即是后人所说的书册。又，筴即鞭子，此指牧羊鞭。挟筴读书：即是把鞭子夹在臂弯里一心读书，此说亦可通。
⑧ 博塞：古代的博戏，又说即掷骰子。
⑨ 首阳：山名。
⑩ 盗跖：据载为春秋末期人，姓柳下名跖。东陵：陵名，在山东济南境内。

【译文】

小的迷惑会错乱方向，大的迷惑会错乱本性。从哪里知道是这样呢？自从虞舜推崇仁义用以扰乱天下，天下人没有不为仁义而奔命的，这不是用仁义来错乱人的本性吗？现在为此试作申述：从夏商周三代以后，天下人没有不用外物来错乱本性的，小人为求私利而舍弃生命，士人为求美名而舍弃生命，大夫为求家族利益而舍弃生命，圣人为谋求天下人的幸福而舍弃生命。这四类人，虽然他们的事业不同，名号各异，但在伤害本性、为所求舍弃生命这一点上，却无不同。臧和谷二人同去放羊，都把羊丢失了。问臧做什么事去了，臧说拿着竹简在读书，问谷做什么事去了，谷说和人玩掷骰子游戏去了。这两个人所做的事不同，却同样丢失了羊。伯夷为了名死于首阳山下，盗跖为了利死于东陵之上，这两个人死的原因不同，却同样是残生伤性。何必去认定伯夷之行是正确的，盗跖之行是错误的呢！天下人都是为所求舍弃性命的。那些为求仁义而死的，世俗之人却称之为君子；为求货财而死的，世俗之人就称之为小人。为所求而舍弃生命他们没有什么不同，而有的称君子，有的是小人；假如就残生损性来看，那么盗跖和伯夷本质相同，在他们之间又何从分别君子和小人呢！

外篇

马蹄

《马蹄》以篇首二字名篇。本篇宗旨与《骈拇》相近，在于抨击政治权力所造成的灾难，重在宣扬道家任性无为的政治理想。

《马蹄》以天性被破坏的事实来探讨自由的重要性。马，本来应该在自然界饥食渴饮，奔跑跳跃，表现其真性，可是经过善于治马的伯乐之手，烙印记，带络环，拘系在马厩里，鞭策服役，强迫马服从人的意志，从而破坏了马之真性。进而伯乐以人所制定的标准来优选马，结果更使马失去应有的野性。

庄子提出善于治理天下者，应当无为而治，任天下人自行生息而不加干预。造出并推行仁义礼乐，破坏人的素朴本性，这是圣人的罪过。只有把这些人为的枷锁去掉，才能使人恢复本性，达到『至德之世』的理想社会。

庄子这种政治理想，包含对当时统治阶级残酷政治压迫和经济剥削的消极反抗和对自由美好生活的向往；但其主张恢复人性，回到愚昧的混沌时代，则有消极虚幻性。《马蹄》以深厚的思想、活泼的文风为世人所称道。

【原文】

马，蹄可以践霜雪，毛可以御风寒，龁草饮水，翘足而陆[①]，此马之真性也。虽有义台路寝[②]，无所用之。

及至伯乐[③]，曰："我善治马[④]。"烧之，剔之，刻之，雒之[⑤]，连之以羁馽，编之以皁栈[⑥]，马之死者十二三矣；饥之，渴之，驰之，骤之，整之，齐之[⑦]，前有橛饰之患[⑧]，而后有鞭筴之威[⑨]，而马之死者已过半矣。

陶者曰："我善治埴，圆者中规，方者中矩[⑩]。"

匠人曰："我善治木，曲者中钩，直者应绳[⑪]。"

夫埴木之性，岂欲中规矩钩绳哉？然且世世称之曰"伯乐善治马而陶匠善治埴木"，此亦治天下者之过也[⑫]。

【注释】

① 龁（hé）：吃、啃、咬。翘（qiáo）：举起。陆：跳跃。翘足而陆：形容马儿欢蹦跳跃的神态。

② 义台：即仪台，用于举行典礼的台子。路寝：正寝，为古代君主接见臣下、处理政事的宫室。

③ 伯乐：古之善相马者。秦穆公时人，名孙阳，字伯乐。

④ 治：管理、训练、驾驭之意。

⑤ 烧：用烧红的烙铁在马身上的一定部位烙成特殊印记，以便于识别。剔：通剃，修剪鬃毛。刻：修削马蹄角质，钉马掌。雒：通络，用绳子套住马脖子，加以治服。
⑥ 羁（jī）：为系住。馽（zhí）：为绊住马腿。皁（zào）：马槽。栈：马棚。
⑦ 驰、骤：驱赶马快速奔跑。整、齐：使马行列整齐，行动一致。
⑧ 橛（jué）：马嚼子，或称马勒。
⑨ 鞭筴（jiā）：马鞭，带皮条的称鞭，无皮条的马杖称筴。
⑩ 埴（zhí）：黏土。规：校正圆形的工具，即圆规。中规即符合圆规的标准。矩：测方形的工具，如木工用拐尺。
⑪ 钩：测曲度的工具。应绳：与拉直的墨线相应、相合。
⑫ 过：过失。

【译文】

马蹄可以践踏霜雪，皮毛可以抵御风寒，吃草喝水，随意举足跳跃，这就是马的真性情。纵然有高台大殿，对它毫无用处。

到了伯乐出现，他说："我善于驯马。"于是用烙铁给马烙上印记，剪去长毛，削去蹄甲，带上络头，用缰绳把马拴住，按编次顺序送进槽头，这样一来，马就死掉十分之二三了。然后又让马经受饥渴的折磨，驱赶着，奔跑着，对马进行整齐划一的训练，使马前有嚼勒拘系的束缚，后有马鞭抽打的威胁，这时，马的伤亡已经大半了。

陶匠说："我善于制作陶器。能使圆形的合于规，方形的合于矩。"

木匠说："我善于制作木器。可使弯曲的合于曲尺，直的合于墨绳。”

黏土与木料的本性难道要与规矩钩绳这些外在标准相合吗？然而，世世代代的人们都在称道伯乐善于管理马，陶匠木匠善于制作陶器与木器。这也是那些治理天下的人所犯的过失啊。

【原文】

吾意善治天下者不然。彼民有常性[①]，织而衣，耕而食，是谓同德[②]；一而不党，命曰天放[③]。故至德之世，其行填填，其视颠颠[④]。当是时也，山无蹊隧，泽无舟梁[⑤]；万物群生，连属其乡[⑥]；禽兽成群，草木遂长[⑦]。是故禽兽可系羁而游，鸟鹊之巢可攀援而窥[⑧]。

夫至德之世，同与禽兽居，族与万物并，恶乎知君子小人哉[⑨]！同乎无知，其德不离；同乎无欲，是谓素朴[⑩]；素朴而民性得矣。

【注释】

① 常性：恒常不变的天性。

② 同德：德者，得也，共同得于自然。

③ 一：浑然一体。党：偏。命：同“名”，此作动词用，名之也。天放：自然放任。

④ 至德之世：道德最高尚的时代。填填、颠颠：形容自在得意的神态。

⑤ 蹊：人行小路。隧：山中或地下的通道，此处指道路。泽：聚水之洼地，此泛指湖泊河流。梁：桥梁。

⑥ 连属其乡：连属即连接，乡为居处。人与禽兽居处相连接，浑然杂处，无有分界。

⑦ 遂：顺也。草木顺着本性滋长，不受伤害。

⑧ 系羁：用绳子牵引。攀援：即攀缘。
⑨ 族：聚集，集合。并：合。
⑩ 同乎无知：与无知之物相同。素朴：淳朴。

【译文】

我认为善于治理天下的人不会这样。那些百姓有着他们恒常的天性，也就是织布穿衣，耕田吃饭，这是他们共同的本能。人与万物浑然一体而无偏私，名为自然放任。所以在至德之世，人们的行为总是显出悠闲自得、质朴拙实的样子。在那个时代，山间没有小径和隧道，湖泊河流之上也没有船只和桥梁；人与万物共同生长，住处彼此连接；禽兽成群结队，草木蓊郁滋长，因而，禽兽可以让人牵着到处漫游，树上的鸟鹊之巢可以任人攀援去窥视。

在那道德完善的盛世，人与禽兽混杂而居，人群与万物浑然不分，哪里有什么君子和小人的区别呢！人们都抛弃了智巧，自然的本性就不会丧失；人们都一样的没有贪欲，所以都有自然的素质；自然素质不变也就保持了人的本性了。

【品评】

同乎无知，其德不离；同乎无欲，是谓素朴；素朴而民性得矣。

没有机心、智谋、目标、追求、作为、事业、欲念、利益、斗争、侵夺等等让人疯狂的概念，天地间一片平和宁静、淳朴的气象，这是一个多么美好的世界！“无知”就是不要使用智巧，算计人；“无欲”就是不刺激自己的欲望，追求那些身外之物，更不要用一些莫名其妙的仁义道德去束缚自己的本性。

外篇

胠箧

《胠箧》既以篇首二字名篇，又为举事名篇。本篇宗旨仍在宣扬任性无为的政治理想，反对用仁义礼法来束缚人性。

《胠箧》中庄子认为圣、智之法，不足以防患止乱，而适足以成为大盗的凭借，如田成子窃得齐国，连同治国的『圣知之法』一起盗去，所以能够安然无事。由此看来，『圣人之法』其实就是为窃国者方便而设。又进而指出，圣人提出的治理天下的办法，善人用来做好事，恶人用来做恶事，而天下恶人多，善人少，对天下人来说害多利少，应当打碎。其次，指出当今社会一切文明成果皆为大盗所窃，变成维护他们私利的工具，以致出现『窃钩者诛，窃国者为诸侯，诸侯之门而仁义存焉』的局面。因此，只有绝圣弃智，摈弃一切文明成果，才能从根本上改变这种不合理状况，重新回到玄同混沌的时代。

庄子所主张的『绝圣弃智』是说不以某个名义上的『圣人』为崇拜的对象，不以机心勇为谋取职位的手段，而应以淳朴为贵，无知无欲，返璞归真，才能达到理想的社会。

《胠箧》语言犀利，纵横古今，兴尽而后已。

【原文】

将为胠箧探囊发匮之盗而为守备[①]，则必摄缄縢、固扃鐍[②]，此世俗之所谓知也。然而巨盗至，则负匮揭箧担囊而趋[③]，唯恐缄縢扃鐍之不固也。然则乡之所谓知者[④]，不乃为大盗积者也？

故尝试论之，世俗之所谓知者，有不为大盗积者乎？所谓圣者，有不为大盗守者乎？何以知其然邪？昔者齐国邻邑相望，鸡狗之音相闻，罔罟之所布[⑤]，耒耨之所刺[⑥]，方二千余里。阖四竟之内，所以立宗庙社稷[⑦]，治邑屋州闾乡曲者，曷尝不法圣人哉！然而田成子一旦杀齐君而盗其国[⑧]。所盗者岂独其国邪？并与其圣知之法而盗之。故田成子有乎盗贼之名，而身处尧舜之安；小国不敢非[⑨]，大国不敢诛，十二世有齐国。则是不乃窃齐国，并与其圣知之法以守其盗贼之身乎？

【注释】

① 胠箧（qū qiè）：胠，从旁边打开。箧，箱子。探囊：掏布袋子。匮（guì）：同“柜”，发匮即打开柜子。为守备：预先做好防备。

② 摄：打结，缠绕。缄：封闭牢固，或指以针线缝牢。縢：用绳子束紧。扃鐍（jiōng jué）：门闩与锁钥。
③ 负：背着。揭：举、持。趋：快步疾走。
④ 乡：同“向”，从前。
⑤ 罔罟（wǎng gǔ）：罔即网，古时捕鱼和禽兽所用的工具。罟：网的总称。
⑥ 耒（lěi）：犁。耨（nòu）：小锄头。刺：插。耒耨之所刺：指可以耕作的土地。
⑦ 阖（hé）：同合，总括之意。竟：同“境”。宗庙社稷：国家的代称。
⑧ 治：治理，管理。田成子：又称田常、陈恒，前481年，田成子杀齐简公，从此操纵齐国大权。
⑨ 非：指责，非难。

【译文】

为了预先防备开箱子、掏口袋、撬柜子的盗贼，就一定要扎紧口袋、把门窗箱柜关锁牢固，这是世俗公认的明智之举。可是大盗来了，则背起柜子、提起箱子、担上口袋而走，唯恐绳锁不够牢固呢。这样看来，上面所说的明智，岂不是替大盗储聚财物吗？

让我们对此试作论述，世俗所说的明智者，有不是替大盗储聚财物的吗？所说的圣人，有不替大盗守备的吗？为什么这样说呢？从前的齐国，相邻城邑之间遥遥相望，鸡鸣狗叫之声相闻，渔猎的网罟撒布的地方，犁锄耕作的地方，方圆有二千余里。统括四境之内，用来建立宗庙社稷的地方，治理邑、闾、州、乡等区域的方法，何尝不是效法圣人的呢？可是，田成子一旦杀掉了齐君，就窃取了整个齐国。所窃取的岂止是这个国家呢？连同治理国家的圣智之法不也一并窃取了吗？所以，田成子虽有盗贼的恶名声，然而身处尧、舜一样安稳的帝王地位，小国不敢非议他，大国不敢征讨他，十二代享有齐国，这不就是窃取了齐国，连同圣智之法一并窃取，用来守护他那盗贼之身家性命吗？

【品评】

将为胠箧探囊发匮之盗而为守备，则必摄缄縢、固扃鐍，此世俗之所谓知也。然而巨盗至，则负匮揭箧担囊而趋，唯恐缄縢扃鐍之不固也。然则乡之所谓知者，不乃为大盗积者也？

为了防备盗窃，人们常常要做的就是扎紧口袋，关好门窗，锁好箱柜，结果小偷来了，背起口袋，提起箱子，抬起柜子。小偷唯恐口袋没有扎紧，箱柜没有锁好。人们的明智之举反而帮助了小偷。庄子以此告诫人们，世俗的聪明才智往往无法给人带来安全、幸福，圣人的仁义道德难以带来社会的昌明和谐。相反，却给盗贼和窃国者提供了维护身家性命的护身符。庄子敏锐的目光观察到现实社会中那么多人都是披着道德仁义来满足自己的私欲。今天的世界上，我们也会看到打着正义的旗号谋取私利的现象。

【原文】

尝试论之，世俗之所谓至知者，有不为大盗积者乎？所谓至圣者，有不为大盗守者乎？

何以知其然邪？昔者龙逢斩，比干剖，苌弘胣[①]，子胥靡[②]，故四子之贤[③]，而身不免乎戮。

故跖之徒问于跖曰：“盗亦有道乎[④]？”

跖曰：“何适而无有道邪？夫妄意室中之藏，圣也[⑤]；入先，勇也；出后，义也；知可否，知也；分均，仁也。五者不备，而能成大盗者，天下未之有也。”

由是观之，善人不得圣人之道不立，跖不得圣人之道不行[⑥]。天下之善人少而不善人多，则圣人之利天下也少而害天下也多。故曰，唇竭则齿寒[⑦]，鲁酒薄而邯郸围[⑧]，圣人生而大盗起。掊击圣人[⑨]，纵舍盗贼[⑩]，而天下始治矣。

【注释】

① 苌弘：春秋末年周灵王之臣，在周王室派系之争中被杀。胣（chǐ）：剖腹挖出内脏。

② 子胥：伍员，字子胥，佐吴国创业之臣，因劝谏吴王拒绝越国求和并停止出兵伐齐，遭杀，尸首糜烂于江中。

③ 四子：指关龙逢、比干、苌弘、伍子胥四位贤臣。

④ 盗亦有道乎：做盗贼也有奉行之道吗？

⑤ 妄意：凭空推断，度量猜测。圣：干事无不通为圣。

⑥ 此句意为：圣人之道可为善人所用，在做好事上有所建树，也可为恶人所用，在做坏事上通行无阻。

⑦ 竭：举起。唇竭：唇反举向上，即露齿。

⑧ 鲁酒薄而邯郸围：庄子的意思在于说明唇竭本与齿寒无关却引起齿寒；鲁酒味薄本与赵国邯郸无涉却引发出邯郸被围的结果。

⑨ 掊（pǒu）：打，破。掊击：打破，打倒。

⑩ 纵舍：放掉，不加拘禁制裁。

【译文】

我们再试作论析：世俗间所说最明智之人，有不替大盗积聚财物的吗？所说最圣明之人，有不为大盗做财物的守护者的吗？

为什么知道是这样的呢？从前关龙逢被斩首，比干被剖心而死，苌弘被刳肠而死，伍子胥尸体沉于江中而糜烂，像这样的四位贤人，也免不了身遭杀戮之祸。

所以，盗跖的同伙问盗跖道：“做盗贼也有道吗？”

盗跖回答说：“做什么事没有道呢？就像我们能度量猜测屋子里所藏之财物，这就是圣明；能够争先进入，这就是勇；撤退时殿后，这就是义；能够预知计划之可行与否、成败如何，这就是智；合理均分所得财物，这便是仁。这五样不具备，而能成为大盗的，天下还没有见过。”

由此看来，善人如果不懂圣人之道，就不会有所建功立业；盗跖不懂圣人之道，就不能横行无阻。天下的善人少而不善的人很多，因此，圣人利于天下的作用少，危害天下的作用就多。所以说唇亡齿寒，鲁国酒味淡薄而邯郸便受围；圣人出世而大盗随之兴起。打破圣人礼法，放掉盗贼，那么天下就太平了。

【原文】

夫川竭而谷虚，丘夷而渊实[①]。圣人已死，则大盗不起，天下平而无故矣[②]。圣人不死，大盗不止。虽重圣人而治天下[③]，则是重利盗跖也。

为之斗斛以量之，则并与斗斛而窃之；为之权衡以称之[④]，则并与权衡而窃之；为之符玺以信之[⑤]，则并与符玺而窃之；为之仁义以矫之，则并与仁义而窃之。何以知其然邪？彼窃钩者诛，窃国者为诸侯，诸侯之门而仁义存焉，则是非窃仁义圣知邪[⑥]？

故逐于大盗，揭诸侯[⑦]，窃仁义并斗斛权衡符玺之利者，虽有轩冕之赏弗能劝[⑧]，斧钺之威弗能禁[⑨]。此重利盗跖而使不可禁者[⑩]，是乃圣人之过也。

【注释】

① 川竭而谷虚：山间河流干涸，溪谷也随之变得空虚。夷：平。渊：深潭。

② 无故：太平无事。

③ 重：倚重。

④ 权衡：测重量的工具，即秤，权为秤锤，衡为秤杆。

⑤ 符：古代君主传达命令或调兵遣将的凭证。用金玉木竹制成，分为两片，双方各执一片，合起来以验证真伪，如虎符、兵符之类。玺：印。秦以前为通称，官民之印皆可称玺，秦以后专指帝王之印。以玉制成，为国家最高权力的象征。

⑥ 钩：腰带环，比喻不值钱的小对象。

⑦ 逐：追随。揭：举，抬高。

⑧ 轩：古代一种前顶较高而有帷幕的车子，供大夫以上资格的官员乘坐。冕：古代帝王、诸侯、卿大夫所戴之礼帽，后来专指王冠。劝：劝止。

⑨ 钺：大斧。古时处死犯人，多用斧钺砍头。斧钺之威：就是用杀头来威慑。

⑩ 重利盗跖：使盗跖获得重利。

【译文】

河流干涸了，山谷就会空虚；山丘铲平了，那么深渊就会被填满；圣人死了，大盗就不再兴起，天下也就太平无事了！圣人不死绝，大盗就不会止息。所以倚重圣人是为了治理天下，结果就是使盗跖这类大盗获得重利。

圣人为了公平，制造出斗斛用来计量谷物的多少，大盗便连同斗斛一并盗走；制造出秤用来权衡称量东西的轻重，大盗就连同秤一起盗走；制造出官符大印作为取信于人的凭证，大盗就连同官符大印一起盗走；圣人宣扬仁义规范来矫正人的过失，大盗便连同仁义一起盗走。为什么要这样说呢？看看那些盗窃钩环的人，捉住了要被诛杀，而盗窃国家的人却成了诸侯就清楚了。在诸侯之家都打着仁义的旗号，这不就是把仁义圣智一起“盗窃”了吗?

所以，那些追随着要做大盗，去夺取诸侯之位，去窃取斗斛、秤和官符大印以谋利的人，即使有高官显爵之赏赐也不能劝止他们，纵然有斧钺加身的重刑之威慑也不能禁止他们。这种大大有利于盗跖而屡禁不止的局面，都是由圣人造成的。

【品评】

夫川竭而谷虚，丘夷而渊实。圣人已死，则大盗不起，天下平而无故矣。圣人不死，大盗不止。虽重圣人而治天下，则是重利盗跖也。

庄子对圣人的批评，也是对现实社会的批评。因为圣人倡导的仁义道德与现实社会的礼崩乐坏形成鲜明的对比。现实社会连绵不断的战争，尸体堆满山泽，盗物盗国者比比皆是。庄子深感忧心，但儒家仍然大倡仁义道德，因此，引起庄子的无比愤慨。所以，才有“圣人不死，大盗不止”的愤怒呐喊。很显然，庄子竭力主张顺应自然，反对人为，也是出于对现实社会动荡不安、人人自危的不满和忧虑。

【原文】

故曰：“鱼不可脱于渊，国之利器不可以示人[①]。”彼圣人者，天下之利器也，非所以明天下也。故绝圣弃知，大盗乃止；擿玉毁珠[②]，小盗不起；焚符破玺，而民朴鄙[③]；掊斗折衡[④]，而民不争；殚残天下之圣法[⑤]，而民始可与论议；擢乱六律，铄绝竽瑟，塞师旷之耳，而天下始人含其聪矣[⑥]；灭文章，散五采，胶离朱之目，而天下始人含其明矣[7]。毁绝钩绳而弃规矩，攦工倕之指[8]，而天下始人有其巧矣。故曰大巧若拙。削曾史之行，钳杨墨之口，攘弃仁义，而天下之德始玄同矣[9]。彼人含其明，则天下不铄矣[10]；人含其聪，则天下不累矣；人含其知，则天下不惑矣；人含其德，则天下不僻矣[11]。彼曾、史、杨、墨、师旷、工倕、离朱，皆外立其德而以爚乱天下者也，法之所无用也[12]。

【注释】

① 利器：指权势禁令，仁义圣智等。

② 擿（zhì）：投掷、丢弃之意。

③ 朴鄙：朴为淳朴无欲，鄙为浑然无知。

④ 掊（póu）：打破。

⑤ 殚（dān）：尽。残：毁坏。

⑥ 擢（zhuó）：疑或为搅，搅乱也。铄绝：销毁。竽瑟：皆为古代乐器。人含其聪：人人都能保存其自性的聪慧。

⑦ 文章：错综华美的色彩、花纹。胶：粘合。离朱：又名离娄，一位古代目力极好的人。

⑧ 攦（lì）：折断。工倕：工为职业，倕为名。相传为尧时的能工巧匠。

⑨ 削：除去。曾：指曾参，以孝著称。史：指史鱼，春秋时卫灵公之臣，以忠直见称。钳：闭。杨：指杨朱。墨：指墨翟。攘弃：排除，舍弃。玄同：道家所追求的与大道同一的神秘境界。

⑩ 铄：同烁、闪烁，引申为炫耀之意。

⑪ 僻：邪僻，邪恶。

⑫ 爚：（yuè）：火光。爚乱：以其光耀使人迷乱。法：指曾、史、杨、墨、师旷、离朱、工倕等所创立之法则、规矩之类。

【译文】

所以说："鱼儿不能离开深渊，国家的利器不能显示于人。"那些圣人就是国家的利器，是不能明示于天下的。因此，彻底摒弃一切聪明智巧，大盗就可休止；丢弃玉器、毁坏珠宝，小盗就会消失；焚烧符信、破毁印章，而百姓就会朴实混沌。毁掉天下的法则规矩，百姓才可以参与议论。搅乱六律的分别，销毁竽瑟等各种乐器，堵塞师旷们的耳朵，而天下人才能内敛他们的本性之聪慧；消除彩色花纹，离散五色，粘合离朱们的眼睛，天下人才能涵藏其本性之明敏；毁弃钩墨，抛弃规矩，折断工倕们的手指，而天下人始能涵藏其本性的技巧。所以说，"最大的智巧如同笨拙。"灭除曾参、史鱼们的忠孝德行，封住杨朱、墨翟们的善辩之口，摒弃仁义，而天下人的德性才能达到浑同而齐一的境界。人们能内敛明慧，天下就不会有炫耀夸张之举；人们能涵藏其聪敏，天下就不会遭受祸乱；人们能内敛其智慧，天下就不会迷惑；人们能涵藏其德行，天下就不会邪僻了。像曾参、史鱼、杨朱、墨翟、师旷、工倕、离朱这类人，都是外露并炫耀自己的才能，并以此迷乱天下人心，这就是自然大法没有用处的原因。

【原文】

子独不知至德之世乎？昔者容成氏[①]、大庭氏、伯皇氏、中央氏、栗陆氏、骊畜氏、轩辕氏、赫胥氏、尊卢氏、祝融氏、伏牺氏、神农氏，当是时也，民结绳而用之[②]，甘其食，美其服，乐其俗，安其居[③]，邻国相望，鸡狗之音相闻，民至老死而不相往来。若此之时，则至治已。今遂至使民延颈举踵曰[④]，"某所有贤者"，赢粮而趣之[⑤]，则内弃其亲而外去其主之事[⑥]，足迹接乎诸侯之境，车轨结乎千里之外[7]。则是上好知之过也。

【注释】

① 昔者句：以下所列十二氏为传说中的古帝王，也就是氏族首领。其中轩辕氏、祝融氏、伏牺氏、神农氏见诸他书，其余八人无可考，其中或有源于已见之古籍，或为庄子所虚拟。

② 结绳：远古无文字，用绳子打结来记事。

③ 甘、安：以……为甘甜、安适。美、乐用法相同。

④ 延颈举踵：伸长脖子，踮起脚跟。形容焦急企盼的神态。

⑤ 嬴（yíng）粮：带足路上用的食粮。趣：同趋。

⑥ 主：主管。

⑦ 结：交错也。

【译文】

你唯独不知道那圣德的时代吗？从前容成氏、大庭氏、伯皇氏、中央氏、栗陆氏、骊畜氏、轩辕氏、赫胥氏、尊卢氏、祝融氏、伏牺氏、神农氏，在那个时代，百姓结绳记事，以其粗疏的饮食为甜美，以其朴素的衣服为漂亮，以其淳朴的习俗为欢乐，以其简陋的居处为安适，相邻之国互相望见，鸡鸣狗叫的声音相互听见，但百姓直到老死也不互相交往。像这样的时代，就可以说是真正的太平盛世了。当今之世，竟然要让百姓伸长脖子、踮起脚跟企盼着听说“某地方出了圣人”，于是就带足食粮，奔往圣人之处，弄得家里抛弃了亲人，外面丢掉了所主管之政事，足迹踏遍诸侯国土，车子的辙印纵横交错于千里之外。这都是君主崇尚圣智的过错。

【品评】

当是时也，民结绳而用之，甘其食，美其服，乐其俗，安其居，邻国相望，鸡狗之音相闻，民至老死而不相往来。

饮食香甜，服饰美好，居处安适，习俗欢乐。这是大家都喜欢的四件事。其实这些都是自己心里的感觉，意思就是每一个人都要安于自己的情况。请问你吃的饮食香甜吗？如果你自己喜欢，别人的山珍海味你根本不屑一顾。再问你的服饰漂亮吗？这也是你自己的感觉了，你要是与那些世界名牌服饰相比，就觉得自己的服装太寒碜，但是你也会觉得自己穿什么衣服都觉得很舒服。然后你住什么地方都觉得很愉快。再就是习俗欢乐，每一个人都有自己的习俗，你不要羡慕别人什么情人节啊奔牛节狂欢节什么的，你只要好好享受自己的习俗就好了。因为别人也可能会羡慕你的这些习俗。

至于邻国彼此相望，鸡鸣狗叫的声音互相都听得到，老死不相往来，为什么？

其实庄子并不是反对人际交往、沟通，而是希望人们不要受到别人的影响。大家各自保持自己内心的淳朴和真性。就像鱼儿相忘于江湖。更不要互相攀比、互相窥探对方的隐私，并以此作为生活的调剂。

在今天，我们都应该安于自己的生活，所谓的活在当下享受生活的每样乐趣。庄子的这种小国寡民的思想，在今天的我们来说，就是让我们心地淡然，甘其食美其服，安其居乐其俗。

做到这一点，我们的生活会非常快乐，不是吗？

【原文】

上诚好知而无道，则天下大乱矣。何以知其然邪？

夫弓弩毕弋机变之知多[①]，则鸟乱于上矣；钩饵罔罟罾笱之知多[②]，则鱼乱于水矣；削格罗落罝罘之知多[③]，则兽乱于泽矣；知诈渐毒颉滑坚白解垢同异之变多[④]，则俗惑于辩矣。故天下每每大乱，罪在于好知。

故天下皆知求其所不知而莫知求其所已知者，皆知非其所不善而莫知非其所已善者，是以大乱。故上悖日月之明[⑤]，下烁山川之精，中堕四时之施[⑥]，惴耎之虫，肖翘之物[⑦]，莫不失其性。甚矣夫好知之乱天下也！自三代以下者是已[⑧]，舍夫种种之民而悦夫役役之佞[⑨]，释夫恬淡无为而悦夫啍啍之意[⑩]，啍啍已乱天下矣！

【注释】

① 弩（nǔ）：一种有机关的弓。毕：捕鸟网。弋：系有细线的箭。

② 罔：同网。罟：网的总名。罾（zēng）：鱼网。笱（gǒu）：筌，捕鱼的竹篓。

③ 削格：捉野兽的机关。罗落：罗网。罝罘（jū fú）：捕兔网。

④ 知诈：运用智谋进行欺骗。颉（jié）滑：机巧，狡黠。解垢：曲说诡辩之意。

⑤ 悖（bèi）：遮蔽。

⑥ 烁：熔化，销毁。山川之精：山川之生命。堕：通隳，破坏。四时之施：四季的正常运行。

⑦ 惴耎（ruǎn）：小虫蠕动爬行的样子。肖翘：微小的飞虫。

⑧ 三代：夏、商、周三朝代。是已：就是这样了。

⑨ 种种：朴实淳厚的样子。役役：奔走钻营。佞：狡猾。

⑩ 啍啍（zhūn）：通谆谆，教诲不倦之意。

【译文】

君主一心追求圣智而抛弃大道，天下就会大乱。怎么知道是这样呢？弓箭、罗网、机关方面的智巧多了，那么空中的飞鸟就会被扰乱了；钓具、鱼网、鱼篓方面的智巧多了，水中的鱼类就会被扰乱了；木栅、兽栏、兽网之类的智巧多了，山泽中的野兽就会被扰乱了；欺骗、诡诈、狡黠、曲辞、坚白、同异的言辩多了，那么世俗之人的智慧就会被诡辩所迷惑。所以，天下常常发生大乱，罪过就在于喜好智巧。

因而天下人都懂得去追求他所不知道的，却不懂得去探索他已经知道的；都知道非难他认为恶的，却不知非难他认为善的，所以天下就大乱了。因此，这样做就会上而遮蔽日月的光明，下而销毁山川的生命，中而破坏四季的正常运行。就连蠕动爬行的小虫，微小的飞虫，都无不因此而丧失其本性。追求圣智祸乱天下，竟然达到如此地步啊！从夏商周三代以来的情况就是这样。舍弃那淳厚朴实的百姓，而喜爱奔走钻营的狡黠的佞民；废弃恬淡无为的自然风尚，而喜欢喋喋不休的说教，喋喋不休的说教已经搞乱天下了。

【品评】

故天下皆知求其所不知而莫知求其所已知者，皆知非其所不善而莫知非其所已善者，是以大乱。

庄子认为，天下大乱的根源在于，人们只追求未知的，而不去探索已知的；人们只去非难自认为恶的事物，而不去非难自认为善的事物。人们多用智巧，工于心计。因此，自夏商周以来，淳朴之风没有了，恬淡无为的自然遭到侵扰，人们喜欢奔走钻营，喋喋不休的说教，由此造成社会的争斗和混乱。

外篇

在宥

《在宥》以篇首句中二字名篇。题意为自在宽宥、宽容之意。全篇的基本宗旨是发挥无为而治的思想。开头提出『闻在宥天下，不闻治天下也』，是全篇的总纲，以下各段大体围绕这个纲领展开。

庄子认为，治理天下就是要保持其自然本性，实行无为而治。无为而治，在宥天下这种主张确实是很人性化的理想。就是指一种自有、独有，是精神上的一种富足状态。在宥不仅是与外界共处的态度，也是自身自处的态度。

【原文】

闻在宥天下[1]，不闻治天下也。在之也者，恐天下之淫其性也[2]；宥之也者，恐天下之迁其德也[3]。天下不淫其性，不迁其德，有治天下者哉[4]！昔尧之治天下也，使天下欣欣焉人乐其性，是不恬也[5]；桀之治天下也，使天下瘁瘁焉人苦其性，是不愉也[6]。夫不恬不愉，非德也。非德也而可长久者，天下无之。

人大喜邪，毗于阳[7]；大怒邪，毗于阴。阴阳并毗，四时不至，寒暑之和不成，其反伤人之形乎！使人喜怒失位，居处无常，思虑不自得，中道不成章[8]，于是乎天下始乔诘卓鸷，而后有盗跖、曾史之行[9]。故举天下以赏其善者不足，举天下以罚其恶者不给[10]，故天下之大不足以赏罚。自三代以下者，匈匈焉终以赏罚为事[11]，彼何暇安其性命之情哉！

【注释】

① 在宥：悠游自在，宽容自得。
② 淫：乱，失。
③ 迁：迁移，改变。
④ 有：岂有，岂用。
⑤ 欣欣焉：欣喜快乐的样子。恬：静也，安也。

⑥ 瘁瘁焉：心力疲惫的样子。
⑦ 毗（pí）：伤，害。
⑧ 中道：中和之道。章：奏乐完成一段为一章。不成章：不能使自性得以完成。
⑨ 乔：自高自大。诘：猜忌责备。卓鸷：孤高猛厉，喜怒随心。曾史：曾参、史鱼，均以仁孝忠义著称。
⑩ 举：尽。
⑪ 匈匈：喧扰不宁。

【译文】

只听说任天下人自由自在生活的，没听说对天下人加以治理的。所谓任天下人自由自在生活，是怕丧失了他们自性的本来状态；让天下人能够宽松安适，是怕改变他们淳朴的德性。如果天下人都不丧失本性，不改变淳朴的德性，哪里需要治理天下呢！从前尧治理天下的时候，使天下人都欣喜若狂，各乐其本性，这是不安静啊！从前桀治理天下时，使天下人都疲于奔命、痛苦不堪，这是不愉悦啊。让天下人不安静不愉悦，都不是人的自然本性。违背人的自然本性而可以长久的，天下没有这种事。

如果人过于欢乐，就会伤害阳气；如果人过于愤怒，就会伤害阴气。阴阳二气互相侵害，四时不按时而至，寒暑不调和，岂不是反而要伤害人体吗！如果使人喜怒失常，居无定所，思虑不安，中和之道遭到破坏。于是天下开始出现了自大、责备、孤高猛厉、喜怒无常等不和谐现象，而产生了像盗跖、曾参、史鱼不同的行为，这样一来，就是尽天下之力不足以奖赏善举；尽天下之力用于惩罚恶行，也不足以止恶。

因此，天下之大仅用赏罚的办法是不行的。自夏商周三代以下之治世者，喧扰不宁，始终把赏善罚恶为能事，他们哪里还有时间顾及安定天下人的自然本性呢！

【原文】

而且说明邪？是淫于色也[①]；说聪邪？是淫于声也；说仁邪？是乱于德也；说义邪，是悖于理也[②]；说礼邪？是相于技也[③]；说乐邪？是相于淫也[④]；说圣邪？是相于艺也；说知邪？是相于疵也[⑤]。天下将安其性命之情，之八者[⑥]，存可也，亡可也；天下将不安其性命之情，之八者，乃始脔卷獊囊而乱天下也[⑦]。而天下乃始尊之惜之[⑧]，甚矣天下之惑也！岂直过也而去之邪！乃齐戒以言之[⑨]，跪坐以进之，鼓歌以儛之[⑩]，吾若是何哉！

故君子不得已而临莅天下[⑪]，莫若无为。无为也而后安其性命之情。故贵以身于为天下，则可以托天下；爱以身于为天下，则可以寄天下[⑫]。故君子苟能无解其五藏，无擢其聪明；尸居而龙见[⑭]，渊默而雷声[⑮]，神动而天随，从容无为而万物炊累焉[⑯]。吾又何暇治天下哉！

【注释】

① 说：同“悦”。淫：沉溺。

② 悖：违背，仁义是造出来强加给人的，所以是对人本性的干扰和破坏，是违背天理的。

③ 相：助长。技：技艺，伎俩。

④ 相于淫：助长于沉迷享乐。

⑤ 疵：毛病。

⑥ 之：此。八者：指上面列举之明、聪、仁、义、礼、乐、圣、知八条。

⑦ 脔（luán）卷：拘束不伸舒之状。獊（cāng）囊：纷乱烦扰。

⑧ 尊之惜之：尊崇它，爱惜它。

⑨ 过：经历过。齐戒：古人在祭祀前，沐浴更衣，不饮酒，不吃荤，以示诚敬。齐：同斋。

⑩ 跪坐以进之：致恭尽礼而相互传授。儛：同"舞"，用歌之舞之以示爱惜之意。

⑪ 临莅：统治、治理之意。

⑫ 寄：与"托"同义。

⑬ 解：解散，放纵。五藏：五脏，代指精神。擢(zhuó)：显示之意。

⑭ 尸居：此指安坐不动的样子。龙见：如龙之出现。

⑮ 渊默而雷声：如深渊般静默，却蕴涵惊天动地之雷声。静默无声中蕴涵着如电闪雷鸣般的生机。

⑯ 炊累：一种说法如尘埃在空中随风飘动，从容自如，任性自然。炊：同"吹"；累：尘埃。如风吹尘埃，任意漂浮。

【译文】

再说，你喜欢目明吗？那势必会沉溺于美色之中；你喜欢耳聪吗？那势必会沉溺于乐声之中；你喜欢仁吗？那势必会扰乱了自然的天性；你喜欢义吗？那势必就会违背自然之理；你喜欢礼吗？那势必就会助长烦琐的伎俩；你喜欢音乐吗？那势必就会助长淫声之泛滥；你喜欢圣者吗？那势必就会助长技能的泛滥；你喜欢有智慧吗？那势必就会助长纠缠是非的弊病。如果天下人都能保持自然本性，这八条就可以保存，也可以失去；天下人如果都不能安于自然本性，这八条就会使人纷乱烦扰不得伸舒而扰乱天下。可是天下人反而尊崇它们，珍惜它们，天下人真是太糊涂了啊！对于这八条，这些人岂止只是一时的尊重珍惜过后便丢弃呢！他们竟然在斋戒后才敢去谈论它，以最恭敬的礼仪去传授，载歌载舞去赞颂它。对待此种现象，我又能怎么样呢？

因此，君子必不得已而去治理天下时，最好是顺任自然、无为而治。顺任自然无为而治，而后是天下人的自然本性得以安宁。所以说把自身看作比天下更贵重的人，才可以把天下托付给他；把珍爱自身甚于天下的人，才可以把天下寄托给他。因此，君子假如能不肢解五藏而伤害真性，能够不炫耀自己的聪明才智，安坐如尸而神游如龙，似深渊般沉静而蕴涵惊雷般巨响，精神活动处处合于自然，从容无为，而万物如炊气积累而自动飘升一样，我又何必需要治理天下呢！

【品评】

故贵以身于为天下，则可以托天下；爱以身于为天下，则可以寄天下。

只有那些尊重自己、珍爱自己的人，才可以将天下托付给他。这在今天仍值得我们深思，一个人连自己都不爱，如何爱别人。一个不爱别人的人，如何爱天下之人。如果把爱自己看成小爱，爱天下视为大爱。那么，没有小爱，哪来大爱。虽然庄子的本意，是要告诉人们，去除人为，珍爱生命，顺乎自然，但从中却能引出发人深思的闪光之点。

【原文】

崔瞿问于老聃曰[1]："不治天下，安藏人心[2]？"

老聃曰："女慎无撄人心。人心排下而进上[3]，上下囚杀，绰约柔乎刚强[4]。廉刿雕琢[5]，其热焦火，其寒凝冰。其疾俯仰之间而再抚四海之外[6]，其居也渊而静，其动也悬而天[7]。偾骄而不可系者[8]，其唯人心乎！

"昔者黄帝始以仁义撄人之心，尧舜于是乎股无胈，胫无毛，以养天下之形，愁其五藏以为仁义，矜其血气以规法度[9]。然犹有不胜也，尧于是放讙兜于崇山，投三苗于三峗，流共工于幽都，此不胜天下也[10]。夫施及三王而天下大骇矣[11]。下有桀跖，上有曾史，而儒墨毕起。于是乎喜怒相疑，愚知相欺，善否相非，诞信相讥[12]，而天下衰矣。大德不同，而性命烂漫矣；天下好知，而百姓求竭矣[13]。于是乎釿锯制焉，绳墨杀焉，椎凿决焉[14]。天下脊脊大乱[15]，罪在撄人心。故贤者伏处大山嵁岩之下[16]，而万乘之君忧栗乎庙堂之上。

"今世殊死者相枕也，桁杨者相推也，刑戮者相望也，而儒墨乃始离跂攘臂乎桎梏之间[18]。噫，甚矣哉！其无愧而不知耻也甚矣！吾未知圣知之不为桁杨接槢也，仁义之不为桎梏凿枘也，焉知曾史之不为桀跖嚆矢也[20]！故曰：'绝圣弃知而天下大治。'"

【注释】

① 崔瞿（qū）：虚拟人物。

② 藏：臧字之误。臧：善也。安藏人心：如何使人心向善。

③ 撄（yīng）：扰乱，纠缠。排下：遭受排挤压抑则屈下。进上：受到提拔重用则凌上。

④上下囚杀：形容心志向上趋下如同被拘囚伤杀。绰（chuò）约：柔美。

⑤ 廉：有棱角。刿（guì）：割伤。

⑥ 疾：快速。抚：触及，遍及之意。

⑦ 渊而静：如深渊般静默。悬而天：悬浮于天，无所不在。

⑧ 偾（fēn）骄：偾：同"愤"。强做放恣，如奔马之不可系缚。

⑨ 股无胈（bá）：大腿上没有肉。胫无毛：小腿上不长毛。形容尧舜终年奔波劳苦。矜：约束、拘管之意。规：制定，建立。血气：感情冲动。

⑩ 放：流放、放逐。讙（huān）兜（dōu）：尧时四凶之一，传说为帝鸿氏之子，又称混沌，因为和共工联合与尧作对，被尧放逐到崇山。崇山：在今湖北黄陂县南。投：流放。三苗：古部族名，其首领为饕餮。三峗：古地名，在今甘肃敦煌一带。幽都：古地名。故城在今北京密云县境。

⑪ 施：延及。骇：惊扰。

⑫ 否（pī）：恶。诞：荒诞不实。讥：讥讽。

⑬ 烂漫：散乱。求竭：纠葛矛盾。

⑭ 斤（jín）：与斤通，大斧。杀：砍削。言用绳墨测量树木，不合标准处则加以砍削。椎凿：穿凿木孔之具。决：凿断也。此言木工发明斧锯、绳墨、椎凿等工具。对木料进行加工，犹如君主以礼法治理人民。

⑮ 脊脊：纷纷。

⑯ 嵁（kān）岩：险岩深谷。

⑰ 殊死：身首异处，指被砍头处死。相枕：指尸体交互重叠。桁（héng）杨：古代一种夹脚和颈的刑具。相推：相互推挤于道路，形容受刑人之多。

⑱ 离跂：翘足。攘臂：举臂。桎梏：刑具戴在脚上称桎，戴在手上称梏。

⑲ 接槢（xī）：小木楔，连接关锁刑具之用。凿枘（ruì）：固定桎梏的孔枘。

⑳ 嚆（hāo）矢：响箭。强盗抢劫，先发响箭以为信号。此处把曾史之言作为暴君大盗之先声。

【译文】

崔瞿问老聃说："不治理天下，如何使人心向善呢？"

老聃说："你要谨慎不要扰乱人心。人心，遭受排挤压抑，它就屈下；受到推举重用则高举陵上，心志的压抑和推举犹如被拘囚、伤杀，柔美的心志表现可以软化刚强。外露锋芒棱角必遭挫折和伤害，这类教化修琢，使性情时而如同焦火般急躁，时而如凝冰一样忧恐，伤害着自性。内心变化神速，片刻之间就能巡游于四海之外，人心安稳犹如深渊般静默，跃动时犹如腾跃于高天。强傲放恣而不可系缚，这就是人心啊！

“从前黄帝开始用仁义扰乱人心，后继之尧舜于是疲于奔波，大腿上无肉，小腿上汗毛都磨光了，用以养育天下人的形体，满心焦虑去施行仁义，又苦耗心血制定法令制度以约束人之感情冲动。然而还是有很多不足之处，于是尧把谨兜放逐到崇山，把三苗流放到三峗，把共工放逐于幽都，这就是没有治理好天下的明证啊。延续到夏、商、周三代，而天下人受到更大的惊扰。下有夏桀和盗跖之类暴君大盗，上有曾史之流仁者，而儒家、墨家的争论纷纷兴起了。于是喜怒互相猜疑，愚智互相欺骗，善否互相非议，荒诞与信实互相讥讽，天下风气从此衰颓了。大德分歧，而人的本性从而遭受伤害而散乱；天下人都喜好智巧，百姓的纠葛纷争迭起。于是用斧锯之类的刑具加以制裁，用礼法的绳墨加以规范，用肉刑的椎凿加以惩处。天下人相互欺凌践踏而大乱，其罪恶之根就在于扰乱了人心。所以贤者隐遁在险岩深谷之中，而万乘之君忧惧战栗于朝廷之上。

“当今之世，被处死者尸体重叠堆积，戴枷锁者相互推挤于道路，受刑戮者满眼皆是，而儒墨之徒仍然在戴枷锁者之间挥舞手臂奋力争辩。唉！真是太过分了！他们怎么能如此的不知惭愧和羞耻！我还不知道有哪种圣智不是刑具的木楔，哪种仁义不是枷锁的孔枘！怎么知道曾、史所为不是夏桀和盗跖的先导啊！所以说：‘抛弃聪明智巧，天下才能得到大治而太平。’”

【品评】

今世殊死者相枕也，桁杨者相推也，刑戮者相望也，而儒墨乃始离跂攘臂乎桎梏之间。噫，甚矣哉！其无愧而不知耻也甚矣！吾未知圣知之不为桁杨接槢也，仁义之不为桎梏凿枘也，焉知曾史之不为桀跖嚆矢也！故曰："绝圣弃知而天下大治。"

庄子对现实社会持一种严厉的批判态度，因为现实社会中被处死者堆积如山，镣铐加身者拥挤在大道上。到处都是受刑戮者。这是黑暗的社会。令人愤怒的是，儒墨之徒在受刑者之间仍然没有停止争辩。庄子对此进行了十分严厉的批判。基于此，我们也许能体会到庄子为什么对儒家的仁义道德这样反感，甚至是无法容忍。因为现实社会的残酷和百姓生命遭受屠戮，令庄子忧心和悲痛，才会经常发出呼喊。

【原文】

黄帝立为天子十九年，令行天下，闻广成子在于空同之山[①]，故往见之，曰："我闻吾子达于至道[②]，敢问至道之精。吾欲取天地之精，以佐五谷，以养民人。吾又欲官阴阳，以遂群生[③]，为之奈何？"

广成子曰："而所欲问者，物之质也[④]；而所欲官者，物之残也[⑤]。自而治天下，云气不待族而雨[⑥]，草木不待黄而落，日月之光益以荒矣[⑦]。而佞人之心翦翦者[⑧]，又奚足以语至道！"

黄帝退，捐天下，筑特室[⑨]，席白茅，闲居三月，复往邀之[⑩]。

广成子南首而卧，黄帝顺下风，膝行而进，再拜稽首而问曰："闻吾子达于至道，敢问，治身奈何而可以长久？"

广成子蹶然而起[12]，曰："善哉问乎！来！吾语女至道。至道之精，窈窈冥冥；至道之极，昏昏默默[14]。无视无听，抱神以静，形将自正[15]。必静必清，无劳女形，无摇女精，乃可以长生。目无所见，耳无所闻，心无所知，女神将守形，形乃长生。慎女内，闭女外，多知为败[17]。我为女遂于大明之上矣，至彼至阳之原也；为女入于窈冥之门矣，至彼至阴之原也。天地有官，阴阳有藏，慎守女身，物将自壮[19]。我守其一以处其和[20]，故我修身千二百岁矣，吾形未常衰。"

黄帝再拜稽首曰："广成子之谓天矣！"

广成子曰："来！余语女。彼其物无穷，而人皆以为有终；彼其物无测，而人皆以为有极。得吾道者，上为皇而下为王[21]；失吾道者，上见光而下为土。今夫百昌皆生于土而反于土，故余将去女，入无穷之门，以游无极之野。吾与日月参光[24]，吾与天地为常。当我，缗乎！远我，昏乎！人其尽死，而我独存乎！"

【注释】

① 广成子：虚拟成仙人物。空同：虚拟山名。一说崆峒山。

② 吾子：对人亲近之称，相当于您、先生。

③ 官：司，掌管。遂：成就。群生：万物。

④ 而：同尔，你。质：形质，指道的精华。

⑤ 残：残渣。指原初形质分化之残余。

⑥ 族：同簇，聚也。
⑦ 荒：昏暗，暗淡。
⑧ 佞人：谄媚善变之人。翦(jiǎn)翦：浅薄狭隘的样子。
⑨ 捐：放弃，抛弃不顾。捐天下：放弃治理天下，不因天下事累其心。特室：别室。一人独居之斋戒室。
⑩ 白茅：白色茅草，古人祭祀时将其垫在祭物下，取其色白清洁。邀：通要，求。
⑪ 顺下风：从下风口方向走近广成子，表示谦恭。膝行：跪在地上，以膝盖走路。
⑫ 蹶（jué）然：迅速起身。
⑬ 窈（yǎo）窈：深远。冥冥：暗昧。
⑭ 昏昏默默：昏暗寂静的状态。
⑮ 形：形体，身体。正：纯正。
⑯ 精：精神。
⑰ 慎：静。内：内心，精神。外：耳目。多知为败：不闻不见不知，内外两忘，保持心之宁静，才能与大道冥合，追求多知，必然败坏形神。
⑱ 遂：直达。大明：至阳的景象。窈冥：至阴的景象。
⑲ 物：指道之物，即大道。阴阳有藏：阴阳各有所藏，自藏也。
⑳ 一：至道。和：阴阳二气调和。
㉑ 皇、王：皆为得道之圣王。二者因时世不同而有高下之别。
㉒ 光：日用之光。土：泥土，言得道之人，糊里糊涂地活着，生时只见日月之浮光，死后化为泥土，与物无别。
㉓ 百昌：百物昌盛，指动植物生机勃勃地繁衍生长。无穷之门：比喻大道之门径。无极之野：比喻大道是无限的，在时间上无始终，在空间上无边限。
㉔ 参：同“三”。
㉕ 缗（mín）：同“冥”，与“昏”意近，指昏昏默默，无心无意，与道冥合。

【译文】

黄帝做了十九年的天子，政令通行天下，听说广成子住在空同山上，便特地前去拜见，对他说：“我听说先生您明达至道，请问至道之精髓是什么？我想取用天地的精华来帮助五谷成熟，以养育人民。我还想掌管阴阳二气，使之相互协调，以顺应各种生物生长成熟，应当如何去做呢？”

广成子说：“你所想问的，是大道的精华；你所想掌管的，是大道的残渣。自从你治理天下以来，云气还没有积聚起来就下雨，草木还不到枯黄季节就凋落，日月之光也越来越暗淡，像你这样谗佞之人心胸狭小浅陋，又如何能和你谈论大道呢！”

黄帝回去之后，放下治理天下之事，建了一间斋戒室，铺上白茅草，闲居了三个月，这才又前往广成子处请教至道。

广成子头朝南躺着，黄帝从下风口跪着用膝盖跪地行走，来到广成子面前，再次叩拜行礼，然后问道：“听说先生您明达至道，请问如何修身养性，才能使生命长久？”

广成子突然惊异而起，说：“问得好！过来，我告诉你什么叫至道。至道之精粹，深远而又暗昧；至道之精微，默默无声。不要外视，不要外听，静守精神，身体会自然康宁纯正。内心一定要保持清净宁静，不要劳碌你的身体，不要摇荡你的精神，这样就可以长生。目无不见多余的东西，耳不闻多余的声音，心不做多余的思虑，这样你的精神和形体就能合一，形体就可以长生。让你的内心保持虚静，闭塞你的耳目不使外物牵动心神，知道得太多，必然会败坏形神。我帮助你直达于最明亮之极和至阳之本原，又使你直达深邃幽冥之门和至阴之本原。天地各有自己的主宰，阳阴各有自己的处所。谨慎地守住你自身的心性，大道的修养将会健壮成长。我固守纯一之至道而处阴阳调和之地位，所以我能修养身心已有一千二百岁了，而至今我的身体健康不衰。”

黄帝再次叩拜说：“广成子可以说与天合德了。”

广成子说：“来！我说给你听。大道是无穷无尽的，而人都以为有终止；大道是深不可测的，而人都认为有极限。得我大道的人，随着机缘，在上可以为皇而在下可为王；丧失我至道之人，活着只能见到日月之浮光，死后化为泥土。犹如今天繁茂生长的万物都生于土而又复归于土，所以我要离开你，进入无穷尽的大道之门，逍遥于自由光芒中。我和日月同辉，我和天地合一。迎着我来的，我是昏昏的！背着我去的，我是默默的！人都要死，而我则可以独存啊！”

【品评】

天地有官，阴阳有藏，慎守女身，物将自壮。

黄帝胸怀天下，“欲取天地之精，以佐五谷，以养民人”，看样子是圣君、明君。但是反过来再一想，大家本来在世上平静地生活着，为什么偏偏你自以为你的见识比别人就高？你的德行一定比别人就好？所以，你就有资格就有权力去教化别人，让大家都学习你，按照你的标准做人？你把自己当作世界的主宰，可以任意妄为，把别人都当作需要你教化的愚民？

所以广成子在黄帝第一次请教他时，说皇帝是个“佞人之心翦翦者”，诚不妄也！

还好，黄帝是个从善如流的人，回去后，就对天下事置之不问，渐渐归于淳朴自然之态。这时，广成子就对黄帝欣赏了，然后教给他什么叫“至道”。很多人都有点自恋癖，以为地球离开自己是不是就会不转了，自己真正离开以后，才发现，别人离开了自己，生活得更好。

想想历代帝王，为了一己之利，让天下人自相残杀，不是天下祸乱的源头吗?

【原文】

云将东游，过扶摇之枝而适遭鸿蒙[1]。鸿蒙方将拊脾雀跃而游[2]。云将见之，倘然止，贽然立[3]，曰："叟何人邪？叟何为此？"

鸿蒙拊脾雀跃不辍，对云将曰："游！"

云将曰："朕愿有问也[4]。"

鸿蒙仰而视云将曰："吁！"

云将曰："天气不和，地气郁结，六气不调，四时不节[5]。今我愿合六气之精以育群生，为之奈何？"

鸿蒙拊脾雀跃掉头曰："吾弗知！吾弗知！"

云将不得问。又三年，东游，过有宋之野而适遭鸿蒙。云将大喜，行趋而进曰："天忘朕邪[6]？天忘朕邪？"

再拜稽首，愿闻于鸿蒙。鸿蒙曰："浮游，不知所求；猖狂，不知所往[7]；游者鞅掌，以观无妄[8]。朕又何知？"

云将曰："朕也自以为猖狂，而民随予所往；朕也不得已于民，今则民之放也。愿闻一言。"

鸿蒙曰："乱天之经，逆物之情，玄天弗成[9]；解兽之群，而鸟皆夜鸣；灾及草木，祸及止虫[10]。意，治人之过也！"

云将曰："然则吾奈何？"

鸿蒙曰："意，毒哉！仙仙乎归矣[11]。"

云将曰："吾遇天难，愿闻一言。"

鸿蒙曰："意！心养。汝徒处无为，而物自化[12]。堕尔形体，吐尔聪明，伦与物忘，大同乎涬溟，解心释神，莫然无魂[13]。万物云云，各复其根，各复其根而不知；浑浑沌沌，终身不离[14]；若彼知之，乃是离之。无问其名，无窥其情，物固自生。”

云将曰：“天降朕以德，示朕以默；躬身求之，乃今也得。”再拜稽首，起辞而行。

【注释】

① 云将：云之主帅，犹云之神也。虚拟人物。扶摇：东方之神木。鸿蒙：自然之元气。寓言人物。

② 拊髀：拍股。雀跃：欢蹦跳跃的样子。

③ 倘然：停止的样子。贽然：站立不动的样子。

④ 朕：古人自称。秦始皇始，才被专门用作皇帝对自己的称谓。

⑤ 六气：阴、阳、风、雨、晦、明。不节：六气不调和，寒暑温凉错乱，造成四时不合节令时序。

⑥ 天：云将对鸿蒙之称谓。

⑦ 浮游：形容元气上下漂浮不定，不知其有何追求。猖狂：随心所欲、无拘无束的样子。

⑧ 鞅掌：众多。无妄：真实。

⑨ 经：常道，常则。玄天：自然造化。

⑩ 止：应作“豸”(zhì)，有足谓之虫，无足谓之豸。

⑪ 毒哉：叹其受治世之毒太深，而一味追问不止。毒：害。仙仙：轻飘飘的样子。

⑫ 心养：养心，持守自性。徒：只也。物自化：物各依自性生化。

⑬ 堕：毁坏，毁弃。吐：通杜，杜绝、闭塞之意。涬(xìng)溟：自然气。鸿蒙的另一种称谓。莫然无魂：去除心机智巧。

⑭ 云云：盛多。不离：不离开自性。

【译文】

云将到东方去游历，经过神木的旁边，恰好遇到鸿蒙。鸿蒙正拍打着大腿像鸟雀一样跳跃着，准备出发去遨游。云将看见这个情景，惊疑地停下来，恭敬地躬身站在那里，问道："老先生是什么人呀？为何如此欢喜雀跃呢？"

鸿蒙依然拍腿跳跃不停，对云将说："自由的遨游！"

云将说："我向您请教个问题。"

鸿蒙仰面望着云将说："唉！"

云将说："天气不调和，地气郁结不通畅，六气失调，四时失序。现在我打算融合六气之精华来养育万物，要怎样去做呢？"

鸿蒙拍着大腿跳跃着，掉转过头说："我不知道！我不知道！"

云将得不到回答。又过了三年，云将再次游历东方，经过宋国的原野时，恰好遇见了鸿蒙。云将特别高兴，快步走向前去，说道："您忘了我吗？您忘了我吗？"

再次叩拜，希望聆听鸿蒙指教。鸿蒙说："悠游自在，无所贪求；随意而动，无所不适；游心任性而为，不拘礼仪，以观察万物的真相。此外，我又知道什么？"

云将说："我自以为任性无心而游荡，百姓追随我的行动；我也不忍心抛开他们，现在我却成为百姓的依靠。请您指教。"

鸿蒙说："扰乱了自然之常道，违背万物之本性，自然的状态不能保全；群兽惊散，禽鸟夜鸣不安，灾难降临草木，灾祸殃及昆虫。唉！这都是治理天下的过错呀！"

云将说："那么我该怎么办呢？"

鸿蒙说："唉，你受治世之毒太深了！我要飘扬凌空而去了。"

云将说："我难得遇见您，恳求您多加指教。"

鸿蒙说："啊，那就修养自心持守自性吧！你只要顺任自然处无为之境，而万物就会自生自化。忘却你的形体，抛开你的聪明，和万物同化，与自然元气混同如一。释放精神，无所计较。万物纷纭众多，千变万化又各复归其本根，各复本根而不自知；浑浑沌沌不用心机，才能终身不离自性；如果使用心智，就会背离自然本性。不必追问它的称谓，不要探究万物之真情，万物本来是自然而然的生化。”

云将说：“你赋予我以天德，晓谕我要静默无为；我亲身探求大道，现在才算有所收获。”一再叩拜行礼，而后起身辞别而去。

外篇

天地

《天地》以篇首二字名篇。全篇并非论天地，而是讲治天下之道，旨在阐述无为而治的政治主张。

本篇与《天道》、《天运》为一组，主旨在发挥无为而治的政治理想。篇幅较长，内容也较庞杂。

【原文】

天地虽大，其化均也[①]；万物虽多，其治一也[②]；人卒虽众，其主君也。君原于德而成于天[③]，故曰，玄古之君天下，无为也，天德而已矣[④]。以道观言而天下之君正[⑤]，以道观分而君臣之义明，以道观能而天下之官治[⑥]，以道泛观而万物之应备。故通于天地者，德也；行于万物者，道也；上治人者[⑦]，事也；能有所艺者[⑧]，技也。技兼于事，事兼于义[⑨]，义兼于德，德兼于道，道兼于天。故曰，古之畜天下者，无欲而天下足，无为而万物化，渊静而百姓定[⑩]。《记》曰："通于一而万事毕[⑪]，无心得而鬼神服。"

【注释】

① 均：均等、相同之意。化：生化，生长，化育。
② 其治一也：治之义指循性自得，不靠外力强制，与一般意义的治不同。治：自得而治。
③ 原：本也。原于德：以德为本。天：天即自然。君无为，使民物自生自成，自足其性，则是成于天也。
④ 玄古：远古。指三皇以前行无为而治的至德之世。君：君临，统治。天德：自然之德。

⑤ 言：名，称谓。

⑥ 分：名分、职分。官：官吏。治：尽职。

⑦ 上治人者：居上位统治人民的人。

⑧ 艺：技艺，指有某种专长、特长。

⑨ 兼：统属、支配之意。

⑩ 畜：养也，亦即治理、管理之意。渊静：形容得道之君主深沉静默的仪态。

⑪《记》：一种古代传记之书，具体所指无考。一：指大道。毕：完成。

【译文】

天地虽然广大，但是它们化育万物确实是均平的；万物虽然繁多，但是它们循性自得却是一样的；民众虽然众多，主政的只有君主。国君治理天下以德为本而成全于顺天道。所以说，远古的君主治理天下，无为而治，只是顺应天道罢了。用道来看称谓，则天下君主的地位都是正当的；用道来看职分，则君臣之间各按其名分尽职责，则君臣之义就分明了；用道来看才能，则天下的官吏都称职了；用道来普遍地看待万物，则物尽其用无不齐备。所以通达于天的，是德；通行于万物的，是道；君主治理百姓，是使臣民各任其事；能力有所专精的，凭的是技艺，技艺应当统属于事物，事物统属于义，义统属于德，德统属于道，道统属于自然，所以说，古代养育百姓的君主，自己没有私欲而使天下人富足，无所作为，任万物循性自行生化，深沉静默而百姓安定。《记》这本古书说："通达大道则万事尽举，心无贪欲则鬼神敬服。"

【品评】

故曰，古之畜天下者，无欲而天下足，无为而万物化，渊静而百姓定。《记》曰："通于一而万事毕，无心得而鬼神服。”

庄子告诉统治者，治理天下，要因顺自然而化生万物，养育百姓要心无私欲。大道举则万事毕，心无欲则鬼神服。由此，我们引申出一个道理，就是今天我们常说的，无欲则刚。

【原文】

夫子曰：“大道，覆载万物者也，洋洋乎大哉[①]！君子不可以不刳心焉[②]。无为为之之谓天[③]，无为言之之谓德[④]，爱人利物之谓仁，不同同之之谓大，行不崖异之谓宽，有万不同之谓富[⑤]。故执德之谓纪[⑥]，德成之谓立，循于道之谓备[⑦]，不以物挫志之谓完[⑧]。君子明于此十者，则韬乎其事心之大也[⑨]，沛乎其为万物逝也[⑩]。若然者，藏金于山，沉珠于渊，不利货财，不近富贵[⑪]；不乐寿，不哀夭；不荣通，不丑穷；不拘一世之利以为己私分[⑫]，不以王天下为己处显[⑬]。显则明，万物一府，死生同状。”

【注释】

① 洋洋乎：广漠无涯的样子。

② 刳（kū）心：剔除心智。刳：挖空。

③ 无为为之：无所作为。

④ 无为言之：即不言之言。

⑤ 崖异：突出而与众不同，不随俗。宽：宽容。有万不同：拥有千差万别之物。

⑥ 执：持守。纪：纲纪。执德之谓纪：持守德性就是把握了道之纲纪。

⑦ 循：遵循。备：完备。

⑧ 挫：扰乱之意。完：道德完美。

⑨ 韬：宽，包容。事心：立心。
⑩ 沛乎：流动无滞碍。为：与。逝：往，指万物运动变化之趋势、趋向。
⑪ 不利货财：不贪求货物钱财。
⑫ 拘：取。私分：犹私有也。分：分内。
⑬ 王：称王，统治。处显：处于显要出众地位。

【译文】

先生说："道是覆盖和承载万物的，真实广阔盛大啊！君子不可不虚静其心去效法它。无所作为这就是任物循性自化，无所教化就是顺应天性，用静默无言来表达就是德，广泛的爱人利物就是仁，混同不同事物就是大，行事不与大众乖异就是宽容，能够包罗万象就是富有。所以说持守德性就是把握了纲纪，成就了道德修养这就是功业的确立，能够顺应大道去做这就是完备，不因外物扰乱心意的虚静这就是道德完美。君子明了上述十个方面，那么便是包容万物心地广大广阔，德泽充盈而为万物所归往。如果能这样，就可任黄金藏于深山，宝珠沉于深渊，不贪求财物，不追求富贵；不以长寿为快乐，不以夭折为悲哀；不因通达而觉得荣耀，不因穷困而觉得耻辱；不索取世上的利益据为己有，不因称王天下而自以为处在显赫地位。彰显就是炫耀，万物与我齐一，死生本无两样。"

【品评】

夫子曰："大道，覆载万物者也，洋洋乎大哉！君子不可以不刳心焉。

这是庄子对"道"的赞美，君子应该去效法它，而不要去违逆它。如此，你自己才能德泽充盈，莅临终生，包容万物。如此，你才可能无私无欲，不受外界各种喜怒哀乐富贵寿夭的影响。庄子说的是“道”，落实到俗世就是说给众生听。

【原文】

夫子曰：“夫道，渊乎其居也，漻乎其清也①。金石不得，无以鸣。故金石有声，不考不鸣②。万物孰能定之！夫王德之人，素逝而耻通于事③，立之本原而知通于神④，故其德广，其心之出，有物采之⑤。故形非道不生，生非德不明。存形穷生，立德明道⑥，非王德者邪！荡荡乎⑦！忽然出，勃然动⑧，而万物从之乎！此谓王德之人。视乎冥冥，听乎无声⑨。冥冥之中，独见晓焉；无声之中，独闻和焉⑩。故深之又深而能物焉，神之又神而能精焉⑪；故其与万物接也，至无而供其求⑫，时骋而要其宿⑬，大小、长短、修远⑭。”

【注释】

① 渊：幽深静默。居：安处，安定。漻(liáo)：清澈透明。

② 考：敲击，叩击。

③ 王：盛大。王德之人：大德之人。素逝：抱朴而行。耻通于事：以通达事务为耻辱。

④ 本原：指大道。知：智慧。神：神妙莫测。

⑤ 采：牵动，感应。

⑥ 形：形体，身体。生：生活，生命。

⑦ 荡荡：广大平易。

⑧ 勃然：猝然，与忽然义近。

⑨ 冥冥：昏暗的样子。

⑩ 晓：晓光，光亮。和：和声，应和之声。

⑪ 能物：主宰万物。能精：能生出精气。

⑫ 至无而供其求：道体绝对虚无而能供应万物的无限需求。

⑬ 时骋：随时运动变化。要其宿：使万物有所归宿。
⑭ 修：长。远：深远。

【译文】

先生说："这个道，安定时就像幽深静默的水潭，澄澈透明犹如泉水。金石如果失去它就不能发声。然而金石能够发声，但是没有道的敲击则不鸣响。万物都是如此，谁能作出判定呢！那些具有圣德之人，抱朴而行，以通达事务为耻辱，立身于大道，而其心智通达神妙莫测。所以他的德行广大无所不包。他的心志表现出来，乃是出于对外物的感应。所以形体没有道就不会产生生命，生而无德就不会彰明。保存身体，充实生命，树立德行，彰明大道，这难道不是盛德之人吗！浩大啊，忽然显露，勃然而动，无心无意而万物却都依从啊！这就是大德之人。那大道，看上去昏暗不明，听起来无声无息。昏暗中，可以看到光明境界，无声之中，却可以听到万籁和声。所以，虽在深邃之中，却能主宰万物；虽然神妙莫测，却处处产生精气。所以它和万物接应，绝对虚无，却能供应万物之无限需求；随时变化运转，却能最终成为万物的归宿，它时大时小，可长可短，无有定体，它又深刻久长。"

【原文】

黄帝游乎赤水之北[①]，登乎昆仑之丘而南望，还归，遗其玄珠[②]。使知索之而不得[③]，使离朱索之而不得，使喫诟索之而不得也[④]。乃使象罔，象罔得之[⑤]。黄帝曰："异哉！象罔乃可以得之乎？"

【注释】

① 赤水：河名，昆仑山下。

② 玄珠：玄色宝珠，比喻大道。

③ 知：虚拟人名，同“智”。

④ 离朱：古代明目者，喻善于明察。喫诟（chīgòu），虚拟人名，喻能言善辩。

⑤ 象罔：虚拟人物。象：形迹。罔：无。

【译文】

黄帝游历于赤水的北面，登上了昆仑山，向南方眺望。在返回时，丢失了玄珠。黄帝让知去寻找，而知没有找到；又派离朱去寻找，离朱也未找到；又派喫诟去寻找，而喫诟也未找到。于是就派象罔去找，象罔找到了。黄帝说：“多么奇怪啊！象罔怎么就能找到呢？”

【品评】

黄帝游乎赤水之北，登乎昆仑之丘而南望，还归，遗其玄珠。使知索之而不得，使离朱索之而不得，使喫诟索之而不得也。乃使象罔，象罔得之。黄帝曰：“异哉！象罔乃可以得之乎？”

黄帝遗失了“道”，派聪明人去找没有找到，派明察是非者去找，没有找到，派能言善辩者去找，都没有找到，最后却由迷离混沌者找到了。庄子形象地阐述了“道可道，非常道”的真义和根本特性。这也给我们些许启示，现实社会中，那些自以为聪明者往往就是找不到大道真理，因为他们被欲望蒙上了眼睛，迷失了方向，也迷失了自己。

【原文】

尧治天下，伯成子高立为诸侯[①]。尧授舜，舜授禹，伯成子高辞为诸侯而耕。禹往见之，则耕在野。禹趋就下风[②]，立而问焉，曰："昔尧治天下，吾子立为诸侯。尧授舜，舜授予，而吾子辞为诸侯而耕，敢问，其故何也？"

子高曰："昔尧治天下，不赏而民劝[③]，不罚而民畏。今子赏罚而民且不仁[④]，德自此衰，刑自此立，后世之乱自此始矣。夫子阖行邪？无落吾事[⑤]！"

挹挹乎耕而不顾[⑥]。

【注释】

① 伯成子高：虚拟人物。

② 下风：下方。

③ 劝：勉励。

④ 且：却也。不仁：不能相爱。

⑤ 阖：通盍，何不之意。落：废也。有妨碍、耽搁之意。

⑥ 挹（yi）挹：低首而耕的样子。

【译文】

尧治理天下时，伯成子高被立为诸侯。尧把帝位传给舜，舜把帝位传给禹，伯成子高辞去诸侯之位而去耕田。禹前去看他，他正在田野里耕种。禹从下方走近他，恭敬站立着问道："从前尧治理天下，您先生被立为诸侯。尧传位给舜，舜传位给我，而您先生辞去诸侯之位去耕田，请问为什么呢？"

子高回答说："从前尧治理天下，不用奖赏而百姓却勉励向善，不用惩罚而百姓却能畏惧犯罪。而今你行使赏罚而百姓却不能仁爱，德行从此衰落，刑罚从此建立，后世的祸乱从此开始了。先生你何不走开呢？不要妨碍我做事。”

说完，低头耕地而不再看禹。

【品评】

昔尧治天下，不赏而民劝，不罚而民畏。今子赏罚而民且不仁，德自此衰，刑自此立，后世之乱自此始矣。

圣者在位治理天下的时候，“不赏而民劝，不罚而民治”。意为不用奖赏而百姓自然人心向善、不用惩罚百姓自然不做坏事，因为圣者修德于天下，臣下不敢自私、腐败，天下万民也以修身养德为重，上下自束其心，所以就举国安定，民心归附，江山稳固，而外患自惧之，天下太平也。

也就是说一个真正高明的圣君，并不是去管理别人，天下的百姓是不需要格外地去管理的。百姓是需要去感召的，不是圣君对百姓施加的干预、制度、规范越多，管理就越好。管理的最高境界是无为而治。

庄子整个思想的展开都在于实现这种“无为而无不为”的策略，他幻想要使这远古时代的“无为之治”回归到现实中。庄子提出的“顺乎自然”这样一种关于社会和自然规律的设想，确实针砭了当时君主政治的缺陷和弊端，为充满了争战、权谋、欺诈的社会政治提供了一条解决的途径。虽然当时不可能实现，但是仍有很大的积极意义。

这一点，即使今天来看，也具有一定的合理性。

【原文】

子贡南游于楚，反于晋，过汉阴，见一丈人方将为圃畦[①]，凿隧而入井，抱瓮而出灌[②]，搰搰然用力甚多而见功寡[③]。子贡曰："有械于此，一日浸百畦[④]，用力甚寡而见功多，夫子不欲乎？"

为圃者仰而视之曰："奈何？"曰："凿木为机，后重前轻，挈水若抽[⑤]，数如泆汤，其名为槔[⑥]。"

为圃者忿然作色而笑曰："吾闻之吾师，有机械者必有机事，有机事者必有机心[⑦]。机心存于胸中，则纯白不备；纯白不备，则神生不定；神生不定者，道之所不载也[⑧]。吾非不知，羞而不为也。"

子贡瞒然惭[⑨]，俯而不对。有间，为圃者曰："子奚为者邪？"

曰："孔丘之徒也。"

为圃者曰："子非夫博学以拟圣，於于以盖众，独弦哀歌以卖名声于天下者乎[⑩]？汝方将忘汝神气，堕汝形骸，而庶几乎[⑪]！而身之不能治，而何暇治天下乎！子往矣，无乏吾事[⑫]。"

【注释】

① 反：同返。汉阴：汉水南侧。丈人：老人，长者之称。方将：正在。圃畦：圃为菜园，畦为稻田。

② 凿隧：开掘隧道进入井底。瓮：陶罐，用作汲水灌溉。

③ 搰（gǔ）搰：同汩汩，灌水声。

④ 械：器械。指桔（jié）槔（gāo）一类提水器械。浸：浇灌。

⑤ 凿木为机：修凿木料做成提水机械。挈（qiè）水：把井水从下面提上来。抽：引也。

⑥ 数如泆汤：数，快速也。泆汤：又作溢荡，形容水涌流很快的样子。槔：古代一种提水机械。

⑦ 机心：机巧变诈之心。

⑧ 道之所不载：为道所摒弃不容也。

⑨ 瞒然：低头羞愧的神态。

⑩ 拟圣：比作圣人。於（wū）于：盛气凌人的样子。盖众：压倒众人，超出众人之上。

⑪ 神气：聪明才智。堕汝形骸：毁弃你的形体。庶几：差不多，近似于。

⑫ 乏：空，废。此为耽误之意。

【译文】

子贡到楚国去漫游，返回晋国时，经过汉水南岸，见到一位老者正在修理菜园畦埂，又通过开掘的隧道下到井底，抱着装满水的陶罐出来灌溉，水从罐中汩汩流出，用力很多而功效甚少。子贡说："这里有一种机械，一天能浇灌一百畦，用力少而成效大，先生您不打算用吗？"

灌园老人仰起身望着子贡说："那机械怎么样呢？"

子贡说："凿木为机械，前面轻后面重，提水就像抽引，水涌流很快速，它的名字叫桔槔。"

灌园老者听后生气变了脸色，转而哂笑着说："我从老师那里听说，有机械的人必定有机巧之事，有机巧的事必然有机诈的心。机诈之心存在于胸中，那么纯洁淳朴之心就不完备；纯洁淳朴之心不完备，那么精神生而不得安定；精神生而不得安定的人，为大道所摒弃不容也。你说的机械我不是不知道，只是以之为羞耻而不肯使用。"子贡羞愧低头，躬身不能回答。过了一会儿，灌园老者说："你是做什么的呀？"

子贡回答说："我是孔丘的弟子。"灌园老者说："你不就是那位以博学自比于圣人，以夸矜来超群出众，独自弹唱哀歌来向天下人博取好名声的人吗？你能即刻忘掉你的聪明才智，毁弃你的形体，你就差不多接近于大道了。你连自身都不能修持，你怎么能去治理天下呢！你走吧，不要耽误我做事。”

【原文】

子贡卑陬失色[①]，顼顼然不自得，行三十里而后愈[②]。

其弟子曰：“向之人何为者邪[③]？夫子何故见之变容失色，终日不自反邪[④]？”

曰：“始吾以为天下一人耳，不知复有夫人也[⑤]。吾闻之夫子，事求可，功求成。用力少，见功多者，圣人之道。今徒不然。执道者德全，德全者形全，形全者神全。神全者，圣人之道也。托生与民并行而不知其所之，汒乎淳备哉[⑥]！功利机巧必忘夫人之心。若夫人者，非其志不之，非其心不为。虽以天下誉之，得其所谓，謷然不顾[⑦]；以天下非之，失其所谓，傥然不受[⑧]。天下之非誉，无益损焉，是谓全德之人哉！我之谓风波之民[⑨]。”

反于鲁，以告孔子。孔子曰：“彼假修浑沌氏之术者也[⑩]，识其一，不知其二[⑪]；治其内而不治其外。夫明白入素[⑫]，无为复朴，体性抱神[⑬]，以游世俗之间者，汝将固惊邪！且浑沌氏之术，予与汝何足以识之哉！”

【注释】

① 卑陬（zōu）：愧怍不安的样子。失色：变了脸色。

② 顼（xù）顼然：失魂落魄的样子。愈：恢复正常。

③ 向：刚才。

④ 不自反：不能自行使神情恢复过来。

⑤ 天下一人：天下只有一个圣人。夫人：那种人，指道家。

⑥ 托生：生活在世上。之：往也。汒乎淳备：茫昧深远不可测知而德行淳和完备。

⑦ 得其所谓：得到与心志符合的称誉。謷（ào）然：同傲然，高傲的样子。

⑧ 傥然：无心，不理会不在意的样子。

⑨ 风波之民：容易受毁誉所左右的人。

⑩ 假修：寄托修习。

⑪ 识其一：所守纯一。不知其二：内心单纯。

⑫ 明白入素：心地清明、纯洁无瑕。

⑬ 体性抱神：体悟自性，执守精神专一。

【译文】

子贡愧怍不安变了脸色，失魂落魄，走了三十多里路之后才恢复正常。

他的弟子们问："刚才那位是什么人呢？先生为什么见了他变容失色，整天不能使自己恢复常态？"

子贡回答说："开始我以为天下只有先生一位圣人，不知道还有这样的人。我听先生说，行事要求合理，事业要求成功。用力少，功效多，就是圣人之道。而今这些人并非如此。执守大道的人德行完备，德行完备的人形体健全，形体健全的人精神纯一。精神纯一，便是圣人之道，与民众一样生活在世界上，而不知何往，其道茫昧深远而德行淳和完备啊！功利机巧必然不放在这种人心上。像这样的人，不合乎他的志向就不去，不合乎他的心意就不做。纵然天下人都称誉他，而这些称誉又合乎他的心志，他也高傲地不予理睬；纵然天下人都非议他，这些非议违逆他的心志，他也不理会，不接受。天下人对他的毁誉，对他不会增加和减少什么，这就是全德之人啊！我不过是受世间毁誉左右摇摆的人。”

回到鲁国后，子贡把这些告诉孔子，孔子说：“他是浑沌氏之道术的修习者。这些人持守内心的纯一，心神专一；修养内心，而不求治外在。这样的人心地清明至于纯洁无瑕，无为返璞，体悟自性而执守精神专一，以悠游于世俗生活之中，这样的人你会感到惊异吗？而且浑沌氏的道术，我和你怎么能够理解呢？”

外篇

天道

本篇以开头二字为名，中心思想是讲『无为』。庄子认为，所谓『天道』就是自然之道，也就是自然规律，是人类无法抗拒的。庄子认为虚静恬淡寂寞无为是万物之本，是为君、为臣、为玄圣素王的根本。

【原文】

天道运而无所积[①]，故万物成；帝道运而无所积，故天下归[②]；圣道运而无所积，故海内服。明于天，通于圣，六通四辟于帝王之德者，其自为也，昧然无不静者矣[③]。圣人之静也，非曰静也善，故静也；万物无足以铙心者[④]，故静也。水静则明烛须眉，平中准，大匠取法焉[⑤]。水静犹明，而况精神！圣人之心静乎！天地之鉴也，万物之镜也。夫虚静恬淡寂漠无为者，天地之平而道德之至，故帝王圣人休焉[⑥]。休则虚，虚则实，实则伦矣[⑦]。虚则静，静则动，动则得矣[⑧]。静则无为，无为也则任事者责矣[⑨]。无为则俞俞，俞俞者忧患不能处[⑩]，年寿长矣。夫虚静恬淡寂漠无为者，万物之本也。明此以南乡[⑪]，尧之为君也；明此以北面，舜之为臣也。以此处上，帝王天子之德也；以此处下，玄圣素王之道也[⑫]。以此退居而闲游江海，山林之士服；以此进为而抚世，则功大名显而天下一也[⑬]。静而圣，动而王[⑭]，无为也而尊，朴素而天下莫能与之争美。夫明白于天地之德者，此之谓大本大宗，与天和者也；所以均调天下[15]，与人和者也。与人和者，谓之人乐；与天和者，谓之天乐。

【注释】

① 天道：庄子认为天道是自然界无意识无目的运行，是无欲无为的。积：停滞。

② 帝道：帝王之道，指建功立业之法。归：归附。

③ 六通四辟：六合通达四时顺畅。昧然：冥然，不知不觉。

④ 铙：通挠，搅乱也。

⑤ 烛：照。中（zhòng）：符合。准：测水平仪器。

⑥ 休：休虑息心。

⑦ 虚则实：心虚静能鉴照天地万物，故而充实。伦：条理秩序。

⑧ 动：转化推移。

⑨ 责：各尽其责。

⑩ 俞俞：安逸、从容自如的样子。不能处：处，止也。

⑪ 南乡：即南向，南面。

⑫ 玄圣素王：庄子虚拟的一些得道者。

⑬ 进为：出仕做官，为帝王辅佐。抚世：安抚治理世人。

⑭ 静而圣：保持自身虚静无为则为圣人。动而王：无欲无求，顺天道而动则为帝王。

⑮ 大本大宗：指天地万物的根本性质和产生本原。均调：均平协调。

【译文】

天道运行而永不停滞，所以万物得以生成；帝王之道的运行而不停滞，所以天下百姓都来归顺；圣人之道运行而不停滞，故而海内百姓人皆宾服。明白于天道，通晓于圣哲，又能六合四时畅达于帝王之德的人，都是任物循性自为，他们都是晦迹韬光不露形迹而执守虚静之心。圣人内心执守虚静，不是因为虚静好，所以才去追求虚静，而是万物不足以搅乱他的心，所以内心虚静。水面平静就可以清楚照见人的胡须眉毛，其平面符合水准仪器，所以高明的木匠师傅就是用它来作为水准的。水平静还能如此明察，何况是人的精神呢！圣人之心虚静，可以成为大地的明镜，万物的明镜。虚静、恬淡、寂寞、无为，它们是天地的准则和道德修养的最高境界，因此，帝王圣人都栖心于此。息心休虑则内心虚静，内心虚静则能鉴照万物而感到生命的充实，充实中包含着万物之条理秩序，内心虚寂才能宁静，宁静而后才转化为运动，运动与天道相合则万物各有所得。虚静就会无所作为，无所作为就可以使做事的人各尽其责。无所作为方能从容愉悦，从容愉悦的人，忧患不能留在心中，所以就能年寿长久。虚静、恬淡、寂寞、无为，它们是万物的根本。明晓此道而南面为君，就像尧一样成为国君；明晓此道而北面为臣，就能像舜一样为臣。凭借这个道理处于上尊的地位，就是帝王天子的最高德行；凭借这个道理处于下位，就是玄圣素王的正道。凭借此道退隐闲游，海岛山林之隐士都会敬服；凭借此道出仕做官，安抚治理人民，就能建立大功名显一世而统一天下。内心虚静而内立圣德，顺天而动而建立帝王之业，无为而受尊崇，朴素之美天下没有能与之相争的。明白天地以无为为德，这就是认识了万物的根本性质和产生根源，也就是与自然相和谐了；因此就能均平协调天下之事，也就能与人和谐融洽。与人和谐融洽，称之为人乐；与天相随和，就称之为天乐。

【品评】

夫明白于天地之德者，此之谓大本大宗，与天和者也；

所以均调天下，与人和者也。与人和者，谓之人乐；与天和者，谓之天乐。

庄子认为，要达到自然和谐和社会和谐，追求天乐和人乐，其根本就是认识到无为为天地之根本。这给我们什么启示呢？当你身临没有任何人为痕迹的自然环境中，你会体会到什么是人与自然的合一，当你身处没有算计的社会环境时，你会体会到什么是和谐社会。今天，我们致力于构建和谐世界，和谐社会，我们应该怎样努力，达到何种和谐值得认真思考。

【原文】

庄子曰："吾师乎[①]！吾师乎！整万物而不为戾[②]，泽及万世而不为仁，长于上古而不为寿，覆载天地刻雕众形而不为巧[③]，此之谓天乐。故曰：'知天乐者，其生也天行，其死也物化。静而与阴同德，动而与阳同波[④]。'故知天乐者，无天怨，无人非，无物累，无鬼责。故曰：'其动也天，其静也地，一心定而王天下；其鬼不祟[⑤]，其魂不疲，一心定而万物服。'言以虚静推于天地，通于万物，此之谓天乐。天乐者，圣人之心，以畜天下也[⑥]。"

夫帝王之德，以天地为宗，以道德为主，以无为为常。无为也，则用天下而有余；有为也，则为天下用而不足，故古之人贵夫无为也。上无为也，下亦无为也，是下与上同德，下与上同德则不臣；下有为也，上亦有为也，是上与下同道，上与下同道则不主[⑦]。上必无为而用天下，下必有为为天下用，此不易之道也。故古之王天下者，知虽落天地，不自虑也[⑧]，辩虽雕万物[⑨]，不自说也；能虽穷海内，不自为也。天不产而万物化，地不长而万物育，帝王无为而天下功。故曰莫神于天，莫富于地，莫大于帝王。故曰帝王之德配天地。此乘天地，驰万物[10]，而用人群之道也。

【注释】

① 师：比喻天道，庄子以天道为师，重复申说，表示衷心赞叹。

② 整：碎。戾：暴戾。

③ 长：年长。寿：长寿。刻雕众形：比喻道创生万物的多种形态，好像匠人雕刻出各种物形。

④ 天行：天道之运行。物化：事物的转化。同波：合流。

⑤ 祟：祸。

⑥ 以：用。畜：养，畜养。

⑦ 不主：君有为则失去君主之德。

⑧ 不易：不变。不管世道如何变迁，此道永不改变。知：同智，智慧。落：通络，包括，包拢之意。不自虑：不自行代天思虑。

⑨ 辩虽雕万物：言其辩论可以周遍万物。只是一种形容，实际上下可能达到。

⑩ 乘：驾驭。驰：驱使。

【译文】

庄子说："我的宗师呀！我的宗师呀！毁碎万物不算作暴戾，恩泽施及万代不算是仁慈，早于上古不算是长寿，覆天载地、塑造万物的多种形态而不称为巧妙，这就是天乐。所以说，'知晓天乐的人，生存时顺应天道同运行，死亡时随万物而转化。虚静时与阴一同宁寂，行动时与阳共波动。'所以知晓天乐的人，不会被天怨，不会遭人非难，不受外物牵累，不被鬼神责备。所以说，‘这样的人活动时合乎自然的运行，静止时如大地虚静充实，其心安定而统驭天下；鬼神不会带给灾祸，精神也不会疲惫，内心专一安定而万物顺服。’这些话都是说把虚静宁寂推及到天地，通达于万物，这就叫天乐。天乐，是圣人用来养育天下的。”

帝王之德性，以天地为根本，以道德为中心，以顺应无为而治为常法。无为，任天下自行治理而有余暇；有为，为天下疲于奔命而有不足。所以古人治天下贵无为之道，处于上位的君主无为，处于下位的臣下也无为，这样臣下与君上有同一德性，臣下与君上有同一德性则丧失为臣之德；臣下有为，君上也有为，是君上与臣下做法同一，君上与臣下做法同一则不成其为君主。君主在上必行无为之道而使天下自行治理，群臣在下必须有为而为天下人所用，这是天经地义不可随意改变之道。所以古时统治天下的人，其智慧虽能包拢天地，也不自行代天思虑；其知辩虽能周遍万物，也不自己去言说；其能力虽然海内无比，也不自去作为。上天并无意于生产而万物自然变化产生，大地并无意于生长而万物繁衍生长，帝王能够无为而天下自然得到治理。所以说没有比上天更神妙莫测，没有比大地更为富饶，没有比帝王之德更博大。所以说帝王之德与天地相配合。这就是驾驭天地，驱使万物，而任用万民之道啊！

【品评】

庄子曰：“吾师乎！吾师乎！整万物而不为戾，泽及万世而不为仁，长于上古而不为寿，覆载天地刻雕众形而不为巧，此之谓天乐。”

庄子进一步告诉人们什么是“天乐”。和谐万物、恩泽万世、长于上古、覆天载地、化生万物，成就了这一切却不彰显自己。这就是真正的“无为”，真正的自然化生，因顺而行。这就是“天乐”，就是天人合一，这就是庄子的理想国。虽然社会动荡，礼崩乐坏，在严厉批评社会的同时，庄子仍然没有失去对理想的追求，这是很难得的。任何时候都不能没有理想，这也许是题外的启示。

【原文】

昔者舜问于尧曰：“天王之用心何如[①]？”

尧曰：“吾不敖无告[②]，不废穷民，苦死者[③]，嘉孺子而哀妇人[④]。此吾所以用心已。”

舜曰：“美则美矣，而未大也。”

尧曰：“然则何如？”

舜曰：“天德而出宁[⑤]，日月照而四时行，若昼夜之有经[⑥]，云行而雨施矣。”

尧曰：“胶胶扰扰乎[⑦]！子，天之合也[⑧]；我，人之合也。”

夫天地者，古之所大也，而黄帝尧舜之所共美也。故古之王天下者，奚为哉？天地而已矣[⑨]。

【注释】

① 天王：帝王，指尧。

② 敖：同傲，侮慢。无告：有苦无处诉、处境极为悲惨之人，或指鳏寡孤独者。

③ 废：抛弃。苦：悲悯，哀怜。

④ 嘉：善，喜爱。孺子：小孩。哀：怜悯。

⑤ 天德：自然之德。出宁：呈现宁静。

⑥ 经：不变之常规、常法。
⑦ 胶胶：扰乱。扰扰：纷乱不宁。
⑧ 天之合：与天道相合。
⑨ 天地而已矣：顺着天地法则就是了。

【译文】

从前舜问尧说："您治理天下的用心怎么样呢？"

尧说："我不侮慢孤苦伶仃、处境悲惨的人，不抛弃走投无路的穷苦百姓，哀怜死去的人，喜爱孩子又怜悯妇女，这就是我用心所在。"

舜说："好是很好，只是其心还不是最伟大。"

尧说："那么应该怎样呢？"

舜说："天德相合而保持虚静安宁的心境，顺其自然，就像日月照耀而春夏秋冬四时的运行那样自然，好像昼夜更替那样有规律，像云行雨施一样合乎时宜。"

尧说："我真是纷扰多事啊！你，可以与天道相合；而我，只是与人道相合。"

天地，自古以来被认为是最伟大的，为黄帝、尧舜所共同赞美。所以古时统治天下的君主，都做了些什么呢？不过顺着天地法则就是了。

【原文】

孔子西藏书于周室[①]，子路谋曰："由闻周之征藏史有老聃者，免而归居，夫子欲藏书，则试往因焉[②]。"

孔子曰："善。"

往见老聃，缁而老聃不许，于是缁十二经以说[③]。老聃中其说，曰："大谩，愿闻其要[④]。"

孔子曰："要在仁义。"

老聃曰："请问，仁义，人之性邪？"

孔子曰："然。君子不仁则不成，不义则不生。仁义，真人之性也，又将奚为矣[5]？"

老聃曰："请问，何谓仁义？"

孔子曰："中心物恺[6]，兼爱无私，此仁义之情也。"

老聃曰："意，几乎后言！夫兼爱，不亦迂乎[7]！无私焉，乃私也。夫子若欲使天下无失其牧乎[8]？则天地固有常矣，日月固有明矣，星辰固有列矣，禽兽固有群矣，树木固有立矣[9]。夫子亦放德而行，循道而趋，已至矣[10]；又何偈偈乎揭仁义，若击鼓而求亡子焉[11]？意，夫子乱人之性也！"

【注释】

① 书：指孔子编辑整理之书。

② 征藏史：周王室管理藏书之官。免：去职。归居：归家隐居。因：依也，依靠老聃帮助联络疏通藏书事宜。

③ 缙：演绎发挥。说：说服。

④ 中：中间。孔子解说过程中，老子插言。谩：或作曼，长。大谩：大冗长，大烦琐。

⑤ 又将奚为：舍弃仁义，又将何为呢。

⑥ 中心物恺：心地中正无偏私，与物和乐而不使毁伤。恺：和乐。

⑦ 意：同噫，叹词。几：危也。后言：指后面说的话。迂：迂远。

⑧ 牧：养。

⑨ 立：树立。树木植立生长之所。

⑩ 放德：循性。对自性不加约束，任其自然。已至：

已达，达到向往的理想境界。

⑪ 偈（jiē）偈：用力的样子。揭：举，引申为提倡、倡导。亡子：迷失的人。

【译文】

孔子想西去把经书保藏于周王室，学生子路出主意说："我听说周王室有位掌管典籍的史官老聃，现已辞官隐居在家，先生想藏书周室，可请老聃帮助。"

孔子说："好吧。"

前往拜见老聃，而老聃不同意，于是孔子就对六经内容演绎解说。老聃插言说："太冗长了，希望听听要点。"

孔子说："要点在仁义。"

老聃说："请问，仁义是人的本性吗？"

孔子说："是的，君子没有仁就不能成长，没有义就不能生存。仁义，确实是人的本性。离开了仁义，人又将何为呢？"

老聃说："请问，什么叫仁义？"

孔子说："内心中正，与物和乐，兼爱无私，这就是仁义的实质。"

老聃说："唉，真是危殆啊！你后面的这些话！谈兼爱，不是太迂远了吗？讲无私，才是偏私。先生想让天下人不失去养育吗？那么，你要知道，天地原本就有自己的运行规律，日月原本就是光明的，星辰原本就是排列有序的，禽兽原本就是群居的，树木原本就是植立于地的。先生也循德而行，顺道而进，这就达到了理想境界！又何必如此急切、用力去标榜仁义，好像击鼓聚众去寻找逃亡之人呢？唉，先生是在扰乱人性啊。"

【品评】

夫子亦放德而行，循道而趋，已至矣；又何偈偈乎揭仁义，若击鼓而求亡子焉？意，夫子乱人之性也！

庄子借孔子与老子之口，让老子对孔子的仁义提出批评。天地本有自己的运行规律，日月本有自己的光明，星辰本有自己的序列，禽兽原本群居，树木本来生长在地上，人们只要遵循其规律就可以，没有必要施以人为，强加仁义，这完全是扰乱万物的本性，造成其混乱。

【原文】

桓公读书于堂上[①]。轮扁斫轮于堂下[②]，释椎凿而上[③]，问桓公曰："敢问，公之所读者何言邪？"

公曰："圣人之言也。"

曰："圣人在乎？"

公曰："已死矣。"

曰："然则君之所读者，古人之糟魄已夫[④]！"

桓公曰："寡人读书，轮人安得议乎！有说则可，无说则死[⑤]。"

轮扁曰："臣也以臣之事观之。斫轮，徐则甘而不固[⑥]，疾则苦而不入[⑦]。不徐不疾，得之于手而应于心，口不能言，有数存焉于其间[⑧]。臣不能以喻臣之子[⑨]，臣之子亦不能受之于臣，是以行年七十而老斫轮。古之人与其不可传也死矣[⑩]，然则君之所读者，古人之糟魄已夫！"

【注释】

① 桓公：齐桓公，姜姓，名小白。
② 轮扁：造车轮的匠人，名扁。斫（zhuó）：砍削。
③ 释：放下。椎、凿：木匠所用工具。
④ 糟魄：魄同粕。糟粕指古人遗言。
⑤ 说：理由。
⑥ 徐：缓。甘：滑动。
⑦ 疾：紧，急。苦：滞涩。
⑧ 数：同术，技术。
⑨ 喻：晓喻，说明。
⑩ 也：犹"者"。死：死亡，消失。

【译文】

齐桓公在堂上读书，轮扁在堂下砍削制造车轮。他放下椎凿等工具走上堂来，问齐桓公道："请问，主公所读之书是何人之言？"

桓公说："是圣人之言。"

又问："圣人还在世吗？"

桓公说："已经死去了。"

轮扁说："那么您所读的书，不过是古人弃下的糟粕罢了！"

桓公说："寡人读书，制轮匠人怎么可以随便议论！能说出道理也就罢了，说不出道理就得被处死。"

轮扁说："我是从我从事的工作来观察的。就说砍削车轮吧，轮孔做得宽就会使车轮松动而不牢固，轮孔做得紧就会使车轮部件滞涩而安装不进去。只有做工不紧不慢，才能得心应手，恰到好处。口里无法说出来，却有奥妙的技艺存在其中。我不能把它告诉我的儿子，我的儿子也不能从我这里继承过去，所以我已七十岁还在斫轮。古代人和他们所不可言传的东西都死去了，然而您所读的书，不过是古人留下的糟粕罢了。"

【品评】

斫轮，徐则甘而不固，疾则苦而不入。不徐不疾，得之于手而应于心，口不能言，有数存焉于其间。臣不能以喻臣之子，臣之子亦不能受之于臣，是以行年七十而老斫轮。古之人与其不可传也死矣，然则君之所读者，古人之糟魄已夫！

语言在人与人之间行使交际的功能，交际意味着理解，但仅仅依靠语言反而会造成争辩，导致交际失败。所以需要超越语言、忘掉语言："筌者所以在鱼，得鱼而忘筌；蹄者所以在兔，得兔而忘蹄；言者所以在意，得意而忘言。"

庄子认为，"道"是天地万物的本原。但是"道"这个东西却无法言说，无法表达，因为它"视之无形，听之无声，于人论者，谓之冥冥，所以论道，而非道也"，(《知北游》)说出来的就不是真正的"道"了。所以庄子一再强调："道不可言，言而非也。"(《知北游》)而且只可意会，不可言传。所以"使道而可献，则人莫不献之于其君；使道而可进，则人莫不进之于其亲；使道而可以告人，则人莫不告其兄弟；使道而可以与人，则人莫不与其子孙。"(《天运》)任何一种对"道"的言说，都会像"昭氏鼓琴"一样"有成与亏"(《齐物论》)。

所以轮扁说齐桓公所读之书都是古人的糟粕。因为真正的"道"是无法说明的，说出来的就不是真正的"道"了。即使勉强用语言表达出来，别人也难以领会。

那么，是不是说，我们就不用读书了，自然不是。他只是说，很多情况下，知识不是依靠书本的，不是从书到心再到书的，而是身体的，身体力行的。而且很多知识，需要读者自身的体悟，才能真正的获知。

外篇

天运

本篇所论与《天道》、《天地》相近，宗旨在阐述天道是不断运动变化的，其变化是自然进行，没有谁在主宰。而人世之帝王必须与之相顺应。

庄子论述了自然的客观性及其运动变化。庄子认为，天是运行的，地是静止的，日月交替出没。这一切都是客观的自然的运动，没有谁主宰这一切。太宰荡与庄子对话，说明仁义、孝悌、忠信、贞廉都是违背天道的。『至仁』无亲，忘记这一切，才合乎自然之道。

本篇虽以《天运》名篇，而所论却多为帝道、圣道等人间之事，批判仁义、有为造成的祸患，宣传无为而治。

【原文】

"天其运乎？地其处乎[①]？日月其争于所乎[②]？孰主张是？孰维纲是[③]？孰居无事推而行是？意者其有机缄而不得已邪[④]？意者其运转而不能自止邪？云者为雨乎？雨者为云乎？孰隆施是[⑤]？孰居无事淫乐而劝是[⑥]？风起北方，一西一东，有上彷徨，孰嘘吸是[⑦]？孰居无事而披拂是[⑧]？敢问何故？"

巫咸祒曰："来！吾语女。天有六极五常[⑨]，帝王顺之则治，逆之则凶。九洛之事，治成德备，监照下土[⑩]，天下戴之，此谓上皇。"

【注释】

① 运：运转。处：静止。

② 所：处所，轨道。

③ 孰：谁。主张：犹主宰而施行。维纲：维持纲纪。

④ 推：推动。意：猜测，推测。机：机关。缄：封闭、关闭。

⑤ 隆：兴，指兴云。施：降，指降雨。

⑥ 淫乐：过度的快乐。劝：勉励，助长。

⑦ 彷徨：回转，往来。嘘吸：吐气与吸气。

⑧ 披拂：鼓动，摇动。

⑨ 巫咸祒（shāo）：虚拟人名。五常：金木水火土五行。

⑩ 九洛：传说大禹治水时，有神龟出洛水，背上有书，称洛书。上面载有九种治理天下之大法，即是《尚书·洪范》篇的九畴。九洛即指此。监照下土：照临天下。

【译文】

天体在运转吗？大地是自己在静止不动吗？日月在争着回到各自处所吗？谁主宰着？有谁维系着？是谁闲居无事推动而使其运行？莫非有机关控制使其运转而不能停止吗？莫非是其自行运转起来而不能自行停止吗？云层是为了降雨吗？降雨是为了云层吗？是谁在兴云降雨呢？是谁闲居无事为了过分享乐而助成它呢？风从北方兴起，忽东忽西，在空中盘旋环绕，是谁呼吸造成的吗？是谁闲居无事煽动起来的吗？请问这些究竟怎么回事啊？”

巫咸祒说：“来！我来告诉你。天有六极五常，帝王顺应它则天下得到治理，违逆它就生祸殃。遵行九种治理天下之大法，天下就太平而道德完备，光辉普照天下，万民就会拥戴他，这就是上皇之治。”

【品评】

“天其运乎？地其处乎？日月其争于所乎？孰主张是？孰维纲是？孰居无事推而行是？意者其有机缄而不得已邪？意者其运转而不能自止邪？云者为雨乎？雨者为云乎？孰隆施是？孰居无事淫乐而劝是？风起北方，一西一东，有上彷徨，孰嘘吸是？孰居无事而披拂是？敢问何故？”

天在运行吗？地静止不动吗？日月在交替往复吗？谁是主宰，谁是安排者？这一切都是怎么回事？自有人类起，就对这些自然现象进行探索。在无法做出合理解释之前，人类把它推给了天或上帝，或是鬼神。西方伟大的科学家牛顿也没有给出科学的回答，只是推给了神秘的第一推动力。庄子的伟大之处，没有从外力寻找，而是从自然本身进行解释。这应该是人类探索自然界发展的理性目光。只是这种理性精神淹没在玄秘的思辨中，没有激起人们对自然界的探索热情和好奇心。

【原文】

商大宰荡问仁于庄子[①]。庄子曰："虎狼，仁也。"

曰："何谓也？"

庄子曰："父子相亲，何为不仁？"

曰："请问至仁。"

庄子曰："至仁无亲。"

大宰曰："荡闻之，无亲则不爱，不爱则不孝。谓至仁不孝，可乎？"

庄子曰："不然。夫至仁尚矣，孝固不足以言之。此非过孝之言也，不及孝之言也。夫南行者至于郢[②]，北面而不见冥山[③]，是何也？则去之远也。故曰：以敬孝易，以爱孝难；以爱孝易，以忘亲难[④]；忘亲易，使亲忘我难；使亲忘我易，兼忘天下难；兼忘天下易，使天下兼忘我难。夫德遗尧舜而不为也，利泽施于万世，天下莫知也，岂直大息而言仁孝乎哉[⑤]？夫孝悌仁义，忠信贞廉，此皆自勉以役其德者也[⑥]，不足多也。故曰，至贵，国爵并焉[7]；至富，国财并焉；至显，名誉并焉。是以道不渝[8]。”

【注释】

① 商：即宋。周朝封殷代后裔为宋。大（tài太）宰：是官号，名荡。
② 郢：楚国都邑。
③ 冥山：虚拟山名。
④ 忘：形容心境达到适度的一种境界。
⑤ 大息：嗟叹。
⑥ 德：真性。役其德：劳役其性。
⑦ 并：同“摒”，弃。
⑧ 渝：变。

【译文】

宋国的太宰荡向庄子请教仁性的问题。庄子说：“虎和狼也具有仁性。”

太宰荡说：“这是怎么说呢？”

庄子说：“虎狼也能父子相亲，为什么不能叫仁呢？”

太宰荡又问：“请问至仁。”

庄子说：“至仁就是超乎亲情。”

太宰荡说：“我听说，无亲就无爱，无爱就不孝，要说至仁就是不孝，可以吗？”

庄子说：“不是这样的。至仁是最高的境界，孝还不足以说明它。你所说的，并没有超过孝，而是没有达到孝的境界。向南方走的人到了楚国郢都，往北看也看不见冥山，这是为什么呢？距离冥山太远了。所以说，用恭敬的态度来行孝容易，以爱来行孝却困难；用爱来行孝容易，使双亲安适却困难；使双亲安适容易，使双亲不牵挂我却困难；让双亲不牵挂我容易，使天下人安适却困难；使天下人安适容易，使天下之人能一并忘却自我却困难。所谓至德就是遗忘了尧舜而任物自得，利益和恩泽施给万世而天下不知，难道非要忧心忡忡而大谈仁孝吗！孝、悌、仁、义、忠、信、贞、廉，这些都是用来劝勉自身而拘执真性的，不值得推崇。所以说，最为珍贵的，一国的爵位都可以舍弃；最为富有的，一国的资财都可以弃置；最显荣耀的，任何名声和荣誉都可以舍弃。这，都是依道而行事的原因。”

【品评】

至仁无亲。

好一个“至仁无亲”！见过一篇文字，题目叫什么“有爱你就说出来”。看了之后，觉得作者很有点意思。在中国，很少有孩子对父母说“爱”字，更少父母告诉他们的孩子说：“孩子，我们爱你！”

我们不知道要是有父母对自己的孩子说：“孩子，你知道，我们很爱你”的时候，会是一种怎样的情景。人们只是觉得很可笑，甚至有点悲哀了。因为这种爱需要用语言表达出来的时候，就意味着他们早已不爱这个孩子了！因为这种亲情是来自骨子里的，深入到血液里的。

举凡需要用语言说出来的东西，都是有着阻隔的，不是天然的感情。或者需要慢慢培养的并且得到进一步确证的东西。就像行孝，平时对父母的点点滴滴的孝敬是作为子女下意识的行为，而不是迫于某种压力或者责任。

如果需要社会需要别人提醒的孝，那就是变质了的孝了。

外篇

刻意

本篇取开头『刻意尚行』之『刻意』二字名篇，与篇中文意无关。篇幅简短，文章连贯，主旨在阐述养神之道，涉及道德修养、理想人格、养生之道等方面。提出抛弃有形迹之追求，抛弃喜怒悲欢，去掉智谋诈伪，使精神纯一不杂，成为恬淡寂寞、虚无无为、动与天行的得道真人。

作者推崇自然朴素之美，反对一切人为的束缚、刻意的雕琢、虚伪的华饰。只有把这些全部遗忘，淡漠无心，才能获得它们的全部功效，而为集众美于一身的圣人之德。反映了道家养生思想的精华。

作者认为养神要以恬淡寂寞、虚无无为为根本。要息心于平易无偏倚，动静随天，超越死生，保持心神之纯一不杂。

【原文】

刻意尚行，离世异俗[①]，高论怨诽，为亢而已矣[②]；此山谷之士，非世之人[③]，枯槁赴渊者之所好也[④]。语仁义忠信，恭俭推让，为修而已矣。此平世之士，教诲之人[⑤]，游居学者之所好也。语大功，立大名，礼君臣，正上下，为治而已矣；此朝廷之士，尊主强国之人[⑥]，致功并兼者之所好也[⑦]。就薮泽，处闲旷[⑧]，钓鱼闲处，无为而已矣；此江海之士，避世之人，闲暇者之所好也。吹响呼吸[⑨]，吐故纳新，熊经鸟申[⑩]，为寿而已矣；此导引之士，养形之人，彭祖寿考者之所好也[⑪]。

若夫不刻意而高，无仁义而修，无功名而治，无江海而闲，不导引而寿，无不忘也，无不有也[⑫]，澹然无极[⑬]而众美从之。此天地之道，圣人之德也。

【注释】

① 刻意：雕砺心志。尚行：使行为高尚。离世异俗：与世俗相离相异，截然与众不同。

② 怨诽：愤世疾俗。亢（kàng）：高傲。

③ 山谷之士：隐居深山穷谷之隐士。非世：议论世道是非。

④ 枯槁：身体被烧成焦枯状。赴渊：投水而死。

⑤ 平世之士：平时治世之士。教诲之人：专门以讲学著述为业之人。

⑥ 尊主强国：使君主尊显，使国家强大。

⑦ 致功并兼者：建立功业兼并他国之人。

⑧ 就薮（sǒu）泽：到湖泊沼泽之地去。

⑨ 吹呴（xū）：皆指吐气，深者为呴，浅者为吹，为练功调息呼吸的方法。

⑩ 熊经：经，直立。鸟申：申同伸，伸展之意，鸟飞行时身体伸展。

⑪ 导引：导通气血。寿考：考，老。老寿，长寿之意。

⑫ 无不有：无心于上述五者，反而得五者之全，无一不有。

⑬ 澹（dàn）然：淡漠无心，不在意。

【译文】

雕砺心志崇尚品行，超然特立，卓尔不群，立论高峻而愤世嫉俗，表现出清高而已。这是山林隐士，愤世疾俗之人，刻苦自励、牺牲自我的人所追求。谈论仁义忠信，恭敬节俭，推辞礼让，洁好修身罢了。这是治世之士、专门从事教育者、讲学设教的人所追求的。谈论建立大功业，得大名声，确立君臣礼仪，匡正上下关系，讲求治道而已，这是朝廷官员，尊君强国之人，为开拓疆土、建立功业者所追求的。隐逸山泽，栖身旷野，闲居垂钓，无为自在而已。这是悠游江海之士，逃避世俗之人，与世无争只求悠闲者所追求的。调息呼吸，吐故纳新，模仿熊吊颈飞鸟展翅，算是延长寿命而已，这是从事导引养术之人，像彭祖一类长寿者所追求的。

至于不用雕砺心志而心志崇高，不用仁义而修身，不追求功业名声而治世，不处江海之上而闲游，不习导引之术而得长寿，无所不忘，无所不有。恬淡无极而众美会聚，这是天地之大道，圣人之德性。

【原文】

故曰：夫恬惔寂寞虚无无为，此天地之平而道德之质也[①]。故曰：圣人休休焉则平易矣[②]，平易则恬惔矣。平易恬惔，则忧患不能入，邪气不能袭，故其德全而神不亏。

故曰：圣人之生也天行，其死也物化；静而与阴同德，动而与阳同波[③]；不为福先，不为祸始；感而后应[④]，迫而后动，不得已而后起。去知与故[⑤]，循天之理。故无天灾，无物累，无人非，无鬼责。其生若浮，其死若休[⑥]。不思虑，不豫谋。光矣而不耀，信矣而不期。其寝不梦，其觉无忧。其神纯粹，其魂不罢[⑦]。虚无恬惔，乃合天德。

故曰：悲乐者，德之邪；喜怒者，道之过；好恶者，德之失[⑧]。故心不忧乐，德之至也；一而不变，静之至也；无所于忤，虚之至也；不与物交，惔之至也[⑨]；无所于逆，粹之至也[⑩]。

故曰：形劳而不休则弊，精用而不已则劳[⑪]，劳则竭。

水之性，不杂则清，莫动则平；郁闭而不流，亦不能清；天德之象也[⑫]。故曰：纯粹而不杂，静一而不变，惔而无为，动而以天行，此养神之道也。

【注释】

① 平：平易，不偏不倚。质：实质，本质。

② 休：作息心解。

③ 天行：任自然而运动。物化：物象之幻化。同波：动静无心，与阴阳变化一体，如同波浪之推进。

④ 感而后应：指圣人与天地阴阳变化合一，而相互感应，并不有意追求；一切任其自然。

⑤ 知：智谋机巧。故：后天习学之诈伪造作之类。

⑥ 浮：浮在水面的泡沫。休：休息。极言把生死看得极轻微、极平常。

⑦ 罢：同疲，疲劳。

⑧ 邪：邪妄、邪僻。道之过：喜怒不忘，就不能顺天道而行，反而以天道为过错。

⑨ 一：指虚静无为之道。忤（wǔ）：违逆抵触之意。不与物交：不与外物相交接。惔：通“淡”。

⑩ 粹：纯粹。

⑪ 形：形体。弊：疲困。精：精神。

⑫ 郁闭：郁结闭塞。

【译文】

所以说：恬淡寂寞，虚无无为，这是天地之本原和道德之极致。所以，圣人息心于此，息心宽容则心平气和，心平气和便得恬淡愉悦。心平气和、恬淡愉悦，则忧患不能侵入人心，邪气就不能侵袭身体，于是自然天性就完美而精神不亏损。

所以说：圣人存在时顺应自然而运行，死亡时就随着外物的变化而变化；静止时与阴气同默守，运动时与阳气共流动。不会成为幸福之先导，也不会成为灾祸的开端，与天地阴阳有所感而后回应，为外物所迫使而动作，不得已而后兴起。去掉智谋机巧诈伪造作，顺应自然的常理而行。所以没有天灾，没有外物牵累，没有别人的菲薄，没有鬼神的责罚。生时如同泡沫浮游，死时如同休息。不须思虑，也不作预先谋划。明亮而不耀眼，守信而不必期求。睡着时不做梦，醒来时不忧愁，其心神纯一不杂，所以精力不劳。

虚无恬淡，就合自然之德。所以说：悲痛与欢乐，它是自然本性的扭曲；喜爱和愤怒，它是自然本性的失衡；偏好和厌恶，它是自然本性的缺失。所以，内心没有忧愁与欢乐，是道德之最高境界；持守虚静无为而不随外物变化而变化，乃是清静之极致；顺应群生而无所抵触，乃是虚寂之极致；与外物无所违逆，乃是纯粹德性之极致。

所以说：身体过分辛劳而得不到休息就疲困，心力过分运用而不止就会使用过度，使用过度就要枯竭。水的本性是，不混杂就清澈，不搅动就平静；假如郁结闭塞而不流动，也不能清澈，水具有天德之象啊。所以说：纯粹而不混杂，虚静专一而不改变，恬淡无为，遵循天道而行，这就是存养精神之道啊。

【品评】

故曰：形劳而不休则弊，精用而不已则劳，劳则竭。

这是最浅显的道理。一个人的体力和精力都是有限的，过分透支体力和心力都会身心疲惫，甚至会枯竭，最后走向自身的消亡。一个社会过分使用智巧会走向投机，从而走向动荡或衰落。自然界如果过度被索取，必然要走向自我的毁灭。这都是最简单的道理，但人们就是不明白，明白了也往往难以约束自己的行为，以致酿成悲剧。

【原文】

夫有干越之剑者，柙而藏之[①]，不敢用也，宝之至也。精神四达并流[②]，无所不极，上际于天，下蟠于地，化育万物，不可为象，其名为同帝[③]。

纯素之道，唯神是守[④]；守而勿失，与神为一；一之精通，合于天伦[⑤]。野语有之曰[⑥]：“众人重利，廉士重名，贤人尚志，圣人贵精[⑦]。”故素也者，谓其无所与杂也；纯也者，谓其不亏其神也。能体纯素，谓之真人[⑧]。

【注释】

① 干越：干为吴国，越即越国，因以铸剑闻名于世，故其剑为人所珍视。柙（xiá）：盛物的匣子。
② 四达并流：形容精神四面八方通达并流无滞碍。
③ 极：极点、尽头。际：交会，会合。蟠（pán）：遍及。同帝：功用同与天地。
④ 纯素：与纯粹义近，只是更强调素质、本性之纯一不杂。
⑤ 天伦：自然之理。
⑥ 野语：谚语。
⑦ 精：精神。
⑧ 体纯素：以纯素为体。真人：得道者，与至人、神人相近。

【译文】

藏有吴国和越国所造宝剑的人，把它放在匣子里珍藏起来，不敢轻易使用，它是珍宝中最珍贵的。精神向四面八方通达交流无滞碍，无所不至，上达于天，下及于大地，生化哺育万物，没有迹象，它的功用同于天地。

纯粹质朴之道，只有保守精神；保守而不丧失，便与精神凝合为一体；能精通这合一之道，就合乎自然之理。俗话说：“普通人注重利，廉洁之士注重名，贤人君子崇尚志节，圣人着重精神。”所以，所谓素，就是不含杂质；所谓纯，就是不亏缺精神。能以纯素为体的人，就是真人。

【品评】

纯素之道，唯神是守；守而勿失，与神为一；一之精通，合于天伦。

俗话说：“众人重利，廉士重名，贤人尚志，圣人贵精。”而得道之人唯独着重保守纯净的精神。世人都是追逐名利在外，喜怒好恶在心，心神憔，疲惫不堪，就如同形体辛劳而不休息就会疲惫，精神不停使用也会枯竭。所以就像拥有吴越产的宝剑要秘藏起来一样，要做到精神的纯粹素朴，不含杂质，也要人为节制人的内外欲望，达到心境平和，保养体力和精力，能达到这样才可称为真人。这是一种做人的境界。

外篇

缮性

本篇取开头二字为题，与题意相近。内容简短，主旨在讲自性复归的道德修养问题。所谓缮性，就是修治生性。庄子提出『以恬养知』的主张，认为遵从世俗必定不能『复其初』，只有自养而又敛藏，方才不『失其性』。庄子缅怀远古混沌鸿蒙、淳风未散的时代，并指出随着时代的推移，道德不断衰落，世与道相丧失，民心惑乱，难以恢复。这都是因为『文灭质，博溺心』。所以，修治生性的要领是『正己』和『得志』，既能正己，又能自适，外物就不会使自己丧身失性。

【原文】

缮性于俗，俗学以求复其初[①]；滑欲于俗[②]，思以求致其明；谓之蔽蒙之民[③]。

古之治道者，以恬养知[④]；知生而无以知为也，谓之以知养恬。知与恬交相养，而和理出其性[⑤]。夫德，和也；道，理也。德无不容[⑥]，仁也；道无不理，义也；义明而物亲[⑦]，忠也；中纯实而反乎情[⑧]，乐也；信行容体而顺乎文[⑨]，礼也。礼乐遍行，则天下乱矣。彼正而蒙己德，德则不冒[⑩]，冒则物必失其性也。

【注释】

① 缮（shàn）性：修治修补本性。俗学：世俗之学。

② 滑（gǔ）：乱，治理、疏导。欲：由外物引起之情欲、物欲。

③ 蔽蒙：与蒙蔽同义。闭塞昏昧。

④ 恬：恬静淡漠。

⑤ 和理：和顺。

⑥ 德无不容：德行弘大深远，无不包容。

⑦ 义：宜。

⑧ 中：心中。纯实：为仁义所充实。反：恢复。

⑨ 信行容体：信义之行表现于仪容举止。

⑩ 彼正：天地人物各自正其性命。蒙：隐蔽。冒：外露。

【译文】

用世俗之学来修养性情，以求恢复人本性；用世俗的思想来调治情欲物欲，以求达到思想的明通；这就叫做受蒙蔽之人。

古代之修道者，用恬静淡漠来涵养心智，虽有心智却不用智去行事，这就叫做用心智来涵养恬静之性。真知与恬静之性交互涵养，其和顺的性情就从其中生出。所谓德，就表现为中和之性；道，就表现为自然之理。德行弘大深远，无不包容，就是仁；行道无不合于理，就是义；义理分明与物相亲，就是忠；心中朴实，又回复到性命真情，就是乐；行为信实、心思宽容而顺乎自然之节文，就是礼。礼乐普遍推行，天下就要大乱了。任天地人物各端正性命而敛藏自己的德行，这样德性就不会外露；德性一旦外露，那人们必定要丧失其本性。

【品评】

古之治道者，以恬养知；知生而无以知为也，谓之以知养恬。知与恬交相养，而和理出其性。

由于我们很多人沉溺于名利之中，常常产生一种自我迷失的感觉，这就是自我本性的迷失。那么。如何找回自己迷失的本性，返归原本呢？这就要求我们不要沉迷于世俗的学问，不要用世俗的观念来祸乱自己的欲念，就像“古之治道者”那样，努力在生活中寻求一份恬淡闲散，虽有心智，但是却无处可用，实现精神的完满纯一状态，从而“知与恬交相养，而和理出其性”。这样保持本性，独立自处，做到乐天全性，实现真正的快意自适。

【原文】

古之人，在混芒之中，与一世而得澹漠焉[①]。

当是时也，阴阳和静，鬼神不扰，四时得节[②]，万物不伤，群生不夭[③]，人虽有知，无所用之，此之谓至一[④]。当是时也，莫之为而常自然[⑤]。

逮德下衰，及燧人、伏牺始为天下[⑥]，是故顺而不一。德又下衰，及神农、黄帝始为天下，是故安而不顺。德又下衰，及唐虞始为天下，兴治化之流，澆淳散朴[⑦]，离道以善，险德以行，然后去性而从于心[⑧]。心与心识知而不足以定天下，然后附之以文，益之以博。文灭质，博溺心，然后民始惑乱，无以反其性情而复其初。

由是观之，世丧道矣，道丧世矣[⑨]。世与道交相丧也，道之人何由兴乎世，世亦何由兴乎道哉！道无以兴乎世，世无以兴乎道，虽圣人不在山林之中，其德隐矣，隐，故不自隐[⑩]。古之所谓隐士者，非伏其身而弗见也，非闭其言而不出也，非藏其知而不发也，时命大谬也[⑪]。当时命而大行乎天下，则反一无迹；不当时命而大穷[⑫]乎天下，则深根宁极而待；此存身之道也。

【注释】

① 混芒：混沌蒙昧的淳朴状态。澹漠：恬静淡漠。与：通举。

② 四时得节：四季变化与节令相应相合。

③ 群生不夭：各种生物都能享尽天年，而不会夭亡。

④ 至一：最纯粹自然的境界。

⑤ 莫之为：无为而自成。常自然：常随自然。

⑥ 逮：及。

⑦ 治化：治理教化。流：风尚。㶉（jiāo）：又作浇，浇薄之意。

⑧ 险：危害。去性：舍弃天性。从于心：顺从机心。

⑨ 这句意思为：世风愈下而大道愈失，大道愈失而世风益下。

⑩ 隐，故不自隐：圣人之隐不同于山林隐士之隐，不是故意将自己隐藏起来，而是圣人之道德不为世人所认识和实行。圣人虽处世上，无有识者，与隐无异。

⑪ 时命：所处时代与所遭命运。伏：隐匿。

⑫ 当：合。反一无迹：复归于人与自然同一境界而不留形迹。穷：困穷不通。

【译文】

远古之人，处于混沌蒙昧状态中，举世之人都恬静淡漠无所求。

在那个时候，阴阳和谐平静，鬼神也不搅扰，四时变化合乎节令，万物不受伤害。一切生物都能终其天年而不夭亡，人虽然有心智，却无处可用，这就叫纯粹自然的完美境地。在那个时代，一切都是无为而自成，还总是顺任自然。

等到德性衰落，到了燧人氏、伏羲氏治理天下时，只能顺随民心而不能达到人与自然的完满纯一的境地。德性再往下衰退，到了神农、黄帝开始治理天下时，只能使天下安定却不能顺随民心。德性又往下衰退，到了尧、舜开始治理天下时，大兴治化教化之风尚，使淳厚变浇薄，使质朴之性离散，脱离自然之道以求善，危害德性以行事，然后舍弃自然本性而顺从心机的支配。人们彼此之间互相窥测对方心思，这时智慧已不足以使天下安定，然后又附加上世俗的礼文，再增益着博学。世俗的礼文遮蔽了本真，广博淹没了纯真的心灵，然后百姓开始迷惑动乱，无法使其返归恬淡的性情、回复自然的本初状态。

由此看来，世风日下而丧失了大道，大道丧失而世风更下，世风与大道交相丧失，得道之人怎么在世间兴起大道，世上又怎样兴起大道啊！大道不能在人世复兴，人世也不能使大道兴起，虽然圣人不在山林之中隐居，他们的道德也被世风遮蔽了。这圣人德性之隐蔽，本来不是他们自己有意的隐匿。古时候所谓的隐士，并不是隐匿自身不使人见，并不是闭塞言论而不说出宣示，也不是潜藏智慧而不显露，时运大相乖谬背道啊！如果逢着时机而使大道盛行天下，则可复归于人与自然合一之道而不显形迹；不逢时机而困穷于天下，则深藏缄默而等待时机；这是保存自身的方法。

外篇

秋　水

《秋水》是《庄子》中又一长篇，以篇首二字为名。

《秋水》表达了对『道』的体悟，即从天地万物之根本来看，一切都是相对的，一切都是平等的。因此，大小、多少、是非、善恶、贵贱等等，都是相比较而存在，『相反而不可以相无』的，各自按其本性生灭变化，从大道来看，都是齐一的。应当一切任其自然，不用人为去破坏它，才合于天道之真。这种理论是庄子哲学的核心。

本篇着重阐述认识相对性的理论，是《逍遥游》、《齐物论》宗旨的充实和展开。

【原文】

秋水时至，百川灌河，泾流之大，两涘渚崖之间，不辩牛马[①]。于是焉河伯欣然自喜，以天下之美为尽在己。顺流而东行，至于北海，东面而视，不见水端。

于是焉河伯始旋其面目，望洋向若而叹曰[②]："野语有之曰，'闻道百以为莫己若'者[③]，我之谓也。且夫我尝闻少仲尼之闻而轻伯夷之义者[④]，始吾弗信；今我睹子之难穷也，吾非至于子之门则殆矣，吾长见笑于大方之家[⑤]。"

北海若曰："井蛙不可以语于海者，拘于虚也[⑥]；夏虫不可以语于冰者，笃于时也[⑦]；曲士不可以语于道者，束于教也[⑧]。今尔出于崖涘，观于大海，乃知尔丑，尔将可与语大理矣[⑨]。天下之水，莫大于海，万川归之，不知何时止而不盈；尾闾泄之[⑩]，不知何时已而不虚；春秋不变，水旱不知。此其过江河之流，不可为量数[⑪]。而吾未尝以此自多者，自以比形于天地而受气于阴阳[⑫]，吾在天地之间，犹小石小木之在大山也，方存乎见少，又奚以自多[⑬]？计四海之在天地之间也，不似礨空之在大泽乎[⑭]？计中国之在海内，不似稊米之在大仓乎[⑮]？

号物之数谓之万，人处一焉；人卒九州[16]，谷食之所生，舟车之所通，人处一焉；此其比万物也，不似毫末之在于马体乎？五帝之所连，三王之所争[17]，仁人之所忧，任士之所劳，尽此矣。伯夷辞之以为名[18]，仲尼语之以为博，此其自多也，不似尔向之自多于水乎[19]？”

【注释】

① 秋水：秋雨。泾流：指水流。泾（jīng）：水脉。涘（sì）：河岸。渚（zhú）崖：小洲。辩：同“辨”。

② 河伯：黄河之神。旋其面目：改变态度。洋：水多的样子。若：海神，取其若有若无之意。

③ 野语：俗语。百：泛指数量很大、很博。莫己若：莫若己的语序颠倒，没有人及得上自己。

④ 仲尼：为孔子之字，孔子是以博学著称的。伯夷以重义清高著称。尽管如此，有人却敢于小看仲尼之博学，轻视伯夷之高义。

⑤ 殆：危险。大方之家：深明大道之人。

⑥ 虚：同墟，住处。拘：拘束，限制。

⑦ 笃：困，局限。时：为四时，四季。

⑧ 曲士：乡曲之士，曲见之士。指见识偏狭、孤陋寡闻的人。束于教：束缚于世俗之学。

⑨ 丑：鄙陋无知。大理：大道。

⑩ 尾闾：传说为排泄海水之处，又称沃燋，其地在东大海之中，扶桑之东，有巨石方圆四万里，厚四万里，海水到那里就被蒸发掉。见《文选嵇康〈养生论〉注》引司马彪语。

⑪ 不可为量数：没有办法能估量、计算。

⑫ 比：同“庇”，寄托。

⑬ 奚以自多：哪里会自足自多呢。

⑭ 礨空：石块上的小孔。又，礨空为蚁冢、蚁穴。皆以其小与大泽相对照。

⑮ 稊（tí）：一种形似稗的草，其种子很小，制成米粒更细小。
⑯ 这句的意思为：宇宙之物不止万种，称万物，概而言之也。人卒：人众，卒，同“萃”，聚。
⑰ 人处一焉：此指单个人。连：连续，继承之意。指所连指五帝间以禅让方式相传承。所争：以武力所争夺的。
⑱ 任士：操劳务事的贤能之士。辞：辞让。
⑲ 向：以前、从前。自多于水：指河伯未至海前，识见狭小，以黄河之水自夸其多。

【译文】

秋雨不停地下，河水上涨，千百条河流都灌注到黄河，使黄河干流浩大宽广，两岸及河中小洲之间，相互望去，连牛马都不能分辨。于是乎河伯洋洋自得，以为天下之壮美集于一身。

他顺着河流东行，到达了北海，往东面望去，看不到大海的边际，于是乎海伯这才开始改变自得的神态，望着浩瀚无边的大海对海神若感叹说：“俗语说，‘闻知许多道理后，总以为没有人比自己更高明’的人，说的就是我这样的人啊。而且我曾听说有人认为仲尼的见闻很少，轻视伯夷的气节，起初我还不相信，现在我目睹了你这里的海水浩瀚无边、难于穷尽，我若不是到你这里来，就糟了，我将永远被深明大道的人所讥笑。”

北海神说：“对于井里的蛙不能和它谈论大海，这是因为它被局限在井中那个狭小的地方；对于夏天的虫类不可以同它谈论结冰的事情，因为它被局限在一定的季节之中；对于那些见识偏执孤陋寡闻的人，不可以同他谈论大道，因为他们被自己束缚在所受礼教之中。现在你走出了河流，看见浩瀚的大海，方知自己的鄙陋，就可以同你谈论大道了。天下的水，没有比海更广大的了，千万条河都流归于此，不知何时休止，而大海却从未盈满；海水从尾闾的地方排泄，也没有停止之时，而大海却不空虚；大海不会因为春秋季节流入水量多少不同而发生变化，陆地上的旱灾和涝灾的降临，大海也没有感觉。大海蓄水之多，远远超过江河的水量，根本没有办法去测量、计算。对此，我未曾感觉到自满，因为我从天地那里具有了形体，从阴阳那里禀受了生气，我在天地之间，如同小石块小树木在大山之中一样，正有自以为小的想法，又哪里会自满呢？计算四海在天地之间，不也就像蚁穴在大薮泽中一样吗？计算中国在四海之内，不也就像一粒米在大谷仓中一样吗？物类名称的数目有万种之多，而人类只居其中之一；人众居住在九州之地，凡粮食可以生长，舟车可以通行之处，都有人类，而个人只是人类中之一；人与万物相比，不也就像一根毫毛在马身上一样微不足道吗？诸如五帝以禅让相传承的，三王以武力相争夺的，仁人所忧虑的，贤能之士为治理天下所操劳的，都如毫末一样微不足道。伯夷辞让以博得好名声，仲尼谈论以显示其博学，他们的自满自足，不就像你以前自夸黄河之水自满一样吗？”

【品评】

北海若曰：“井蛙不可以语于海者，拘于虚也；夏虫不可以语于冰者，笃于时也；曲士不可以语于道者，束于教也。今尔出于崖涘，观于大海，乃知尔丑，尔将可与语大理矣。”

庄子借河伯与北海若的对话，批评孔子及诸家各派和各式人物自我炫耀博学多才的行为和现象。河伯尚且能认识自己的局限和不足，而世俗诸多士人不仅认识不到自己的局限性，反而自以为是，夸夸其谈。庄子以其莅临天下、包容万物的气魄，评议各种浅薄之论，精辟分析各种浅论存在的原因。井蛙之所以不可语大海，是因为局限于井小；夏虫之所以不可语寒冰，因为局限于生命的短暂；曲士之所以不可语大道，因为局限于世俗偏见。细细体味庄子对种种社会现象的批评，深感其中的现实意义。今天的社会中，有很多人不了解自己的局限性，自以为无所不能；有些人认识到自己的局限性，却仍然虚张声势，自欺欺人。

【原文】

河伯曰："然则吾大天地而小毫末，可乎？"北海若曰："否。夫物，量无穷，时无止，分无常，终始无故[①]。是故大知观于远近，故小而不寡，大而不多，知量无穷[②]；证曏今故，故遥而不闷，掇而不跂，知时无止[③]；察乎盈虚[④]，故得而不喜，失而不忧，知分之无常也；明乎坦涂，故生而不说，死而不祸，知终始之不可故也[⑤]。计人之所知，不若其所不知；其生之时，不若未生之时；以其至小求穷其至大之域，是故迷乱而不能自得也。由此观之，又何以知毫末之足以定至细之倪[⑥]？又何以知天地之足以穷至大之域？"河伯曰："世之议者皆曰：'至精无形，至大不可围'，是信情乎[⑦]？"

北海若曰："夫自细视大者不尽，自大视细者不明。夫精，小之微也；垺，大之殷也；故异便[⑧]。此势之有也。夫精粗者，期于有形者也[⑨]；无形者，数之所不能分也；不可围者，数之所不能穷也。可以言论者，物之粗也；可以意致者，物之精也[⑩]；言之所不能论，意之所不能察致者，不期精粗焉。"

"是故大人之行，不出乎害人，不多仁恩[⑪]；动不为利，不贱门隶；货财弗争，不多辞让[12]；事焉不借人，不多食乎力[13]，不贱贪污；行殊乎俗，不多辟异[14]；为在从众，不贱佞谄[15]；世之爵禄不足以为劝，戮耻不足以为辱[16]；知是非之不可为分，细大之不可为倪。闻曰：'道人不闻，至德不得，大人无己[17]'，约分之至也[18]。"

【注释】

① 量：物量。止：止息。分：名分、地位之意。故：端也，又，故与固通，固定之意。

② 大知：大智之人，领悟大道的圣人。小而不寡，大而不多：小的事物也包含丰富内涵，故不以为少；大的东西与更大的相比，也是微不足道的，故下以为多。

③ 曏（xiàng）：明，明察。故：作"古"解。闷：暗昧，郁闷。掇（duó）：拾取也。跂（qǐ），同"企"，企求也。又，掇与遥对，作短解，寿命短暂而不企求。

④ 盈虚：盈满与空虚。

⑤ 坦涂：大道。涂：同"途"。说：同"悦"，欣喜。故：作固解。终始：同于死生。

⑥ 至小：极小。此指人的有限生命和智慧。穷：穷究、究极。至大之域：无限的宇宙。倪：边界，端倪。

⑦ 信情：信实、真实可信。

⑧ 垺（fú）：宏大。殷：盛大也。异：相异、相别。便：同"辨"，分辨。

⑨ 势：形势、趋势。期于：限于、限定于。有形者：有形可供感知和思维的对象。

⑩ 意致：意会。运用意识、思维可以获得的。

⑪ 期：限于。不多仁恩：不夸耀仁爱和恩惠。

⑫ 多：崇尚、夸赞之意。

⑬ 事焉不借人：作事不借助于人。不多食乎力：不崇尚自食其力者。

⑭ 行殊乎俗：行事与世俗不同。辟异：邪辟怪异。
⑮ 佞谄：以顺耳动听的言词奉承恭维人。
⑯ 劝：鼓励、劝勉，使之为善。戮耻：处以刑罚，使受耻辱。
⑰ 道人不闻：得道之人不闻名于世间。至德不得：大德之人无所得。大人无己：大人摆脱形体束缚，把己溶入物中，与造化一体。这种无己正是实现己之无限与永恒。
⑱ 约分之至：依守本分。

【译文】

河伯说："既然这样，那么我以天地为大，以毫末为小，这样可以吗？"

北海神说："不可以。那些物体，其物量各不相同，千差万别，是没有穷尽的，时间的流逝也永无止境，得失贵贱等名分地位也不是恒常不变的，终始往复更没有尽头。所以大智之人观察远处和近处的一切事物，不因其小而视之为少，不因其大而视之为多，这就是因为知道物量无穷的道理；明白了古今本来就是一样的，故而对遥远的古事不感暗昧苦闷，对就近之事也知其有不可求之理，这就是懂得时间的流逝是永不停息的；洞察事物盈满和空虚相互转化的道理，因而得到了并不欣喜，失去了不懊恼悲伤，这就是懂得得失并不是恒常不变的道理；明白生死不过是人生旅途中的一条平坦大路，所以就不因生存时而欣喜若狂，也不把死亡视为灾祸，这就是知道死生往复不定之理。计算人所知道的，不如他所不知道的更多；其生之时间，不如其没有生命的时间更长；以其极有限的智慧和极短暂的生命去追求没有穷尽的认识领域，必然会陷入迷惑昏乱而茫然无所得。由此看来，从哪里可以知道毫末足以定为极小的界限呢？又从那里可以知道天地足以穷尽最大的领域呢？”

河伯说：“世俗的议论者都说，‘最精微之物没有形体，最大的物是无法限定它的范围的’，这是真实可信的吗？”

北海神说：“从细小处看庞大之物看不全面，从宏大处看细小之物，看不分明。所说的精微，是指小物中最微小的；垺，是大物之外更为庞大的，所以各物大小不同却有着自己的相宜之处，这是物之形态不同的必然现象。所谓精细和粗大，都是局限于有形之物，至于最精微的无形之物，是数字所不能计量区分的；至大不可范围之物，是无法用度数测量穷尽的。可以用言语议论的事物，都是事物中比较粗大的；可以用心意传达的是事物中精微的；言语所不能谈论，意识所不能获到的，那就不限于精微和粗大的范围了。”

“因此，修行高尚者的行事，不会有意去害人，也不夸耀对人的仁爱和恩惠；行动不为获取利益，也不把希求获利的仆役看作卑贱；不与他人争夺财物，也不推崇辞让的德行；做事不借助他人之力，也不夸赞自食其力的人，不鄙视贪污之行；行事为人与世俗大为不同，却不是故意标新立异；所作所为都是顺从众人而已；也不卑贱谄媚讨好的人；世间的高爵位厚奉禄不足以劝勉他，刑罚耻辱不足以羞辱他；因为他深明是非的界限是不可确定的，精细与巨大也无法划出限定。我听说过有这样说法，‘得道之人不闻名于世，大德之人无所得，修行高尚者不存己。’这是依守本分达到极致罢了。”

【品评】

河伯曰：“然则吾大天地而小毫末，可乎？”北海若曰：“否。夫物，量无穷，时无止，分无常，终始无故。是故大知观于远近，故小而不寡，大而不多，知量无穷。”

庄子借河伯和北海若之口，讨论大小、有限和无限的问题。庄子认为，大和小、有限和无限是没有确定性的，也是没有任何确定的标准的，一切都是不断变化的，没有所谓的开始，也没有所谓的终结，事物是没有穷尽的，大者之外还有大者，小者之下还有小者，所以，不能说天地为大，毫末为小。庄子看到了事物的相对性，提醒我们不要固执于大小之辨以及有限与无限的分别，否则就会陷入迷乱和茫然，这对于我们避免以偏赅全有借鉴意义。但庄子否定一切事物都没有标准的相对主义观点是我们不能同意的，同时，我们也不能同意庄子因人的有限性而让人放弃追求无限知识的观点。

【原文】

河伯曰：“若物之外，若物之内，恶至而倪贵贱[①]？恶至而倪小大？”

北海若曰：“以道观之，物无贵贱；以物观之，自贵而相贱；以俗观之，贵贱不在己。以差观之，因其所大而大之，则万物莫不大；因其所小而小之，则万物莫不小；知天地之为稊米也，知毫末之为丘山也，则差数睹矣[②]。以功观之[③]，因其所有而有之，则万物莫不有；因其所无而无之，则万物莫不无，知东西之相反而不可以相无，则功分定矣。

以趣观之[④]，因其所然而然之，则万物莫不然；因其所非而非之，则万物莫不非；知尧桀之自然而相非，则趣操睹矣[⑤]。

昔者尧舜让而帝，之哙让而绝[⑥]；汤武争而王，白公争而灭[7]。由此观之，争让之礼，尧桀之行，贵贱有时，未可以为常也[8]。梁丽可以冲城，而不可以窒穴，言殊器也[9]。骐骥骅骝，一日而驰千里，捕鼠不如狸狌[10]，言殊技也。鸱鸺夜撮蚤，察毫末，昼出瞋目而不见丘山[11]，言殊性也。故曰：盖师是而无非，师治而无乱乎[12]！是未明天地之理，万物之情者也。是犹师天而无地，师阴而无阳，其不可行明矣。然且语而不舍，非愚则诬也[13]。帝王殊禅，三代殊继[14]。差其时，逆其俗者，谓之篡夫[15]；当其时，顺其俗者，谓之义之徒[16]。默默乎河伯？女恶知贵贱之门，小大之家[17]！”

【注释】

① 倪：端倪，划分。

② 差数睹矣：差别的相对性就看清楚了。

③ 功：功效、功能作用。

④ 趣：趋向。

⑤ 相非：互以对方为非。趣操：志向。

⑥ 让：禅让。哙：指燕王哙。之：指燕相子之。

⑦ 争：指以武力相争夺。白公：春秋末年楚平王之孙，太子建之子，名胜。因封于白邑，称白公。

⑧ 常：恒常不变之准则。

⑨ 梁：屋梁。丽：通“欐”，屋栋。冲：冲撞。窒穴：堵塞小孔、鼠洞之类。言殊器：这是说不同器物有不同功用。

⑩ 骐骥、骅骝：指日行千里的良马。狸狌：狸为野猫，狌同“鼪”即黄鼠狼。

⑪ 鸱鸺（chī xiū）：即鸱鸮，猫头鹰，昼伏夜出之猛禽。撮蚤：抓取跳蚤。瞋（chēn）目：睁大眼睛。

⑫ 盖：同“盍”，何不。师：师法、效法。

⑬ 然且：然而还是。语而不舍：说个不停，不肯舍弃原来的看法。非愚则诬：不是愚昧便是欺骗。
⑭ 帝王殊禅：五帝三王之授位方式不同，有的以让，有的以争。三代殊继：夏商周三代王位继承方式不同，有的子继父位，有的以武力篡夺。
⑮ 差其时：不合时宜。逆其俗：违背世道人心。篡夫：篡夺王位的人。
⑯ 义之徒：合乎正义之人。
⑰ 门：门径，此指道理。家：学派如儒家、墨家等。

【译文】

河伯说："或是从物性之外，或是从物性之内，究竟应该从哪里区分贵贱？从哪里来区分大小呢？"

北海神说："从自然之道来观察，万物原本没有贵贱之分；从万物本身的角度观察，万物都自以为贵而彼此相贱视；以流俗而观，万物之贵贱决定于外而不在自身。按照事物的差别性来观察，如果循其大的方面把它视为大，那么万物都是大的；如果循其小的方面把它视为小，那么万物都是小的；懂得了天地那样大的东西可看作像一粒细米般小，一根毫毛末梢也可看作像丘山般大，那么就可以看出万物等差的数量了。从事物的功能来观察，顺着其具有的功能的角度来看，万物都有功能；顺着其不具功能的角度来看，则万物都是没有功能的；懂得了东与西方向相反又不可相互缺少的道理，则万物的功能和分量就确定下来了。从万物的取向来看，顺着它对的方面把它视为对的，则万物莫不是对的；顺着它错的方面把它看成错的，则万物莫不是错的；懂得了尧与桀的自以为是，而互相菲薄，那么就可以看清楚万物的取向和操守了。"

"从前尧和舜因为禅让而成为帝，燕王哙与燕相子之却因禅让而灭绝；商汤与周武王因争战而成为王，白公胜却因争战而身死。由此看来，争夺与禅让的礼制，尧与桀的行为，其贵贱是因时而异的，而不是恒常不变的。粗大的栋梁可用来冲撞城门，而不可用作堵鼠穴，这是说器用的不同；骐骥、骅骝一类良马可日行千里，但是捕鼠不如野猫和黄鼠狼，这是说技能的不同；猫头鹰夜间可以抓住跳蚤，明察秋毫，但白天出来睁大眼睛也看不见丘山，这是说性能的不同。常常有人说：为什么不只取法对的而抛弃错的，效法治理而抛弃动乱呢！这种说法是不了解天地间的大道理和万物的实情。这就如同取法于天而抛弃地，取法于阴而抛弃阳一样，它是明显行不通的。然而人们还是喋喋不休，这样做不是愚昧无知便是存心骗人！三皇五帝禅让彼此相异，夏商周三代的继承各自不同。不合时宜、违背世道人心的，被称为篡夺者；合乎时代，顺应世道人心的，称为高义之人。沉默吧，河伯！你怎么能知道贵贱之别、大小之辨呢？”

【原文】

河伯曰：“然则我何为乎？何不为乎？吾辞受趣舍[①]，吾终奈何？”

北海若曰：“以道观之，何贵何贱，是谓反衍；无拘而志，与道大蹇[②]。何少何多，是谓谢施[③]；无一而行[④]，与道参差。严乎若国之有君，其无私德[⑤]；繇繇乎若祭之有社，其无私福[⑥]；泛泛乎其若四方无穷，其无所畛域[⑦]。兼怀万物，其孰承翼？是谓无方[⑧]。万物一齐，孰短孰长？道无终始，物有死生，不恃其成；一虚一满，不位乎其形[⑨]。年不可举，时不可止，消息盈虚[⑩]，终则有始。是所以语大义之方[⑪]，论万物之理也。物之生也，若骤若驰[12]，无动而不变，无时而不移。何为乎？何不为乎？夫固将自化[13]。"

河伯曰："然则何贵于道邪？"

北海若曰："知道者必达于理，达于理者必明于权，明于权者不以物害己。至德者，火弗能热，水弗能溺，寒暑弗能害，禽兽弗能贼。非谓其薄之也[14]，言察乎安危，宁于祸福，谨于去就，莫之能害也[15]。故曰：天在内，人在外，德在乎天[16]；知天人之行，本乎天，位乎得，蹢躅而屈伸，反要而语极[17]。"

曰："何谓天？何谓人？"

北海若曰："牛马四足，是谓天；落马首[18]，穿牛鼻，是谓人。故曰：无以人灭天，无以故灭命[19]，无以得殉名，谨守而勿失，是谓反其真[20]。"

【注释】

① 辞受趣舍：指出处进退等行为。辞：推辞，辞让；趣舍：取舍。

② 反衍：反复衍化，转化。而：同尔，你。拘：拘束。蹇（jiǎn）：阻隔、违碍之意。

③ 谢施：新陈代谢，交互为用之意。互相转化。

④ 一：拘执于一得之见，固守。

⑤ 严乎：庄重威严啊。

⑥ 繇繇（yóu）：同悠悠，悠闲自得的样子。社：社稷神。

⑦ 泛泛：普遍，形容无所不在。

⑧ 怀：包容、容纳。承：承受。翼：庇护。无方：无所偏向。

⑨ 位乎：处于。形无定位。

⑩ 举：留存。消息盈虚：消亡、生息、盈满、空虚，指万物循环往复、变化日新的不断转化过程。

⑪ 大义：大道。方：指精义、奥旨。

⑫ 骤、驰：车马快速奔跑之意，比喻物生息变化之疾速。

⑬ 自化：按自性生息变化。

⑭ 权：权变。薄之：迫近它、触犯它。

⑮ 察：明察。宁：安。祸福：穷困和通达。去就：进退去留。

⑯ 德在于天：至德合乎于天性。

⑰ 位乎得：处于自得的境地。蹢躅（zhí zhú），同“踯躅”，进退不定的样子。反要而语极：返归道之枢要而谈论大道之精粹和极致。

⑱ 落马首：带上马笼头。落：同络，马笼头。

⑲ 故：有心而为，造作，指不管物之本性而随意急妄作。命：天理，也就是物性所具自然之理。

⑳ 得：贪。殉：求。反其真：复归人的本性、真性。

【译文】

河神说：“既然如此，那么我该做什么？不该做什么？我将如何辞让、接受、进取和舍弃呢？我到底应该怎么办呢？”

北海神说：“从道的观点看来，无所谓贵贱，贵贱都是反复转化的；不要用一些成见去束缚你的心志，造成与大道相背离。无所谓多少，多少就是新陈代谢交互为用的过程；不要固执偏见而行事，造成与大道不合。要像国君那样庄重威严，对谁都没有偏私；要像受祭的社神一样悠闲自得，对谁都不偏私福佑；如同四方无穷无尽的大地一样，它是无所不在没有界限。兼容并包万物，有谁能承受特殊庇护？这就是无所偏私。万物原本是齐一的，谁是短的谁是长的呢？大道是无始无终的，而万物有死生的变化，一时所成也不足以依赖。万物空虚盈满时时转化，没有固定不变的形状。岁月不能留存，时间不能挽留。消亡生息，盈满空虚，终而复始运转不止。明白了以上道理。方能谈论大道的方向，讲述万物的道理。万物之生长，如同奔马般疾速，没有一个动作不在变化，没有一个时间不在推移。什么是该做的？什么是不该做的？万物原本就会按照自性而变化着。”

河伯说：“既然如此，那为什么还要以道为贵呢？”

北海神说：“深明大道的人必能通达万物之理，通达万物之理的人必能通达权变，通达权变的人就不会让外物伤害自己。有最高修养的人，烈火不能灼伤他，洪水不能淹溺他，严寒酷暑不能损伤他，凶禽猛兽不能残害他。并非说至德之人迫近它们而不受侵害，而是说他能明察安危，安于祸福穷通之转化；进退去留能谨慎对待，所以就没有什么外物能损害他。因此说：‘天性存乎其内，人事露在身外，大道本乎自然。’知道自然与人为两方面，以自然为根本，处于自得的境地；进退适宜，屈伸得当，这便是返归大道之枢要而谈论了万物至理的极致、精粹。”

河伯说：“什么是天然？什么是人为？”

北海神说：“牛马生来就有四足，就是天然；给马带上笼头，给牛穿上鼻绳，就是人为。所以说：不要以人力来破坏天然，不要有心造作来破坏天理，不要贪得去谋求好名声，谨守天性不使失去，这就是返归纯真的本性。”

【品评】

曰：“何谓天？何谓人？”

北海若曰：“牛马四足，是谓天；落马首，穿牛鼻，是谓人。故曰：无以人灭天，无以故灭命，无以得殉名，谨守而勿失，是谓反其真。”

庄子是要告诉人们什么是“天然”和“人为”。他用了非常形象和生动的比喻来说明，牛马四足是生下来就这样，这是天然，但给马带上笼头，给牛穿上鼻绳就是人为。庄子反对人为，更反对妄为，而主张顺应真性。现实社会中的许多灾难都是违反自然本性和规律造成的，是人类按照自己的主观意志任意妄为造成的，庄子的批评直至今天仍值得记取。

【原文】

夔怜蚿，蚿怜蛇，蛇怜风，风怜目，目怜心[①]。夔谓蚿曰：“吾以一足趻踔而行，予无如矣[②]！今子之使万足，独奈何？”蚿曰：“不然。子不见夫唾者乎？喷则大者如珠，小者如雾，杂而下者不可胜数也。今予动吾天机[③]，而不知其所以然。”蚿谓蛇曰，“吾以众足行，而不及子之无足，何也？”蛇曰：“夫天机之所动，何可易邪[④]？吾安用足哉？”蛇谓风曰：“予动吾脊胁而行，则有似也[⑤]。今子蓬蓬然起于北海[⑥]，蓬蓬然入于南海，而似无有，何也？”风曰：“然。予蓬蓬然起于北海而入于南海也。然而指我则胜我[⑦]，鳅我亦胜我[⑧]。虽然，夫折大木，蜚大屋者[⑨]，唯我能也，故以众小不胜为大胜也[⑩]。为大胜者，唯圣人能之。”

【注释】

① 夔（kuí）：传说中异兽。状如牛，苍身而无角，一足，出入水则必风雨。怜：羡慕、仰慕之意。蚿（xián）：百足虫。

② 趻踔（chěn chuō）：跳着走。予无如矣：没有比我更简便的了。

③ 天机：自然的本能。
④ 易：改变。
⑤ 有似：像是有足行走的样子。
⑥ 蓬蓬然：风动声。
⑦ 指我则胜我：用手指一指我，就能胜过我。
⑧ 鳅：蹴，踢踏。
⑨ 蜚：同“飞”，吹卷。
⑩ 以众小不胜：以众多小的不胜来求得大胜。

【译文】

独脚兽夔羡慕多足蚿，多足蚿羡慕蛇，蛇羡慕风，风羡慕眼睛，眼睛羡慕心。

夔对蚿说：“我用一只脚跳着走路，没有像我这样简便的了。现在你用万只脚走路，怎么走法呢？”

蚿说：“你错了。你没有看见打喷嚏的人吗？喷出的大的如水珠，小的如雾气，混杂着落下来，数不胜数。现在我只是顺其自然而行，并不知道如何会这样。”

蚿对蛇说：“我用众足行路而不及你的无足走得快，这是为什么呢？”

蛇说：“我顺着自然而行走，怎么能够改变它呢？我哪里用得着足呢？”

蛇对风说：“我运动着脊背和胁下而爬行，好像有足似的；现在你呼呼地从北海刮起，又呼呼地吹入南海，而好像没有形迹似的，这是为什么呢？”

风说：“是的。我呼呼地从北海刮起而吹入南海。可是，人们用手指来指我，就能胜过我，用脚踢我也能胜过我。然而，折断大树、席卷房屋，也只有我能做得到。这是不求小胜却能取得大胜。能够成就大胜的，只有圣人才能做得到。”

【原文】

孔子游于匡，宋人围之数匝[①]，而弦歌不惙[②]。

子路入见，曰："何夫子之娱也[③]？"

孔子曰："来，吾语女。我讳穷久矣[④]，而不免，命也；求通久矣，而不得，时也[⑤]。当尧舜而天下无穷人，非知得也；当桀纣而天下无通人，非知失也[⑥]；时势适然。夫水行不避蛟龙者，渔父之勇也；陆行不避兕虎者[⑦]，猎夫之勇也；白刃交于前，视死若生者，烈士之勇也[⑧]；知穷之有命，知通之有时，临大难而不惧者，圣人之勇也。由处矣！吾命有所制矣[⑨]！"

无几何，将甲者进[⑩]，辞曰："以为阳虎也[⑪]，故围之；今非也，请辞而退。"

【注释】

① 匡：春秋时卫国邑名。匝（zā）：层，圈。宋：卫之误。据《史记·孔子世家》载，孔子由卫去陈，路经匡邑。因以前阳虎侵暴过匡邑，孔子长得很像阳虎，又因孔子弟子颜克也曾与阳虎一起凌犯匡人，此次又恰好是他为孔子御车，匡人误以为阳虎重来，便出兵把他们包围起来。

② 惙（chuò）：通"辍"，止，停。弦：指琴瑟之类乐器。歌：诵诗、唱诗。

③ 娱：快乐。

④ 穷：困穷，指道行不张。

⑤ 时：机遇，时势，时运之意。

⑥ 穷人：困穷不通达之人。

⑦ 兕（sì）：犀牛一类猛兽，独角，青色，体重可达三千斤。

⑧ 烈士：重义轻生的人。

⑨ 处矣：安居，坦然处之。制：控制。

⑩将：统帅。甲：士兵。
⑪阳虎：又名阳货。

【译文】

孔子周游到了匡邑，卫国人把他重重包围起来，但是孔子和弟子们并未停止唱诗奏乐之声。

子路进来见孔子说："为什么先生还这样快乐呢？"

孔子说："来吧，我告诉你！我避免穷厄的局面已经很久了，但是还是无法摆脱，这是命该如此啊！我追求通达已经很久了，然而还是不能实现，这是时运不好啊！在尧舜的时代，天下没有困窘穷厄之人，这并非因为他们有智慧；处在桀纣时代，天下没有通达、得志之人，不是因为他们没有智慧，一切都是时运造成的呀。那些在水底潜行不躲避蛟龙的人，这是渔夫的勇敢；在陆上行走不躲避犀牛老虎的人，是猎人的勇敢；闪光的刀剑逼近在面前，而无所畏惧、视死如归，这是烈士的勇敢。知道困窘是因为命运的安排，知道通达是由于时运所决定的，遭逢大危难而不畏惧的，这是圣人的勇敢。仲由，你安心吧！我的命运自有一定的限数。"

没过多久，统领甲士的长官进来道歉说："以为你们是阳虎一伙，所以把你们包围起来，现在才知道不是，请让我表示歉意并撤退围兵。"

【原文】

公孙龙问于魏牟曰[①]："龙少学先王之道，长而明仁义之行；合同异，离坚白[②]；然不然，可不可[③]；困百家之知，穷众口之辩；吾自以为至达已[④]。今吾闻庄子之言，汒焉异之[⑤]；不知论之不及与，知之弗若与[⑥]？今吾无所开吾喙，敢问其方[⑦]。"

公子牟隐机大息，仰天而笑曰："子独不闻夫坎井之蛙乎？谓东海之鳖曰：'吾乐与！出跳梁乎井干之上，入休乎缺甃之崖[8]；赴水则接腋持颐，蹶泥则没足灭跗，还虷蟹与科斗，莫吾能若也[9]。且夫擅一壑之水，而跨跱坎井之乐[10]，此亦至矣。夫子奚不时来入观乎？'东海之鳖左足未入，而右膝已絷矣[11]。于是逡巡而却[12]，告之海曰：'夫千里之远，不足以举其大；千仞之高，不足以极其深。禹之时十年九潦[13]，而水弗为加益；汤之时八年七旱，而崖不为加损。夫不为顷久推移，不以多少进退者[14]，此亦东海之大乐也。'于是坎井之蛙闻之，适适然惊，规规然自失也[15]。且夫知不知是非之竟，而犹欲观于庄子之言，是犹使蚊负山，商蚷驰河也[16]，必不胜任矣。且夫知不知论极妙之言而自适一时之利者，是非坎井之蛙与？且彼方跐黄泉而登大皇，无南无北，奭然四解[17]，沦于不测；无东无西，始于玄冥，反于大通[18]。子乃规规然而求之以察，索之以辩，是直用管窥天[19]，用锥指地也，不亦小乎？子往矣！且子独不闻夫寿陵馀子之学行于邯郸与[20]？未得国能，又失其故行矣，直匍匐而归耳[21]！今子不去，将忘子之故，失子之业。"

公孙龙口呿而不合，舌举而不下，乃逸而走[22]。

【注释】

① 公孙龙：战国时期赵国人，名家主要代表人物之一，以善辩著称。

② 合同异：为名家惠施一派的典型命题，强调事物的

同一性。离坚白：为公孙龙的著名命题。把一物的坚硬与白色分出来。

③ 然不然，可不可：以不然为然，以不可为可。

④ 知：知识、见解。辩：口才。至达：极为通达事理。

⑤ 汒焉：同茫然，自失的样子。汒同茫。

⑥ 论：指口才、辩才。知：指知识、智力。

⑦ 方：方法、方术，道理。

⑧ 坎井：浅井。跳梁：跳跃之意。井干：井上之围栏。甃（zhòu）：井壁。

⑨ 蹶（jué）：践踏。跗（fū）：脚背。没、灭：埋到、埋没之意。虷(hán)：井中赤虫。又说为孑孓，蚊子幼虫。科斗：蝌蚪。莫吾能若："莫能若吾"的宾语提前，表示强调。

⑩ 跱（zhì）：蹲着。

⑪ 絷（zhí）：绊住。

⑫ 逡（qún）巡：小心退却。

⑬ 举：称说，形容。潦：同涝，洪水。

⑭ 崖：同涯，水边，此指海水边缘。不以多少进退者：不会因雨水的多少而使海水有所进退。

⑮ 适适然：惊骇恐怖的样子。规规然：惊视自失的样子。

⑯ 知不知：前"知"，通智，指人的智能、智慧。后"知"，通晓。竟：同"境"。商蚷（jù）：又名马蚿、马陆，一种暗褐色小虫，栖息于湿地和石堆下，不会游水。

⑰ 极妙之言：指庄子讲论大道极其玄虚微妙的言论。适：快意、满足。跐（zǐ）：踏。黄泉：地底深处之泉水，此泛指地下极深处。大皇：指天之极高处。大：同太。奭（shì）然：释然，逍遥自在，无拘无束的样子。四解：四面八方无不通达理解。

⑱ 玄冥：幽远暗昧不可测知的玄妙境界。大通：于万事万物之道无不通达。

⑲ 规规然：琐细分辨的样子。用管窥天：从管子里去看天，比喻见识极小。

⑳ 寿陵：燕国邑名。馀子：少年。邯郸：赵国都城。
㉑ 国能：赵国人行路的本领。直：只能。匍匐：爬行。
㉒ 呿（qū）：张开口。逸：逃走。走：奔跑。

【译文】

公孙龙向魏牟说道："我年轻时就学习先王之道，年长后通晓仁义的行为，能把事物的同和异混合同一，能把一物的坚和白等属性论证为与物体相分离；能把不对的说成对，把不可以的说成可以；能困窘百家之见解，使众多善辩者理屈词穷；我自以为已经到了最通达的境界。现在我听了庄子的言论，深感茫然不解；不知是我的辩才不及他高呢？还是知识不如他渊博呢？现在我都不知道该如何开口了，请问这是什么道理呢？"

魏牟凭靠几案长长叹息一声，仰天而笑说："你没有听说浅井之蛙的故事吗？井蛙对东海之鳖说：'我太快乐呀！我想出来就在井栏上跳跃，休息时又蹦回到井壁的缺口水边，游水则井水托住我的腋窝和两腮，跳到泥里就没过我的脚背；环视周围的小红虫、小螃蟹、小蝌蚪，没有能像我这样自如的！况且独占一井之水，在其中跳跃蹲踞的乐趣，这也是最大的幸福了，你先生何不随时进来看看呢？'东海之鳖左足还没有踏到井底，右膝就被绊住了。于是，迟疑一会就退出来了，并告诉井蛙关于大海的情况说：'用千里路的遥远，不足以形容海之大；用八千尺的高度，不足量尽大海之深。大禹的时代，十年有九年发生水灾，而海水并不因此而增加；商汤时代，八年有七年闹旱灾，海水并不曾减少。它不为时间的短暂和长久而有所改变，不因雨水多少而有所增减，这也就是东海的最大乐趣啊！'于是浅井之蛙听了，惊怖不已，现出茫然自失的样子。再说，你的智慧还不足以通晓是非之究竟，就想观察领会庄子的言论，这就如同让蚊子背山、马蚿渡河一样，必定无法胜任。况且你的智慧不足以理解和论述极微妙的理论，而自己却满足于一时口舌相争之胜利，这与浅井之蛙何异？再说庄子的学说玄妙莫测，就像下蹈黄泉而上登苍天，不分南北，四面畅通毫无滞碍，进入到深不可测的境地；不分东西，从幽远混沌之境开始，再返回于无不通达的大道。你却只知用琐细分辨，想用明察和辩论去探求它，这简直就是从竹管里看天，用锥尖测量大地一样，不是太渺小了吗？你去吧，你还没有听过寿陵少年去邯郸学走路的故事吧？他不但没有学会赵国人走法，反而把自己原来的走法也忘记了，最后只好爬回去！现在你还不快点离开，将会忘记原来的本事，失掉你本来的学业了。”

公孙龙惊异得合不拢嘴，翘起的舌头放不下来，心神恍惚，就悄悄地溜走了。

【品评】

谓东海之鳖曰：“吾乐与！出跳梁乎井干之上，入休乎缺甃之崖；赴水则接腋持颐，蹶泥则没足灭跗，还虷蟹与科斗，莫吾能若也。且夫擅一壑之水，而跨跱坎井之乐，此亦至矣。夫子奚不时来入观乎？”

在庄子看来，虚心是非常必要的，而且是人立身处事的基本规范。任何时候都不能骄傲自大，偏执一方。我们要努力开阔自己的眼界，放眼于无穷的宇宙和无尽的大道，真正使自己达到自由的境界。我们可以从另外意义上来看待这个寓言故事：在现实生活中，我们对待学习要有海纳百川的胸怀，不能夜郎自大，骄傲自满，而且要学有专攻，业有专精，在某个方面成为专家。否则就会一事无成，贻笑大方。

【原文】

庄子钓于濮水[1]，楚王使大夫二人往先焉[2]，曰："愿以境内累矣[3]！"

庄子持竿不顾，曰：'吾闻楚有神龟，死已三千岁矣，王巾笥而藏之庙堂之上[4]。此龟者，宁其死为留骨而贵乎：宁其生而曳尾于涂中乎[5]？"

二大夫曰："宁生而曳尾涂中。"

庄于曰："往矣！吾将曳尾于涂中。"

【注释】

① 濮水：水名，在今河南濮阳县境。
② 楚王：指楚威王。往先：前往见之，致相邀之意。
③ 愿以境内累：此句为二大夫代表楚王向庄子所致之词，意为愿把国事相累于先生。也就是请庄子去做官的含蓄说法。
④ 巾笥（sì）：笥为竹箱之类。意为把龟骨用丝巾包装，放在竹箱里。
⑤ 曳：拖。涂：泥。

【译文】

庄子在濮水边钓鱼，楚威王派遣了两位大夫前来致相邀之意，说："希望把国事委托给先生！"

庄子手持钓竿，头也不回地说："我听说楚国有只神龟，已经死去三千年了。楚王把它的骨甲用丝巾包裹起来，装在竹箱里，珍藏在庙堂之上。请问这只龟，它是希望死后留下一把骨甲来显示尊贵呢？还是宁愿活着在泥里拖着尾巴爬行呢？"

两个大夫回答说："宁愿活着在泥里拖着尾巴爬行。"

庄子说："你们请回吧！我也是希望自己拖着尾巴在泥里爬行。"

【原文】

惠子相梁[1]，庄子往见之。

或谓惠子曰[2]："庄子来，欲代子相。"

于是惠子恐，搜于国中三日三夜。

庄子往见之曰："南方有鸟，其名为鹓鸰[3]，子知之乎？夫鹓鸰发于南海而飞于北海，非梧桐不止[4]，非练实不食[5]，非醴泉不饮[6]。于是鸱得腐鼠[7]，鹓鸰过之，仰而视之曰："吓[8]！今子欲以子之梁国而吓我邪？"

【注释】

① 惠子：即惠施，曾做过梁惠王的相，是庄子的老朋友。梁：即大梁（今河南开封），为战国时魏国都城，故魏亦称梁。相：做宰相。

② 或：有人、某人，不定代词。

③ 鹓鸰（yuān chú）：传说中鸾凤之类神鸟。庄子自喻。

④ 梧桐：落叶乔木。传说凤凰只在梧桐树上栖息。

⑤ 练实：竹实。

⑥ 醴（lǐ）泉：醴为甜酒，泉为泉水。泉水像甜酒般甘美。

⑦ 鸱：猫头鹰，比喻惠施。腐鼠比喻相位。

⑧ 吓：动物发出威吓敌人的声音。

【译文】

惠施做梁国的宰相，庄子前去看望他。

有人对惠施说："庄子前来，就是打算取代你做宰相。"

于是惠施十分惊恐，派人在国都内搜寻庄子，搜了三天三夜。

庄子前去见惠施说："南方有一种鸟，名叫鹓鸰，你知道吗？这种鸟从南海出发，一直飞往北海；（一路上）不是梧桐树它不肯栖息，不是竹子的果实它不食，不是甘美的泉水不饮用。在这时，有只猫头鹰找到一只腐烂的老鼠，见鹓鸰从头顶飞过。猫头鹰仰头看着鹓鸰，唯恐失掉腐鼠，就大声发出一声威吓：'吓'！现在，你也想用你的梁国来吓我吗？"

【品评】

夫鹓鸰发于南海而飞于北海，非梧桐不止，非练实不食，非醴泉不饮。于是鸱得腐鼠，鹓鸰过之，仰而视之曰："吓！"今子欲以子之梁国而吓我邪？

惠子是庄子的朋友，惠子会不会真的听信别人说庄子"欲代子相"的话尚未可知。但是这里庄子用鹓鸰表现自己的孤傲高洁，衬托出惠子的心胸狭窄，缺乏自信，一有风吹草动，就草木皆兵。唐代诗人李商隐有感于此，写道："不知腐鼠成滋味，猜意鹓鸰竟未休。"

无独有偶，两千多年前的一天，刚刚率领十万铁骑征服欧亚大陆的亚历山大大帝，志得意满地到希腊视察，遇到穷困潦倒的哲学家第欧根尼。亚历山大得意地大声问："我已经征服整个世界，你希望让我为你做点什么？"

正在木桶里睡午觉的第欧根尼伸了个懒腰，漠然地回了一句话："亚历山大先生，我在休息，请不要遮挡了我的阳光！"

本以为第欧根尼会对自己的恩惠感激涕零的亚历山大，不料想吃了这么一个"钉子"，不禁怅然若失，问身边的随从：在这个穷哲学家面前，我的不世功勋究竟算得了什么呢？悻然离去。

庄子通达至道，逍遥自适，超脱名利，自然对什么相位都不感冒。但是却吓出惠施的一身冷汗。

【原文】

庄子与惠子游于濠梁之上[①]。

庄子曰："鯈鱼出游从容[②]，是鱼之乐也。"

惠子曰："子非鱼，安知鱼之乐？"

庄子曰："子非我，安知我不知鱼之乐？"

惠子曰："我非子，固不知子矣；子固非鱼也，子之不知鱼之乐，全矣[③]。"

庄子曰："请循其本[④]。子曰'女安知鱼乐'云者，既已知吾知之而问我，我知之濠上也。"

【注释】

① 濠：濠水在今安徽凤阳县境内，北流至临淮关入淮。梁：桥。

② 鯈（tiáo）鱼：亦称白鲦，银白色，为淡水小型鱼类，喜欢在水面游动。

③ 全矣：完全肯定的了。

④ 循：顺着，追溯。本：根源、起点。

【译文】

庄子与惠施在濠水桥上游玩。

庄子说："白鲦鱼悠闲自得地游水，这是鱼儿的快乐呀。"

惠施说："你不是鱼，怎么能知道鱼的快乐？"

庄子说："你不是我，怎么知道我不知鱼的快乐？"

惠施说："我不是你，本来就不知道你；你也不是鱼，那么你不知鱼的快乐，这是完全可以肯定的了。"

庄子说："请循着我们争论的起点说起，你所说'你怎能知道鱼的快乐'这句话，说明你已经知道我知道鱼的快乐才来问我的。既然你能知我，我为什么不能知鱼呢？我是在濠水桥上知道鱼的快乐的呀！"

【品评】

子曰"女安知鱼乐"云者，既已知吾知之而问我，我知之濠上也。

你所说"你怎么能知道鱼的乐趣"这句话，就是已经知道我之所知而向我发问的，既然你惠施能知我庄周，我庄周为什么不能知鱼呢？我是在濠水桥上知道的呀。庄子把惠施"我怎么知道鱼的乐趣"的反问，转成肯定的否定意义，成为你不知鱼之乐趣。既然知庄子之不知，也就是知庄子之所知了。用以驳回惠施之论点。其实庄子的真实观点是人与鱼、人与人之间是可以相互认识彼此的情感、意志的。所以，庄子最后总结性地指出："我怎么会知道鱼是快乐的呢？我是在濠梁之上感悟到的。"

其实两者对待外部世界的方式不同，视角不同而已。惠施以理智的态度看待外部世界，认为物我是对立的，鱼和人是两种不同的事物，自然无法相同，也就无法知道对方的感情了。而庄子却以审美的态度看待外部世界，他认为世界万物都是齐一的，都是可以转化的，感情自然也是相通的，我心情愉快，自然鱼儿和我一样也是愉快的。

外篇

至乐

本篇取第一句中『至乐』二字为篇名，『至乐』就是最高的快乐。『至乐』的标准怎样？如何达到？便是本篇的中心议题。涉及到苦乐观、生死观和万物生化等方面，是其虚静无为思想在这些方面的具体运用。

庄子认为世俗之人追求富贵寿善，身安厚味美服好声色，众人都趋向这样目标，以为是乐之所在，实际上这些东西都有害身的一面，根本够不上『至乐』。只有无为任自然，效法天道，才是『至乐』。

庄子始终以天地之大的视野来看待人生中的小问题，所以，他可以与天地精神相往来，达到与天同乐的境界，可以表现出超脱潇洒的人生姿态。

【原文】

天下有至乐无有哉？有可以活身者无有哉[①]？今奚为奚据？奚避奚处[②]？奚就奚去？奚乐奚恶？

夫天下之所尊者，富贵寿善也；所乐者，身安厚味美服好色音声也；所下者，贫贱夭恶也[③]；所苦者，身不得安逸，口不得厚味，形不得美服，目不得好色，耳不得音声；若不得者，则大忧以惧[④]，其为形也亦愚哉！夫富者，苦身疾作[⑤]，多积财而不得尽用，其为形也亦外矣[⑥]。夫贵者，夜以继日，思虑善否，其为形也亦疏矣[⑦]。人之生也，与忧俱生，寿者惛惛，久忧不死，何苦也！其为形也亦远矣[⑧]。烈士为天下见善矣，未足以活身[⑨]。吾未知善之诚善邪，诚不善邪？若以为善矣，不足活身；以为不善矣，足以活人[⑩]。故曰："忠谏不听，蹲循勿争[⑪]。"故夫子胥争之以残其形[⑫]；不争，名亦不成。诚有善无有哉？

【注释】

① 活身者：全生保身的方法。
② 据：依据。避：回避。处：安处。
③ 下：卑贱。恶：厌恶。
④ 大忧以惧：大忧和大惧。以：和、同。
⑤ 苦身：使身体劳苦。疾作：加速做事。
⑥ 外：外行，偏颇。
⑦ 否（pǐ）：恶。与善为对。疏：疏忽。
⑧ 惛（hūn）惛：昏昏沉沉，神志不清的样子。远：不重视、爱护不够。
⑨ 烈士：殉名而死者。活身：使生命保持长久。
⑩ 活人：使他人生活。

⑪ 蹲循：通“逡巡”，退却之意。

⑫ 子胥：伍员，字子胥，吴国大将。吴王夫差接受越王勾践求和请求，伍子胥看清越国阴谋，苦谏夫差而不被听从，后被赐死。

【译文】

世上有没有最大的快乐呢？有没有可以全生保身的方法呢？现在应当有何作为？又有什么根据呢？要回避什么？要在什么样的环境下安身呢？要接近什么？又要舍弃什么呢？应当喜欢什么？又应当厌恶什么呢？

天下所最崇尚的，就是富有、尊贵、长寿和美名；所最快乐的，就是身体安逸、美味佳肴丰足、服饰漂亮、色彩悦目、音乐悦耳；所鄙视的，就是贫穷、卑贱、夭折和恶名；所痛苦的，就是身不得安逸，口不得美味，身上穿不到华服，眼睛看不到美色，耳朵听不到美声。如果得不到这些，就大为忧惧紧张，这样的养身方法岂不是太愚蠢了吗！那些富有的人，劳苦身体，辛勤操劳，多积财富而不能尽数享用，不也是太不爱惜自己的身体了！那些高贵的人，夜以继日地思虑分辨为善去恶，思虑着如何保住官运的亨通，避免危机的到来，这对养身不是太疏忽了么！人一生下来，就与忧愁同在。长寿的人衰老得糊里糊涂，长处忧愁而活着，何等痛苦啊！这与养生健体更离得远了！壮烈之士为天下人称善，却不能使自身生命得以保存。我不知道这种善确实是善呢，还是不善呢？如果认为是善，又不能使自身存活；认为是不善，这又足以使他人存活。所以说：“忠言不被采纳，闭口退步不争。”以前伍子胥因为强谏，而身遭残害；然而不去谏争，他也不会成名。这样说来，到底还有没有真正的善呢？

【品评】

夫天下之所尊者，富贵寿善也；所乐者，身安厚味美服好色音声也；所下者，贫贱夭恶也；所苦者，身不得安逸，口不得厚味，形不得美服，目不得好色，耳不得音声。若不得者，则大忧以惧，其为形也亦愚哉！

庄子在讨论世上最快乐的是什么？看来人生的幸福快乐从古至今都是人们关注的重心。今天人们常常谈论人生最大的快乐是什么，人生的意义是什么。因为它关系到人生在世，如何生活。庄子列举了世俗之人对待快乐的观点。富贵、长寿、美味、声色是人们所尊、所乐，如果得不到就会感到不快乐、不幸福，甚至感到忧惧紧张。为此便孜孜以求，不惜残害自己的身体，甚至付出自己的生命。庄子认为这是非常愚蠢的。他认为，人最大的快乐是无为，是无忧无乐。今天，也有很多人把富贵、长寿、美味、声色看成人生的最大的快乐，并把它们当成人生的目的，其结果永远得不到快乐，因为他的精神是空虚的，贪欲是无止境的。

【原文】

今俗之所为与其所乐，吾又未知乐之果乐邪？果不乐邪？吾观夫俗之所乐，举群趣者[①]，诬诬然如将不得已[②]，而皆曰乐者，吾未之乐也[③]，亦未之不乐也。果有乐无有哉？吾以无为诚乐矣，又俗之所大苦也。故曰："至乐无乐，至誉无誉[④]。"天下是非果未可定也。虽然，无为可以定是非[⑤]。至乐活身，唯无为几存[⑥]。请尝试言之。天无为以之清[⑦]，地无为以之宁，故两无为相合，万物皆化。芒乎芴乎，而无从出乎[⑧]！芴乎芒乎，而无有象乎！万物职职，皆从无为殖[⑨]。故曰：天地无为也而无不为也，人也孰能得无为哉[10]！

【注释】

① 举群：所有的人群。举：皆、全。趣：同趋。

② 诓（kēng）诓然：追逐求乐的样子。已：止。

③ 未之乐：未乐之。

④ 至乐无乐：庄子认为，乐与忧共存，有乐则有忧，如东与西相反而不可相无。所以乐之极致为无乐，惟无乐才能无忧，而达于至乐之境。至誉无誉：最完全的赞誉即是不赞誉。如对烈士，赞誉其杀身成仁，就包含对自身的戕害，并不算完备。而无誉则无所不包，故为至誉。

⑤ 无为可以定是非：按照庄子的一贯看法，是非是无从分辨和判定的。

⑥ 唯无为几存：只有无为近似于至乐活身之道。几：近似，差不多。

⑦ 清：清虚。

⑧ 芒芴（hū）：同恍惚。渺茫暗昧，无形无象，似有若无的一种状态。无从出：不知从何所出。

⑨ 象：形象。职职：繁多。殖：生殖。

⑩ 感叹世人不懂无为之真谛，让人效法天道无为。

【译文】

现在世俗间所追求的和所欢乐的，我也不知那果真是快乐呢，还是不快乐呢？我看世俗之人所认为快乐的，所有人都竞相追逐，那种兴致高亢的样子好像无法静止似的，而他们都认为的快乐，我不知道有什么可值得快乐的，也不知道有什么不快乐。世上果真有快乐还是没有呢？我认为无为才是真正的快乐，而世俗之人却认为是痛苦。所以说："最高的快乐就是没有快乐，最完美的赞誉就是没有赞誉。"

天下的是非果真是无法确定的。虽然这样，无为虚寂的态度还是可以解决是非的问题。至乐能够养活生命，只有无为能够让至乐存留。

请让我宣传讲一下：天由于无为而能清明，地由于无为而得宁静，故而天地两者无为相合，万物都化生出来。恍惚暗昧，不知从何所出！暗昧恍惚，无形无象！万物繁杂众多，都从无为生殖出来。所以说：天地是无为，又是无不为的。人谁能懂得无为之道啊！

【品评】

天无为以之清，地无为以之宁，故两无为相合，万物皆化。芒乎芴乎，而无从出乎！芴乎芒乎，而无有象乎！万物职职，皆从无为殖。故曰：天地无为也而无不为也，人也孰能得无为哉！

为什么说最大的快乐是无忧无乐呢？庄子说，有乐就有忧，忧与乐是相反相成的，无乐也就无忧，所以无为是最大的快乐。其自然的根据在于天无为可以覆盖天下，地无为可以承载万物，天地无为而造就了万事万物，所以说，“天地无为也而无不为也”。那么，人还有必要不计一切地追求有为吗？因为这样是不会得到最大的快乐的。

【原文】

庄子妻死，惠子吊之，庄子则方箕踞鼓盆而歌[①]。

惠子曰：“与人居，长子老身[②]，死不哭亦足矣，又鼓盆而歌，不亦甚乎！”

庄子曰：“不然。是其始死也[③]，我独何能无概然[④]！

察其始而本无生[5]，非徒无生也而本无形[6]，非徒无形也而本无气。杂乎芒芴之间[7]，变而有气，气变而有形，形变而有生，今又变而之死，是相与为春秋冬夏四时行也[8]。人且偃然寝于巨室[9]，而我噭噭然随而哭之[10]，自以为不通乎命，故止也。”

【注释】

① 箕踞（jījù）：盘腿而坐，其形如簸箕，是不拘礼节的坐法。鼓盆：敲击瓦盆当作奏乐。

② 长子老身：为倒装句式，孩子长大，身体老迈。

③ 是：此，指庄子之妻。始死：刚刚死的时候。

④ 概：借为慨，慨叹、哀伤之意。

⑤ 无生：未曾生。察：考察。始：原先。

⑥ 形：形体，形骸。

⑦ 杂乎芒芴：一种恍惚迷离、亦真亦幻的神秘状态，是从无到有转化的中间环节，也是天地万物的起点。

⑧ 此句比喻死生如同四时运行一样自然。

⑨ 且：假如。偃然：安息的样子。巨室：比喻天地之间。

⑩ 噭（áo）噭然：哀哭声。

【译文】

庄子妻子死了，惠子来吊丧，庄子正盘膝而坐，一边敲击瓦盆，一边唱歌。

惠子说：“你跟妻子生活了一辈子，孩子大了，她也老迈了，现在她死了，你不哭也就罢了，又敲击瓦盆唱歌，不是太过分了吗！”

庄子说：“不对啊。这个人刚死的时候，我怎么能不感慨伤心呢！然而推究她最初本来是未曾有生命，不但未曾有生命，而且本来没有形体，不但没有形体，而且本来就不曾形成元气。夹杂在恍惚迷离的境域之中，变化而有了元气，元气变化而有了形体，形体变化而有了生命。现在又由变化变成死亡，这就像那春秋冬夏四季交替运行一样。假如有人安稳地睡在大房子里，而我在旁边哭泣不止，自以为这样做是不通达天命，所以停止哭祭。”

【品评】

察其始而本无生，非徒无生也而本无形，非徒无形也而本无气。杂乎芒芴之间，变而有气，气变而有形，形变而有生，今又变而之死，是相与为春秋冬夏四时行也。

庄子妻死，不悲反歌，看似不通情理，其实别有深意。认识到个体本来为宇宙间匆匆过客，生不由己，死由天定，生死与悲喜又有何干？庄子“鼓盆而歌”是因为看穿了事物的本质，这是一种智者的豁达。也许你我都无法做到庄子这般豁达，可是，人在旅途，有时候我们确实需要学会放下。生命，对于芸芸众生来说都是一样的，生老病死花开花谢终是一场轮回，而历史的天空仍然艳阳高照，历史的长河依然奔流不息。正如老子所说：“万物并作，吾以观复。”不妨像陶潜那样：“死去何足道，托体同山阿！”（《挽歌》）人之死不过是回归自然罢了，又有什么值得悲伤的呢？或者就像龚自珍所说：“化作春泥更护花”吧，倒是人生更有价值的事业呢！

无论生死得失，都无须悲戚哀绝，一切顺遂自然，这样才可远离红尘喧嚣，求得心灵平静，才能得到真正的快乐啊！

【原文】

支离叔与滑介叔观于冥伯之丘[①]，昆仑之虚[②]，黄帝之所休[③]。俄而柳生其左肘[④]，其意蹶蹶然恶之[⑤]。支离叔曰："子恶之乎？"滑介叔曰："亡[⑥]，予何恶！生者，假借也[⑦]；假之而生生者[⑧]，尘垢也。死生为昼夜。且吾与子观化而化及我[⑨]，我又何恶焉！"

【注释】

① 支离叔、滑介叔：皆虚拟人名。冥伯之丘：喻杳冥之境。

② 昆仑之虚：比喻遥远渺茫神秘、不易达到的境界。虚：同墟，土丘。

③ 所休：止步的地方。

④ 俄而：不久、随即。表示时间很短暂。柳：通瘤。

⑤ 蹶（guì）蹶然：惊动的样子。恶：厌恶。

⑥ 亡：同无，表否定。

⑦ 假借：人之生是借助二气五行，四肢百体合和而成。

⑧ 这句的意思是人体既是假借而生，人体之瘤则是假借而生者之所。

⑨ 观化：观于变化。化：生死变化。

【译文】

支离叔和滑介叔到冥伯的山丘上和昆仑的旷野上，这就是黄帝曾经休息之处。随即在滑介叔左肘上生出一个瘤子，他表现出惊惧不安好像很厌恶这个肿瘤。

支离叔说："你厌恶它吗？"

滑介叔说："不，我怎么会厌恶它！身体不过就是外物假合而成的。外物假合而成的身体，就像尘垢一时间的聚合和凑集罢了。死生好比是昼夜交替一般的运转。而且我与你观察造化之运行，现在变化来到我的身上，我又为什么要厌恶它！”

【原文】

颜渊东之齐，孔子有忧色。子贡下席而问曰[①]：“小子敢问，回东之齐，夫子有忧色，何邪？”

孔子曰：“善哉汝问。昔者管子有言，丘甚善之，曰：‘褚小者不可以怀大[②]，绠短者不可以汲深[③]。’夫若是者，以为命有所成而形有所适也[④]，夫不可损益。吾恐回与齐侯言黄帝尧舜之道，而重以燧人神农之言。彼将内求于己而不得，不得则惑，人惑则死[⑤]。

“且女独不闻邪？昔者海鸟止于鲁郊，鲁侯御而觞之于庙，奏《九韶》以为乐，具太牢以为膳[⑥]。鸟乃眩视忧悲，不敢食一脔[⑦]，不敢饮一杯，三日而死。此以己养养鸟也，非以鸟养养鸟也。夫以鸟养养鸟者，宜栖之深林，游之坛陆，浮之江湖，食之鳅鲦，随行列而止，委蛇而处[⑧]。彼唯人言之恶闻，奚以夫譊譊为乎[⑨]！《咸池》《九韶》之乐 ，张之洞庭之野，鸟闻之而飞，兽闻之而走，鱼闻之而下入，人卒闻之，相与还而观之[⑩]。鱼处水而生，人处水而死。彼必相与异，其好恶故异也，故先圣不一其能，不同其事[⑪]。名止于实[⑫]，义设于适[⑬]，是之谓条达而福持[⑭]。”

【注释】

① 下席：又称避席。古人席地而坐，在问话时，为了表示敬意，离座站立，称下席。

② 管子：管仲，春秋时期齐国人，曾相齐桓公40年，协助桓公创建霸业，是中国历史上著名政治家、思想家。褚（zhǔ）：盛衣物的袋子。怀：包藏。

③ 绠（gěng）：汲水时，系吊桶的绳子，俗称井绳。汲深：从深井中汲水。

④ 命有所成：命运各有所定，不可改变。形有所适：形体各有适宜之处。

⑤ 人惑则死：人惶惑于心，忧思不懈，则会迁怒对方而杀害他。

⑥ 御：迎接。觞（shāng）：饮酒器具。九韶：舜时乐曲名，韶乐被孔子称为尽善尽美之音乐。太牢：牛羊猪三牲皆备的最隆重的祭祀规格。膳：饭食。

⑦ 眩视：头晕眼花。脔（luán）：切成的肉块。

⑧ 坛陆：水中荒岛沙洲。鲦：白条鱼。行列：鸟飞行时所排的行列。委蛇：从容自如的样子。

⑨ 奚：何。哓哓（náo）：嘈杂喧闹。

⑩ 咸池：黄帝时乐曲名。张：开设。人卒：人众。还：环绕、围绕。

⑪ 彼：指鱼和人。相与异：相互在生活环境、要求等方面各不相同。

⑫ 名止于实：因实立名，名要限于与实相符。

⑬ 义设于适：义理设施要适宜于性。

⑭ 条达：条理通达。福持：保持福德。

【译文】

颜渊东去齐国，孔子面露忧愁之色。子贡离开座席上前问道："学生请问老师，颜回东去齐国，先生面呈忧色，这是为什么呢？"

孔子说："你问得很好！从前管子有句话，我觉得讲得很好，他说：'小袋子不能包藏大东西，短绳子不能汲出深井水。'之所以这样，就是因为命运各有所定，形体各有所适宜，都是不能随意增减的。我深恐颜回和齐侯谈论尧舜、黄帝之道，又进而推重燧人、神农的主张，齐侯听了将会内求于心却不能理解，不能理解就要产生疑惑，人起疑惑于心忧思不解，就会迁怒对方，这样颜回就要遭受灾祸了。

“再说，你难道不曾听说过吗？从前，有只海鸟飞落在鲁国都城的郊外，鲁侯把它迎进太庙，用酒宴招待，演奏九韶之乐去让它高兴，设太牢之宴为其膳食。而海鸟却头晕目眩忧愁悲苦，不敢吃一块肉，不敢饮一杯酒，三天就死了。这是按照自己的生活方式去养鸟，不是根据鸟的习性去养鸟。按照鸟的习性去养鸟，就应该让它在深林中栖息，在沙滩上漫游，于江湖水面漂浮，捕食小鱼作为食物，随鸟群行列飞行栖止，悠游自在地生活着。鸟最怕听到人的声音，何以还要那么喧闹嘈杂呢！《咸池》、《九韶》之类的乐曲，如果在广漠的旷野上演奏，鸟儿听了要飞走，野兽听了要逃跑，鱼听了要潜入水底，一般人听了，却会围过来欣赏。鱼在水里才能生存，人在水里就会被淹死。人和鱼秉性各异，所以好恶也就不同。所以前代先圣不求才能的整齐划一，也不等同他们所做的事情。名义的留存应该与实际相符合，义理之设在于适宜自然，这就叫条理通达而又保持福德长久。”

【品评】

孔子曰：“且女独不闻邪？昔者海鸟止于鲁郊，鲁侯御而觞之于庙，奏《九韶》以为乐，具太牢以为膳。鸟乃眩视忧悲，不敢食一脔，不敢饮一杯，三日而死。此以己养养鸟也，非以鸟养养鸟也。”

颜渊要到齐国去，孔子非常忧虑。子贡问起原因。孔子担忧的原因是怕齐国国君不解颜渊谈论的治国之道而遭到不测，所以告诫颜渊一定真正了解己之道和齐国国君之道是否相合，否则就会像这个故事一样，把海鸟迎进太庙，演奏九韶之乐，待以太牢之宴，海鸟却头晕目眩忧愁悲伤，三日而死。孔子说，这就是以己养鸟，而非以鸟养鸟。如果颜渊如此，不仅达不到目的，还会伤害到自己。这个故事具有极强的现实性，人们常说好心办坏事，就是犯了这个错误。人们常常以自己的意志强加给他人，或者是按照自己的意志行事，其结果都得不到好的结果。值得人们深思。

【原文】

列子行食于道从[①]，见百岁髑髅[②]，攓蓬而指之曰[③]："唯予与汝知而未尝死，未尝生也[④]。若果养乎？予果欢乎[⑤]？"

【注释】

① 行食：出行途中造饭而食。道从：道旁。

② 百岁髑髅：形容骷髅年代很久。

③ 攓（qiān）：同搴，拔取。蓬：蒿草。

④ 汝：指髑髅。

⑤ 若：你，指骷髅。养：忧。

【译文】

列子出行在路旁吃饭，看见一具上百年的骷髅，他拔去蒿草指着骷髅说："只有我和你知道你是不曾死，也不曾生的。你果真忧愁吗？我又果真欢乐吗？"

【品评】

列子行食于道从，见百岁髑髅，攓蓬而指之曰："唯予与汝知而未尝死，未尝生也。若果养乎？予果欢乎？"

这反映了庄子的生死观。生死流转，这是自然因循变化的结果。万物源于自然又复归于自然，这就是生死的循环。所以，人们没有必要为生而欢乐，也没有必要为死而悲伤。对此要坦然处之。这种乐观放达的精神境界令人惊叹。

外篇

达 生

《达生》是庄子对通达人生的思考和探索。

庄子构建了『与道为一』的理想人生境界，指引人们通过对『道』的追求，达到人生的顺达与通畅。

庄子认为养生，要抛弃名利之累，使形体健全，情神充足，与天为一，要守住真朴这个生命之根，保持精神的独立和自由，内外兼养，适而不过。

与《养生主》相类，主要是讲养生之道，环绕着凝神养气这一中心思想，运用生动形象的故事寓言，以及意象思维的表达方式，让人领悟其中的玄虚之理。

【原文】

达生之情者[1]，不务生之所无以为[2]；达命之情者，不务知之所无奈何[3]。养形必先之以物，物有余而形不养者有之矣；有生必先无离形，形不离而生亡者有之矣[4]。生之来不能却[5]，其去不能止。悲夫！世之人以为养形足以存生，而养形果不足以存生，则世奚足为哉[6]！虽不足为而不可不为者，其为不免矣！

夫欲免为形者，莫如弃世[7]。弃世则无累，无累则正平，正平则与彼更生，更生则几矣[8]。事奚足弃而生奚足遗？弃事则形不劳，遗生则精不亏[9]。夫形全精复，与天为一。天地者，万物之父母也，合则成体，散则成始[10]。形精不亏，是谓能移[11]。精而又精，反以相天[12]。

【注释】

① 达：通达。生：有二义，一指生命，一指自性。情：实情、真相。

② 务：勉力从事。生：性。无以为：无法做到的。

③ 无奈何：智力所不能及，无可奈何的领域。

④ 无离形：生命不能离开形体而独存，所以养生必先

保体。形不离而生亡：形体虽未失去而心已死，即是生亡。

⑤ 却：推却，拒绝。

⑥ 奚足为：何足为，不足为之意。

⑦ 免为形：免去为保养形体之操劳。弃世：抛弃世俗之人养形以存生之见。

⑧ 彼：自然之造化。更生：推移更新。几：近，近于道。正平：心正气平。

⑨ 精不亏：精神不亏损。

⑩ 合则成体，散则成始：物质元素相合则成万物之形体，离散便成为另一个物体结合的开始。

⑪ 移：随自然变化推移更新。

⑫ 精而又精：使精神完美之上更加完美。相：助。

【译文】

通达生命实情的人，不追求生命中所不必要的东西；通达命运实情的人，不追求命运所无可奈何的事情。保养形体必须先用物资，然而物资有余而形体却保养不好；保存生命必使其不与形体分离，然而有些人形体没有离散而生命却已经亡失了。生命的来临不能拒绝，生命的离去自然也不能阻止。真是可悲呀！世人都以为保养形体就足以保存生命，然而保养形体果真不足以保存生命，那么世上还有什么事情值得去做呢？虽然不足为又不可不为，这样去做自然就不免疲累了。

要想免去为形体而疲累，就不如舍弃世俗。舍弃世俗就没有牵累，没有牵累就心气平易淡漠，心气平易淡漠就能与自然一起变化更新，与造化变化更新则接近于大道！世俗为什么必须舍弃？生命为何必须遗忘？舍弃世事则形体不疲累，遗忘生命则精神不亏损。形体健全和精力充足，就能与自然合二为一。天和地，是万物产生的根源。天地阴阳结合则生成万物形体，物体一旦离散就成为另一物体结合的开始。形体与精神不亏损，就能随着自然变化而更新。使精神完美之上更完美，就能反过来辅助自然的化育。

【原文】

仲尼适楚，出于林中，见痀偻者承蜩，犹掇之也[1]。

仲尼曰："子巧乎，有道邪？"曰："我有道也。五六月累丸二而不坠，则失者锱铢[2]；累三而不坠，则失者十一；累五而不坠，犹掇之也。吾处身也[3]，若厥株拘；吾执臂也，若槁木之枝[4]；虽天地之大，万物之多，而唯蜩翼之知。吾不反不侧，不以万物易蜩之翼[5]，何为而不得！"

孔子顾谓弟子曰："用志不分，乃凝于神，其痀偻丈人之谓乎[6]！"

【注释】

① 痀偻（gōu lóu）：或作佝偻，驼背。承蜩：用杆去粘蝉。出：经过。掇：拾，拾取。

② 失：失误。锱铢：形容很少。

③ 处身：立定身体。

④ 厥株拘：立着的断树桩子。厥：通橛，竖。拘：立木。执臂：控制手臂。

⑤ 不反不侧：形容心志凝注专一，指身心均活动。易：交换，改变。

⑥ 凝于神：精神凝聚专一。

【译文】

孔子往楚国去，从林中走出来，看见一位驼背老人在捕蝉，就像拾取一般熟练。

孔子说：“老先生真是灵巧啊，有什么妙法吗？”

回答说：“我是有妙法的。技艺练到五六个月时间，在竿头上累二个小丸，可以持竿而不使坠地，这时去捕蝉，逃掉的就很少了；在竿头累三丸而能不坠，则逃掉的蝉只有十分之一；在竿头累五丸而能不坠，再去捕蝉就如同拾取一样容易了。我立定身体，就像一根立着的断树桩；我控制手臂，就像枯树枝。虽然天地广大，万物众多，我只知蝉的翅膀。我心志凝注专一，不肯用万物交换蝉翼，为什么不能得到呢！”

孔子回过头对弟子们说：“用志不分散，精神凝聚专一，不就是说的驼背老人吗！”

【品评】

虽天地之大，万物之多，而唯蜩翼之知。

孔子顾谓弟子曰：“用志不分，乃凝于神，其佝偻丈人之谓乎！”

驼背老人能够做到粘蝉就像从地上拾取一样的轻松容易，这是因为他能够做到“虽天地之大，万物之多，而唯蜩翼之知”，“用志不分，乃凝于神”，达到了出神入化的地步。而老人粘蝉的技术到了这种炉火纯青的地步，与他先前训练自己的过程分不开。他一方面要提高控制手的颤动的技巧，一方面帮助自己专心，因为若是不专心，手会因心有旁骛而被带动，很难像树枝一样一动也不动。

当然更重要的是他的专心致志，心无旁骛的凝神虚志，也是一种忘我，忘却世间的一切，从世俗的利害冲突中解脱出来，达到一种超脱外物而神游的极致境界。

在我们生活中，要努力做到内心持守不移，不顺从外物的影响，达到精神的凝聚，才能成就自己的学业和事业。

【原文】

颜渊问仲尼曰："吾尝济乎觞深之渊，津人操舟若神[①]。吾问焉曰[②]：'操舟可学邪？'曰：'可。善游者数能[③]。若乃夫没人，则未尝见舟而便操之也[④]。'吾问焉而不吾告，敢问何谓也[⑤]？"

仲尼曰："善游者数能，忘水也[⑥]；若乃夫没人之未尝见舟而便操之也，彼视渊若陵，视舟之覆犹其车却也[⑦]。覆却万方陈乎前而不得入其舍，恶往而不暇[⑧]！以瓦注者巧，以钩注者惮，以黄金注者殙[⑨]。其巧一也，而有所矜，则重外也[⑩]。凡外重者内拙[⑪]。"

【注释】

① 济：渡。觞深：渊名，水深而形似酒杯，故名。地在宋国。津人：摆渡人。操舟：撑船。

② 焉：于此，指"操舟若神"之事。

③ 善游者：擅长游水的人。数能：很快学会。

④ 若乃：至于。没人，善于潜水的人。

⑤ 吾告：告诉我。

⑥ 忘水：忘记对水的恐惧。

⑦ 视渊若陵：把水上看成同陆上一样。陵：丘陵、高地。却：退却。

⑧ 万方：万端。指变化无穷的各种事端。舍：指心。暇：闲暇，悠闲、从容不迫。

⑨ 注：赌注。巧：轻巧。钩：带钩。惮：担心害怕。殙（hūn）：心绪昏乱。黄金贵重之物，胜负非同小可，

故而思想负担极重，举措失常，以这种心绪去赌很少有不输掉的。

⑩ 矜（jīn）：顾惜。外：身外之物，如带环、黄金之类。

⑪ 拙：笨拙。

【译文】

颜渊问孔子说："我曾经觞深之渊过渡，摆渡人驾船的技艺实在神妙。我问及此事说：'驾船可以学习吗？'回答说：'可以。善于游水的人很快就可以学会。至于会潜水的人，他们即便未曾见过船，也能操纵自如。'我再问他如何学习，他就不肯告诉我，请问这是什么意思呢？"

孔子说："善于游水的人很快就能学会，是因为他们适于水性，忘记对水的恐惧；至于那会潜水的人，他们即使未见船也能操纵自如，是因为他们把水上当成陆地看待，把船之覆看成车的倒退。翻船退车等变化无穷的各种情景摆在面前，丝毫不能扰乱他们的内心，这样他们何往而不悠闲从容！以瓦片为赌注的人便会心灵手巧，以衣带环为赌注的人就会害怕心虚，以黄金为赌注就会心绪昏乱。他们的技巧还是一样的，而因为有所顾惜，那就是格外注重身外之物了。大凡格外注重身外之物的人，其内心必然笨拙。"

【品评】

以瓦注者巧，以钩注者惮，以黄金注者殙。其巧一也，而有所矜，则重外也。凡外重者内拙。

庄子借孔子之口，指出，大凡格外注重身外之物的人，其内心必然笨拙。以瓦片为赌注会很轻松，以皮带环为赌注就开始心虚，以黄金为赌注就会心绪错乱，技巧虽然一样，但赌注的价值是不一样的，对人的心理影响也是不一样的。一个人如果对外在名利看得太重，就会身心疲惫。我们常说，有的人活得太累了，就是受外在之物所累。

【原文】

纪渻子为王养斗鸡[①]。十日而问："鸡已乎[②]？"曰："未也，方虚憍而恃气[③]。"十日又问，曰："未也，犹应向景[④]。"十日又问，曰："未也，犹疾视而盛气。"十日又问，曰："几矣，鸡虽有鸣者，已无变矣[⑤]，望之似木鸡矣，其德全矣[⑥]。异鸡无敢应者，反走矣[⑦]。"

【注释】

① 纪渻（shěng）子：纪姓，渻子，名，亦作"消"。王：指齐王。

② 已乎：已经。练成了吗。问其是否已将斗鸡练成。

③ 虚憍：内心空虚而神态高傲，色厉内荏的样子。憍：同骄。恃气：自恃意气。

④ 向景：向同响，景同影。发觉鸡的声音影子就有所反映。

⑤ 无变：不为变动。

⑥ 德全：精神凝寂。

⑦ 异鸡：其他的鸡。应：应战，对敌。反：通"返"。

【译文】

纪渻子替周宣王驯养斗鸡。

过了十天，周宣王问道："斗鸡训练成了吗？"

纪渻子回答说："还没有，正虚浮骄矜而自恃意气呢！"

十天后宣王又来问，回答说："还没有，听到鸡的声音，看到鸡的影子就有反应。"

十天后又问，回答说："还没有，现在还视物敏锐，意气强盛。"

十天后再来问，回答说："差不多了，虽有鸣叫挑战者，但是已经不为所动，看上去像个木鸡了，它已精神凝寂，不动不惊了。其他的鸡没有敢与应战者，都见到它回头走了。"

【原文】

孔子观于吕梁[①]，县水三十仞，流沫四十里[②]，鼋鼍鱼鳖之所不能游也[③]。见一丈夫游之，以为有苦而欲死也，使弟子并流而拯之[④]。数百步而出，被发行歌而游于塘下[⑤]。

孔子从而问焉，曰："吾以子为鬼，察子则人也。请问，蹈水有道乎[⑥]？"

曰："亡，吾无道。吾始乎故，长乎性，成乎命[⑦]。与齐俱入，与汨偕出[⑧]，从水之道而不为私焉。此吾所以蹈之也。"

孔子曰："何谓始乎故，长乎性，成乎命？"

曰："吾生于陵而安于陵[⑨]，故也；长于水而安于水，性也；不知吾所以然而然，命也。"

【注释】

① 吕梁：究指何处，说法不一。钟泰《庄子发微》："吕梁在今江苏铜山县东南，所谓吕梁洪者，是也。郦道元《水经注》云：'泗水过吕县南，水上有石梁，谓之吕梁'。"其地当时属宋国，距孔子故里曲阜不远。孔子曾游历宋国，吕梁指此较可信。

② 县水：瀑布。县：同悬。流沫：瀑布泻下溅起的水沫。

③ 鼋（yuán）：鳖中之大者为鼋。鼍（tuó）：鳄鱼类，俗称猪婆龙，有说即扬子鳄。
④ 并：傍。拯：援救。
⑤ 被发：披散着头发。行歌：边走边哼着歌谣，显出潇洒悠闲的样子。塘下：岸边。
⑥ 蹈水：踩水、游水。
⑦ 故：习惯。命：自然之理。
⑧ 齐：同“脐”，旋涡。水流旋转如磨，旋涡中央即是脐。汩（gǔ）：涌流。
⑨ 陵：高地。

【译文】

孔子在吕梁观赏山水，见到瀑布从二十多丈高处泻下，激流溅沫四十里外，鱼鳖鼋鼍也无法游过。看见一个男人在那里游水，以为是有困苦想投水寻死的人，赶紧让弟子们顺水赶去援救他。数百步以外那个人从水中浮出上岸，披散着头发，哼着歌在岸边闲游。

孔子跟过去问道：“我以为你是鬼，仔细观察才知你是人呢。请问，游水有什么道术吗？”

那人回答说：“没有，我没有什么道术。我起初是习惯，长大了是习性，有所成就是顺其自然。我与旋涡一同没入，又随涌出的旋涡浮出，顺从水之性而不由自己。这就是我游水的方法。”

孔子说：“什么叫做‘起初是习惯，长大了是习性，有所成就是顺其自然’？”

那人回答说：“我生在高地而安于高地生活，这就叫起初于习惯；在水边长大，安于水上生活而久习成性，这就叫长大了是习性。自然而然就那样做了，而不知为什么要那样做，就是顺其自然。”

【原文】

东野稷以御见庄公[1]，进退中绳，左右旋中规[2]。庄公以为文弗过也，使之钩百而反[3]。颜阖遇之[4]，入见曰："稷之马将败[5]。"公密而不应[6]。少焉，果败而反。公曰："子何以知之？"曰："其马力竭矣，而犹求焉[7]，故曰败。"

【注释】

① 东野稷：姓东野名稷。御：驾驭车马。庄公：鲁庄公，为春秋前期鲁国君主。
② 中：合乎。绳为直线，规为弧线。
③ 钩百：驾驭车马兜一百个圈子。钩：转。反：同"返"。
④ 颜阖：鲁之贤人。遇之：遇见东野稷驾车表演。
⑤ 败：垮掉。
⑥ 密：默。
⑦ 求：驱赶不停。

【译文】

东野稷以善于驾车得见鲁庄公。他驾车前进后退像绳子一般笔直，左右旋转像圆规一样圆，庄公以为即使是画图也不过如此。命他驾车兜一百个圈子再回来。

颜阖遇见，进来见庄公说："东野稷的马就要垮掉了。"

庄公默不作声。

一会儿，果然因马力竭而回。庄公说："您何以知道马要垮掉呢？"

回答说："他的马气力已经用尽了，还驱赶不停，所以知道会垮掉。"

【原文】

工倕旋而盖规矩[①]，指与物化而不以心稽[②]，故其灵台一而不桎。忘足，屦之适也；忘要，带之适也[③]；知忘是非，心之适也；不内变，不外从，事会之适也[④]。始乎适而未尝不适者[⑤]，忘适之适也。

【注释】

① 倕：传说为尧时能工巧匠。盖：胜过。
② 稽：计量。
③ 桎：通窒，滞塞之意。要：同腰。忘记腰的粗细，带子就都合适。
④ 不内变：持守自性，虚静淡漠。不外从：不随外物迁变。事会：与外界事物的接应。
⑤ 始乎适：庄子认为，本来自性与外物是相适应的，如心存适应观念，还是把己与物分开，还不是真正的相适应，只有忘记适应，消除物我界线，才是真正无所不适。

【译文】

工倕旋物而测胜过有圆规矩，他的手指随物像凝合为一而变化，而不必用心思来计量，再作有意度量，所以他的心灵专一而没有滞碍。忘了视角的大小，什么鞋子都合适；忘记腰的粗细，什么带子都合适；忘记了是非，心无所不适；持守自性，不随物迁变，与外物交接无不适应。本来自性与外物是相适应的，而要达到无所不适应，就忘记为了适应而适应。

外篇

山木

本篇的主旨是讨论处世之道。庄子虚构了逃避现实的理想境界，把虚己免害的处世方法与物无终始的哲学发展观结合起来，论证天与人之同一。

《山木》以山中的树木之为砍伐为切入点，探讨人在乱世如何避祸保全身的问题。庄子把『材』与『不材』从政治抉择过渡到顺物自然的哲学思考，因而他无论选择了其中的『材』或『不材』，实际上是追求逃避现实的虚无境界，但是也同样体现了自然而然的道的智慧，表现出天道自然的深层含义。在生存上，要懂得适应变化，见机行事；在道德上，可以淡化身外之物，浮游于道德之乡，与时俱化，物我两忘，超越名缰利锁的束缚，将会避免很多祸患。

【原文】

庄子行于山中，见大木，枝叶盛茂，伐木者止其旁而不取也。问其故，曰："无所可用。"庄子曰："此木以不材得终其天年[①]。"夫子出于山，舍于故人之家。故人喜，命竖子杀雁而烹之[②]。竖子请曰："其一能鸣，其一不能鸣，请奚杀？"主人曰："杀不能鸣者。"明日，弟子问于庄子曰："昨日山中之木，以不材得终其天年；今主人之雁，以不材死。先生将何处[③]？"庄子笑曰："周将处乎材与不材之间。材与不材之间，似之而非也，故未免乎累[④]。若夫乘道德而浮游则不然[⑤]，无誉无訾，一龙一蛇[⑥]，与时俱化，而无肯专为[⑦]。一上一下，以和为量[⑧]，浮游乎万物之祖。物物而不物于物[⑨]，则胡可得而累邪！此神农、黄帝之法则也。若夫万物之情，人伦之传，则不然[⑩]。合则离，成则毁[⑪]，廉则挫，尊则议[⑫]，有为则亏，贤则谋，不肖则欺[⑬]，胡可得而必乎哉！悲夫！弟子志之，其唯道德之乡乎[⑭]！"

【注释】

① 不材：不成材。天年：自然寿命。

② 竖子：童仆。雁：鹅。鹅由雁驯化成，故亦称鹅为雁。烹：应作享，通飨，招待、款待之意。

③ 何处：如何自处。指在材与不材间选择哪种以立身自处。

④ 未免乎累：不能免于受牵累。

⑤ 若夫：至于。乘道德：顺自然。浮游：茫然无心的漫游。

⑥ 訾（zī）：毁谤非议。一龙一蛇：屈伸不定，随时而变化。

⑦ 专为：不主于一端。

⑧ 和：和顺。量：度量。

⑨ 物物：按物本性去主宰支配物。不物于物：不被外物所支配役使。

⑩ 伦：习俗。

⑪ 成则毁：有成就有毁，成必转为毁。

⑫ 廉：刚正、有棱角。议：非议，指责。

⑬ 谋：算计、暗算。欺：戏弄欺侮。

⑭ 志：记。乡：同向，趋向、归向。

【译文】

庄子在山中行走，见到一棵大树，枝繁叶茂。伐木人停在旁边却不去砍伐。问他为什么不去砍伐，他说："没有什么用处。"庄子说："这棵树因为不够良材得以享尽它的自然寿命。"庄子从山中走出，寄宿在友人家中，友人很高兴，命童仆杀鹅招待客人。童仆请示说："有一只鹅能鸣叫，有一只不能鸣叫，请问杀哪一只？"主人说："杀那只不会鸣叫的。"第二天，弟子向庄子问道："昨天山中之树，因为不成材得以终其自然寿命，今天主人之鹅，因不成材而被杀。先生将处于何种情境呢？"庄子笑着说："我庄周将处在材与不材之间。成材与不成材之间，好像与大道相似，其实不然，所以也不能免于拖累。若是顺应自然而游于虚无之境，就不大一样了。那时，既无赞誉也无毁谤，时隐时现犹如龙蛇一般，随时变化，而不偏执一端。上上下下随意飞腾与潜伏，以顺应自然为准则，游心于万物产生之前的混沌境界。主宰万物而不为物所役使，那么怎么还会受到外物的牵累呢！这就是神农、黄帝的处事法则。至于万物之情理，人世的习俗就不是这样。有了汇合就有分离，有了成功就有毁坏，刚直的将受挫伤，尊贵的将遭非议，有作为的人将要受到亏损，贤能的人将要遭到暗算，没有出息的人将遭受欺侮。谁又得知荣辱祸福必将来临的原因呢？可悲呀！弟子们要记住，想要免于拖累，只有进入清静无为的大道境界了。"

【品评】

庄子笑曰："周将处乎材与不材之间。材与不材之间，似之而非也，故未免乎累。"

弟子看到山中大木因为不材而得以享尽天年，家中大鹅因为不材却遭宰杀，因此而感困惑，而请教庄子如何独处。庄子的回答值得回味，将处于材与不材之间。从庄子的本意讲，是要告诉弟子应因顺自然，游心于虚无之境，不要拘泥于偏执。但也给人见风使舵、投机取巧之意。一方面是保存自身性命的需要，另一方面也是现实社会的险恶造成的，是一种不得已的处世方法。今天的社会这种擅长处于材与不材之间的人士也不为少数。

【原文】

北宫奢为卫灵公赋敛以为钟[①]，为坛乎郭门之外，三月而成上下之县[②]。

王子庆忌见而问焉，曰："子何术之设[③]？"

奢曰："一之间，无敢设也[④]。奢闻之，'既雕既琢，复归于朴’。侗乎其无识，傥乎其怠疑[5]；萃乎芒乎[6]，其送往而迎来。来者勿禁，往者勿止；从其强梁[7]，随其曲傅[8]，因其自穷[9]，故朝夕赋敛而毫毛不挫，而况有大涂者乎[10]。”

【注释】

① 北宫奢：卫国大夫，名奢，居于北宫，因以为号。赋敛：募集，即募集铸钟费用。

② 坛：铸钟之处。县：同悬，悬的架子，上下两层，按钟之音律排列，可见所铸为编钟。

③ 术：方法。设：施行、使用之意。

④ 一之间：一心之间只有铸钟，别无他念。

⑤ 朴：质朴。既经雕琢，还要复归质朴。质朴纯一则能动人。侗（tóng）：纯朴的样子。傥（tǎng）乎：无心之状。怠疑：形容不急于求取。

⑥ 萃：聚集。芒：茫然不辨。说人们聚集一块，茫然不知分辨。

⑦ 从：同纵，听任。强梁：不顺从的。

⑧ 曲傅：曲意相附者。

⑨ 因：任。自穷：自尽其力，不加勉强。

⑩ 大涂：大路。

【译文】

北宫奢替卫灵公募集铸造编钟的费用，在城门外先设了祭坛，三个月就完成了上下两层的钟架。

王子庆忌见到，问他说：“你用的是什么方法呀？”

北宫奢说：“专心致志地铸钟，不敢使用其他办法。我听说，‘既已雕刻又琢磨，还要复归于真朴。’我无知无识不加分辨，淡漠无心而又呆滞，人们聚集而来我却茫然不知分辨，只是送走去的人，迎接来的人。来的人不拒绝，去的人不挽留。强横者不肯合作听其自便，曲意附合也随其自由，任其各尽其力而不勉强。所以虽然朝夕募捐，但是人民丝毫不会受到损伤，更何况遵循大道的人呢？”

【原文】

庄子衣大布而补之[①]，正緳系履而过魏王[②]。

魏王曰：“何先生之惫邪[③]？”

庄子曰：“贫也，非惫也。士有道德不能行，惫也；衣弊履穿，贫也，非惫也，此所谓非遭时也[④]；王独不见夫腾猿乎？其得枏梓豫章也，揽蔓其枝而王长其间[⑤]，虽羿、蓬蒙不能眄睨也[⑥]。及其得柘棘枳枸之间也[⑦]，危行侧视，振动悼栗；此筋骨非有加急而不柔也[⑧]，处势不便，未足以逞其能也。今处昏上乱相之间，而欲无惫[⑨]，奚可得邪？此比干之见剖心征也夫[⑩]！”

【注释】

① 大布：粗布。穿粗布制作又带补丁衣服。

② 緳（xié）：通絜，带子。正緳：整理扎束好腰带。系履：鞋子已磨穿，用麻绳扎牢。魏王：魏惠王。过：至，去。

③ 惫（bèi）：疲乏困顿。

④ 非遭时：生不逢时，没有遇见好世道。腾猿：善于腾跃之猿猴。

⑤ 枏（nán）：楠的异体字。梓：梓树，又称楸树。豫章：即樟树，亦为高大乔木。王长：怡然自得的样子。形容意气轩昂。

⑥ 羿：古代传说中善射的英雄。蓬蒙：羿之弟子，亦

是善射之人。眄睨（miǎn nì）：斜视瞄准。

⑦ 柘（zhè）：桑科灌木。棘：带刺的小型枣树。枳、枸：桔科带刺小灌木。

⑧ 危行：心存畏惧，行动谨慎。悼栗：畏惧战栗。加急：限制，收紧。

⑨ 昏上乱相：对当权君臣之责骂。

⑩ 见：先见。征：明证。

【译文】

庄子穿着一件打着补丁的粗布衣服，扎好腰带用麻绳绑着鞋子去见魏王。

魏王说："先生为何这样疲困呀？"

庄子说："是贫穷啊，并不是疲困。志士有道德却不得施行，这是疲困；而衣服破烂，鞋子磨穿，是贫穷，不是疲困，这是所谓生不逢时啊！大王您难道未曾见过腾跃的猿猴吗？它们在楠、梓、豫章之类高大树林中的时候，攀援着树枝而怡然自得于其间，就是善射的后羿与蓬蒙也只能无可奈何。等到它们在柘、棘、枳、枸等带刺的灌木丛中时，小心谨慎而左顾右盼，内心惊恐战栗；此时并非由于筋骨受到束缚而不柔软灵活，而是所处形势不利，不能施展它的本领啊。现在处于昏君乱相之时，想要不疲困，怎么可能呀？像比干的被剖心，就是最明显的例证啊！"

【品评】

士有道德不能行，惫也；衣弊履穿，贫也，非惫也，此所谓非遭时也。

我们一直认为庄周是个消极避世的家伙，满脑子想着做一个无人注视的臭椿，不为社会所用，视金钱和权势如粪土，宁可在泥中拖曳着尾巴生活，也不愿混迹于朝廷之中，享受尘世中大家都认为荣华富贵的生活。读到这里，我们会恍然大悟，原来如此！

因为自己所处的是个乱世。乱世中各色人等，都想有所作为。如有趁火打劫者，有企图拯救天下者，还有想养生全形的人。想力挽狂澜、拯救人民于水火之中者，不外乎以伦理教化治世和以暴易乱两条途径。前者只是混水摸鱼、暗渡陈仓的人，后者为瞒天过海和借刀杀人者提供了借口。窃钩者诛，窃国者为诸侯。昏上乱相，或荒淫或暴虐，或逐鹿中原攻城掠池，或杀人盈野劫夺财货，于是纷乱的世间每天都上演着无数的悲剧、闹剧、惨剧。

在这样一种背景下，个人恐怕不但无力回天，而且不知不觉变成了悲剧中的牺牲者，闹剧中插科打诨的小丑。个人成了荒原上的流浪者，“人生本是一个行走的影子，一个在舞台上指手划脚的拙劣的伶人，登场片刻，就在无声无息中悄然退下，这是一个愚人所讲的故事，充满了喧哗和骚动，找不到一点意义。”（《麦克白》）而庄子的济世之心也在这昏乱的世道里就像那涸辙里的鲋鱼一样，变成了一片鱼干。

对于庄子能够在乱世之中，保持一份清醒，保持一份精纯，也是难能可贵了。

【原文】

孔子穷于陈蔡之间，七日不火食，左据槁木，右击槁枝[①]，而歌猋氏之风，有其具而无其数[②]，有其声而无宫角，木声与人声，犁然有当于人之心[③]。

颜回端拱还目而窥之[④]。仲尼恐其广己而造大也，爱己而造哀也[⑤]，曰：“回，无受天损易，无受人益难[⑥]。无始而非卒也[⑦]，人与天一也。夫今之歌者其谁乎？”

回曰："敢问无受天损易。"

仲尼曰："饥渴寒暑，穷桎不行，天地之行也，运物之泄也，言与之偕逝之谓也[8]。为人臣者，不敢去之。执臣之道犹若是，而况乎所以待天乎[9]？"

"何谓无受人益难？"

仲尼曰，"始用四达[10]，爵禄并至而不穷，物之所利，乃非己也，吾命其在外者也[11]。君子不为盗，贤人不为窃，吾若取之何哉？故曰："鸟莫知于鷾鸸，目之所不宜处，不给视，虽落其实[12]，弃之而走。其畏人也，而袭诸人间，社稷存焉尔[13]。"

"何谓无始而非卒？"

仲尼曰："化其万物而不知其禅之者[14]，焉知其所终？焉知其所始？正而待之而已耳[15]。"

"何谓人与天一邪？"

仲尼曰："有人，天也[16]；有天，亦天也。人之不能有天[17]，性也，圣人晏然体逝而终矣[18]！"

【注释】

① 据槁木：执持木杖。槁枝：以枯枝为击节之策。

② 猋（biāo）：古通焱。焱氏即神农氏。风：歌谣。具：敲击拍节之木棍等。数：节奏之数。

③宫角：宫商角徵羽五声之代称。犁然：释然，悠然。

④ 端拱：拱手直立。还（xuán）目：回目。

⑤ 广己：彰显自己。造大：造作夸大。造哀：超乎自然，过分造作之哀痛。

⑥ 天损：自然带来的损害。人益：别人加给的超出自性的东西。

⑦ 无始而非卒：没有哪个起点不同时又是终点的。

卒：终。

⑧ 穷桎不行：穷困不通达。桎：通窒，滞碍。泄：发泄。偕逝：共同参与变化。

⑨ 待天：对待天道，对君命尚能执守勿违，何况是对待天道呢。

⑩ 始用四达：开始见用于世便顺利通达。

⑪ 非己：外物的利益，非己本有。

⑫ 知：同智。鹣鸸（yiér）：燕子。目之：看一眼。不宜处：不适宜停留。不给视：不再多看即离去。落：通"络"，网络。实：即食，诱饵。

⑬ 袭：入，这句的意思是，燕子畏惧于人，而又入于人宅筑巢以免害。社稷：指代国家。这里比喻鸟有所寄托，犹如人依存于社稷。

⑭ 化其万物：万物生灭变化无穷。禅：相互更代。

⑮ 正而待之：顺任自然的变化。

⑯ 有人，天也：人事变化莫不受天道支配。

⑰ 不能有天：指人不能支配天道。

⑱ 晏然：安然。体逝而终：体悟天道常行不息之性而终其天命。

【译文】

孔子一行穷困在陈国和蔡国交界处，七天没有生火煮饭。孔子左手靠着枯树，右手以枯枝击节，唱起神农氏时代的歌谣，虽有击节之具但不合节奏，有声音但不合音律。敲木之声与歌唱之声，舒徐动听，使人感到安适舒心。

颜回恭敬地拱手而立，转眼看着孔子。孔子担心他宽解自己而造作夸大，由于爱惜自己而陷于哀伤，就说："颜回呀，不受自然的损害容易，不受人的利禄难。没有哪个起点不是终点的，人和自然是同一的。既然一切都是不停变化的，谁知今日唱歌者又是谁呢？"

颜回说："请问什么叫做不受自然的损害容易？"

孔子说："饥渴寒暑的侵袭，困穷滞碍的不能通达，这是天地之运行，万物运动无穷之发泄，就是说与天地万物共同参与变化了。作为人臣，不敢违背君命。执守人臣之道尚且能如此，而何况对待自然呢！"

颜回又问："什么叫不受人的利禄难？"

孔子说："开始见用于世便各处无不通达，官爵俸禄并至而不穷尽。但是这些外物的利益，并非自己本身就有的，乃是性外之物，只是我的机遇得到这些外物罢了。君子不做强盗，贤人不做窃贼，我要取这些性外之物，为什么呢？所以说：鸟儿没有比燕子更聪明的了，看到不适宜之处，就不再多看即飞去，虽有网络诱饵，也会弃之而去。它们害怕人又入人宅，只是寄居筑巢以免害罢了。"

颜回又问："什么叫没有哪个起点不是终点的？"

孔子说："万物生灭变化无穷而不知如何相互更代，哪里知道它的终点？哪里知道它的起点？顺任自然、持守正道以待其变化就是了。"

颜回又问："什么叫人与天是同一的？"

孔子说："人事之变化，又无不受自然支配；自然的变化，也是出于自然。人不能支配天道，这是由其本性决定的，圣人安然体悟天道，顺任自然变化而终其天命。"

【品评】

"何谓人与天一邪？"

仲尼曰："有人，天也；有天，亦天也。人之不能有天，性也，圣人晏然体逝而终矣！"

这里借孔子之口阐释了庄子的关于“天人关系”的问题。人类社会的发展变化受自然的支配，自然的变化是自然而然。人不能胜天，这是天道自然的本性决定的。圣人不能违反这一规律，只能顺应才能终其天年。过去一段时间，我们曾执著地认为，人定胜天，不顾自然规律，而“创造”了很多“人间奇迹”，结果受到了自然的无情惩罚。我们应该像庄子那样，有点对天道自然的敬畏之情。

【原文】

庄子游于雕陵之樊[①]，睹一异鹊自南方来者，翼广七尺，目大运寸，感周之颡而集于栗林[②]。庄周曰：“此何鸟哉！翼殷不逝，目大不睹[③]。”蹇裳躩步，执弹而留之[④]。睹一蝉，方得美荫而忘其身；螳螂执翳而搏之[⑤]，见得而忘其形；异鹊从而利之，见利而忘其真。庄周怵然曰：“噫！物固相累，二类相召也[⑥]！”捐弹而反走，虞人逐而谇之[⑦]。

庄周反入，三月不庭[⑧]。蔺且从而问之：“夫子何为顷间甚不庭乎[⑨]？”

庄子曰：“吾守形而忘身，观于浊水而迷于清渊。且吾闻诸夫子曰：‘入其俗，从其令。’今吾游于雕陵而忘吾身，异鹊感吾颡，游于栗林而忘真，栗林虞人以吾为戮[⑩]，吾所以不庭也。”

【注释】

① 雕陵：陵园名。樊：同“藩”，藩篱。

② 异：异乎寻常。运寸：径寸，指鸟眼睛很大。感：

触碰。颡（sǎng）：额头。集：栖止。

③ 殷：大。逝：往，飞走。不睹：看不见人，以至触碰庄周额头。

④ 蹇（jiǎn）裳：提起裤角。躩（jué）步：快步，疾行。留：伺候。

⑤ 执翳（yì）：用树叶遮蔽自身，以便偷袭猎物。翳：遮蔽，隐蔽。

⑥ 相累：相互牵累。二类相召：不同物类相互召致。

⑦ 反走：返身跑回去。虞人：守园人。逐：追赶。谇（suì）：责骂。

⑧ 三月：应作三日。不庭：不快意、不开心之意。庭："庭"读为逞。

⑨ 蔺且（lìn jū）：庄子弟子。顷间：近来，近期。

⑩ 戮：辱。

【译文】

庄子到雕陵的栗园里游玩，看见一只怪的鹊鸟从南边飞来，翅膀长有七尺，眼睛直径有一寸长，碰到庄周之额头，而飞落在栗树林中。

庄周说："这是什么鸟啊！翅膀长而不远飞，眼睛大而不敏锐。"便提起裤角快步上前，拿着弹弓窥伺它的动作。这时看到一只蝉，正隐藏在浓密树荫下而忘记自身的危险；有只螳螂以树叶做隐蔽伺机偷袭，眼看自己得手而忘记自身形体的存在；那只怪鹊紧随其后，认为可以从中得利，只顾贪利而丧失了自己的真性。庄周惊恐而警惕地说："唉！世上的物类原本就是这样相互牵累、相互对立而又相互以利相招引。"于是丢下弹弓转身跑回去，守园人以为他偷了栗子，就在后面追赶责骂他。

庄周回到家中，接连三日不愉快。学生蔺且问他说："先生近来为什么很不愉快呀？"

庄周说："我留意外物的形体，而忘记了自身的安危；观赏于流动的浊水却迷惑于清澈的水潭。我听先生说：'入乡随俗，顺从禁忌。'现在我在雕陵中游玩却忘了自身，怪鹊触碰到我的额头，飞到栗林里而忘记了真性；看园人因而责骂我，所以我感到不愉快。"

【品评】

吾守形而忘身，观于浊水而迷于清渊。

"螳螂捕蝉，黄雀在后"，让我们感受到社会上很多人为了私欲而互相残杀的恐怖和悲哀。功名是祸患之源。在名利面前，人类几千年构建的很多的美德之殿也不堪一击，顷刻间土崩瓦解了。这样的例子在我们身边比比皆是。

这个故事还告诉我们，人们常常被眼前的一些蝇头小利蒙蔽了自己的眼睛和良心，为了金钱和权力，失去了自我。而且很多时候利益的巨大诱惑，使一些人迷失了自己的一切，成为金钱的奴隶。更有甚者，为了金钱，不惜铤而走险，做出连自己都感到匪夷所思的事情。

【原文】

阳子之宋，宿于逆旅[①]。逆旅人有妾二人，其一人美，其一人恶[②]，恶者贵而美者贱。阳子问其故，逆旅小子对曰[③]："其美者自美[④]，吾不知其美也；其恶者自恶，吾不知其恶也。"阳子曰："弟子记之，行贤而去自贤之行[⑤]，安往而不爱哉！"

【注释】

① 之：到。逆旅：旅店。
② 恶：丑。
③ 小子：年青人，指旅店主人。
④ 自美：自以为美。
⑤ 行贤：德行美好。自贤：自以为贤。

【译文】

阳子到宋国去，住在一家旅店里。旅店主人有两个小妾，其中一个相貌漂亮，一个相貌丑陋。然而，丑陋的被旅店主人尊宠，漂亮的却被旅店主人轻视。阳子询问其中的缘故。旅店主人回答说："那个漂亮的自以为很漂亮而骄矜，我却不认为她有多么漂亮；那个丑陋的女人自以为丑陋而安分守己，我并不认为她有多么丑陋。"阳子对弟子们说："弟子们要记住，品行美好而能忘掉自己美好品德的人，走到哪里会不被爱戴呢？"

【品评】

行贤而去自贤之行，安往而不爱哉！

从古至今，人们喜欢外貌美的人，但人们更喜欢内在美的人。因为漂亮的外表会衰老，而内在的美会常留心间。所以，品行美好的人，走到哪里都会得到人们的爱戴。庄子也在告诫人们，不要太关注一个人的外表，更应该看重一个人的内在品质。

外篇

田子方

本篇取第一句的前三字『田子方』为篇名，是以人名为篇名，与篇义无关。本篇宗旨与《至乐》、《达生》、《山木》等篇相近，重在阐述人生哲理，同时较系统地阐述了死生相待，莫知所究的生死观，以及天地阴阳『两者交通成和而万物生焉』和天地万物统一等宇宙论问题，是对内篇中有关这类问题的明确表述。

庄子认为好的君主主要具有『全德』，要『贵真』，要不为爵位所累，具有一颗无为的心。这便是无为而治的政治理想。在庄子看来，『无为』才是真正顺乎人民天性的，英明的君王只有通过『无为而无不为』的政治之道，才能使人民安居乐业，社会安宁，国家富庶。所以庄子理想中的帝王总是无为而治，从不忤逆人民的本真之性，不进行任何政治上的强制和干涉，引导人民返璞归真，皈依清静无为之境，表现出『无为而无不为』的政治智慧。

庄子认为，君主既要重视外在的礼义，又要理解百姓的深层需要，注重人的内心道德修养，这样的人才是全德。

《田子方》主要通过对话的形式，给我们描述了一幅理想的政治画面。

【原文】

田子方侍坐于魏文侯，数称谿工[①]。文侯曰：‘谿工，子之师邪？”子方曰：“ 非也，无择之里人也；称道数当[②]，故无择称之。”文侯曰：“然则子无师邪？”子方曰：“有。”曰：“子之师谁邪？”子方曰：“东郭顺子[③]。”文侯曰：“然则夫子何故未尝称之？”子方曰：“其为人也真，人貌而天虚，缘而葆真[④]，清而容物[⑤]。物无道，正容以悟之，使人之意也消，无择何足以称之[⑥]！”子方出，文侯傥然终日不言[⑦]，召前立臣而语之曰：“远矣，全德之君子，始吾以圣知之言仁义之行为至矣。吾闻子方之师，吾形解而不欲动[⑧]，口钳而不欲言。吾所学者直土梗耳[⑨]，夫魏真为我累耳！”

【注释】

① 田子方：魏文侯之师，名无择，魏之贤者。数：多次。谿（xī）工：人名，魏国贤人。
② 称道：言说伦理。数当：常常恰当，合乎道理。
③ 东郭顺子：虚拟人物。
④ 依照俞樾说法而句读。原本为“人貌而天，虚缘而葆真”。真：真诚。天虚：自然心性。缘：顺，随顺物

性。葆：保持。

⑤ 清而容物：心性高洁而又能容纳万物。

⑥ 物无道：人与事不合于道。悟之：使人自悟其失而改之，不加辞色。意：惑乱背道之心。

⑦ 傥然：自失的样子。

⑧ 形解：形体解脱。

⑨ 直：只是、仅仅是。土梗：土偶木偶，喻粗陋无用。

【译文】

田子方陪坐在魏文侯旁边，多次称赞谿工这个人。文侯说："谿工是先生的老师吗？"

子方说："不是，只是我的同乡。言谈见解常常中肯恰当，所以我称赞他。"

文侯说："那么你没有老师吗？"

子方说："有。"

文侯又问："你的老师是谁呢？"

子方说："东郭顺子。"

文侯说："可是，先生为什么没有称赞过他呢？"

子方说："他为人真纯，具有常人的体貌而内心合乎自然，随顺物性而保持固有的真性，心境清虚凝寂又能包容万物。人与物不合正道，他便首先端正自己，以此开悟别人，使人邪念自然消除。我能用怎样的语言来称赞他呢？"

田子方出去后，文侯若有所失地整天不说话，召来侍立在面前的臣子说："太深远玄妙了，真是一位德行完备的君子！原先我认为仁义的行为、圣智的言论已经达到极致了。现在我听到田子方讲述他老师的情况，我的身体松散不愿动，嘴巴就像被钳住一样不想开口。我原来所学的东西，简直就是粗陋不堪的土偶一样！那魏国真成了我的累赘啊！”

【原文】

颜渊问于仲尼曰，“夫子步亦步，夫子趋亦趋，夫子驰亦驰[①]，夫子奔逸绝尘，而回瞠若乎后矣[②]！”

夫子曰：“回，何谓邪？”

曰：“夫子步，亦步也；夫子言，亦言也；夫子趋，亦趋也；夫子辩，亦辩也；夫子驰，亦驰也；夫子言道，回亦言道也；及奔逸绝尘而回瞠若乎后者，夫子不言而信，不比而周，无器而民滔乎前[③]，而不知所以然而已矣。”

仲尼曰：“恶！可不察与！夫哀莫大于心死，而人死亦次之。日出东方而入于西极，万物莫不比方[④]，有目有趾者，待是而后成功，是出则存，是入则亡[⑤]。万物亦然，有待也而死，有待也而生。吾一受其成形，而不化以待尽[⑥]。效物而动，日夜无隙，而不知其所终，薰然其成形[⑦]，知命不能规乎其前，丘以是日徂[⑧]。吾终身与汝交一臂而失之，可不哀与？女殆著乎吾所以著也[⑨]。彼已尽矣，而女求之以为有，是求马于唐肆也[⑩]。吾服女也甚忘[⑪]；女服吾也亦甚忘。虽然，女奚患焉！虽忘乎故吾，吾有不忘者存[⑫]。”

【注释】

① 步：缓行。趋：小步疾行。驰：跑。

② 奔逸绝尘：极快。瞠（chēng）：直视的样子。

③ 比：私意亲近。周：周遍亲近。器：爵位。滔：聚。

④ 极：尽头。比方：言人顺着太阳的方向。比：顺也从。方：方向。

⑤ 是：此，指日。亡：无。

⑥ 受其成形：秉受天赋之形体。不化：不会化作他物。待尽：等待形体的消亡。

⑦ 无隙：变化日新不息，没有间隙。薰然：形容成形的样子。

⑧ 知命：知命之人。规："窥"的省字。日徂（cú）：一天天地参与变化。徂：往。

⑨ 殆：仅、只。著：可见的东西。

⑩ 唐：空。肆：集市。唐肆：空的集市。

⑪ 服：思存。

⑫ 故吾：过去的我。

【译文】

颜渊问孔子说："先生缓步我也缓步，先生快走我也快走，先生奔跑我也奔跑，先生奔逸绝尘，而我只能干瞪眼落在后面看了。"

孔子说："颜回，你说的这些话是什么意思？"

颜回说："先生缓步，我也跟着缓步；先生论说，我也跟着论说；先生快走，我也跟着快走；先生辩析事理，我也跟着辩析事理；先生奔跑，我也跟着奔跑；先生谈论大道，我也跟着谈论大道；及至先生奔逸绝尘，而我只能瞪着眼睛落在后面看，是说先生不用言说而取信于人，不表示私意亲近而情意传遍周遍的人，没有官爵利禄而人们相聚于前，却不知为什么现在能够做到这样。"

孔子说："噢！不可不明察呀！最悲哀莫大过于心死，而身死还是次要的。太阳从东方升起而没入于西天尽头，万物莫不顺着太阳的方向而动作。凡有眼有脚的人，必待日出而后有所作为。

日出而作，日入而息。万物也是这样，等候太阳的隐没而逐步消亡，仰赖太阳的升起而逐步生长。我一旦秉受大自然赋予我的形体，就不会转化为他物而等待着最终的衰亡。我随着外物的变化而运动，日夜不停息，从不会有过间歇。和气自动聚合成形体，知道命运是不可测度的，我因而天天参与变化。我一直与你这样接近，而你却不能了解这个道理，可不悲哀吗？你大概直视着眼于我显著的方面，而它们已经消逝了，你还着意追寻以为存在，这就如同在空空的市场上寻求马匹一样。我对你形象的思存很快就会遗忘，你对我的形象的思存也会很快成为过去。虽然如此，你又何必担忧！虽然忘记了过去的我，我还有永存的不被忘记的东西在。”

【原文】

列御寇为伯昏无人射，引之盈贯[①]，措杯水其肘上，发之，适矢复沓，方矢复寓[②]。当是时，犹象人也[③]。伯昏无人曰：“是射之射，非不射之射也[④]。尝与汝登高山，履危石，临百仞之渊，若能射乎？”

于是无人遂登高山，履危石，临百仞之渊，背逡巡[⑤]，足二分垂在外，揖御寇而进之[⑥]。御寇伏地，汗流至踵。

伯昏无人曰：“夫至人者，上窥青天，下潜黄泉，挥斥八极，神气不变[⑦]。今汝怵然有恂目之志[⑧]，尔于中也殆矣夫[⑨]！”

【注释】

① 列御寇：即列子。伯昏无人：虚拟人物。引之：拉弓弦。盈贯：张满弓。引：引弦。

② 适矢复沓（tà）：言箭射出后，又有第二只搭于弦上。适：去。沓：重，合。寓：寄。

③ 象人：木雕泥塑之人，形容其精神高度集中，身体纹丝不动的样子。

④ 射之射：有心之射的射法。无射之射：无心之射的射法。

⑤ 背逡巡：背对深渊退却。逡巡：退却。

⑥ 垂：悬空。揖：揖请。进：让。这句是说，让列御寇退到相同位置表演射箭。

⑦ 窥、潜：皆为探测之意。黄泉：地下之泉水。比喻地底极深暗处。挥斥：纵放。八极：八方。形容精神自由奔放。

⑧ 怵然：惊惧的样子。恂目：心惊目眩。志：意。

⑨ 中：命中。殆：疲困。

【译文】

列御寇为伯昏无人表演射箭，他把弓拉得满满的，在肘上放一杯水，发射出去，箭射出后又有一只扣在弦上，刚刚射出又一只寄在弦上，连续不停。在那个时候，他就像一个木偶一般纹丝不动。

伯昏无人说："这是有心的射，不是无心之射的射法。我想和你登上高山，踏着险石，身临百仞深渊，你能射吗？"

于是伯昏无人就登上高山，脚踏险石，背对着深渊向后退步，直到脚下有三分之二悬空在石外。

在那里揖请列御寇退至相同位置表演射箭。列御寇惊惧得伏在地上，冷汗流到脚跟。伯昏无人说："作为至人，上可探测青天，下可潜察黄泉，纵放自如于四面八方，而神情没有变化。现在你有惊恐目眩之意，你想射中就很难了！"

【品评】

伯昏无人曰："夫至人者，上窥青天，下潜黄泉，挥斥八极，神气不变。今汝怵然有恂目之志，尔于中也殆矣夫！"

列御寇为伯昏无人表演射箭，其箭术几乎达到炉火纯青的程度，但伯昏无人认为仍然是有心射箭。与其登临百仞深渊时，列御寇已经惊惧地伏在地上。伯昏无人教导说，如果有生死得失的顾虑，你要射中就很难了。的确如此，如果一个人过多地考虑自己的荣辱得失，就难以做到挥洒自如。

【原文】

肩吾问于孙叔敖曰[①]："子三为令尹而不荣华[②]，三去之而无忧色[③]。吾始也疑子，今视子之鼻间栩栩然，子之用心独奈何[④]？"

孙叔敖曰："吾何以过人哉！吾以其来不可却也[⑤]，其去不可止也，吾以为得失之非我也，而无忧色而已矣。我何以过人哉！且不知其在彼乎？其在我乎[⑥]？其在彼邪？亡乎我；在我邪？亡乎彼。方将踌躇，方将四顾，何暇至乎人贵人贱哉[⑦]！"

仲尼闻之曰："古之真人，知者不得说，美人不得滥，盗人不得劫，伏戏黄帝不得友[⑧]。死生亦大矣，而无变乎己，况爵禄乎！若然者，其神经乎大山而无介[⑨]，入乎渊泉而不濡，处卑细而不惫[⑩]，充满天地，即以与人，己愈有。"

【注释】

① 肩吾：隐者之名，见《逍遥游》。孙叔敖：春秋时

期楚国令尹，是楚国著名政治家。

② 令尹：楚国最高的军事行政长官，宰相。

③ 三去之：三次被免职。

④ 疑子：对孙叔敖是否真能做到毁誉不动，宠辱莫惊有所怀疑。鼻间：指呼吸。栩（xǔ）栩然：轻松欢畅的样子。

⑤ 却：推动、推辞。

⑥ 其：指荣华显贵。彼：指令尹。这句的意思是：不知荣华显贵是在令尹，还是在自身。

⑦ 方将：正在。踌躇：从容自得的样子。四顾：瞻顾四方之事。

⑧ 说：说服。美人：美色。滥：淫乱。伏戏：即伏牺氏。

⑨ 介：通界，界限，障碍。

⑩ 濡（rú）：沾湿。卑细：贫贱。惫：疲困。

【译文】

肩吾问孙叔敖说："您三次做令尹而不感到荣耀，三次被免职也没有忧色。我起初对此怀疑，现在见您呼吸轻松欢畅，您的心里是如何想的呢？"

孙叔敖说："我哪有什么过人之处啊！我认为它既然来了就无法推辞，它去了也无法阻止，我认为官职奉禄的得失不在于我，只是没有了忧愁之色而已。我哪有什么过人之处啊！何况不知荣华显贵是在于令尹呢，还是在我自身？如果是在于令尹，则与我无涉；如果在我自身，则与令尹无涉。那时我正在驻足沉思，顾及四面八方之事，哪里顾及到人间的贫贱呢！"

孔子听后说："古时候的真人，智者不能说服他，美色不能淫乱他，强盗不能劫持他，伏牺、黄帝这样的帝王也不能宠络亲近他。死生也算得上大事了，也不能影响到他自己，何况是官爵奉禄呢！像这样的人，他的精神穿越大山而没有障碍，进入深渊而不沾湿，处于贫贱而不疲困，充满大地之间，他愈是帮助别人，而自己更富有。”

【品评】

古之真人……其神经乎大山而无介，入乎渊泉而不濡，处卑细而不惫，充满天地，即以与人，己愈有。

孙叔敖能够三起三落而无动于衷，为什么呢？这是因为这不是自己汲汲所求的东西，而是顺其自然的事情：“吾以为得失之非我也，而无忧色而已矣。”

如果一个人真正做到像孙叔敖那样，追求精神的完备，内心不受外物（名利权势）的牵累，就可以真正达到那种不以物喜，不以己悲的高尚境界，自己也就可以逍遥自在地生活在这个社会上。

【原文】

楚王与凡君坐[①]，少焉，楚王左右曰凡亡者三[②]。凡君曰：“凡之亡也，不足以丧吾存。夫‘凡之亡不足以丧吾存’，则楚之存不足以存存[③]。由是观之，则凡未始亡而楚未始存也。”

【注释】

① 凡：国名，周公之后。凡亡后，凡君流亡至楚，做寓公。

② 三：三次或屡次之意。

③ 不足以存存：不足以现实之存在为存在。言存亡以道不以国，国亡而道存，未尝亡也；国存而道亡，未尝存也。

【译文】

楚王和凡国之君同坐，过了一会儿，楚王左右之臣多次来讲凡国已经灭亡了。

凡国之君说："凡国灭亡，不足以丧失我的存在。而凡国的灭亡既不足以丧失我的存在，那么，楚国的存在也就不足以保存它的存在。这样看来，可说凡国不曾灭亡而楚国不曾存在。"

外篇

知北游

本篇取开头三字『知北游』为篇名，是《庄子》中比较重要的一篇。集中阐述庄子和道家哲学的宇宙论、认识论。北游，指向北方游历。北方，在传统哲学体系中，称为『玄』，指幽暗、幽远之意。暗示了『道』是不可知的。开篇预示了主题。

庄子认为，『道』无处不在。其本质是不可闻，不可见，不可言。但『道』自然而然地发生着、作用着，引导着人们的生活。『道』渗透在万事万物之中，只要你细心体察，就可以发现其中的奥妙。

【原文】

知北游于玄水之上，登隐弅之丘，而适遭无为谓焉[①]。知谓无为谓曰："予欲有问乎若：何思何虑则知道？何处何服则安道？何从何道则得道[②]？"三问而无为谓不答也。非不答，不知答也[③]。

知不得问，反于白水之南，登狐阕之上，而睹狂屈焉[④]。知以之言也问乎狂屈，狂屈曰："唉！予知之，将语若。"中欲言而忘其所欲言[⑤]。

知不得问，反于帝宫，见黄帝而问焉。黄帝曰："无思无虑始知道，无处无服始安道，无从无道始得道。"

知问黄帝曰："我与若知之，彼与彼不知也[⑥]，其孰是邪？"

黄帝曰："彼无为谓真是也，狂屈似之；我与汝终不近也。夫知者不言，言者不知，故圣人行不言之教[⑦]。道不可致，德不可至[⑧]。仁可为也，义可亏也，礼相伪也[⑨]。故曰：'失道而后德，失德而后仁，失仁而后义，失义而后礼。'礼者，道之华而乱之首也[⑩]。故曰：'为道者日损，损之又损之以至于无为，无为而无不为也[⑪]。'今已为物也，欲复归根，不亦难乎！其易也，其唯大人乎[12]！

“生也死之徒，死也生之始，孰知其纪[13]！人之生，气之聚也；聚则为生，散则为死。若死生为徒，吾又何患！故万物一也[14]。是其所美者为神奇，其所恶者为臭腐；臭腐复化为神奇，神奇复化为臭腐[15]。故曰，‘通天下一气耳。’圣人故贵一[16]。”

知谓黄帝曰：“吾问无为谓，无为谓不应我，非不我应，不知应我也；吾问狂屈，狂屈中欲告我而不我告[17]，非不我告，中欲告而忘之也；今予问乎若，若知之，奚故不近[18]？”

黄帝曰：“彼其真是也，以其不知也[19]；此其似之也，以其忘之也；予与若终不近也，以其知之也。”狂屈闻之，以黄帝为知言[20]。

【注释】

① 知：虚拟人名。玄水：虚拟河流名。隐弅（fén）：假设之地名。无为谓：虚拟之得道者。

② 处：居处。服：行事。安：持守。何从问道：由何种途径，用何种方法。

③ 不知答：意思是说，无为谓视大地万物为一体，无分别之心，故对所问不知答。

④ 白水：传说中的河流名，与玄水相对。狐阕：虚拟的山名。狂屈：虚拟人名。

⑤ 中：心里。

⑥ 彼与彼：指无为谓与狂屈。

⑦ 不近：与道不相近。不言之教：不用言语的教化。

⑧ 致：招致、取得。至：达到。

⑨ 仁：指儒家之仁。亏：损弃。义：裁断是非的标准。礼相伪：礼是人制定的社会、道德规范，在推行中重

表面形式，不重内在真实，故易流于相互欺骗和诈伪。

⑩ 华：同花，装饰。比喻漂亮的外在形式。首：开始。

⑪ 损：减损，指减损人之知识、经验、欲望等。

⑫ 今已为物：现已成有形之物。大人：至人。

⑬ 徒：类。纪：规律。

⑭ 万物一也：万物有共通性，一体性。

⑮ 神奇与臭腐可以互相转化，从转化观点看，二者又是齐一的。

⑯ 通：贯通。一气：指一气为之。贵：看重。一：指生死的同一性。

⑰ 不我告：不告诉我。

⑱ 奚：何。不近：不接近大道。

⑲ 彼：指无为谓。真是：指真正知道大道。

⑳ 知言：懂得知者不言、言者不知的道理。

【译文】

知向北游历到玄水岸边，登上隐弅山丘，而恰巧遇到了无为谓。知对无为谓说："我想向你请教一些问题：怎样思索，怎样考虑才可认识道？如何居处、如何行事才可以持守道？通过什么途径、采用什么方法才可获得道？"问了好几次无为谓都不回答，不是不回答，而是不知道怎么回答。

知得不到解答，就返回到白水的南边，登上狐阕山丘，看见了狂屈。知又把先前那三个问题来问狂屈，狂屈说："唉！我知道，就告诉你。"心中想说的却忘记了所要说的内容。

知未得到回答，又回到帝宫，看见黄帝又问及那三个问题。黄帝说："没有思索、没有考虑才能认识道，无定处不作为才能持守道，没有任何途径和方法才能获得道。"

知问黄帝说："我和您知道这些，无为谓和狂屈却不知道，究竟谁是对的呢？"

黄帝说：“那个无为谓是真正对的，狂屈差不多，我和你始终没有能够接近大道。知道者不说出，言道者不知道，所以圣人实行的是不用言传的教化。道本于自然，不是可以依据言传获得的；德根于修养，不是可以凭着称述就达到的。仁可以作为，义可以亏损，礼是有虚伪的。所以说：‘丧失了道而后才有德，失去了德而后才有仁，失去了仁而后才有义，失去了义而后才有礼。’礼只是道华丽的外表，祸乱的开端，所以说：‘体察于道要天天减损虚伪的形迹，减损而又继续减损，一直达到无所作为，无所作为而后方能无不为。’如今人们已经成为有形之物，要想返回道之本根，不也是很难的吗！如果说容易做到的话，那只有得道的至人了！

“生为死的同类，死为生的开始，谁能知道生死的条理伦序！人的出生，是元气的聚合。元气聚合，人就有了生命；元气散失，人就走向死亡。如果死生本是同类的，我还有什么可以担忧的呢！所以万物是一体的，并无差别。这样，把那些所谓美好的东西看作是神奇，把那些所谓讨厌的东西看作是臭腐，而臭腐的东西可以再转化为神奇，神奇的东西可以再转化为臭腐。所以说，‘整个天下只不过是一气罢了’。圣人也因此看重万物同一的特点。”

知对黄帝说：“我问无为谓，无为谓不回答我，不是不回答我，是不知道要怎样回答；我问狂屈，狂屈内心里正想告诉我却没有告诉我，不是不告诉我，是心里正想告诉 我又忘掉了怎样告诉我；现在我想再次请教你，你懂得我所提出的问题，为什么又说回答了我便不是接近于道呢？”

黄帝说：“无为谓是真正知道者，因为他不知什么是道；狂屈他是接近于道的，因为忘记了什么是大道；我和你终究不能接近于道，因为我们知道了什么是道。”

狂屈听到后，认为黄帝是知言的。

【品评】

故曰："失道而后德，失德而后仁，失仁而后义，失义而后礼。"礼者，道之华而乱之首也。

按照庄子的看法，现在的社会已经倒退到必须用礼仪规范来约束的地步了。而又为什么说"礼"是乱之首呢？庄子的解释非常值得玩味。他认为，有了"礼"，必然就有违反"礼"的行为，"礼"是要规范、约束人的，而有的人就反对或不愿意受约束，由此必然带来对立和争斗，从而出现混乱。如果没有人为的规范和约束，也就没有违反和争斗，也就没有混乱。所以，庄子说，"礼"为乱之祸首。其中包含反向思考的意义。外在的约束越来越多，内在的自律越来越少，这是文明的进步，还是文明的衰落呢？值得人们思考。

【原文】

天地有大美而不言[①]，四时有明法而不议，万物有成理而不说[②]。圣人者，原天地之美而达万物之理[③]。是故至人无为，大圣不作，观于天地之谓也。

今彼神明至精，与彼百化[④]。物已死生方圆[⑤]，莫知其根也，扁然而万物自古以固存[⑥]。六合为巨，未离其内；秋毫为小，待之成体。天下莫不沉浮，终身不故[⑦]；阴阳四时运行，各得其序。惛然若亡而存[⑧]，油然不形而神[⑨]，万物畜而不知[⑩]。此之谓本根，可以观于天矣。

【注释】

① 大美：指天地覆载万物，生养万物而又不自居其功，具有最大美德。

② 明法：明显的规律。成理：指事物自然形成的特殊形式。

③原：归本、推究之意。达：通达。

④ 彼：指天地。神明：天地大自然的灵妙。彼：指万物。百化：百物之化。

⑤ 死生方圆：物或生或灭，或方或圆，变化无方，形态各异，莫知其所由来。

⑥ 扁然：犹翩，轻快的样子。

⑦ 沉浮：升降、往来。表示万物的相互作用与无穷变化。故：固定。

⑧ 惛然：暗昧的样子。

⑨ 油然：内含生意。

⑩ 畜：被畜养。

【译文】

天地有伟大的美却无法用语言表达，四时有显明的规律而不议论，万物有生成之理而不解说。圣人推究天地的大美而通达万物生成之理。所以至人自然无为，大圣人不妄自造作，这是说对于天地作了深入细致的观察。

天地神明精纯微妙，参与万物的无穷变化；万物的或生或死或方或圆的变化，却没有谁知道它的根源；一切都是那么自然而然地从古到今普遍存在着。六合虽然巨大，终究没能超出道之外；秋毫虽小，却依待道而成形体。天下万物无不在升降变化，它们不会一直就是固定的；阴阳四时的运行，各有自己的秩序；大道暗昧模糊似亡而存，流动变化不见形迹而神妙莫测，万物被它畜养而不自知。这就叫做本根，可以用它来观察自然之道了。

【原文】

啮缺问道乎被衣[①]，被衣曰："若正汝形，一汝视，天和将至；摄汝知，一汝度，神将来舍[②]；德将为汝美，道将为汝居，汝瞳焉如新生之犊而无求其故[③]。"言未卒，啮缺睡寐[④]。

被衣大说，行歌而去之，曰："形若槁骸，心若死灰[⑤]，真其实知[⑥]，不以故自持[⑦]。媒媒晦晦[⑧]，无心而不可与谋，彼何人哉[⑨]！"

【注释】

① 被衣：虚拟人物。

② 摄：收敛。一汝度：使思虑专一之意。神：神明之精，即道之功能活力。

③ 瞳（tóng）焉：无知直视的样子。犊：小牛。故：原由。

④ 卒：终。睡寐：睡着了。

⑤ 槁骸：枯骨。心若死灰：形容心枯寂不动，没有生机，像完全死灭之灰。

⑥ 真其实知：真正纯实之知。

⑦ 不以故自持：不自矜于事故。

⑧ 媒媒晦晦：懵懂无知的样子。媒：作昧。

⑨ 彼何人哉：他是个什么人啊！表达惊叹赞许之意。

【译文】

啮缺向被衣问道，被衣说："你要端正你的形体，集中你的视线，天然之自然的和气就会前来；收敛你的聪明，专一你的思虑，精神就会凝聚；德将为你显示其完美，道要作为你的居所。你纯洁无瑕的就像初生的小牛犊，而不要去追究事物的原由。"话未说完，啮缺已经睡着了。

被衣特别高兴，一边走一边唱歌而去，还说："形体如同枯骨，心神内敛如同死灰，真正纯实之知，不坚持自己的成见，懵懂暗昧，没有心机，不能和他计议谋划，他是个什么样的人啊！"

【原文】

东郭子问于庄子曰[1]："所谓道，恶乎在？"

庄子曰："无所不在。"

东郭子曰："期而后可[2]。"

庄子曰："在蝼蚁。"

曰："何其下邪？"

曰："在稊稗。"

曰："何其愈下邪？"

曰："在瓦甓[3]。"

曰："何其愈甚邪？"

曰："在屎溺。"东郭子不应。

庄子曰："夫子之问也，固不及质[4]。正获之问于监市履狶也，每下愈况[5]。汝唯莫必[6]，无乎逃物。至道若是，大言亦然[7]。周遍咸三者[8]，异名同实，其指一也。尝相与游乎无何有之宫，同合而论，无所终穷乎[9]！尝相与无为乎！澹而静乎！漠而清乎！调而闲乎[10]！寥已吾志，无往焉而不知其所至[11]。去而来而不知其所止，吾已往来焉而不知其所终；彷徨乎冯闳，大知入焉而不知其所穷[12]。物物者与物无际，而物有际者，所谓物际者也[13]；不际之际，际之不际者也[14]。谓盈虚衰杀，彼为盈虚非盈虚，彼为衰杀非衰杀，彼为本末非本末，彼为积散非积散也。"

【注释】

① 东郭子：住在东郭的一位先生。

② 期：必。必指出具体所在方可。

③ 稊稗（bài）：稗指稗草，稊与稗相似。甓（pì）：砖头。

④ 固：本来。质：实。

⑤ 正：古代管理市场的官名，名字叫获。监市：监管市场之人。狶：大猪。履：踩。每下愈况：用以比喻在最卑下处也有道的存在，可见道是无所不在的。

⑥ 必：限定，指明。

⑦ 至道：最高的道。大言：表达至道之言。

⑧ 周遍咸：三个同义词。

⑨ 无何有之宫：虚无之境，至道之乡，无所有而又无所不有。合同而论：把你的言论合同于至道之言。

⑩ 澹而静：淡漠而清静。漠而清：寂寞而清虚。调而闲：调和而安闲。

⑪ 寥：空虚寂寥。

⑫ 彷徨：逍遥自在的样子。冯闳（píng hóng）：广阔空虚之境。入焉：进入广阔虚空之境。穷：边际。

⑬ 物物者：主宰万物。与物无际：与具体有形之物没有分界。物际：物与物之间的分界。

⑭ 不际之际：没有界限的界限。际之不际：界限中的没有界限。

⑮ 盈虚衰杀：盈满、空虚、衰败、消杀。彼：指大道。

【译文】

东郭子问庄子说："所谓道，在哪里呢？"

庄子说："无所不在。"

东郭子说："必指出具体存在的地方才可以。"

庄子说："在蝼蛄蚂蚁之中。"

问说："为何在这样低下卑微之处呀？"

回答说："在稊稗里面。"

问说："为什么更加卑下呢？"

回答说："在砖头瓦片中。"

问说："怎么越来越卑下呢？"

回答说："在屎尿中。"

东郭子不再出声。

庄子说："先生所问的，本来就没有接触道的实质。一个名叫获的管理市场官员问屠夫如何踩猪腿检验猪的肥瘦，屠夫告知他愈是往下面踩愈能探知肥瘦的清楚。你不必要求证实道在哪个物上，所有的物都未逃离道外。最高的道就是这样，表达至道的伟大之言也是这样。周、遍、咸三者，名不同而实相同，它们所指之实是同一的。

"让我们尝试一同游历至道虚无之境，把你的言论合同于至道之言，就不会有所穷尽了！试着相互顺任自然无为，淡漠而清静啊！寂寞而清虚啊！调和而悠闲啊！吾心虚空寂寥，本无所往，故而不知所至何处，去了又来不知停在哪里，我已在其间来来往往，而不知哪里是终点。逍遥自在于广漠空虚之中，大智之人与道相契而不知它的究极。创生万物的道与万物本身并没有界域之分，而事物之间的分界，就是所谓事物之间的差异；没有差异的区别，也就是表面存在差异而实质并非有什么区别。所谓盈满、空虚、衰败、消杀，道使万物发生盈虚变化，而自身却没有盈虚分别；道使万物发生衰杀之变，而自身并不衰杀；道使万物有始终之变，而自身并非有始终；道能使万物有积散变化，而大道自身并非无积散。"

【品评】

东郭子问于庄子曰："所谓道，恶乎在？"庄子曰："无所不在。"

禅宗有一个公案，有一人问惟宽禅师：

“道在何处？”

师曰：“只在目前。”

又问：“我何不见？”

“汝有我故，所以不见！”

“我有我故，所以不见，和尚还见否？”

“有我有汝，辗转更是不见！”

“无我无汝还见否？”

“无我无汝，阿谁求见？”

无我是思想上和智慧上的一种境界，就是要摆脱有形的对待关系的束缚，我和人和万物都是一样的，使自己与虚空和宇宙同等，心佛众生原无差别，一切众生是我心中的众生，一切诸佛是我心中的诸佛，一切万物皆在我心中，除心之外，哪里还有众生呢？能如此想，虽度众生，而无有一个众生可度，如此超越的思想，那就是般若性空的实践者。

而在本文中，我们看到庄子对于世界万物的看法和自然之道的看法，和禅宗有相通之处。都是万物齐一，没有差异的。但是，禅宗的万物是心中的万物，而庄子的却是具体于眼前的真实世界，是超越禅宗的“唯心”观的。禅宗的“道在心中”与庄子的“道在万物”并不相同。庄子更加理性，认为道虽然无形，但是有情有信，并非独立于万物之上，而是以道性的方式浸润于万物之中，是无所不在而且无比尊贵的。

【原文】

光曜问乎无有曰[①]：“夫子有乎？其无有乎？”

光曜不得问，而孰视其状貌[②]，窅然空然[③]，终日视之而不见，听之而不闻，搏之而不得也[④]。光曜曰："至矣，其孰能至此乎！予能有无矣，而未能无无也。及为无有矣，何从至此哉！"

【注释】

① 光曜、无有：皆虚拟人物。
② 孰：通"熟"。熟视：仔细观察。
③ 窅（yǎo）然：本意深远，此为隐晦不明的样子。
④ 搏：触摸，抓取。

【译文】

光曜问无有说："先生是存在呢？还是不存在呢？"

光曜没有得到回答，就仔细观察它的形状和容貌，是那么隐晦空寂，整天看它也看不见，听也听不到，摸也摸不着。

光曜说："这已经达到极致了，谁能达到这种境界啊！我能达到'无'的境界，而未能达到'无无'的境界；等达到'无'的境界，又不免为'有'之境界，怎么达到这种境界呢？"

【原文】

大马之捶钩者[①]，年八十矣，而不失豪芒[②]。

大马曰："子巧与？有道与？"

曰："臣有守也[③]。臣之年二十而好捶钩，于物无视也[④]，非钩无察也。是用之者，假不用者也以长得其用[⑤]，而况乎无不用者乎[⑥]！物孰不资焉[⑦]！"

【注释】

① 大马：官名，指楚国之大司马。捶：锻造。钩：兵

器，戈之属。

② 豪芒：无丝毫差失。

③ 守：持守。

④ 无视：视而不见。

⑤ 假：借助、凭借。不用之者：指平时于物无视，专注于此道。

⑥ 无不用：于物皆不用心，而至于无无之境，达于至道之域，则万物无不资取于他。

⑦ 资：助。焉：于此。

【译文】

楚国大司马家中有一位捶制带钩的人，虽然已经八十岁了，却一点也不会出现差失。

大司马说："你是技艺高呢？还是其中有什么门道？"

回答说："臣有所持守。臣在二十岁时就喜好捶制钩戟，对于其他事物总是视而不见，不是钩戟就不去关心。捶制钩戟这是用心专注的事情，借助这一工作便不再分散自己的用心，而且锻制出来的钩戟以长期使用，更何况于物皆不用心而达于至道的人呢！万物谁不资借于他呀！"

【原文】

冉求问于仲尼曰："未有天地可知邪？"仲尼曰："可。古犹今也。"冉求失问而退[①]。明日复见，曰："昔者吾问'未有天地可知乎？'夫子曰：'可，古犹今也。'昔日吾昭然，今日吾昧然[②]，敢问何谓也？"仲尼曰："昔之昭然也，神者先受之[③]；今之昧然也，且又为不神者求邪[④]？无古无今，无始无终。未有子孙而有子孙，可乎？"

冉求未对。仲尼曰："已矣，未应矣[5]！不以生生死，不以死死生[6]。死生有待邪？皆有所一体[7]。

有先天地生者物邪？物物者非物。物出不得先物也，犹其有物也[8]。犹其有物也，无已[9]。圣人之爱人也终无已者，亦乃取于是者也[10]。"

【注释】

① 失问：失去问意。心有所悟，不想再问。

② 昭然：明白。昧然：糊涂。

③ 神者先受之：心神已有默契。

④ 不神者求：又滞于迹象而求问。不神者指外界事物及道理。

⑤ 未应：不要应答，待继续讲说下去。

⑥ 不以生生死：死者自行死去，新生者并不是使已死者复生。不以死死生：新生者自生，死去者也不是使新生者死去。

⑦ 待：相互依赖、相互依存之意。

⑧ 物物者非物：化生万物的（道）不是物象。犹其有物：生成此物的物，上面仍然还有它的生成者。犹：依然、仍然。

⑨ 无已：没有止境。指生化万物而无穷。

⑩ 取：效法。是：大道，自然之理。

【译文】

冉求问孔子说："未有天地以前的情形可以知道吗？"

孔子说："可以。古代和现在一样。"

冉求没有得到满意的回答便退出来。第二天再次见到孔子，说："昨天我问'天地产生以前的情况可以知道吗？'先生回答说：'可以，古时候就像今天一样。'昨天我心里还很明白，今天就糊涂了，请问先生说的是什么意思呢？”

孔子说：“昨天你明白，是用空虚之心神先加接受和领会它。”孔子说：“昨天你心里明白，是因为心神先有所领悟；今天你糊涂了，是因为又拘滞于具体形象而有所疑问吧？没有古就没有今，没有开始就没有终结。没有子孙之前便有了子孙，可以吗？”冉求不能回答。

孔子说：“算了，不必再回答了！死者自死，新生者不是使已死者复生；生者自生，死者也不是使新生者死去，死生是相互依赖吗？它们是一体的。有先于天地就生成之物吗？化生万物的道不是物象。万物的产生不可能先于道，由它而有了天地万物。有了天地万物，各类事物这才连续不断繁衍生息。圣人对于人的怜爱永远没有终结，也就是取法于万物的生生不息。”

杂篇

庚桑楚

《庚桑楚》以人名篇。本篇的主旨是谈养生之道。庄子在『老聃之役有庚桑楚者』『南荣趎蹴然而坐』和南荣趎复见老子的段落中，主要阐述了养生要以无为思想作基础。主张藏其身而反对尊贤授能和先善于利，批判了尧舜的有为政治是人相食的根源。庄子的无为而治本身就是一种『治』，它讲求的是顺任自然，而不是任其自然、袖手旁观。庄子主张养生的最高境界就是一切缘于自然，指出自然的天性是生命的根本，无为而又无不为。

【原文】

老聃之役有庚桑楚者[①]，偏得老聃之道，以北居畏垒之山[②]，其臣之画然知者去之，其妾之挈然仁者远之[③]！拥肿之与居，鞅掌之为使[④]。居三年，畏垒大壤[⑤]。畏垒之民相与言曰：“庚桑子之始来，吾洒然异之[⑥]。今吾日计之而不足，岁计之而有余。庶几其圣人乎！子胡不相与尸而祝之，社而稷之乎[⑦]？”

庚桑子闻之，南面而不释然[⑧]。弟子异之。庚桑子曰：“弟子何异于予？夫春气发而百草生，正得秋而万宝成[⑨]。夫春与秋，岂无得而然哉？天道已行矣。吾闻至人，尸居环堵之室，而百姓猖狂不知所如往[⑩]。今以畏垒之细民，而窃窃焉欲俎豆予于贤人之间，我其杓之人邪[⑪]！吾是以不释于老聃之言[⑫]。”

弟子曰：“不然。夫寻常之沟，巨鱼无所还其体，而鲵鳅为之制[⑬]；步仞之丘陵，巨兽无所隐其躯，而蘖狐为之祥[⑭]。且夫尊贤授能，先善与利，自古尧舜以然，而况畏垒之民乎[⑮]！夫子亦听矣[⑯]！”

【注释】

① 役：门徒，弟子。庚桑楚：人名，老聃弟子，姓庚桑，名楚。
② 偏得：独得。畏垒：虚拟山名。
③ 画（huà）然：明察炫耀的样子。挈然：举的样子，引申为标举。
④ 拥肿：糊涂无知的样子。鞅掌：失容的样子。为使：为庚桑楚的使役。
⑤ 大壤：指大丰收。壤：通穰，丰收。
⑥ 洒然：惊异的样子。
⑦ 胡：何，为何。尸：主，指古代代表死者受祭的活人。祝：祝祷，赞颂。社而稷之：社、稷均作动词，即为他建立社稷，尊奉他为神。社稷：古代帝王所祭的土神和谷神。
⑧ 南面：与北居对立，指老聃居于南面，才面南而坐，非指君主。不释然：不愉快，不高兴。
⑨ 百草生：指包括谷物的自然生长。得：通德，指功德。万宝：指各种果实。
⑩ 尸居：像祖先牌位的寂静而居。环：周围。堵：一丈长的墙。猖狂：随心所欲，纵恣迷妄。往：适，相忘。
⑪ 细民：小民，人民。窃：私。俎豆：奉祀。予：我。杓（dí）：标准，榜样。其：岂，难道。
⑫ 释：同“怿”，高兴，愉快。
⑬ 寻：八尺，倍寻为常。沟：沟洫。巨鱼：大鱼。还（xuán）：通旋，旋转。鲵鳅：小鱼。制：折，曲折回旋。
⑭ 步仞：六尺为步，八尺为仞。巨兽：大兽。隐：藏。躯：身躯。孽（niè）狐：妖孽的狐狸。孽：通孽。祥：祥善。
⑮ 先善与利：先推举善而有利的人。与：给予。以：通已。
⑯ 夫子：老师。听：听任，顺从。

【译文】

老聃的弟子，有个叫庚桑楚的，独得老聃之道，居住在北方畏垒山中，他的仆人中喜欢耍小聪明的被辞去，他的侍女中矜持仁义的也被疏远；糊涂无知的和他住在一起，失容不仁的为他使用。住了三年，畏垒获大丰收。畏垒的老百姓互相议论说："庚桑子刚来时，我们对他的行为感到惊异。现在，我们以短暂的时日来看他感到不足，不过以长远的岁月来衡量他便感到有余。他差不多是圣人了吧！我们为什么不一齐尊奉他为国君，为他建立宗庙呢？"

庚桑子听到要他面南而君这种议论，心中感到不快。弟子们感到很奇怪。庚桑子说："你们对我有什么感到奇怪的呢？春气勃发而百草禾苗繁茂，时逢秋天而万实成熟。春季与秋季，难道无故就能这样吗？这是天道自然运行的必然结果。我听说，至人，寂静地居住在方丈的小室之中，而百姓任性放纵、随心所欲而不知其所往。现在畏垒的小民，都窃窃私语想把我敬奉于贤人之间，我难道是人们推崇的榜样吗！想起老聃的教导，所以我感到焦虑不安。"

弟子说："不是这样的，像小水沟里，大鱼无法转体，而小鱼回旋自如；小山陵上，巨兽无处藏身，却是妖狐藏匿的好地方。况且尊贤授能，赏善施利，自古尧舜就是如此，何况畏垒的人民呢？先生就听随他们的吧！"

【原文】

庚桑子曰："小子来！夫函车之兽[①]，介而离山[②]，则不免于网罟之患；吞舟之鱼，砀而失水[③]，则蝼蚁能苦之。故鸟兽不厌高，鱼鳖不厌深。夫全其形生之人，藏其身也，不厌深眇而已矣[④]。且夫二子者[⑤]，又何足以称扬哉！是其于辩也，将妄凿垣墙而殖蓬蒿也[⑥]。简发而栉[⑦]，数米而炊，窃窃乎又何足以济世哉！举贤则民相轧，任知则民相盗[⑧]。之数物者，不足以厚民[⑨]。民之于利甚勤，子有杀父，臣有杀君，正昼为盗，日中穴阫[⑩]。吾语女，大乱之本，必生于尧舜之间，其末存乎千世之后。千世之后，其必有人与人相食者也！”

【注释】

① 函车之兽：口能含车的大兽。函：包含，包容。“函车”与“吞舟”对文。

② 介：个，独。二意皆为单独、一个的意思。

③ 砀（dàng）而失水：因潮汐激荡而离水搁浅于岸。砀：同荡。

④ 生：性。眇（miǎo）：通渺，远。

⑤ 二子：指尧、舜。

⑥ 辩：通辨，指辨别善利。垣墙：矮墙。殖：种植。

⑦ 简：通柬，选择。栉（zhì）：梳篦的总称。此处指梳头发。

⑧ 轧：倾轧。盗：欺诈。

⑨ 数物：指举贤、任智等事。厚民：利民。

⑩ 勤：勤快，努力。正昼：中午。日中：中午。穴：挖洞。阫（pēi）：墙。

【译文】

庚桑子说：“小子们，过来！口能吞车的巨兽，独自离开山林，就不免于受到网罗的祸患；吞船的大鱼，一旦流荡出水搁浅在岸，就会为蝼蚁所困苦。所以鸟兽不厌山高，鱼鳖不厌水深。全形养性的人，要敛藏自己，也是不厌幽远深邃了。至于像尧舜这两个人，又有什么值得称颂的呢！像他们这样辨别贤能善利，就像妄凿垣墙而种蓬蒿一样，选择头发来梳，数着米粒来煮，斤斤计较着又怎能救世呢！荐举贤能则使百姓相互倾轧，任用智者则使百姓相互欺诈。这些方法不足以使百姓淳厚。人民贪利之心切，就难免有子杀父，臣杀君，白日偷盗，正午挖墙。我告诉你们，大乱的根源，必定起自尧舜时期，而遗害于千载之后。千载之后，社会必定有人吃人的现象发生！”

【品评】

举贤则民相轧，任知则民相盗。

庚桑楚是个得道高人，能够用无为而治的方法，让他所在地方的百姓安居乐业，赢得百姓的推崇。于是百姓就想让他南面而王，而庚桑楚不是欢欣鼓舞，而是惆怅满腹，为什么？

他认为百姓这样做，就是让他失去自己的本性，而且会失去现在的一切。因为“荐举贤能则使百姓相互倾轧，任用智者则使百姓相互欺诈”。举贤任能的结果，使百姓用心智巧，钩心斗角，尔虞我诈，失去了淳厚的本性，变得虚伪狡诈，长此以往，将会出现“人与人相食”的情景。

正如鲁迅先生审视中国历史时所发现的那样，满目都是“吃人”二字，何其触目惊心！

其实孔子也说“无为而治”的，在《论语》中说过：“无为而治者其舜也与？夫何为哉？恭己正南面而已矣。”

实际上，两人所讲的“无为而治”字面相同，而实质相异同。

庄子的无为而治思想以顺应自然、虚无清静为基础，是反对举贤任能的。而孔子所说的无为而治却并非统治者放任自流，而是说领导者要“为政以德”，从修养自身入手来治理国家和天下，如《中庸》里面所说："是故君子笃恭而天下平。"再者，作为统治者，切忌事必躬亲，而应该举贤授能，群臣分职。所以，儒家所说的无为而治实质上是一个领导艺术的问题，从根本上说是积极有为的态度，与道家主张虚无清静、顺其自然的无为而治思想是有根本区别的。

杂篇

徐无鬼

《徐无鬼》以人名篇。徐无鬼，人名，魏国的隐士。本篇既是以人名篇，又是以篇首三字名篇。

庄子认为君主应该节制自己的欲望，懂得养生和养心。通过几个小故事，提出他的君主道德观，即作为君主应该不骄奢，不纵情，不贪婪，不图名，而应顺应自然，恬淡处事，批判了有为的思想和有为的政治。

【原文】

知士无思虑之变则不乐，辩士无谈说之序则不乐[①]，察士无凌谇之事则不乐，皆囿于物者也[②]。

招世之士兴朝，中民之士荣官，筋力之士矜难，勇敢之士奋患[③]，兵革之士乐战，枯槁之士宿名，法律之士广治，礼教之士敬容，仁义之士贵际[④]。

农夫无草莱之事则不比，商贾无市井之事则不比[⑤]。庶人有旦暮之业则劝，百工有器械之巧则壮[⑥]。

钱财不积则贪者忧，权势不尤则夸者悲[⑦]。势物之徒乐变[⑧]。遭时有所用，不能无为也，此皆顺比于岁，不物于易者也[⑨]。驰其形性，潜之万物，终身不反[⑩]，悲夫！

【注释】

① 知士：搞智谋的人。变：机变之事。辩士：善于言谈的人。序：条理，逻辑。

② 察士：善于洞察的人。凌谇（suì）：凌辱，责问。囿：拘限。

③ 招（qiāo）：通翘，翘秀，出类拔萃。兴朝：振兴朝政。矜：自夸，自豪。难：困难。奋患：奋力除患。

④ 兵革：持兵器穿战袍。枯槁之士：隐士。宿名：守名。广治：以治术自广。敬容：注重仪表。贵际：重视交际。

⑤ 草莱：杂草，此为开垦田地。比：和乐。

⑥ 旦暮之业：指一日之业。暮：通莫。劝：勉。器械之巧：能尽其巧。壮：气壮。

⑦ 尤：异，出众。

⑧ 势物：权利，贪利。

⑨ 比：从。物：外物控制。易：变化，变易。

⑩ 形性：身心。潜：犹没。之：于。反：通返，返回本性。

【译文】

善用智谋的人没有提供思虑的机变之事就不高兴，善于辩论的人没有言谈的话题和程序就不高兴，善于观察的人没有凌辱责骂之事发生就不高兴，这些人都是为外物所局限的人。

出类拔萃的人炫耀自己的振兴朝政，中等的人以出来做官为荣，身强力壮的人以纾解困难而自矜，勇敢无畏的人喜欢奋起排除祸患。戴盔披甲的人乐于征战，隐居清修的人注重自己的声名，讲求法律的人大力推广法治，讲求礼教的人注重仪表的修饰，崇尚仁义的人注重人与人之间的交际。

农夫没有田地耕耘的事就不能安居乐业，商人没有商业贸易的事也不能安居乐业。百姓如果有朝夕可做的事就会很勤勉，工匠如果有器械的技巧就会气壮。

钱财无法积聚却又贪婪的人就会忧心忡忡，权势弱小却贪图虚名的人就会悲哀不已。追逐权势财物的人喜欢变乱，这些人遇到机会，就要铤而走险，而不会清静无为。这些人都是随时竞逐，局限于一种事物而不能脱身的人。他们纵情地使用自己的身心，沉溺于万物之中，终身执迷不悟，真是可悲啊！

【品评】

钱财不积则贪者忧，权势不尤则夸者悲。势物之徒乐变。遭时有所用，不能无为也，此皆顺比于岁，不物于易者也。驰其形性，潜之万物，终身不反，悲夫！

庄子批评了现实社会中各种贪婪钱财、迷恋权势、妄图虚名的人，并对这些人的心态进行了非常真实生动的描绘，像一幅人生浮世绘。这些人整天沉溺于物欲之中不能自拔，一旦有机会就会铤而走险，给社会带来无穷的祸害。反思今天的社会，好像庄子的批评就是针对当今社会的一些现象而发出的。社会虽然发展变化了，但人类本性中固有的消极面永远会存在。

【原文】

庄子送葬，过惠子之墓，顾谓从者曰："郢人垩慢其鼻端若蝇翼[①]，使匠石斫之[②]。匠石运斤成风[③]，听而斫之，尽垩而鼻不伤，郢人立不失容[④]。宋元君闻之[⑤]，召匠石曰：'尝试为寡人为之。'匠石曰：'臣则尝能斫之。虽然，臣之质死久矣[⑥]。'自夫子之死也，吾无以为质矣！吾无与言之矣！"

【注释】

① 郢：楚国的国都。垩（è）：白灰。慢：同"漫"，涂。
② 匠石：一个名叫石的工匠。斫（zhuó）：砍，砍削。
③ 运：挥动。斤：斧。
④ 听：任，听任。失容：失色。
⑤ 宋元君：宋国的国君。

⑥ 质：对手，指施展技艺的对象。

【译文】

庄子送葬，经过惠施的坟墓，回头对随从说道："郢都有个人，不小心让一点白灰粘上他的鼻尖，就像苍绳翅膀那样又薄又小，他让匠石把白点砍掉。匠石挥起斧头，随斧而起的风声呼呼作响，任凭斧头向白灰砍去，白灰砍掉了，而鼻子毫发未损，郢都人站立在那儿，神色不变。宋元君听说此事，召去匠石说：'试试替我做一遍。'匠石说：'我以前确实砍削过鼻尖上的白灰，但是，我的对手已经死了很久了。'自从先生死了后，我也没有对手了，我再也找不到辩论的对象了！"

【品评】

匠石运斤成风，听而斫之，尽垩而鼻不伤，郢人立不失容。

匠石"运斤成风"的绝技，奇则奇矣；而那个鼻尖抹粉的郢人能够纹丝不动，从容沉稳，则更加奇绝，倘没有他的精妙配合，这出好戏自然无法上演。牡丹虽好，需要绿叶扶持。

所以有时候，一个人的对手也许正是自己的知音。匠石能够运斤成风，需要胆大的郢都人配合。伯牙善于弹琴，也要钟子期善于欣赏。否则就会孤独无知音，只能有曲高和寡、破琴绝弦的结果了。

没有知音是痛苦的。

其实，惠子对庄子而言，虽是朋友，但绝非知己，只是一个有资格与自己对话的对手。在《庄子》一书中，庄子讥讽惠子的文字屡见。就是这样一个对手，也是难以期遇的。庄子悲观不入怀，生死不介意，应该是通达大道了，可是在过惠子之墓时，却不无伤感，慨叹不已。正是知音难觅，对手难得。

庄子竟能用一个笑话表达一份伤感，使得这份伤感也带上了几分超脱。

【原文】

管仲有病[①]，桓公问之，曰："仲父之病病矣[②]，可不讳云，至于大病[③]，则寡人恶乎属国而可[④]？"

管仲曰："公谁欲与？"

公曰："鲍叔牙[⑤]。"

曰："不可。其为人洁廉善士也，其于不己若者不比之[⑥]，又一闻人之过，终身不忘。使之治国，上且钩乎君，下且逆乎民[⑦]。其得罪于君也，将不久矣！"

公曰："然则孰可？"

对曰："勿已，则隰朋可[⑧]。其为人也，上忘而下不畔[⑨]，愧不若黄帝而哀不己若者。以德分人谓之圣，以财分人谓之贤。以贤临人，未有得人者也；以贤下人，未有不得人者也。其于国有不闻也，其于家有不见也。勿已，则隰朋可。"

【注释】

① 管仲：春秋时期齐国桓公的宰相，著名的政治家。

② 仲父：桓公对管仲的尊称。病病：病重，前一个"病"，意为疾病；后一个"病"意为"病重"。

③ 讳：忌讳。有的版本作谓。云：说。

④恶（wū）：怎么，何。属（zhǔ）：同嘱，托付，嘱托。国：指国政。

⑤ 鲍叔牙：齐国的大夫。

⑥ 洁廉：清白廉洁。不己若：不若己，不如自己。比，亲近。

⑦ 钩：拘束，违逆，触犯。逆乎民：违逆民意。

⑧ 隰（xí）朋：齐国贤人。

⑨ 上忘：对上相忘不计较。畔：违逆，违背。

【译文】

管仲生了病，桓公问他说："仲父的病已经很重了，可以不避讳的说，一旦您病危，那么，我把国政托付给谁才行呢？"

管仲说："你想托付给谁呢？"

桓公说："鲍叔牙。"

管仲说："不行。他为人处事廉洁，是个善良的人。但是他对于不如自己的人不够亲近；并且一听到别人的过错，就终身不忘。如果让他治理国政，对上要触犯君主，对下要违背民意。他将获罪于国君，不会太久了！"

桓公问："那么谁可以呢？"

管仲回答说："实在不得已，隰朋还可以。他为人处事，对上相忘不计较，而对下友善不区分地位的贵贱。他自愧不如黄帝，而又怜悯不如自己的人。以美德感化别人的人，可以称为圣人；把财物分给别人的人，可以叫做贤人。以贤自居对待别人，没有能获得人心的；而以贤明能干礼遇众人的，没有不得人心的。他对于国政有所不问，他对家事有所不见。如果不得已的话，那么隰朋还可以。"

【品评】

以贤临人，未有得人者也；以贤下人，未有不得人者也。

这里谈的是如何用人的问题。庄子借管仲与桓公的对话阐述自己的用人标准。一是对待不如自己的人不够亲近不行；二是终身不忘别人过错的人不行；三是以贤自居的人不行。真正可用的人是：对上相忘不计较、对下友善；承认自己有不如别人的地方，怜悯不如自己的人，以贤明礼遇众人。其中最根本的是对于国政不问、家事不管的人，才可担当大任。且不管庄子的出发点是什么，但他提出的一些用人标准还是有道理的，对于我们考察人才、培养人才、使用人才有借鉴意义。

【原文】

啮缺遇许由[①]，曰："子将奚之[②]？"

曰："将逃尧。"

曰："奚谓邪？"

曰："夫尧，畜畜然仁[③]，吾恐其为天下笑。后世其人与人相食与[④]！夫民，不难聚也；爱之则亲，利之则至，誉之则劝，致其所恶则散。爱利出乎仁义，捐仁义者寡[⑤]，利仁义者众。夫仁义之行，唯且无诚，且假夫禽贪者器[⑥]。是以一人之断制利天下，譬之犹一覕也[⑦]。夫尧知贤人之利天下也，而不知其贼天下也，夫唯外乎贤者知之矣。"

【注释】

① 啮（niè）缺：虚拟人物。

② 子：你。奚：什么地方。之：去。

③ 畜畜然：恤爱勤劳的样子。

④ 食：吃。与：通"欤"。

⑤ 捐：舍弃，抛弃。

⑥ 禽贪：禽兽那样贪婪的人。器：工具。
⑦ 觇（piē）：借为刈，宰割。一说借为瞥，作暂见解。

【译文】

齧缺路遇许由，问："你要到哪里去？"

许由说："我要逃避尧的让位。"

齧缺说："这是为什么呢？"

许由说："尧为仁恤爱勤劳，我恐怕他将被天下人所讥笑。后世将要人和人相食！民众，不难聚集；爱，他们便亲近；有利可图，他们就会到来；给予他们以奖励，他们就互相劝勉；而致使他们厌恶，他们就会离散。恤爱和利益都出于仁义，所以舍弃仁义的少，从仁义中取利的多。为仁义而行动，只要没有诚意，就会成为禽兽一样贪婪的工具。这是以一个人的独断专行来取利天下，就犹如宰割一样。尧只知道贤人有利于天下，而不知道他也会有害于天下，只有在贤人以外的人才能了解这事情！"

杂篇

则阳

《则阳》以人名篇。全篇的主旨在于道论，反映了庄子的世界观。

在本篇的『魏莹与田侯牟约』一段中，以虚静之道讥讽战国之争，实即以无为斥有为。『孔子之楚』中又以隐士的无为而斥孔子及楚君的有为为佞人。在『柏矩学于老聃』段中，指责为政鲁莽和君主作伪的问题，说他们之所以如此是因为丧失本性，徇逐俗事的必然结果。作者锐利的目光，扫过常人常理的层面，触及到案件的本源，揭示了社会的根源。

庄子的思想是从最高层次的天道——生命之道来批判相对低层次的言论，又统而摄之，因而百转不尽，韵味无穷。

【原文】

魏莹与田侯牟约[1]，田侯牟背之。魏莹怒，将使人刺之。

犀首公孙衍闻而耻之[2]曰："君为万乘之君也，而以匹夫从仇[3]。衍请受甲二十万，为君攻之，虏其人民，系其牛马，使其君内热发于背。然后拔其国[4]。忌也出走，然后抶其背，折其脊[5]。"

季子闻而耻之曰："筑十仞之城，城者既十仞矣，则又坏之，此胥靡之所若也[6]。今兵不起七年矣，此王之基也。衍乱人也，不可听也。"

华子闻而丑之[7]曰："善言伐齐者，乱人也；善言勿伐者，亦乱人也；谓伐之与不伐乱人也者，又乱人也。"

君曰："然则若何？"

曰："君求其道而已矣。"

惠子闻之而见戴晋人。戴晋人曰："有所谓蜗者，君知之乎？[8]"

曰："然"。"有国于蜗之左角者曰触氏；有国于蜗之右角者曰蛮氏。时相与争地而战，伏尸数万，逐北旬有五日而后反[9]。"

君曰："噫！其虚言与[10]？"

曰："臣请为君实之。君以意在四方上下有穷乎[11]？"

君曰："无穷。"

曰："知游心于无穷，而反在通达之国，若存若亡乎？"

君曰："然"。

曰："通达之中有魏，于魏中有梁，于梁中有王。王与蛮氏，有辩乎[12]？"

君曰："无辩。"客出而君惝然若有亡也[13]。

客出，惠子见。君曰："客，大人也，圣人不足以当之。"

惠子曰："夫吹筦也，犹有嗃也；吹剑首者，吷而已矣[14]。尧舜，人之所誉也。道尧舜于戴晋人之前[15]，譬犹一吷也。"

【注释】

① 魏莹：魏惠王的名字。田侯牟：指齐威王。
② 犀首：武官名，相当于晋代的虎牙将军。一说公孙衍号犀首。公孙衍：魏国人。
③ 万乘：指大国。匹夫：一般平民。
④ 甲：士兵。系：拴，引申为抢夺。内热：内心的热火。发于背：指在背部生毒疮。拔：攻克，吞并。
⑤ 忌：田忌，齐国的将军。抶（chi）：鞭打。
⑥ 季子：魏臣。胥靡：服役犯人。
⑦ 华子：魏臣。
⑧ 戴晋人：魏国贤人。蜗：蜗牛。
⑨ 伏尸：横尸。逐北：追赶败兵。旬：十日。反：通"返"。北：败北。

⑩ 虚言：空话。

⑪ 实：证实。意：想。

⑫ 梁：魏都。辩：通辨，辨别，区别。

⑬ 惝（chǎng）然：迷迷糊糊的样子。亡：亡失。

⑭ 筦：同“管”。嗃（xiāo）：吹竹管的声音，声音宏亮而悠长。剑首：剑环上的小孔。吷（xuè）：小声。

⑮ 道：说。

【译文】

魏莹与田侯牟订下盟约，而田侯牟违背了盟约。魏莹大怒，要派人去刺杀他。

公孙衍将军听了认为这种做法很可耻，说：“君主是万乘大国的国君，却用老百姓的手段去报仇。我恳请受命率领甲兵二十万，为您攻打齐国，俘虏他的人民，掠取他的牛马，使齐国的君主内心焦急而发病于背，然后占领他的国土。田忌战败逃亡，然后抓住他，鞭打他的脊背，折断他的脊梁骨。”

季子听了公孙衍的议论感到可耻，说：“建筑十仞高的城墙，城高既然已经筑高到十仞了，又再毁掉它，这是筑城奴隶所苦的事。现在战争不起已经七年了，这是王业的基础。公孙衍是挑起战乱的人，不可听从。”

华子听到季子的主张后感到丑陋，说：“鼓动伐齐的是好乱之人，鼓动不伐齐的人也是好乱之人；讨论伐齐与不伐齐为乱的人，也是好乱的人。”

君主说：“那么怎么办呢？”

华子说：“君主但求自然之道就是了。”

惠施听说了这件事，把戴晋人引荐给了魏莹。戴晋人说：“有一种小动物叫蜗牛，君主您知道吗？”

魏惠王说："知道。"

戴晋人接着说："有个国家在蜗牛的左角上，人称触氏；有个国家在蜗牛的右角上，人称蛮氏。他们时常为争夺地盘而挑起战争，横尸数万，战胜者追逐败兵十天半月才返回。"

魏惠王说："唉！这是虚话吗？"

戴晋人说："臣请为君把话说实。君主你认为四方上下有穷尽吗？"

君主说："没有穷尽。"

戴晋人说："知道游心于无穷的境域，而返于通达的国土，是不是感到若有若无呢？"

君主说："是这样。"

戴晋人说："通达的国土中有魏国，魏国中有梁都，在梁都中有君王，君王与蛮氏有区别吗？"

君主说："没有区别。"

戴晋人辞别而去，魏王心中怅然若有所失。

客人走了，惠施进见。国君说："这位客人真是位伟大人物，圣人也不足以并论。"

惠施说："吹管箫的，尚能发出宏亮的声音；吹那剑环的，只有一丝细微的声音而已。尧舜，是人们所称誉的。在戴晋人面前称道尧舜，就好比一丝微声罢了。"

【品评】

知游心于无穷，而反在通达之国，若存若亡乎？

蜗牛很微小，但是在它角上的两个国家，还要不停征战，很可笑；对宇宙来说，我们生存的地方，不是也如蜗角般微小？

但是我们人类为了如微尘般的国土不停地征战，不也很可笑吗？

就是现在，世界上一些国家为了称霸世界，为了资源，为了某个所谓政治家的个人野心，仍然四处硝烟弥漫，尸横遍野，生灵涂炭，百姓流离失所，不也是可悲、可叹吗？

【原文】

柏矩学于老聃，曰："请之天下游[①]。"

老聃曰："已矣！天下犹是也[②]。"

又请之，老聃曰："汝将何始？"

曰"始于齐[③]。"

至齐，见辜人焉，推而强之[④]，解朝服而幕之，号天而哭之曰[⑤]："子乎子乎！天下有大灾，子独先离之，曰莫为盗！莫为杀人！荣辱立，然后睹所病[⑥]；货财聚，然后睹所争。今立人之所病，聚人之所争，穷困人之身使无休时，欲无至此，得乎！古之君人者，以得为在民，以失为在己[⑦]；以正为在民，以枉为在己[⑧]；故一形有失其形者，退而自责。今则不然。匿为物而愚不识，大为难而罪不敢，重为任而罚不胜，远其途而诛不至[⑨]。民知力竭，则以伪继之，日出多伪，士民安取不伪！夫力不足则伪，知不足则欺，财不足则盗。盗窃之行，于谁责而可乎？"

【注释】

① 柏矩：姓柏，名矩。老子的学生。请：请求。之：往。游：游说。

② 是：这里。

③ 齐：齐国。

④ 辜人：死刑示众者。推而强之：尸体摆正。

⑤ 幕：覆盖。号天而哭：仰天号哭。

⑥ 子：你，先生。离：同“罹”，遭。病：弊病。

⑦ 君人者：统治人的人，指君主。得：有所得，成功。失：有所失，失败。

⑧ 正：正确。在：错误。

⑨ 一：一旦。形：通刑。匿：隐匿，隐藏。愚：愚弄。不识：不懂。

【译文】

柏矩求学于老聃，说：“请你允许我到天下去游历。”

老聃说：“算了吧，天下和这里一样。”

柏矩再次请求，老聃说：“你要从哪里开始？”

柏矩说：“从齐国开始。”

到了齐国，看到一个死刑示众的尸体，便摆正这具尸体，解下自己的礼服盖在尸体上面，仰天号哭，说：“先生呀！先生呀！天下将有大祸临头，唯独先让你遭上了！人们天天说不要当盗贼，不要杀人！荣辱的观念确立，然后才会发现它的弊病；财货积聚，然后才看出争端。现在树立了人们多诟病的，聚积人所争攘的，困扰着人们的身心，使人们永远不能安于本分。要想不让人们遭受刑戮，这能做得到吗？古代的君主，都是把所得归功给人民，把过失归罪于自己。以为正道归于人民，以为错误归于自己；所以，一旦有人受到了伤害，就退而责备自己。现在却不是这样，隐匿事物的真相而愚弄无知的民众，制造困难却归罪于人民，胆小不敢做，增加事务却处罚不胜任的人，延长途程而诛杀不能按时走到的人。民众智穷力竭，就以虚伪应付他。上层的统治者天天出现许多虚伪的事情，士民怎能不虚伪呢？能力不足便去做假，智慧不足便去欺骗，钱财不足便去偷盗。盗窃的行为，要责备谁才更合理呢？”

【品评】

匿为物而愚不识，大为难而罪不敢，重为任而罚不胜。远其途而诛不至。民知力竭，则以伪继之，日出多伪，士民安取不伪！夫力不足则伪，知不足则欺，财不足则盗。盗窃之行，于谁责而可乎？

这是庄子对社会现实的揭露和批判。统治者隐匿真相、制造困难、增加任务、延长途程，都是为了愚弄百姓，惩罚众人。统治者天天弄虚作假，逼得下层民众也不得不利用虚伪来应付，一直被逼作假，被逼欺骗，被逼盗窃。所以，该接受谴责的不是百姓，而是统治者，应该批判的是现实的社会。由此看来，什么样的社会环境会塑造出什么样的百姓，培养具有文明素质的国民需要创造文明的环境。

【原文】

蘧伯玉行年六十而六十化[①]，未尝不始于是之而卒诎之以非也[②]。未知今之所谓是之非五十九非也。万物有乎生而莫见其根[③]，有乎出而莫见其门[④]。人皆尊其知之所知[⑤]，而莫知恃其知之所不知而后知，可不谓大疑乎[⑥]！已乎！已乎！且无所逃[⑦]。此所谓然与，然乎？

【注释】

①蘧伯玉：姓蘧，名瑗，字伯玉，卫国的大夫。行年：历年。六十而六十化：指六十年之中每年都在变化。

② 是：肯定，正确，对的。卒：最终，最后。诎：通黜。非：否定，不正确，不对的。

③ 根：根本，万物的根源。

④ 门：门径，产生万物的地方。

⑤ 知之所知：前一“知”通智，后一“知”当知道讲。

⑥ 大疑：大惑。

⑦ 无所逃：无法避免。

【译文】

蘧伯玉行年六十而六十年来与时俱化，未尝不是开始认为是后来又斥为非的，不确定今天所认为是对的就不是五十九年来所认为是错误的。万物有它的诞生而看不见它的根源，有它的出处却看不见它的门径。人们都重视他的智慧所能知道的，而不能凭他的智慧所不知道而后知道的道理，可不是所谓大疑惑吗，算了吧！算了吧！没有什么办法可以逃避得了这种情况。这就是所谓对吗，真正的对吗？

【原文】

仲尼问于大史大弢、伯常骞、狶韦曰[①]：“夫卫灵公饮酒湛乐，不听国家之政[②]；田猎毕弋，不应诸侯之际，其所以为灵公者何邪[③]？”

大弢曰：“是因是也[④]。”

伯常骞曰：“夫灵公有妻三人，同滥而浴[⑤]。史鳅奉御而进所，搏币而扶翼[⑥]。其慢若彼之甚也，见贤人若此其肃也[⑦]，是其所以为灵公也。”

狶韦曰：“夫灵公也死，卜葬于故墓不吉；卜葬于沙丘而吉[⑧]。掘之数仞，得石椁焉，洗而视之，有铭焉，曰：‘不冯其子，灵公夺而里之。’夫灵公之为灵也久矣！之二人何足以识之[10]！”

【注释】

① 大（tài）史：官名，春秋时掌管起草文书，策命诸侯卿大夫，记史实，编史书，管典籍和天文历法，掌三易和祭祀等。大弢、伯常骞、狶（xī）韦，三人都是大史。

② 湛（dān）：通“耽”。湛乐：过分地享乐。听：管理，处理。

③ 毕：大网。弋：系绳的箭。为灵公者何邪：谥号为什么称为灵公。际：交际。

④ 是因是：这就是因为他能够这样的缘故。

⑤ 滥：大浴盆。

⑥ 史鰌：人名，即史鱼，卫国的大夫。搏币：接取币帛。扶翼：恭敬地扶接。

⑦ 慢：傲慢，放纵。彼：指与三妻同沐那样的事。肃：敬畏。

⑧ 故墓：生前挖好的寿穴。沙丘：地名，在孟津河北，即今河南孟津一带。

⑨ 冯（píng）：通“凭”，凭依。不冯其子：其子不冯的倒装。子：子孙。里：居。

⑩ 之：他们。二人：指大弢、伯常骞。

【译文】

孔子向太史大弢、伯常骞和狶韦请教说：“卫灵公饮酒耽乐荒淫无度，不愿处理国家政务；经常出外狩猎网捕弋射兽鸟，不参与诸侯间的交往和会盟，他死后却得到灵公的谥号，这是为什么呢？”

大弢说：“这谥号就是因为他能这样。”

伯常骞说：“灵公有三个妻子，他和三个妻子在同一个大浴盆中洗澡。史鱼奉召来到灵公住所，灵公叫人接取他献的币帛而使人扶着他的臂膀。灵公生活的另一面是那样的散漫放纵，然而他接见贤人又如此的肃然起敬，这就是他之所以死后称为灵公的缘故。”

狶韦说：“当年灵公死了，占卜问葬在寿穴，不吉利；占卜问葬在沙丘就吉利。于是挖掘沙丘数丈，发现有一个石造的棺椁，洗去泥土后一看，上面有铭文说：‘不必依赖子孙，灵公可以取去而居在这里。’灵公的谥号称为‘灵’，已经很久了，大弢、伯常骞这两个人怎么能知道呢！”

杂篇

外物

《外物》以篇首二字名篇。"外物"是指外在的事物，是你所不能控制的客观事物。全篇的宗旨在于写庄子要达到"得意忘言"的境界，探讨了理想与现实的差距，强调以完全随顺自然、排除外物干扰为主旨。

本篇集中表达了庄子淡泊名利的观点。庄子主张"无用"之言和"忘言"之言，以此来保护内心的真纯。

《外物》是庄子精神境界的代表，幽默的语言中透露出深刻的道理，值得反复品味。

【原文】

外物不可必，故龙逢诛[①]，比干戮，箕子狂，恶来死，桀纣亡[②]。人主莫不欲其臣之忠，而忠未必信，故伍员流于江，苌弘死于蜀，藏其血三年而化为碧[③]。人亲莫不欲其子之孝，而孝未必爱，故孝己忧而曾参悲[④]。木与木相摩则然，金与火相守则流[⑤]。阴阳错行，则天地大絯，于是乎有雷有霆，水中有火，乃焚大槐[⑥]。有甚忧两陷而无所逃，螴蜳不得成[⑦]，心若悬于天地之间，慰暋沈屯，利害相摩，生火甚多[⑧]，众人焚和，月固不胜火[⑨]，于是乎有僓然而道尽[⑩]。

【注释】

① 不可必：不能有必然的标准。龙逢：关龙逢，夏代的贤臣。

② 箕子：殷纣王的庶叔，曾劝谏纣王，纣王不从，箕子因而佯狂。恶来：人名，殷纣王的媚臣。

③ 伍员：人名，即伍子胥。苌弘：人名，周景王、周敬王时刘文公的大夫。刘氏与晋范氏世婚，晋卿内讧时，苌弘帮助范氏，晋卿赵鞅因此事讨周。周敬王二十八年，周人杀苌弘。纯属屈死。蜀：为当时周的一个地方，非指四川。碧：青绿色的玉石。三年血化碧：经过三

年血变成了玉石，指苌弘的精诚。

④ 孝己：殷高宗的儿子，受后母虐待，忧苦而死。曾参：字子舆，孔子弟子。常被父母毒打，故常悲泣。

⑤ 然：通燃。流：熔化流动。

⑥ 绞（hài）：通骇，惊动。水中有火：指雨中有电。焚：焚烧。大槐：大树。

⑦ 甚：过分。忧：忧伤。两陷：陷于阴阳，指人心陷于阴阳。螴（chén）：不安。蜳（chún）：亦作茕，忧虑。螴蜳：怵惕。

⑧ 慰（yù）：通郁。暋（mín）：闷。沈屯：沉郁。生火甚多：指内心很焦急。

⑨ 众人焚和：众人沉溺于利害相争而焚烧了心中的和气。月：人心的清明。火：内心的焦急。

⑩ 僓（tuí）：通"颓"，颓靡。道尽：天性丧失，中途夭折，不能尽天年。

【译文】

外在的事物不能有必然的标准，所以关龙逢被诛，比干遭杀，箕子佯狂，恶来身死，桀纣灭亡。君主无不希望他的臣子尽忠的，而竭尽忠心未必能取信，所以伍子胥被赐死而尸体漂流江上，苌弘屈死于蜀地，他的血保藏三年而化为碧玉。父母无不希望子女尽孝的，而竭尽孝心未必就可以得到怜爱，所以孝己忧苦而死，曾参悲切一生。木与木相互摩擦就会燃烧，金与火相炼守就会熔化。阴阳错乱不顺，则天地都会惊动，于是雷霆发作，雷雨中夹杂闪电，甚至会殛焚大树。有人过分忧虑陷入利害两端而无所逃避，怵惕不安而无所成，心像悬在天地之间，忧郁沉闷，利害相冲突，内心焦灼甚多，众人常因此而焚伤了和气。清虚淡泊的心境抑制不住内心如火的焦虑，于是精神就颓靡而道理荡然无存。

【原文】

庄周家贫。故往贷粟于监河侯[①]。监河侯曰："诺。我将得邑金[②]，将贷于三百金，可乎？"

庄周忿然作色曰："周昨来，有中道而呼者[③]。周顾视车辙中，有鲋鱼焉[④]。周问之曰：'鲋鱼来！子何为者邪？'对曰：'我，东海之波臣也[⑤]。君岂有斗升之水而活我哉？'周曰，'诺，我且南游吴越之王[⑥]，激西江之水而迎子[⑦]，可乎？'鲋鱼忿然作色曰：'吾失我常与[⑧]，我无所处。吾得斗升之水然活耳，君乃言此[⑨]，曾不如早索我于枯鱼之肆[⑩]！"

【注释】

① 贷：借贷。粟：谷子，亦粮食的通称。监河侯：监理河道的官。

② 邑金：封地的赋税。

③ 中道：半路。

④ 顾视：回头看。鲋鱼：鲫鱼。

⑤ 波臣：水波中的臣子，水族成员。

⑥ 且：将要。游：游说。

⑦ 激：引。西江：指蜀江。

⑧ 常与：经常依存的，指水。

⑨ 乃：竟。

⑩ 曾：乃，就。索：寻找。枯鱼之肆：干鱼市场。

【译文】

庄周家境贫困，所以前去向监河侯借粮。监河侯说："好吧。等我收到封地的赋税，我就借给你三百金，怎么样？"

庄周生气地脸色一沉说："我昨天来时，半路上听到喊叫我的声音，我回头向车辙中一看，里面有条鲫鱼。我问它说：'鲫鱼呀！你在这里做什么？’它回答说：“我是东海涨潮时滞留在岸上失水的水族仆臣，你能用升斗之水来救我吗？’我说：‘行。等我游历吴越说服两国的国王，请他们把西江的水引来迎接你，可以吗？’鲫鱼脸色大变生气地说：‘我丧失了时常伴随我的水，已经无处存身。我只要得到升斗之水就可活命，你竟这样说话，还不如早点到干鱼市场去找我！’”

【品评】

庄周家贫。故往贷粟于监河侯。监河侯曰：“诺。我将得邑金，将贷子三百金，可乎？”

庄周忿然作色曰：“周昨来，有中道而呼者。周顾视车辙中，有鲋鱼焉。周问之曰：‘鲋鱼来！子何为者邪？’对曰：‘我，东海之波臣也。君岂有斗升之水而活我哉？’周曰，‘诺，我且南游吴越之王，激西江之水而迎子，可乎？’鲋鱼忿然作色曰：‘吾失我常与，我无所处。吾得斗升之水然活耳，君乃言此，曾不如早索我于枯鱼之肆！’”

这是人们熟知的庄子借贷的故事。从这个故事中，以及从整部《庄子》中都能读出庄子的清贫生活。就是这样一个生活需要借贷的贫穷士人却多次拒绝了高官厚禄的诱惑，而宁愿安于清贫，也不愿丧失自己独立的人格，并保持着一份对社会批判的热情。从这个故事中，我们可以读出当时社会的现状，统治者对百姓疾苦的冷漠和无情，以及世态的炎凉和势利。

【原文】

儒以诗礼发冢[①]。大儒胪传曰[②]：“东方作矣，事之何若[③]？”

小儒曰[4]："未解裙襦[5]，口中有珠。《诗》固有之曰：'青青之麦，生于陵陂[6]。生不布施[7]，死何含珠为！'"

"接其鬓，压其顪[8]，儒以金椎控其颐[9]，徐别其颊[10]，无伤口中珠！"

【注释】

① 儒：指盗墓的儒士。发：发掘。冢：古墓。

② 大儒：带头盗墓的儒士。胪（lú）传：按礼的规定有秩序地向下传话。胪：从上向下传话。

③ 东方作矣：天要亮了。事：指盗墓的事。

④ 小儒：盗墓的随从者。

⑤ 裙襦：指衣裙。

⑥ 陵陂：山坡。

⑦ 布施：施舍，把财物送给别人。

⑧ 接：接引，拖曳。鬓：鬓角，鬓发。压：按。顪：胡须，此指下巴。

⑨ 颐：脸颊。控：敲。

⑩ 徐：慢。别（biè）：别开，撬开。

【译文】

儒士用《诗》、《礼》中的话来盗掘古墓。大儒士传话说："东方将要大亮了，事情做得怎样了？"

小儒士说："衣裙还没有脱下来，发现死者口中含有珍珠。《诗》中原本就有这样的话：'青青的麦苗，生在山坡上。生来不愿周济别人，死后含珠干什么！'"

大儒说："揪住他的鬓发，按住他的下巴，你用铁锤敲他的面颊，慢慢地别开他的两腮，千万不要损伤他口中的珍珠！"

【品评】

儒以诗礼发冢。大儒胪传曰："东方作矣，事之何若？"

小儒曰："未解裙襦，口中有珠。《诗》固有之曰：'青青之麦，生于陵陂。生不布施，死何含珠为！'"

"接其鬓，压其顪，儒以金椎控其颐，徐别其颊，无伤口中珠！"

庄子用这个故事展开对儒家思想的无情的嘲笑和辛辣的讽刺。儒家高举仁义礼智信的旗帜，教导人们仁者爱人，重义轻利，长幼有序，朋友有信。但儒士却熟背儒家经典去盗墓，盗墓中的言行使人对儒家的言行无疑有了深刻的了解。至于庄子的批判是否过分，我们可以放在当时的历史条件下进行分析，但近代以来关于儒家的批判无不与此有关，我们常说的"满口仁义道德，一肚子的男盗女娼"应是对儒家的无情批判，也是对历代封建统治者利用儒家的仁义道德实行残酷统治的批判。

【原文】

宋元君夜半而梦人被发窥阿门[①]，曰："予自宰路之渊[②]，予为清江使河伯之所[③]，渔者余且得予[④]。"

元君觉，使人占之[⑤]，曰："此神龟也。"

君曰："渔者有余且乎？"

左右曰："有。"

君曰："令余且会朝。"

明日，余且朝，君曰："渔何得？"

对曰："且之网得白龟焉，其圆五尺。"

君曰："献若之龟。"

龟至，君再欲杀之，再欲活之，心疑，卜之，曰："杀龟以卜吉。"乃刳龟，七十二钻而无遗筴[6]。

仲尼曰："神龟能见梦于元君[7]，而不能避余且之网；知能七十二钻而无遗筴[8]，不能避剖肠之患。如是，则知有所困，神有所不及也，虽有至知，万人谋之。鱼不畏网而畏鹈鹕[9]。去小知而大知明，去善而自善矣。婴儿生无硕师而能言[10]，与能言者处也。"

【注释】

① 宋元君：宋国国君宋元公，名佐。被（pī）：通披。阿门：偏门。

② 予：我。自：从。宰路：渊名。

③ 为（wēi）：做。清江：与浊江对比而言，一说扬子江。河伯：黄河河神。

④ 渔者：打鱼的人。余且：人名。

⑤ 占：占卜，占梦。

⑥ 刳（kū）：挖空。钻：占卜，每次占卜需让占卜者以所卜之事来灼龟背。

⑦ 见：通现，托梦。

⑧ 知：通智，智慧，智力。

⑨ 鹈鹕（tí hú）：捕鱼的水鸟。

⑩ 硕师：大师，有学问的人。原本作"石师"，唐写本正作硕。"石"与"硕"古字通用。

【译文】

宋元君半夜里，梦见有个披头散发的人在偏门窥视，还说："我来自宰路之渊，为清江的使者出使到河神那里，被渔夫余且捕获了。"

宋元君醒来，让人占梦，说："这是神龟托梦。"

宋元君说："鱼夫中有叫余且的人吗？"

左右说："有。"

宋元君说："让余且来朝见我。"

第二天，余且来朝。宋元君说："你捕鱼捉到了什么？"

余且回答说："我用网捉到一个白龟，周圆五尺。"

宋元君说："把你的龟献上来。"

白龟送到，宋元君又想杀掉它，又想放掉它，心里犹豫不决，就让人占卜，结果是："杀龟，用此龟占卜，大吉。"于是就把龟剖开挖空，用它占卜了七十二次而没有不应验的。

孔子说："神龟能显梦给宋元君，却不能避开余且的鱼网；它的智能可以占卜七十二次无不应验，却不能逃避剖肠挖腹的祸患。如此说来，智能也有困窘的时候，神灵也有达不到的地方。即使存在最高的智慧，也敌不过万人的谋算。鱼虽然不知道害怕鱼网却会畏惧鹈鹕。只有抛弃小智慧方才显示大智慧，除去矫饰的善行方才能使自己真正回到自然的善性。婴儿生下地来没有高明的老师指教也能学会说话，只因为跟会说话的人自然相处。"

【品评】

知有所困，神有所不及也，虽有至知，万人谋之。

每个人都认为自己应该充满智慧，希望自己精明。但是，我们拥有一些智慧，不要以为已经穷尽了人类的智慧，就可以任意妄为了。再大的智慧也有疏漏的时候，而且很多时候，确实人算不如天算，谋事在人，成事在天。

再说，"智者千虑，必有一失。"世上没有可以包容一切，可以用之于四海而顺达的智慧。聪明的人，不要自以为是，经常去耍弄些小聪明，而自以为得意。只有摒弃了那些小智巧、小聪明，顺任自然，淡泊名利，方是如拙的大智慧。

【原文】

惠子谓庄子曰[①]："子言无用。"

庄子曰："知无用而始可与言用矣[②]。夫地非不广且大也，人之所用容足耳。然则厕足而垫之[③]致黄泉[④]，人尚有用乎？"

惠子曰："无用。"

庄子曰："然则无用之为用也亦明矣[⑤]。"

【注释】

① 惠子：惠施，庄子朋友，名家代表人物。

② 始：才。

③ 厕：通侧。

④ 致：到。黄泉：本为地下水，又为人死葬地，或阴间。

⑤ 明：明显。

【译文】

惠施对庄子说："你的言论没有用处。"

庄子说："懂得没有用处才能和他谈论有用。大地并非不广大，人所用的只是立足之地罢了。然而把立足之侧的地方全部挖掉，一直挖到黄泉，人立足之地还有用吗？"

惠施说："当然没有用处了。"

庄子说："那么，这无用的用处也就明显了。"

【品评】

庄子曰：“知无用而始可与言用矣。夫地非不广且大也，人之所用容足耳。然则厕足而垫之，致黄泉，人尚有用乎？”

“无用之用”是道家一贯倡导的。房子之所以称之为房子，是因为有窗户，窗户就是无用之大用。人们日常生活中常常用有用和无用来评价事物的价值，就如同庄子所说人的立足之地是有用，如果把之外的无用之地全部挖掉，有用之地还有用吗？这说明，有用与无用是相对的。德国古典哲学家黑格尔说，世界上一切存在都是合理的，我们可以引申一下，世界上存在的一切都是有用的，而无用体现的是有用的前提或条件。

杂篇

寓言

《寓言》以篇首头二字名篇。本篇揭示了庄子三种特殊的言说方式：寓言、重言、卮言。『寓言』就是以假托他人之言来阐发自己的道理。这是庄子论述自己观点的一种手法。全篇的宗旨在于庄子的哲理是用大量的寓言作为论证根据的，但也包括了『重言十七』的内容。

庄子认为，修道要心无所悬，心有所悬就是一种悲哀。修道的过程要经过九年才能达到至善的境地，达到了自然无为的境地。一个得道的人质性朴素，内心开朗，内藏智慧，领悟生死，与天合一，这样的人内心是和谐的，行为是适中的，治国是成功的，道德是完善的。

【原文】

寓言十九[①]，重言十七[②]，卮言日出[③]，和以天倪[④]。

寓言十九，藉外论之[⑤]。亲父不为其子媒[⑥]。亲父誉之，不若非其父者也；非吾罪也，人之罪也[⑦]。与己同则应，不与己同则反[⑧]；同于己为是之[⑨]，异于己为非之。

重言十七，所以已言也，是为耆艾[⑩]，年先矣，而无经纬本末以期年耆者[⑪]，是非先也。人而无以先人，无人道也；人而无人道，是之谓陈人[⑫]。

卮言日出，和以天倪，因以曼衍，所以穷年[⑬]。不言则齐，齐与言不齐，言与齐不齐也，故曰无言[⑭]。言无言，终身言，未尝言；终身不言，未尝不言。有自也而可，有自也而不可；有自也而然，有自也而不然。恶乎然[⑮]？然于然。恶乎不然？不然于不然。恶乎可？可于可。恶乎不可？不可于不可。物固有所然，物固有所可；无物不然，无物不可。非卮言日出，和以天倪，孰得其久！万物皆种也，以不同形相禅，始卒若环[⑯]，莫得其伦，是谓天均。天均者天倪也[⑰]。

【注释】

① 寓言：寄托他人说的话。寓：寄托。十九：十分之九。

② 重言：借重先哲的言论。十七：十分之七。

③ 卮（zhī）言：自然而无成见的言论。卮：酒器。日出：日新。

④ 和：合。天倪：自然的分际，自然。

⑤ 藉：通借。外：外人，别人。

⑥ 亲父：亲生的父亲。不为其子媒：不为自己的儿子做媒人。意思是自己说不如别人说。

⑦ 罪：罪过，过错。人：别人，他人。

⑧ 应：赞同。反：反对，反驳。

⑨ 为：则，不同。

⑩ 已：通已。一说已为止。耆艾：长老。六十为耆，五十为艾，泛指老年人。

⑪ 先：长。经纬：纵横，合指道理。本末：始终。期：期待。

⑫ 无人道：缺乏为人之道。陈人：陈腐无用之人。

⑬ 曼衍：发展变化。穷年：尽年，终其天年。

⑭ 不言则齐：不说话就齐一而无是非。齐：不言的齐。不齐：不同。

⑮“言无言，终身言，未尝言”中的“未尝言”依马叙伦、王叔岷之说。言无言：说了没有说的话。自：由。恶乎：怎么。

⑯ 种：万物的起源。形：形式、形态。禅（shàn）：代替。相禅：新陈代谢。始卒：始终。

⑰ 天均：自然均调。

【译文】

寓言占十分之九，其中重言占十分之七，无心之言日出不穷，合乎自然的分际。

寓言十分之九，假借别人来论说。就像父亲不替自己的儿子做媒。做父亲的夸赞儿子，总不如让别人称赞来得真实可信；（这样运用别有寄托的话，）并不是我的过错，而是别人的过错。（一般人对于别人的见解，）总是与自己意见相同就应和，和自己意见不相同的就反对；和自己的意见相同的就肯定它，和自己的意见不同的就否定它。

重言占的十分之七，为了止住别人的争辩之言，因为这是年长者的言论。年纪虽长，而没有经纶天地始终的才德来符合自己的年龄，就不算是先辈长者。做人而没有先于别人的才智，就是无道的人；人没有做人之道，就是那称为陈腐的人。

无心之言层出不穷，合于自然的分际，因循无穷的变化和发展，因此能够持久延年。不用说话，事物就会齐一；齐一的无言与有言不同，说话与齐一无言也不同，所以要说没有成见的言论。说出没有成见的言论，就是终身在说话，却像不曾说过话；即使终身不说话，却也未尝不在说话。可有可的原因，不可有不可的原因；对有对的原因，不对有不对的原因。怎样才算是的？是有是的道理。怎样才算不是的？不是的有不是的道理。

怎样去肯定？肯定那些肯定的。怎样去否定？否定那些应当否定的。万物本来就有对，万物本来就有肯定，没有什么事物不对，没有什么事物不可肯定。不是卮言天天讲，合于自然，还有什么能如它那样永恒持久呢！万物皆由种变化来的，以不同的形态相代替，始终像个圆环一样，不了解它的道理，这是所谓自然的变化。自然的变化就是自然的分际。

怎样才可以肯定？肯定就在于它可以肯定。怎样才应当否定？否定就在于它应当否定。万物原本就有它正确的方面，万物原本就有它可以肯定的方面，没有什么物类不存在正确的方面，没有什么物类不存在应当肯定的方面。如果不是无心之言天天变化更新，跟自然的分际相互吻合，怎能够维持长久？万物都有一个共同的起源，却用不同的形象相互传接，至始至终就像在循环往复，没有谁能够摸清它们的条理，这就叫做“天均”。自然的均衡也就是常说的自然的分际。

【品评】

与己同则应，不与己同则反；同于己为是之，异于己为非之。

庄子介绍了《庄子》一书使用的论述方法，“寓言十九，重言十七”，说的都是“卮言”，即“无心之言”。之所以用寓言和重言，是因为要增加自己言论的可信性和权威性。在庄子看来，这个社会是缺少诚信的社会，也是一个独断的社会。与自己意见相同就应和，不同就反对，与自己意见一致就肯定，不同就否定。每个人都以自己为标准。这样每个人就不能说“无心之言”，都无法顺乎自然的变化，发乎自然感情。由此可以看到庄子对社会的批判精神。一个社会需要批判者，社会才会不断矫正自己的方向，沿着健康的大道前行。

【原文】

庄子谓惠子曰[1]：“孔子行年六十而六十化，始时所是，卒而非之，未知今之所谓是之非五十九非也。”

惠子曰：“孔子勤志服知也[2]。”

庄子曰：“孔子谢之矣，而其未之尝言[3]。孔子云：‘夫受才乎大本，复灵以生[4]。’鸣而当律，言而当法[5]。利义陈乎前，而好恶是非直服人之口而已矣。使人乃以心服，而不敢蘁立[6]，定天下之定。已乎已乎！吾且不得及彼乎[⑦]！”

【注释】

① 惠子：指惠施。庄子的朋友。

② 勤志：勤行励志。服：役使心智。

③ 谢：弃绝。未之尝言：无言。

④ 大本：指大道妙本。复灵：含灵。

⑤ 鸣：声。而：通则。当（dàng）：符合。律：乐律。法：法度。

⑥ 蘁（wù）：违逆。

⑦ 彼：指孔子。

【译文】

庄子对惠施说：“孔子年纪到了六十岁，有六十次与时俱化；起初认为对的，后来又否定它，很难说今天所认为是对的，不就是五十九岁时所认为是错误的。”

惠施说：“孔子励志勤行用智学道吗？”

庄子说：“孔子已经弃绝用智了，他未尝多言。孔子曾说：‘人的才智是禀受于天的，恢复灵善而生。’发出声音符合乐律，说出言论而符合法度，利义摆在面前，而好恶是非的辨别，只能是服人之口罢了。要使人心服而不敢违逆，这样才算确立了天下的定则。算了吧，算了吧！我还赶不上他呢！”

【原文】

曾子再仕而心再化[①]，曰：“吾及亲仕[②]，三釜而心乐[③]；后仕，三千钟而不洎[④]，吾心悲。”

弟子问于仲尼曰："若参者，可谓无所县其罪乎[⑤]？"

曰："既已县矣。夫无所县者，可以有哀乎？彼视三釜三千钟[⑥]，如观鸟雀蚊虻相过乎前也[⑦]。"

【注释】

① 曾子：曾参，孔子弟子。再仕：第二次做官。化：变化，指道德修养变化、心情的变化。

② 及亲：父母双亲在世。

③ 釜：古代量器，六斗四升为一釜。

④ 钟：六斛四斗为一钟。不洎：不及，指不及养双亲。

⑤ 县：同"悬"，系。悬其罪：受其罪，指忍受利禄拖累之罪。

⑥ 彼：指心无所悬挂的人。

⑦ 依据陈碧虚《阙误》引张君房本"雀"上有"鸟"字，今补上。

【译文】

曾子再次做官时，他的心情又有所变化，他说："我在父母健在时，做官只有三釜俸禄而心里非常快乐；后来做官，俸禄虽有三千钟而不及奉养双亲，我心里却非常悲伤。"

弟子问孔子说："像曾参那样的人，可以算是没有利禄的牵累之罪了吧？"

孔子说："他已经受到利禄的牵累了！要是心无所牵累，心里会有悲哀吗？对于那些心里无所牵累的人来说，看三釜、三千钟的俸禄就像看鸟雀、蚊虻飞过眼前一样。"

【原文】

众罔两问于景曰[①]："若向也俯而今也仰，向也括撮而今也被发[②]，向也坐而今也起，向也行而今也止，何也？”

景曰：“搜搜也，奚稍问也[③]！予有而不知其所以。予，蜩甲也，蛇蜕也[④]，似之而非也[⑤]。火与日，吾屯也[⑥]；阴与夜，吾代也[⑦]。彼[⑧]吾所以有待邪？而况乎以无有待者乎！彼来则我与之来，彼往则我与之往，彼强阳则我与之强阳[⑨]。强阳者又何以有问乎？”

【注释】

① 罔两：影外微阴。景：通“影”。

② 若：汝，你。向：从前。括：指发，束发。括撮：束结头发。被：通“披”。

③ 搜搜：犹言“区区”。奚：何。稍：借作“屑”。

④ 蜩：蝉。蜩甲：蝉壳。蛇蜕：蛇皮。

⑤ 似之而非也：影生于形与甲出于蜩、蜕出于蛇相似，但影无实而甲、蜕有实，所以虽相似而不同，影子并无实体存在。

⑥ 火：指火光。日：指日光。吾屯：我屯聚。

⑦ 阴：阴天，无阳光。夜：黑天，无日、月光之时。代：谢，消失。

⑧ 彼：指形体。

⑨ 强阳：徜徉，运动的样子。

【译文】

影外微阴们问影子说：“刚才你俯身而现在又仰头，刚才还束结着头发而现在又披散着头发，刚才还坐着而现在站了起来，刚才还在行走而现在却又停步不前。这是什么原因呢？”

影子说：“区区小事，何必来问我？我如此行止而不知道为什么会这样。我，就如同寒蝉蜕下来的壳、蛇蜕下来的皮，跟那本体事物相似却又不是那事物本身。火与阳光，使我聚合而显明；阴与黑夜，使我得以隐息。可是有形的物体真就是我赖以存在的凭借吗？何况是没有任何依待的事物呢！有形的物体来，我就随它来；有形的物体去，我就随它去；有形的物体运动不止，我就随它运动不止。变化不定的事物，又有什么可问的呢！”

【原文】

阳子居南之沛，老聃西游于秦，邀于郊，至于梁而遇老子[①]。老子中道仰天而叹曰：“始以汝为可教，今不可也。”

阳子居不答。至舍，进盥漱巾栉，脱屦户外，膝行而前[②]曰：“向者弟子欲请夫子[③]，夫子行不闲，是以不敢。今闲矣，请问其过。”

老子曰：“而睢睢盱盱，而谁与居[④]？大白若辱，盛德若不足[⑤]。”

阳子居蹴然变容曰[⑥]：“敬闻命矣[⑦]！”

其往也，舍者迎将其家，公执席，妻执巾栉[⑧]，舍者避席，炀者避灶[⑨]。其反也[⑩]，舍者与之争席矣。

【注释】

① 之：往。沛：今江苏沛县。秦：秦国。邀：通“要”，约。

② 盥（guàn）：洗脸，洗手。漱：漱口。巾：毛巾。栉（zhì）：梳子。膝行：跪着走，表示尊敬。

③ 向：刚才。

④ 睢（suī）睢：仰目而视，骄傲。盱盱（xū）：张目而视，亦指傲慢。

⑤ 若：似。辱：污。
⑥ 蹴（cù）：通蹙。蹴然：紧迫的样子。
⑦ 命：教。
⑧ 迎将：迎送。家：旅店。公：旅店男主人。妻：旅店女主人。
⑨ 炀（yáng）：烘，炙，烤火。
⑩ 其反：送老子走后再来时。

【译文】

阳子居南下到沛地去，正巧老子西行要去秦国，约在郊野见面，到了梁地，遇见了老子。老子在半路上仰天长叹说："起初我把你看作是可以教诲的人，现在看来是不可受教的了。"

阳子居没有答话。到了旅店，阳子居送进洗漱用品，把鞋子脱在门外，双腿跪着爬行向前，说："刚才弟子正想请教先生，正赶上先生行走在途中没有闲空，因此没敢贸然启齿。现在先生有点闲暇，敬请指出我的过错。"

老子说："你仰目张目傲慢跋扈，你还能跟谁共处呢？过于清白的人好像总觉得有什么污浊，德行最为高尚的好像总会觉得有什么不足之处。"

阳子居听了脸色大变羞惭不安地说："敬听先生的教诲了！"

阳子居刚来旅店的时候，店里的客人都得迎来送往，那个旅店的男主人亲自为他安排坐席，女主人亲手拿着毛巾梳子侍候他盥洗，旅客们见了他都得让出座位，烤火的人见了也就远离火边以示回避。等到他离开旅店的时候，旅店的客人已经跟他无拘无束争席而坐不分彼此了。

【品评】

而睢睢盱盱，而谁与居？大白若辱，盛德若不足。

人不可骄泰。骄泰则让人疏远。

而一人应该怀有一颗谦逊之心，才能进步。“知不足者好学，耻下问者自满。”（林逋的《省心录》）意思是说：“知道自己的不足并努力去学、争取进步的人是聪明的人，觉得请教别人问题是可耻的人是自满的。”

明代方孝孺的《侯城杂诫》中也写道：“人之不幸莫过于自足。恒苦不足故足，自以为足故不足。”他又说：“虚己者进德之基。”这些话都很中肯而切要。这种虚心做学问的态度，何尝不是我们应该取法的？

其实做学问需要虚心，就是做人，也要虚心，只有虚心的人，才能不断进取，不断提高自己的修养，成为真正的君子。

文中的阳子居就是虚心接受了老子的教诲，并身体力行，才被众人所接受，这样才会真正成就圣德。

杂篇

让 王

《让王》以事名篇。"让王"是辞让王位的意思。篇中多借辞让王位而写生命的可贵，轻视功名利禄，取其意为篇名。全篇宗旨在于阐明庄子的轻物养生和无为而治的思想。政治与自由、财富与精神、现实与审美不可得兼，这就是生逢乱世而又性情孤高的庄子所获得的人生觉悟。

庄子认为重生必得厌恶富贵名利，只有弃权势、舍利禄，才能达到重生和养生的目的。

【原文】

尧以天下让许由，许由不受。又让于子州支父，子州支父[①]曰："以我为天子，犹之可也[②]。虽然，我适有幽忧之病，方且治之，未暇治天下也[③]。"夫天下至重也，而不以害其生[④]，又况他物乎！唯无以天下为者，可以托天下也。

舜让天下于子州支伯。子州支伯曰："予适有幽忧之病，方且治之，未暇治天下也。"故天下大器也[⑤]，而不以易生，此有道者之所以异乎俗者也。

舜以天下让善卷[⑥]，善卷曰："余立于宇宙之中，冬日衣皮毛，夏日衣葛絺[⑦]；春耕种，形足以劳动；秋收敛，身足以休食；日出而作，日入而息，逍遥于天地之间而心意自得。吾何以天下为哉！悲夫，子之不知余也！"遂不受。于是去而入深山，莫知其处。

舜以天下让其友石户之农[⑧]，石户之农曰："捲捲乎后之为人，葆力之士也[⑨]！"以舜之德为未至也，于是夫负妻戴，携子以入于海，终身不反也[⑩]。

【注释】

① 子州支父：人名，姓子州，字支父。
② 犹：还。
③ 适：刚才。幽忧：隐忧。病：患。方：刚。治：治疗，医治。暇：闲暇。
④ 生：性。
⑤ 大器：贵重器物。
⑥ 善卷：人名，姓善，名卷。
⑦ 葛𫄨（chī）：细葛布。
⑧ 石户：地名。农：农民。
⑨ 捲捲（quán）：同卷卷，用力的样子。葆（bǎo）：通宝，珍视。
⑩ 负：背着。戴：顶着。入于海：隐居海上。反：通返。

【译文】

尧要把天下让给许由，许由不接受。又让给子州支父，子州支父说："让我做天子，还可以。不过，我正有隐忧之病，刚要治疗它，没有时间去治理天下。"天下的地位是最贵重的，而不以这种地位妨害自己的生命，更何况是其他的事物呢！只有忘却天下而无所作为的人，才可以把天下委托给他。

舜要把天下让给子州支伯。子州支伯说："我正有隐忧之患，刚要治疗它，没有闲暇去治理天下。"治理天下的权位是最大的名器，却不用它来换取生命，这是有道的人之所以和凡俗不同之处。

舜要把天下让给善卷，善卷说："我站在宇宙之中，冬天穿皮毛，夏天穿细细的葛布；春天耕田种地，身体足可以负担这种劳动；秋天收获足可以休养安食；太阳出来就去干活儿，太阳落了就回家休息，逍遥自在于天地之间而心安神怡。我哪里用得着去治理天下呢！可悲啊，你是不了解我的！”就这样便不肯接受。于是他离开舜而隐入深山，再没有人能够知道他的去处。

舜要把天下让给他的朋友石户的农民，石户的农民说：“真是勤勉劳苦啊！国君的为人太尽力了，是个勤苦劳碌之人！”他认为舜的德行还没达到最高的境界，于是丈夫背着行囊，妻子顶着东西，带着子女隐居大海中的荒岛之上，终身不再返回。

【原文】

越人三世弑其君[①]，王子搜患之，逃乎丹穴[②]。而越国无君，求王子搜不得，从之丹穴。王子搜不肯出，越人熏之以艾[③]。乘以王舆[④]。

王子搜援绥登车[⑤]，仰天而呼曰：“君乎，君乎，独不可以舍我乎！”

王子搜非恶为君也，恶为君之患也。若王子搜者，可谓不以国伤生矣！此固越人之所欲得为君也。

【注释】

① 越人三世弑其君：指越王翳被他的儿子杀掉，越人又把他的儿子杀掉，立无余为国君，无余又被杀掉、立无颛为国君。弑：封建社会臣杀君、子杀父，称弑。
② 王子搜：指无颛。丹穴：山洞名。一作南山洞。
③ 熏之以艾：用艾蒿烟熏丹穴。
④ 王舆：国王坐的车子。
⑤ 援：引。绥：车上绳，拉手。

【译文】

越人杀掉自己三代的国君，王子搜忧惧此事，逃到丹穴中。

越国没有国君，没有找到王子搜，一直跟踪到丹穴。王子搜不肯出来，越人用艾蒿烟熏他，让他乘坐玉辇。

王子搜扶着拉手上车，仰天呼号说："王位呀！王位呀！就是不肯放过我吗！"

王子搜并不是厌恶做国君，而是厌恶做国君的祸患。像王子搜这样的人，可以说是不愿以君位来伤害生命了，这正是越人要他做国君的原因。

【品评】

王子搜非恶为君也，恶为君之患也。若王子搜者，可谓不以国伤生矣！此固越人之所欲得为君也。

越人杀掉了三代国君。要立王子搜为君。王子搜逃到山洞不愿出来继承王位。庄子议论说，王子搜并非厌恶做国君，而是厌恶做国君带来的祸害。在庄子看来这是为了保全自己的生命而不愿受到伤害，值得称赞，其实也包含着对社会现实的批判。连国君都无法保护自己的生命，何况平民百姓呢？

【原文】

子列子穷，容貌有饥色[①]。客有言之于郑子阳者[②]曰："列御寇，盖有道之士也，居君之国而穷，君无乃为不好士乎[③]？"

郑子阳即令官遗之粟[④]。子列子见使者，再拜而辞[⑤]。

使者去，子列子入，其妻望之而拊心曰[⑥]："妾闻为有道者之妻子，皆得佚乐，今有饥色。君过而遗先生食[⑦]，先生不受，岂不命邪！"

子列子笑谓之曰："君非自知我也。以人之言而遗我粟，至其罪我也又且以人之言[8]，此吾所以不受也。”其卒，民果作难而杀子阳。

【注释】

① 穷：穷困，困难。容貌有饥色：穷困到极点，饥饿的颜色已表现在面貌上。

② 子阳：人名，郑国的宰相。

③ 君：你，指子阳。好（hào）：爱好。好士：爱好人才，重视人才。

④ 遗（wèi）：送，给与。

⑤ 辞：辞退，辞谢，不接受。

⑥ 拊（fǔ）：拍，击，捶。拊心：捶胸，表示愤惋。

⑦ 佚：通逸。佚乐：安逸享乐。君：指子阳，即指相国。过：看望、慰问，关心。

⑧ 至：等到。

【译文】

列子穷困，面容常有饥色。有人告诉郑相子阳说：“列御寇是位有道之士，住在你治理的国家里却很穷困，你恐怕不喜欢贤达之士吧？”

郑相子阳便下令让官员送米粟给列子。列子见到使者，再三拜谢辞退不接受。

使者离去，列子进入屋里，他的妻子埋怨地望着他抚着胸口说：“我听说有道人的妻子，都能得到安逸的享乐。现在你面有饥色，相国过问此事而送给你粮食，你不接受，岂不是命该如此吗！”

列子笑着对她说，“相国并不是自己了解我，而是听别人说才送我米粟的，等到他要加罪于我时，也会是因听信别人的话，这就是我不接受的原因。”后来，民众果然发难而杀了子阳。

【品评】

君非自知我也。以人之言而遗我粟，至其罪我也又且以人之言，此吾所以不受也。

对于送上门来的财货，你如何对待？拒之门外？还是笑纳？列子给我们做出了很好的榜样。

对于郑子阳送来的粟子，列子是恭恭敬敬地推辞了。也许会让郑子阳生气，但是，对于可能会遭致的生命的威胁，这种让对方不悦的事情，也就可以不予考虑了。

这也幸亏列子没有笑纳那些粟子，不然，随着郑子阳的被杀，列子如果当初笑纳了那些粟子，就可能被人们认为是郑子阳的同党，而遭到祸害了。

为了眼前的蝇头小利，却引来杀身之祸，很不值得啊。但是，世间又有多少人真正体会到这一点呢？

【原文】

楚昭王失国[①]，屠羊说走而从于昭王[②]。昭王反国，将赏从者，及屠羊说[③]。

屠羊说曰：“大王失国，说失屠羊；大王反国，说亦反屠羊。臣之爵禄已复矣，又何赏之有[④]！”

王曰：“强之！”

屠羊说曰：“大王失国，非臣之罪，故不敢伏其诛[⑤]；大王反国，非臣之功，故不敢当其赏。”

王曰：“见之[⑥]！”

屠羊说曰：“楚国之法，必有重赏大功而后得见，今臣之知不足以存国而勇不足以死寇。吴军入郢，说畏难而避寇，非故随大王也。今大王欲废法毁约而见说，此非臣之所以闻于天下也。”

王谓司马子綦曰[7]：“屠羊说居处卑贱而陈义甚高，子綦为我延之以三旌之位[8]。”

屠羊说曰：“夫三旌之位，吾知其贵于屠羊之肆也；万钟之禄，吾知其富于屠羊之利也；然岂可以贪爵禄而使吾君有妄施之名乎[9]！说不敢当，愿复反吾屠羊之肆。”遂不受也[10]。

【注释】

① 楚昭王：名珍，平王的儿子，公元前515年立国。失国：失去国土，指吴伐楚，楚昭王逃到随、郑。
② 屠羊：指宰羊人。说：通悦，屠羊者的名字。
③ 反：通“返”。及：赏到。
④ 臣之爵禄：指屠羊。复：恢复。
⑤ 强（qiǎng）之：强令赏他。伏其诛：伏案受诛，甘心被杀。
⑥ 见之：引见他，让他来见我。
⑦ 司马子綦：楚国的将军，名司马子綦。又作司马子其。
⑧ 陈义：陈说议论，说道理。延：引而上进，犹今之提拔。三旌（jīng）之位：三卿之位。一命而士，二命而大夫，三命而卿。
⑨ 万钟之禄：卿禄万钟。妄施：行赏不当。
⑩ 遂不受：终不受。

【译文】

楚昭王丧失了国土，屠羊说也跟着昭王出走。后来楚昭王返回楚国，打算赏赐跟随他逃亡的人，赏到屠羊说。

屠羊说说：“大王丧失国土，我丧失了宰羊的工作。大王返回国家，我也回来宰羊。我宰羊的爵禄已经恢复了，又有什么可赏赐的呢。”

昭王说：“强令接受奖赏！”

屠羊说说：“大王丧失国土，不是我的罪过，所以不敢坐以待毙伏法就诛；大王返回国家，也不是我的功劳，所以不敢接受赏赐。”

昭王说：“那么我要接见他！”

屠羊说说：“楚国的法令规定，必有重赏大功的人而后才得接见，现在我的才智不足以保存国家，而勇敢也不足以歼灭敌寇。吴国的军队侵入郢都，我畏惧危难而逃避敌寇，并不是有意追随大王。现在大王要不顾楚国约法的规定而接见我，这不是我所愿传闻天下的事。”

昭王对司马子綦说：“屠羊说身处地位卑贱而陈说义理很高明，你为我请他任卿的职位。”

屠羊说说：“卿的职位，我知道它比屠羊的职业高贵得多；万钟的俸爵，我知道它比屠羊的利益丰富得多。但是我怎么可以贪图爵禄而使我的君主得到滥施的名声呢？我不敢接受这高官厚禄，还是愿意回到我宰羊的作坊去。”他到底没有接受奖赏。

【品评】

屠羊说曰：“夫三旌之位，吾知其贵于屠羊之肆也；万钟之禄，吾知其富于屠羊之利也。然岂可以贪爵禄而使吾君有妄施之名乎！说不敢当，愿复反吾屠羊之肆。”遂不受也。

屠羊说是一位宰杀羊的普通百姓，由于偶然的机会得到楚庄王的恩赐，要给予高官厚禄。很多世俗之人也许欣然接受。但屠羊说陈述道理，予以拒绝。体现了无功不受禄的君子之风，也讽刺了那些不择手段谋取官位利禄的小人。屠羊说很明白，“三旌之位”、“万钟之禄”给自己带来了名利，但为了不让君主得到滥施的名声而到底没有接受禄位。人们应该给他赞扬。对于今天很多沽名钓誉者应是一个警醒。

【原文】

曾子居卫，缊袍无表①，颜色肿哙，手足胼胝②。三日不举火③，十年不制衣，正冠而缨绝④，捉衿而肘见⑤，纳屦而踵决⑥，曳縰而歌《商颂》⑦，声满天地，若出金石。天子不得臣，诸侯不得友。故养志者忘形，养形者忘利，致道者忘心矣。

【注释】

① 曾子：姓曾，名参，字子舆，鲁人，孔子弟子。卫：卫国。缊（yùn）袍：用麻絮充丝棉做的袍子。无表：没有外罩。

② 肿哙（kuài）：浮肿。胼胝（piān zhī）：老趼。

③ 不举火：不举烟火，不做饭。

④ 冠：帽子。缨：帽缨子。绝：断绝。

⑤ 捉：抓、拉。衿：领子。见：通“现”，露。

⑥ 纳屦：穿的麻鞋。踵决：后跟裂开。

⑦ 曳：拖。商颂：商代的音乐。

【译文】

曾子住在卫国，絮衣破烂，面色浮肿，手脚生趼。三天不做饭，十年不做衣，正帽子而帽缨断绝，拉起衣襟而袖裂露肘，穿着麻鞋而后跟裂开，拖着破鞋而唱《商颂》，声音宏亮充满天地，像出自金石那样清脆。天子不能使他为臣子，诸侯不能和他交朋友。所以养志的人忘了形体，养形的人忘了利禄，求道的人忘了心思了。

【原文】

孔子谓颜回曰："回，来！家贫居卑，胡不仕乎[①]？"

颜回对曰："不愿仕。回有郭外之田五十亩，足以给飦粥[②]；郭内之田十亩[③]，足以为丝麻；鼓琴足以自娱，所学夫子之道者足以自乐也。回不愿仕。"

孔子愀然变容[④]曰："善哉回之意！丘闻之：'知足者不以利自累也；审自得者失之而不惧[⑤]；行修于内者无位而不怍[⑥]。'丘诵之久矣，今于回而后见之，是丘之得也[⑦]。"

【注释】

① 居卑：所处地位卑下。仕：做官。
② 郭：外城。给：供给。飦（zhān）粥：稠粥。
③ 郭内：城内。
④ 愀（qiǎo）然：一本作"欣然"，神色变得欣然。
⑤ 审：审视，明察。
⑥ 位：官位，官爵。怍（zuò）：惭愧。
⑦ 得：获得，收获。

【译文】

孔子对颜回说："颜回，你过来！你家庭贫困处境卑贱，为什么不外出做官呢？"

颜回回答说：“我无心做官。我在城外有五十亩地，足够供给稠粥；城内的十亩土地，足够用来种麻养蚕；拨动琴弦足以自求娱乐，所学先生的道理足以自得其乐。我不愿意做官。”

孔子欣然改变面容，说：“好极了，你的心意！我听说：‘知足的人，不以利禄自累；审视自得的人，遇到损失而不忧惧；修养内心的人，没有官位而不会感到惭愧。’我诵读这些话已经很久了，现在在你身上才真正看到了它，这也是我的收获啊！”

【原文】

中山公子牟谓瞻子曰[①]：“身在江海之上，心居乎魏阙之下[②]，奈何？”

瞻子曰：“重生[③]。重生则利轻。”

中山公子牟曰：“虽知之，未能自胜也[④]。”

瞻子曰：“不能自胜则从，神无恶乎[⑤]？不能自胜而强不从者，此之谓重伤[⑥]。重伤之人，无寿类矣[⑦]。”

魏牟，万乘之公子也，其隐岩穴也，难为于布衣之士[⑧]；虽未至乎道，可谓有其意矣！

【注释】

① 中山公子牟：即魏公子，名牟，封地中山，故名中山公子牟，亦即《秋水》篇的魏牟。瞻子：瞻通詹，即詹何。

② 江海：指江湖，广阔天地。魏阙：巍然高大的宫门，指宫廷。

③ 重生：尊重生命，把性命看得很重要。

④ 自胜：自我克制。

⑤ 从：顺从，听任。神：精神。无：毋。恶：厌恶。

⑥ 重伤：双重伤害。
⑦ 无寿类：属于不长寿之列。
⑧ 难为：虽然很难，却做了。

【译文】

中山公子牟对瞻子说：“我虽然隐身在江湖之上，而心思却念念不忘宫廷的荣华，怎么办呢？”

瞻子说：“重视生命。重视生命的存在，就会轻视利禄。”

中山公子牟说：“虽然我也知道这个道理，但是总不能抑制自己的感情。”

瞻子说：“不能抑制自己的感情就听任自然放任不羁，这样精神不厌恶吗？不能抑制自己的感情而勉强不放任从事，这就叫受双重伤害。受双重伤害的人，就不会寿延久长的人了。”

魏牟，是万乘大国的公子，他隐居岩穴，要比平民困难得多了；虽然没有达到得道的境界，也可以说有了得道的心意了。

【原文】

孔子穷于陈蔡之间[①]，七日不火食，藜羹不糁，颜色甚惫[②]，而弦歌于室。

颜回择菜[③]，子路子贡相与言曰：“夫子再逐于鲁，削迹于卫，伐树于宋，穷于商周，围于陈蔡，杀夫子者无罪，藉夫子者无禁[④]。弦歌鼓琴，未尝绝音，君子之无耻也若此乎？”

颜回无以应，入告孔子。孔子推琴喟然而叹曰：“由与赐，细人也。召而来，吾语之[⑤]。”

子路子贡入。子路曰：“如此者可谓穷矣！”

孔子曰："是何言也！君子通于道之谓通，穷于道之谓穷。今丘抱仁义之道以遭乱世之患，其何穷之为？故内省而不穷于道[6]，临难而不失其德，天寒既至，霜雪既降，吾是以知松柏之茂也。陈蔡之隘[7]，于丘其幸乎！"

孔子削然反琴而弦歌，子路扢然执干而舞[8]。子贡曰："吾不知天之高也，地之下也。"

古之得道者，穷亦乐，通亦乐。所乐非穷通也，道德于此，则穷通为寒暑风雨之序矣[9]。故许由娱于颖阳而共伯得乎共首[10]。

【注释】

① 穷：困。

② 藜：灰菜。糁（sǎn）：米粒。

③ 择：选择。一本作释。

④ 藉：欺凌、凌辱。无禁：没有被禁止。

⑤ 由：子由，即子路。赐：子贡。细人：细碎的人，小人。而：通尔。

⑥ 为：通谓。何穷之为：何谓之穷。内省（xǐng）：反省，自己检查。穷：绝。

⑦ 隘：困。

⑧ 削然：悄然即安然的样子。反：通"返"。反琴：返回到琴边又弹琴。扢（xì）然：威武的样子；一说喜悦的样子。干：盾，古代的兵器。

⑨ 非：无关。序：变化程序。

⑩ 颖阳：颖水之阳。共伯，即共伯和，敕封于共而得名。西周末年，厉王被放逐，诸侯立共伯和为天子，在位一十四年，宣王立时共伯退回共丘山。首：山根。

【译文】

孔子被围困在陈国、蔡国之间，七天没有烧火煮饭，喝不加米粒的灰菜羹汤，面色疲惫不堪，然而还在屋中弹琴唱歌。

颜回择菜，子路和子贡互相议论说："先生两次被赶出鲁国，在卫国不让居留，在宋国遭受伐树的屈辱，在商周很不得志，如今又被围困于陈、蔡之间。图谋杀害先生的没有罪过，凌辱先生的不受禁止。可是先生他还在唱歌弹琴，乐声不绝，君子没有羞耻之心是这样吗？"

颜回在旁没有应声，进屋告诉孔子。孔子推开琴，唉声叹气地说："子由和子贡，都是见识浅的小人。叫他们进来，我告诉他们。"

子路、子贡进入屋里。子路说："像现在这样，可以说是穷困了！"

孔子说："这是什么话！君子能通达道理的叫做通，不了解道的才叫穷。现在我孔丘怀抱仁义之道而遭到乱世的祸患，怎能说是穷困呢！所以，自心反省就不会不通达于道，面临灾难就不会丧失自己的德行。寒天来到，霜雪降落，我这才知道松柏树的茂盛。陈、蔡被围困的危险，对我孔丘来说正是自己的幸运啊！"

孔子又安然地继续弹琴唱歌，子路威武兴奋地手拿盾牌跳起舞来。

子贡说："我不知天有多高，也不知道地有多深啊！"

古时得道的人，穷困时快乐，通达时也快乐，所欢乐的原因并不是穷困和通达。只要是道德存留于心中，那么穷困和通达就像是寒暑风雨的循序变化了。所以许由能自娱于颍水之边，而共伯可悠游自得于共丘山之下了。

【品评】

古之得道者，穷亦乐，通亦乐。所乐非穷通也，道德于此，则穷通为寒暑风雨之序矣。故许由娱于颍阳而共伯得乎共首。

这是对孔子的赞扬。庄子认为，孔子已是得道之人，经受了种种磨难。两次被赶出鲁国，卫国不让他居留，现又被围困在陈国和蔡国之间不让通过。但孔子仍不改其传道之志，并将这些困难看成是对自己意志的磨炼。连庄子也不得不称赞孔子为“得道者”，只有那些将“道”保留在心中的人，才能达到这种境界。显然，庄子已经将孔子改造成道家的代言人。但孔子这种百折不挠的精神的确值得我们学习。

杂篇

盗跖

《盗跖》以人名篇。『盗跖』指名叫跖的大盗。本篇的主旨在于揭露和批判儒家的道德规范和俗儒追求荣华富贵的观念，宣扬顺从自然本性返归原始的道家思想。有人认为本篇是膺品，非庄子作，此种看法不可轻信。

在这篇文章中，庄子通过盗跖之口揭露孔子的言行，批判孔子的仁义说，讥斥儒家是『不耕而食，不织而衣』的人，说孔子的言行是『诈巧虚伪』；并通过盗跖之口揭露了社会的黑暗，批判儒家伦理道德的实质是贵贱无等，长幼无序，造成了天下之至害，用先王之治的乱伦之例驳斥了宣扬圣王之治的一些观点，这对儒墨的尊先王的思想都是严厉的批判。

【原文】

孔子与柳下季为友[①]，柳下季之弟，名曰盗跖[②]。盗跖从卒九千人[③]，横行天下，侵暴诸侯，穴室枢户[④]，驱人牛马，取人妇女，贪得忘亲，不顾父母兄弟，不祭先祖。所过之邑，大国守城，小国入保[⑤]，万民苦之。

孔子谓柳下季曰："夫为人父者，必能诏其子[⑥]；为人兄者，必能教其弟。若父不能诏其子，兄不能教其弟，则无贵父子兄弟之亲矣。今先生，世之才士也，弟为盗跖，为天下害，而弗能教也，丘窃为先生羞之。丘请为先生往说之[⑦]。"

柳下季曰："先生言'为人父者必能诏其子，为人兄者必能教其弟'，若子不听父之诏，弟不受兄之教，虽今先生之辩[⑧]，将奈之何哉！且跖之为人也，心如涌泉，意如飘风[⑨]，强足以拒敌[⑩]，辩足以饰非，顺其心则喜，逆其心则怒，易辱人以言。先生必无往。"

【注释】

① 柳下季：人名，姓展，名获，字禽，鲁国的大夫，封地于柳下而称柳下季，谥号惠，亦称柳下惠。

② 盗跖（zhí）：春秋末年的起义领袖。
③ 从卒：随从起义的人。
④ 穴：做动词，凿穿。枢：门轴，做动词，破轴。
⑤ 保：通堡，小城。入保：进入小城守备。
⑥ 诏：诏示，教导。
⑦ 说（shuì）之：说服他。
⑧ 辩：口才，善于雄辩。
⑨ 涌泉：水向上冒。形容心血横流。意如飘风：意气风发。飘风：暴风。
⑩ 拒：一本作距，抗拒。拒敌：用语言与盗跖对抗。

【译文】

孔子和柳下季是朋友，柳下季的弟弟名字叫盗跖。盗跖的部下有九千人，横行天下，侵袭诸侯，穿室破户，抢掠牛马，掳夺妇女，贪利忘亲，全不顾忌父母兄弟，也不祭祀祖先；所过之处，大国严守城池，小国退守城堡，万民都感到痛苦。

孔子对柳下季说："做父亲的一定能诏告儿子，做兄长的一定教育弟弟。如果做父亲的不能诏告儿子，做兄长的不能教育弟弟，那么父子兄弟之间的亲情也就无珍贵而言了。现在，先生是当世的才智之士，而弟弟却是盗跖，为害天下，你却不能教育他，我私下为你感到羞愧！请允许我为你前去进行说服他。"

柳下季说："先生说：'做父亲的一定能诏告儿子，做兄长的一定能教育弟弟。'如果儿子不听从父亲的教导，弟弟不受兄长的教育，即使现在有先生的辩才，又能把他怎样呢？况且，跖的为人处事，心如泉涌不可抑制，意念犹如暴风不可测度，强悍足以对抗敌人，巧辩足以掩饰过错。别人顺从他的心意去做，他就高兴；违逆他的心意，他就发怒，容易用语言污辱别人，先生千万不要去。"

【原文】

孔子不听，颜回为驭，子贡为右[①]，往见盗跖。盗跖乃方休卒徒大山之阳[②]，脍人肝而铺之[③]。孔子下车而前，见谒者[④]曰："鲁人孔丘，闻将军高义，敬再拜谒者。"

谒者入通，盗跖闻之大怒，目如明星，发上指冠，曰："此夫鲁国之巧伪人孔丘非邪？为我告之：'尔作言造语，妄称文武，冠枝木之冠[⑤]，带死牛之胁，多辞缪说，不耕而食，不织而衣，摇唇鼓舌，擅生是非，以迷天下之主，使天下学士不反其本[⑥]，妄作孝弟而侥幸于封侯富贵者也。子之罪大极重，疾走归！不然，我将以子肝益昼餔之膳[⑦]！'"

孔子复通曰："丘得幸于季，愿望履幕下[⑧]。"

谒者复通，盗跖曰："使来前！"

孔子趋而进，避席反走[⑨]，再拜盗跖。盗跖大怒，两展其足，案剑瞋目[⑩]，声如乳虎，曰："丘，来前！若所言，顺吾意则生，逆吾心则死！"

【注释】

① 驭：同"御"，驾驭，驾车，赶车。右：古代乘车在车右的人，即骖右。

② 休卒徒：叫士兵休息。大山：即泰山。

③ 脍：细切。铺（bǔ）：食，吃。

④ 谒者：官名，掌管传达使命，亦泛指传达和通报的奴仆。

⑤ 冠枝木之冠：前冠为戴，后冠为帽子。枝木：形容帽子上的装饰品像树枝一样。

⑥ 缪说：胡言乱语。擅：专。反：通返。本：本真，本性。

⑦ 益：增加。膳：饭食，膳食。

⑧ 望履幕下：在帐幕之下望见你的鞋子，意即望见足下。

⑨ 趋：速行，急走。避席：离开席位，指站起来。反走：退着走，表恭敬。

⑩ 瞋（chēn）目：瞪大眼睛，怒目而视。

【译文】

孔子不听柳下季的劝说，让颜回驾车，子贡坐在车的右边陪乘，一起去会见盗跖。盗跖正带着部下在泰山南面休息，把人肝切碎而食用。孔子下车走上前，看见传令官，说："鲁国人孔丘，听说将军高尚正义，恭敬地前来拜见。"

传令官入内通报。盗跖听了大怒，目如明星，怒发冲冠，说："这个人莫非就是鲁国的那个巧伪人孔丘？替我告诉他：'你花言巧语，假托文、武，头戴装饰像树枝般的帽子，腰缠用死牛皮做的皮带，满口废话，不耕而食，不织而衣，摇唇鼓舌，无端制造是非，来迷惑天下的君主，使天下的读书人不务正业，假托孝悌之名，而妄想侥幸得到封侯富贵。你罪大恶极，快滚回去吧！不然，我要用你的肝当作午餐。'"

孔子再请通报说："我荣幸地结识了柳下季，希望能到帐幕下拜见。"传令官又去通报。

盗跖说："让他到前面来！"

孔子快步而进，避席退步，再拜盗跖。盗跖大怒，叉开两脚，握剑瞪眼，声如乳虎，说："孔丘过来！你要说的，顺着我的心意你才能活着，违逆我的心思你就要死！"

【原文】

孔子曰："丘闻之，凡天下人有三德：生而长大，美好无双，少长贵贱见而皆说之[①]，此上德也；知维天地[②]，能辩诸物，此中德也；勇悍果敢，聚众率兵，此下德也。凡人有此一德者，足以南面称孤矣。今将军兼此三者，身长八尺二寸，面目有光，唇如激丹[③]，齿如齐贝[④]，音中黄钟[⑤]，而名曰盗跖，丘窃为将军耻不取焉。将军有意听臣，臣请南使吴越，北使齐鲁，东使宋卫，西使晋楚，使为将军造大城数百里，立数十万户之邑，尊将军为诸侯，与天下更始[⑥]，罢兵休卒，收养昆弟[⑦]，共祭先祖[⑧]。此圣人才士之行，而天下之愿也。"

【注释】

①《阙误》引张君房本"下"字下有"人"字。说：通"悦"。
② 知维天地：形容知识渊博。维：包罗。
③ 激：鲜明。激丹：鲜红的丹砂。
④ 齐贝：整齐排列的贝珠。
⑤ 中（zhòng）：合，符合。黄钟：十二律中的首律，引申为宏亮。
⑥ 更始。除旧布新，变更，变化一新。
⑦ 昆弟：指兄和弟，包括近、远房的弟兄。
⑧ 共：同"供"。

【译文】

孔子说："我听说，天下人有三种美德：生就身躯魁梧，容貌美好无双，不分老幼贵贱，见到都喜欢他，这是上德；才智包容天地，才能足以分辨各种事物，这是中德；勇武、剽悍、果决、勇敢，聚众率兵，这是下德。凡是人具有一种美德的，就足以南面称帝了。现在，将军兼有这三种德行，身高八尺二寸，面容和双目熠熠有光，嘴唇犹如鲜红的丹砂，牙齿像整齐排列的贝珠，声音宏亮合于洪钟，而名字叫盗跖。我私下替将军感到羞耻不可取。将军有意听我的意见，我请求向南出使吴国和越国，向北出使齐国和鲁国，向东出使宋国和卫国，向西出使晋国和楚国。给将军建造周围数百里的大城，建立数十万户的采邑，尊奉将军为诸侯，和天下的诸侯共同除旧布新，停战休兵，收养众弟兄，供祭祖先。这是圣人才士的行为，也是天下人的愿望。”

【原文】

盗跖大怒曰：“丘来前！夫可规以利而可谏以言者，皆愚陋恒民之谓耳[①]。今长大美好，人见而悦之者，此吾父母之遗德也。丘虽不吾誉，吾独不自知邪[②]？

“且吾闻之：好面誉人者，亦好背而毁之[③]。今丘告我以大城众民，是欲规我以利而恒民畜我也[④]，安可久长也！城之大者，莫大乎天下矣。尧舜有天下，子孙无置锥之地；汤武立为天子，而后世绝灭；非以其利大故邪？

“且吾闻之：‘古者禽兽多而人少，于是民皆巢居以避之，昼拾橡栗，暮栖木上，故命之曰有巢氏之民。古者民不知衣服，夏多积薪，冬则炀之[⑤]，故命之曰知生之民。神农之世，卧则居居[⑥]，起则于于[⑦]，民知其母，不知其父，与麋鹿共处，耕而食，织而衣，无有相害之心，此至德之隆也。然而黄帝不能致德，与蚩尤战于涿鹿之野[⑧]，流血百里。尧舜作，立群臣，汤放其主，武王杀纣。自是之后，以强陵弱，以众暴寡[⑨]。汤武以来，皆乱人之徒也。”

【注释】

①规：劝。恒民：一本作顺民，常人。

②遗德：遗传的品性。

③面誉：当面称赞。背而毁：背后诋毁。

④畜：养，对待。

⑤炀（yàng）：焚烧，烧火。

⑥居居：安静的样子。

⑦于于：行动舒缓自得的样子。

⑧蚩尤：人名，古代部落首长。涿鹿：地名，在今河北省涿县境内。

⑨暴：残害。

【译文】

盗跖大怒说：“孔丘，你过来！凡是可以用利禄来规劝的，可以用语言来规谏的，都只能称作愚昧、浅陋的平民。如今我身体高大魁梧，面目英俊美好，人人见了都喜欢，这是我父母所遗留的德性。孔丘你即使不当面吹捧我，难道我自己就不知道吗？

“况且，我听说：喜欢当面赞美人的人，也是好背后毁谤人的人。现在孔丘你告诉我有大城民众，是想要用利禄诱惑我，把我当顺民来收买，怎么可以长久呢！城池再大，也莫过于整个天下。尧、舜虽然拥有天下，子孙却没有立锥之地；商汤和周武王立为天子，可是后代却遭灭绝；这不正是因为他们贪求天下的缘故吗？

“况且，我还听说，古时候禽兽多而人少，于是人们都住在树巢中以躲避禽兽，白天捡橡栗充饥，夜晚就栖于树上，所以称他们为有巢氏之民。古代人不知穿衣服，夏天多多积蓄薪材，冬天就用来烧火取暖，所以称作他们是懂得生存的人。到了神农时代，躺卧时安然恬静，起身时宽舒自然，人们只知自己的母亲，不知道自己的父亲，和麋鹿共同相处，耕田而食，织布而衣，相互之间没有相害的心，这是道德极盛的时代。然而黄帝不能达到这种德，与蚩尤交战于涿鹿的郊野，血流百里。尧、舜做天子，设立群臣，商汤流放他的君主，周武王杀害殷纣。自此以后，以强大欺凌弱小，以势众侵暴寡少。商汤、周武王以来，都是祸害人民之徒。

【品评】

且吾闻之："好面誉人者，亦好背而毁之。"

这既是对孔子的批评，也是对儒家的批评。既是对孔子及其儒家倡导仁义道德的批评，也是对孔子及其儒家言行不一的批评。这也是对日常生活中很多人当面奉承，背后诋毁等不良社会风气的批评。

【原文】

"今子修文武之道，掌天下之辩[①]，以教后世，缝衣浅带，矫言伪行，以迷惑天下之主，而欲求富贵焉，盗莫大于子。天下何故不谓子为盗丘，而乃谓我为盗跖？

"子以甘辞说子路[②]而使从之，使子路去其危冠，解其长剑，而受教于子，天下皆曰孔丘能止暴禁非。其卒之也，子路欲杀卫君而事不成，身菹于卫东门之上[③]，是子教之不至也。

"子自谓才士圣人邪？则再逐于鲁，削迹于卫，穷于齐，围于陈、蔡，不容身于天下。子教子路菹此患，上无以为身，下无以为人。子之道岂足贵邪？

“世之所高[4]，莫若黄帝，黄帝尚不能全德，而战涿鹿之野，流血百里。尧不慈，舜不孝，禹偏枯[5]，汤放其主，武王伐纣，文王拘羑里。此六子者，世之所高也，孰论之[6]，皆以利惑其真而强反其情性，其行乃甚可羞也。

“世之所谓贤士，伯夷叔齐。伯夷叔齐辞孤竹之君而饿死于首阳之山，骨肉不葬。鲍焦饰行非世[7]，抱木而死。申徒狄谏而不听，负石自投于河，为鱼鳖所食。介子推至忠也[8]，自割其股以食文公，文公后背之，子推怒而去，抱木而燔死[9]。尾生与女子期于梁下，女子不来，水至不去，抱梁柱而死。此六子者，无异于磔犬流豕操瓢而乞者[10]，皆离名轻死，不念本养寿命者也。”

【注释】

① 辩：舆论。矫言伪行：言行造作虚伪。

② 甘辞：一作甘言，甜言蜜语。

③ 危：高。菹（zū）：剁成肉酱。止暴禁非：禁止残暴、错误的行为。卒：后来，结果。

④ 高：推崇。

⑤ 偏枯：亦作半枯，偏瘫，半身不遂。

⑥ 孰：同“熟”，认真。

⑦ 鲍焦：人名，周朝的隐者。饰行：粉饰行为。非世：对社会不满。

⑧ 介子推（chuí）：人名。《左传》作介之椎。又作介推。晋国贵族，曾随晋文公流亡国外，因回国后赏赐中无名而隐居绵山。

⑨ 燔死：烧死。尾生：人名。一作微生，《战国策》作尾生高。

⑩ 磔（zhé）：分尸，裂体。流豕：漂流于江河的死猪。离名轻死：被追求名声的思想所蒙蔽。离：同“罹”。

【译文】

“现在你修习周文王、武王治国之道，控制天下的舆论，一心想用你的主张来教化后代，穿着宽衣博带的儒士衣服，言行举止矫揉造作，用以迷惑天下的君主，而且一心想用这种办法来求取高官厚禄，最大的强盗莫过于你了。天下人为什么不把你叫做盗丘，而把我叫做盗跖呢？

“你以甜言蜜语说服子路，而使他心甘情愿跟随你。你让子路摘掉高冠，解掉长剑，来接受你的教育，天下人都说：孔丘能制止强暴禁止非礼行为。可是到了最后，子路想要杀死卫君，而没有成功，自身却在卫国的东城门之上被剁成肉酱，这是你教育的不成功。

“你不是自称才士圣人吗？然而两次被赶出鲁国，在卫国被铲平足迹，在齐国穷途末路，在陈国和蔡国之间被围困，天下没有容身之处。而你所教育的子路身躯被剁成肉酱，这样的祸患，对上无法保护自己身体，对下无法做人。你的主张哪里有什么可贵之处呢？

“世上所推崇的，莫过于黄帝，黄帝尚且不能全备德行，而征战于涿鹿郊野，流血百里。尧不慈爱，舜不孝顺，禹半身不遂，汤流放他的君主，武王讨伐纣王，文王被囚禁在羑里。这六个人，都是世上所推崇的。仔细看来，都是因为利禄迷失了本真，强迫违反了性情，他们的行为乃是特别可耻的。

"世上所谓的贤士，就如伯夷、叔齐。伯夷、叔齐辞让了孤竹国的君位，而饿死在首阳山上，尸骨得不到埋葬；鲍焦行为清高、矫饰，非议当世，抱着树木而死；申徒狄铮谏国君而不被接纳，背着石头投河自尽，尸体为鱼鳖所食；介子推是最忠贞的，割下自己大腿上的肉，给晋文公吃，文公回国后却背弃了他，子推一怒之下而逃出都城隐居山林，最后抱着树木而被烧死；尾生和女子相约在桥下，女子没来，河水来到他也不肯离开，抱着桥柱而死。这六个人，与分尸的狗、沉河的死猪和持瓢的乞丐，没有什么区别，都是重于名而轻于死，不顾念身体和寿命的人。"

【品评】

世之所高，莫若黄帝，黄帝尚不能全德，而战涿鹿之野，流血百里。尧不慈，舜不孝，禹偏枯，汤放其主，武王伐纣，文王拘羑里。此六子者，世之所高也，孰论之，皆以利惑其真而强反其情性，其行乃甚可羞也。

这是对我们很多思想、价值观的颠覆。

也许很多东西，我们换个角度，会有一个全新的认识。

【原文】

"世之所谓忠臣者，莫若王子比干伍子胥。子胥沉江，比干剖心，此二子者，世谓忠臣也，然卒为天下笑。自上观之，至于子胥比干，皆不足贵也。

"丘之所以说我者，若告我以鬼事，则我不能知也；若告我以人事者，不过此矣，皆吾所闻知也。

"今吾告子以人之情，目欲视色，耳欲听声，口欲察味，志气欲盈。人上寿百岁，中寿八十，下寿六十，除病瘦死丧忧患，其中开口而笑者，一月之中不过四五日而已矣。天与地无穷，人死者有时，操有时之具而托于无穷之间，忽然无异骐骥之驰过隙也。不能说其志意，养其寿命者，皆非通道者也。

“丘之所言，皆吾之所弃也，亟去走归，无复言之！子之道，狂狂汲汲[1]，诈巧虚伪事也，非可以全真也，奚足论哉！”

孔子再拜，趋走出门上车，执辔三失[2]，目茫然无见，色若死灰，据轼低头[3]，不能出气。归到鲁东门外，适遇柳下季。柳下季曰：“今者阙然数日不见，车马有行色，得微往见跖邪[4]？”

孔于仰天而叹曰：“然。”

柳下季曰：“跖得无逆汝意若前乎？[5]”

孔子曰：“然。丘所谓无病而自灸也[6]，疾走料虎头[7]，编虎须，几不免虎口哉！”

【注释】

① 狂狂：狂妄无度，形容诈巧。汲汲：心情急切，形容虚伪。

② 辔：驾驭牲口为缰绳。

③ 据：倚靠。轼：车前横木。

④ 阙：缺，不在。微：无。得微：莫非。

⑤ 若前：如我前面所说的那样。

⑥ 无病而自灸：说明无端生事找苦吃。

⑦ 疾走：急跑。料（liáo）：通撩，挑弄。

【译文】

“世上所谓的忠臣，莫如王子比干和伍子胥了。伍子胥被杀，死尸沉入江中；比干被挖心而死，这两个人，是世上所谓的忠臣，然而最终遭到天下人的耻笑。从上述事实来看，伍子胥、比干之流，都是不足以推崇的。

“孔丘你用来说服我的，如果告诉我关于鬼的事情，那我是不知道的；如果告诉我人的事，不过如此而已，都是我所听说过的。

“现在我告诉你人的性情，眼睛要看颜色，耳朵要听声音，嘴巴要品味道，心志要得到满足。人生上寿一百岁，中寿八十岁，下寿六十岁，除了疾病、死丧、忧患，其中张嘴而笑的时光，一月之中，不过四五天而已。天地是无穷无尽的，人的死亡确实有时限的，拿有时限的生命，而寄托于无穷尽的天地之间，迅速消逝就像是骏马骤然奔驰过缝隙一样。凡是不能畅适自己的意志，保养自己的寿命的人，都不是通达道理的人。

“孔丘你所说的话，都是我所要抛弃的，赶快回去，不要再说了！你的这套道理，钻营取巧，狂妄无度，心情急切，都是诈巧虚伪的事情，不可以保全真性，还有什么可以值得讨论的呢！”

孔子拜了又拜，急忙跑出门外，上车，缰绳三次脱手，眼睛失神模糊不清，面色如同死灰，扶着车轼低垂着头，不能喘出气来。回到鲁国东门之外，正好遇见柳下季。柳下季说：“近日怎么好几天没见到你，看你车马有外出的样子，莫非去见跖了吗？”

孔子仰天而叹说：“是的。”

柳下季说：“跖是不是像我从前所说的违逆了你的意愿呢？”

孔子说：“正是这样。我这样做真是没病而自己针灸，自找苦吃，急急忙忙去撩虎头，捋虎须，几乎不能免于虎口啊！”

【品评】

天与地无穷，人死者有时，操有时之具而托于无穷之间，忽然无异骐骥之驰过隙也。不能说其志意，养其寿命者，皆非通道者也。

这是盗跖对孔子的批评和教育。批评孔子注重名利而不惜伤害身体，教育孔子要认识生命之有限，天地之无穷，以有限追逐无穷，只会残生害体，不会有好结果。在庄子看来，孔子的理想与社会现实有很大距离。在现实社会中，我们的确应该怀抱理想，但理想不能脱离现实，更不能变成空想，或妄想。

杂篇

说剑

《说剑》以义名篇。『说剑』指庄子为赵文王说剑一事。它的主旨在于说明为政当无事，以无为而治就会得到治理，可说是《应帝王》篇观点的继续。

本篇反映了庄子清静无为的思想，说明了无为而治才会得到更好的治理。

【原文】

昔赵文王喜剑，剑士夹门而客三千余人[①]，日夜相击于前，死伤者岁百余人，好之不厌[②]。如是三年，国衰，诸侯谋之。

太子悝患之，募左右曰[③]："孰能说王之意止剑士者，赐之千金。"

左右曰："庄子当能。"

太子乃使人以千金奉庄子。庄子弗受，与使者俱，往见太子曰："太子何以教周，赐周千金？"

太子曰："闻夫子明圣，谨奉千金以币从者[④]，夫子弗受，悝尚何敢言！"

庄子曰："闻太子所欲用周者，欲绝王之喜好也。使臣上说大王而逆王意，下不当太子，则身刑而死，周尚安所事金乎[⑤]？使臣上说大王，下当太子，赵国何求而不得也！"

太子曰："然，吾王所见，唯剑士也。"

庄子曰："诺。周善为剑。"

太子曰："然吾王所见剑士，皆蓬头突鬓垂冠，曼胡之缨，短后之衣，瞋目而语难，王乃说之[⑥]。今夫子必儒服而见王，事必大逆。”

庄子曰：“请治剑服。”治剑服三日，乃见太子。太子乃与见王，王脱白刃待之[7]。庄子入殿门不趋，见王不拜。

王曰：“子欲何以教寡人，使太子先[8]？”

曰：“臣闻大王喜剑，故以剑见王。”

王曰：“子之剑何能禁制[9]？”

曰：“臣之剑，十步一人[10]，千里不留行。”

王大悦之，曰：“天下无敌矣。”

庄子曰：“夫为剑者，示之以虚，开之以利，后之以发，先之以至。愿得试之。”

王曰：“夫子休就舍，待命令设戏请夫子[11]。”

王乃校剑士七日，死者六十余人，得五六人，使奉剑于殿下，乃召庄子。王曰：“今日试使士敦剑[12]。”

庄子曰：“望之久矣！”

王曰：“夫子所御杖[13]，长短何如？”

曰：“臣之所奉皆可[14]。然臣有三剑，唯王所用，请先言而后试。”

王曰：“愿闻三剑。”

曰：“有天子剑，有诸侯剑，有庶人剑。”

【注释】

① 昔：过去，从前。喜剑：喜欢剑术。夹门而客：客居宫门左右。

② 好（hào）：喜好。厌：满足。

③ 悝（kuī）：赵惠文王的太子名悝。募：募集，召募。左右：指左右幕僚。

④ 币从者：犒劳随从。

⑤ 臣：庄子自称，我。逆：违逆。当（dǎng）：合。不当太子：有负太子的委任。事：用。

⑥ 蓬头：蓬乱的头发。突鬓：鬓毛突出。垂冠：即重冠，表示威武。曼胡：同模糊，不分明，不清楚。缨：冠缨，盔缨。短后之衣：后身短便于起坐的衣服。瞋（chēn）目：发怒时睁大眼睛。语难：用言语相互诘难。

⑦ 治剑服：制作剑士的服装。脱白刃：拔出利剑。

⑧ 寡人：赵惠文王自称。使太子先：通过太子先容禀。

⑨ 禁制：制伏。

⑩ 十步一人：十步置一人。

⑪ 就舍：住在旅馆。戏：试剑术。

⑫ 校：较量。敦剑：对剑。

⑬ 望：期待。杖：兵器的总称。所御杖：所用剑。

⑭ 奉：通“捧”。所奉：所用的剑。

【译文】

过去，赵惠文王喜欢剑术，住在宫门左右的剑客有三千余人，在文王面前日夜相互击剑，一年死伤一百多人，而赵文王仍然酷爱剑术毫不厌恶。

这样下去有三年，国势衰危，其他诸侯国就想图谋攻取它。太子悝感到忧虑，召募左右臣僚，说：“谁能说服国王使他停止剑士的活动，我便赏赐他千金。”

左右臣僚说：“庄子应该能做到。”

太子于是派人将千金送给庄子。庄子不接受，和使者一起前往拜见太子，说：“太子有什么指教，赐我千金？”

太子说：“听说先生明达圣哲，谨奉上千金给先生犒劳随从。先生不接受，我还怎敢说！”

庄子说：“听说太子想用我，为的是断绝国王的喜好。假使我向上劝说大王而违逆了国王的心意，下又有负太子的委任，那就会遭到刑戮而死，我要千金干什么呢？假如我对上说服大王，对下合乎太子的旨意，那么我向赵国要求什么会得不到呢！”

太子说：“是这样。我的父王所接见的只有剑士。”

庄子说：“好吧。我善于用剑。”

太子说：“不过我的父王所接见的剑士，都是蓬头突鬓，戴着重冠，冠缨粗实，穿着后身短的衣服，怒目瞪眼而相互诘难，这样子父王才高兴。现在，先生一定要穿上儒服去拜见大王，此事必然不大妥当。”

庄子说：“那就请准备剑士的服装。”三天后，剑士服准备好了，这才去见太子。太子便和庄子一起去拜见赵文王。国王拔出剑来等待他。庄子进入宫殿大门不急步上前，见国王也不跪拜。

国王说：“你有什么可以指教我，让太子先行推荐呢？”

庄子说：“我听说大王喜欢剑术，所以以剑术来拜见大王。”

国王说：“你的剑术怎么能阻遏和制伏对手？”

庄子说：“我的剑术是十步取一人，千里无阻挡。”

国王非常高兴，说：“那就是天下无敌了。”

庄子说：“用剑术之道，先示人以空虚莫测，用起来叫人不及提防，后发制人，抢先击至。希望能够让我试一试。”

国王说：“先生先去休息，返回馆舍待命，等我安排剑术比赛再请先生。”

于是国王使剑士较量了七天，死伤了六十多人，选出五六个人，让他们捧剑侍立在宫殿之下。于是召请庄子。

国王说：“今天请与剑士对剑。”

庄子说：“期待很久了。”

国王说：“先生所使用的剑，长短怎么样？”

庄子说："我用什么剑长短都可以。但是我有三种剑，听凭大王使用，请允许我先谈谈，而后再进行比试。"

国王说："愿意听听哪三种剑。"

庄子说："有天子之剑，有诸侯之剑，有庶人之剑。"

【原文】

王曰："天子之剑何如？"曰："天子之剑，以燕谿石城为锋[①]，齐岱为锷，晋卫为脊，周宋为镡[②]，韩魏为夹；包以四夷，裹以四时；绕以渤海，带以常山[③]；制以五行，论以刑德；开以阴阳，持以春夏[④]，行以秋冬。此剑直之无前，举之无上，案之无下，运之无旁，上决浮云[⑤]，下绝地纪。此剑一用，匡诸侯，天下服矣。此天子之剑也。"

文王芒然自失，曰："诸侯之剑向如？"曰："诸侯之剑，以知勇士为锋，以清廉士为锷，以贤良士为脊，以忠圣士为镡，以豪杰士为夹。此剑直之亦无前，举之以无上，案之亦无下，运之亦无旁；上法圆天以顺三光[⑥]，下法方地以顺四时，中和民意以安四乡[⑦]。此剑一用，如雷霆之震也，四封之内，无不宾服而听从君命者矣。此诸侯之剑也。"

王曰："庶人之剑何如？"

曰："庶人之剑，蓬头突鬓垂冠，曼胡之缨，短后之衣，瞋目而语难。相击于前，上斩颈领，下决肝肺。此庶人之剑，无异于斗鸡，一旦命已绝矣，无所用于国事。今大王有天子之位而好庶人之剑，臣窃为大王薄之[⑧]。"

王乃牵而上殿，宰人上食，王三环之[⑨]。

庄子曰："大王安坐定气，剑事已毕奏矣。"于是文王不出宫三月，剑士皆服毙其处也[⑩]。

【注释】

① 燕谿：谿，同"溪"，燕国中的地名。百城：北方的山名。锋：剑端。

② 晋卫为脊："卫"，各本作"魏"，下既言"韩魏"，此不得言"晋魏"。马叙伦《义证》等均引证"魏"当作"卫"。岱：泰山。锷：剑刃。脊：剑背。镡：剑环，剑鼻。

③ 夹：通"铗"，剑把。常山：恒山。

④ 五行：水火木金土。刑法：生杀的意思。开：指开合变化。持：把握。

⑤ 直：伸。无前：前面无挡的。决：通抉。

⑥ 三光：日、月、星。

⑦ 四乡（xiǎng）：四方。

⑧ 薄：鄙薄。

⑨ 牵：带，引。宰人：主管家务的人。上食：奉上食物。环：环绕。

⑩ 毕奏：奏已毕。服毙：伏剑自杀。服，同"伏"。

【译文】

国王说："天子之剑什么样？"

庄子说："天子之剑，把燕谿、石城当作剑端，把齐国的泰山当作剑刃，把晋国和卫地当作剑背，把周地、宋国当作剑环，把韩国、魏国当作剑把，用四夷包裹着，用四时围拢着，用渤海缠绕着，用恒山做系带，用五行来制衡，用刑律来论断，用阴阳来开合，用春夏来扶持，用秋冬来运作。这种剑，向前直刺一无所挡，高高举起无物在上，按剑向下所向披靡，运行起来旁若无物，向上可以决断浮云，向下可以斩断地基。这种剑一旦使用，就可以匡正诸侯，使天下顺服了。这是天子之剑。”

文惠王听了惘然自失，说：“诸侯之剑怎样？”

庄子说：“诸侯之剑，以智勇之士作剑端，以清廉之士作剑刃，以贤良之士作剑背，以忠贤之士作剑环，以豪杰之士作剑把。这种剑直伸去也无前，举它无上，按它也无下，运转亦无旁。在上效法圆天，以顺应日月星三光，在下效法方地，以顺应四时；在中间和顺民意，来安顿四方。这种剑一旦用起来，犹如雷霆的震撼，四境之内，没有不归附而听从国君的命令的了。这是诸侯之剑。”

国王说：“庶人之剑怎么样？”

庄子说：“庶人之剑，蓬头垢面，鬓毛突出，戴着重冠，冠缨粗实，穿后身短的衣服，怒目瞪眼而出语诘难。在人们面前相互袭击，上断颈项，下刺肝肺。这就是庶人之剑，跟斗鸡没有什么区别，一旦一命呜呼，对于国事毫无补益。现在，大王拥有天子的位置而喜好庶人的剑术，我私下为大王鄙薄这种做法。”

赵文王于是拉他上殿，厨师端上饭菜，国王绕着饭食走三圈。

庄子说：“大王安静坐下来，平定气息，关于剑术的事情我已呈奏完毕！”

于是文王三个月没出宫门，剑士都气愤地伏剑自杀在他们的住处。

外篇

渔 父

《渔父》以虚拟人名名篇。本篇的主旨是通过渔父批判了孔子的作为和儒家的仁义、忠贞、慈孝、礼乐的思想，表达了作者『法天贵真』的思想。

庄子认为孔子的仁是『苦心劳形以危害其真』的有害的观点，相距自然之道相差很远；教导孔子要『谨修而身，慎守其真，还以物与人』。庄子所塑造的渔父的形象，其实更多的是它已经成了一种符号。这个符号就是坚持操守、追求自由这样一种人生的代称，也是一种超世旷达的隐士形象。

【原文】

孔子游乎缁帷之林，休坐乎杏坛之上[1]。

弟子读书，孔子弦歌鼓琴，奏曲未半。有渔父者，下船而来，须眉交白，被发揄袂，行原以上[2]，距陆而止，左手据膝[3]，右手持颐以听。曲终而招子贡子路，二人俱对。

客指孔子曰："彼何为者也[4]？"

子路对曰："鲁之君子也，"

客问其族[5]。子路对曰："族孔氏。"

客曰："孔氏者何治也[6]？"

子路未应，子贡曰："孔氏者，性服忠信，身行仁义，饰礼乐，选人伦[7]，上以忠于世主，下以化于齐民，将以利天下[8]。此孔氏之所治也。"

又问曰："有土之君与[9]？"

子贡曰："非也。"

"侯王之佐与[10]？"

子贡曰："非也"。

客乃笑而还，行言曰："仁则仁矣，恐不免其身；苦心劳形以危其真。呜呼，远哉其分于道也[11]！"

【注释】

① 缁帷之林：虚拟林名。缁：黑色。帷：帷幕。休：休息。杏坛：鲁东门外多杏树的土坛。传说孔子聚徒讲学处。
② 交：皆，全。被发：散发。被：通披。揄：挥，摇。袂（mèi）：衣袖，袖子。行原：先走水边的平原。
③ 距：至。陆：高于原的平地。据：按，扶，捂着。
④ 俱对：一齐对话。彼：他，指孔子。
⑤ 族：氏族，指姓。
⑥ 治：从事。
⑦ 性：心性。服：守。行：践履，践行。饰：修饰。选：通“撰”，制作。人伦：道德规范。
⑧ 世主：当世的君主。化：教化。齐民：犹平民。将：要。利：利益，谋利。
⑨ 土：土地，领土。君：君主。
⑩ 侯王：诸侯。佐：辅佐，指权臣。
⑪ 还行：反行，向回走。分：一本作介，分界，间隔，离。

【译文】

孔子到缁帷林中游玩，坐在杏坛上休息。弟子们读书，孔子弹琴唱歌，弹琴奏曲不到一半，有个渔父，走下船来，胡须和眉毛都是白的，披散着头发，挥着袖子，沿着河岸走来，走到高的地方停下身来，左手按着膝盖，右手托起下巴，听孔子弹琴。曲子奏完，渔父便呼唤子贡、子路过去，二人过来便回答了渔父的问话。

渔父指着孔子问道：“他是干什么的？”

子路回答说：“他是鲁国的君子。”

渔父问姓氏。子路回答说：“姓孔氏。”

渔父说：“孔氏研习什么呢？”

子路没有回答，子贡回答说："孔氏这个人，心性持守忠信，亲身实践仁义，修治礼乐，整治人伦，对上效忠于当世君主，对下教化平民，打算用这种方法谋利天下。这就是孔氏所做的事业。"

渔父又问道："他是有领土的君主吗？"

子贡说："不是。"

"是诸侯的辅佐吗？"

子贡说："不是。"

渔父笑着往回走，自言自语说："说仁也算是仁了，恐怕难免自身的祸害了；他劳心苦力以危害他的本性。唉！他离开大道实在是太远了！"

【品评】

子贡曰："孔氏者，性服忠信，身行仁义，饰礼乐，选人伦，上以忠于世主，下以化于齐民，将以利天下。此孔氏之所治也。"

这是孔子弟子对孔子思想的概括，也是对孔子的评价。这对于我们理解和把握孔子及其儒家的思想精髓具有重要的意义。忠信、仁义、礼乐、人伦、忠君、化民、平天下，集中反映了儒家思想的核心和价值观。从庄子的立场看，这些足以危害生命、祸及身心。但中国社会几千年的稳定就是依靠这些纲常礼教来维系的。这些思想经过批判改造已经成为中国文化的重要部分。

【原文】

子贡还，报孔子。孔子推琴而起曰："其圣人与[①]！"乃下求之，至于泽畔，方将杖拏而引其船[②]，顾见孔子还乡而立。孔子反走，再拜而进。

客曰："子将何求？"

孔子曰："曩者先生有绪言而去，丘不肖，未知所谓，窃待于下风，幸闻咳唾之音以卒相丘也[③]！"

客曰："嘻！甚矣子之好学也！"

孔子再拜而起曰："丘少而修学，以至于今，六十九岁矣，无所得闻至教，敢不虚心！"

客曰："同类相从，同声相应，固天之理也。吾请释吾之所有而经子之所以[④]。子之所以者，人事也。天子诸侯大夫庶人，此四者自正，治之美也，四者离位而乱莫大焉[⑤]。官治其职，人忧其事，乃无所陵。故田荒室露，衣食不足，征赋不属，妻妾不和，长少无序[⑥]，庶人之忧也；能不胜任，官事不治，行不清白，群下荒怠，功美不有，爵禄不持[⑦]，大夫之忧也；廷无忠臣，国家昏乱，工技不巧，贡职不美，春秋后伦[⑧]，不顺天子，诸侯之忧也；阴阳不和，寒暑不时，以伤庶物，诸侯暴乱，擅相攘伐，以残民人，礼乐不节，财用穷匮，人伦不饬，百姓淫乱，天子有司之忧也[⑨]。今子既上无君侯有司之势而下无大臣职事之官，而擅饰礼乐，选人伦，以化齐民，不泰多事乎[⑩]！"

"且人有八疵，事有四患，不可不察也。非其事而事之，谓之摠[⑪]；莫之顾而进之，谓之佞；希意道言，谓之谄[⑫]；不择是非而言，谓之谀；好言人之恶，谓之谗；析交离亲，谓之贼；称誉诈伪以败恶人，谓之慝[⑬]；不择善否，两容颊适，偷拔其所欲[⑭]，谓之险。此八疵者，外以乱人，内以伤身，君子不友，明君不臣。所谓四患者：好经大事，变更易常，以挂功名，谓之叨[15]；专知擅事，侵人自用[16]，谓之贪；见过不更，闻谏愈甚，谓之很[17]；人同于己则可，不同于己，虽善不善，谓之矜[18]。此四患也。能去八疵，无行四患，而始可教已。”

【注释】

① 其：犹殆，恐怕，大概。与：同欤。
② 杖：拄。拏（nú）：船桨。引：引去。
③ 不肖：愚昧无知。窃：犹言私，我。咳唾：比喻谈吐，议论。
④ 释：告诉，解释。吾之所有：我的主张。经：分析。以：用。
⑤ 离位：离开本位。
⑥ 陵：陵犯。室露：房屋破漏。征赋：赋税。属：逮。不属：不逮。无序：没有长幼之别。
⑦ 不治：没有做好。美：善，精美。
⑧ 巧：精巧。春秋后伦：春秋朝觐时后见天子。
⑨ 庶物：众物，农作物畜牧物等。攘伐：攻伐。饬：整治。天子有司：指天子有司牧民的责任。
⑩ 饰：整顿，修饰。泰：同太。
⑪ 摠（zǒng）：通“总”，滥，包揽，管得太宽。
⑫ 希意：迎合人意。道：通导。道言：顺着人说话。谄：谄媚。
⑬ 谀：阿谀。贼：害，毁坏。诈伪：奸诈虚伪。恶：憎恶。慝（tè）：邪恶。
⑭ 两容：兼容。拔：助长。欲：追求的私欲。
⑮ 好经大事：好经理国家大事。挂：沽名钓誉。叨（tāo）：通饕，贪，不应占有而占有。
⑯ 专知：专逞其智，独断。知：通智。专知擅事：独断专行。侵人：凌驾于人。自用：自以为是。
⑰ 很：言不听从。
⑱ 矜（jīn）：自夸。

【译文】

子贡回来，告诉了孔子。孔子连忙推开琴，站起身来说："这不是个圣人吗？"

于是走下杏坛，去寻找他，到了河边，渔父正拿着船篙撑他的船，回头看见孔子，便转过脸面对面站着。孔子退了几步，再拜走过来。

渔父说："你找我有什么事吗？"

孔子说："刚才，先生话没说完就离开了，我很愚笨，不理解你所说的意思，我恭敬地在这里等着，希望听到你的高见，以便最终使我受到帮助。"

渔父说："唉！你真是太好学了！"

孔子再次叩拜起身说："我从小就修习学问，直到现在，已经六十九岁了，还没有听到过至理的教诲，怎敢不虚心请教呢！"

渔父说："同类相互会聚，同声相互应和，这本来是自然规律，我愿意告诉我知道的道理来帮助你所从事的事业。你所从事的活动是人事。天子、诸侯、大夫、庶人，这四种人能自己摆正自己的位置，这也是治道的美德，这四种人离开本位就会产生莫大的混乱。官吏自任其职，人民各处其事，不相侵犯。所以田地荒芜，房屋破漏，衣食不足用，赋税不按时缴纳，妻妾不和睦，长幼失去秩序，这是庶人的忧虑；能力不能胜任，职务之内的事没有做好，行为不清白，下属疏荒怠情，功绩没有，爵禄不保，这是大夫的忧虑；朝廷没有忠臣，国家昏乱，工技不精巧，贡事不完美，春秋朝觐失序，不能顺和天子的心意，这是诸侯的忧虑；阴阳不调和，寒暑变化不按时令，以致伤害万物的生长，诸侯暴乱，随意侵扰攻伐，以残害人民，礼乐没有节制，财用穷困匮乏，人伦不整饬，百姓淫乱，这是天子和有司的忧虑。现在你既然在上没有君主诸侯执政的权势，而下面又无大臣掌管事务的官职，而擅自修饰礼乐，整治人伦，以教化平民，不是太多事了吗！”

“况且人有八种毛病，事有四种祸患，不可以不明察。不是他应当做的事情而去做它，叫做揽；人家不理睬还要去进言相劝，叫做佞；迎合对方顺应话意，叫做谄；不辨是非而巴结附和，叫做谀；喜欢背地说别人的坏话，叫做谗；离间故交挑拨亲友，叫做贼；奸诈虚伪败坏别人，叫做慝；不辨善恶，两种面孔投合他人，暗中助长私欲，叫做险。这八种毛病，对外扰乱别人，对内伤害自身，有道德的人不和他交朋友，圣明的君主不用他做大臣。所谓四种祸患就是，喜欢管理大事，变更常情常规，用以钓取功名，叫做叨；自恃聪明独断专行，凌驾他人自以为是，叫做贪；有错不改，听到劝告越加错上加错，叫做很；别人附和于自己的意见就予以肯定，别人不附和于自己的意见就予以否定，叫做矜。这就是四种祸患。能够除去八种毛病，不行四种祸患，方才可以教育。”

【品评】

且人有八疵，事有四患，不可不察也。非其事而事之，谓之摠；莫之顾而进之，谓之佞；希意道言，谓之谄；不择是非而言，谓之谀；好言人之恶，谓之谗；析交离亲，谓之贼；称誉诈伪以败恶人，谓之慝；不择善否，两容颊适，偷拔其所欲，谓之险。此八疵者，外以乱人，内以伤身，君子不友，明君不臣。所谓四患者：好经大事，变更易常，以挂功名，谓之叨；专知擅事，侵人自用，谓之贪；见过不更，闻谏愈甚，谓之很；人同于己则可，不同于己，虽善不善，谓之矜。此四患也。能去八疵，无行四患，而始可教已。

渔夫教导孔子，也是庄子教导孔子。不要擅自越位管自己不该管的事，这样就会打乱正常的社会秩序，引发社会的动荡。针对孔子的这种毛病，庄子进而提出了人性的八种弱点和处事的四种祸患。不妨我们都以此对照自己，人们会发现都能找到自己的影子，由此可见，庄子对人性的弱点的观察和分析，是十分精辟和透彻的。

【原文】

孔子愀然而叹[①]，再拜而起曰："丘再逐于鲁，削迹于卫，伐树于宋，围于陈蔡。丘不知所失，而离此四谤者何也[②]？"

客凄然变容曰，"甚矣子之难悟也！人有畏影恶迹而去之走者，举足愈数而迹愈多，走愈疾而影不离身[③]，自以为尚迟，疾走不休，绝力而死。不知处阴以休影，处静以息迹[④]，愚亦甚矣！子审仁义之间，察同异之际，观动静之变，适受与之度，理好恶之情，和喜怒之节，而几于不免矣[⑤]。谨修而身[⑥]，慎守其真，还以物与人，则无所累矣。今不修之身而求之人，不亦外乎！"

孔子愀然曰："请问何谓真？"

客曰："真者，精诚之至也。不精不诚，不能动人。故强哭者虽悲不哀，强怒者虽严不威，强亲者虽笑不和。真悲无声而哀，真怒未发而威，真亲未笑而和。真在内者，神动于外，是所以贵真也。其用于人理也，事亲则慈孝，事君则忠贞，饮酒则欢乐，处丧则悲哀。忠贞以功为主，饮酒以乐为主，处丧以哀为主，事亲以适为主，功成之美，无一其迹矣[7]。事亲以适，不论所以矣；饮酒以乐，不选其具矣；处丧以哀，无问其礼矣[8]。礼者，世俗之所为也；真者，所以受于天也，自然不可易也[9]。故圣人法天贵真，不拘于俗。愚者反此[10]。不能法天而恤于人，不知贵真，禄禄而受变于俗，故不足。惜哉，子之蚤湛于人伪而晚闻大道也[11]！”

孔子又再拜而起曰：“今者丘得遇也，若天幸然。先生不羞而比之服役，而身教之[12]。敢问舍所在，请因受业而卒学大道。”

客曰：“吾闻之，可与往者与之，至于妙道；不可与往者，不知其道，慎勿与之，身乃无咎[13]。子勉之！吾去子矣，吾去子矣！”乃刺船而去，延缘苇间[14]。

【注释】

① 愀（qiǎo）然：形容神色变得严肃或不愉快的样子。

② 逐：驱逐。离：遭。谤：诽谤，毁辱。四谤：指上文逐于鲁、削迹于卫、伐树于宋、围于陈蔡。

③ 悟：觉悟，觉醒。畏影：畏惧自己的影子。恶迹：厌恶自己的足迹。去：脱离、摆脱。

④ 处阴：在阴暗无光的地方。休影：止影，没有影子。息迹：灭绝足迹，没有足迹。

⑤ 适：调适、调和。受与：取舍。度：分寸，适度。理：调理，疏导。和：调和。节：节度，分寸。

⑥ 谨：谨慎。修：修养。而：你。身：身心。

⑦ 人理：人伦。适：舒适，顺从。无：通毋，不拘，不需。一：一定，一种。迹：途径。

⑧ 不选：不选择。具：器具，酒具。无问：不讲究。礼：礼仪。

⑨ 所为：所造成。

⑩ 法天：效法自然。反此：与此相反。

⑪ 恤：体恤，周济。人：人事。禄禄，同碌碌，平凡的样子。受变于俗：受世俗影响而变化。蚤：同早。湛（dān）：通“眈”，逸乐无度。人伪：世俗的礼乐。

⑫ 天幸：天赐幸运。比：置，当作。役：弟子。

⑬ 无咎：没有罪过。咎：过失，罪过。

⑭ 刺船：撑船。延：迟缓，缓慢。缘：沿着。苇：芦苇。

【译文】

孔子面带愧色而长声叹息，再拜而起说：“我两次被鲁国驱逐出来，在卫国被禁止居留，在宋国遭受被砍伐讲学遮荫的树木的羞辱，在陈、蔡两国之间又被久久的围困。我不知道自己犯了哪些过失，为何要遭到这四种毁谤？”

渔父悲悯地改变面孔说：“你实在是太难醒悟了！有人害怕自己的影子、厌恶自己的足迹，就想赶快离开它而逃跑，不知举足愈频繁而足迹愈多，跑得愈快而影子却不离开身形，自以为还慢，迅疾奔跑个不停，最后弄得精疲力竭而死。他不知道到阴暗的地方影子自然消失，静止不动而自然消灭足迹，这也是愚蠢到极点了！你审视仁义之间，分辨同异的分际，观察动静的变化，调适取舍的分寸，调理好恶的情感，调和喜怒的节度，你几乎不免于祸患了。你要谨慎修养身心，慎重保持自己的本性，使物与人归还自然，就无所牵累了。现在，你不修养自身而求责于他人，不也是追求外物吗！”

孔子凄凉悲伤地说，“请问什么叫做‘真’？”渔父说：“‘真’就是精诚的极致。如果不精纯不诚实，就不能感化人。所以勉强哭泣的人，虽然悲痛而不哀伤；勉强发怒的人，虽然严厉而不威势；勉强亲热的人，虽然笑容满面而不和蔼。真正的伤悲，就是没有声音而哀恸；真正的愤怒，就是没有发作而让人感到畏惧；真正的亲热，就是还没有笑容而让人感到和蔼可亲。真性存在于内心，精神就会流动于外表，这就是贵真的原因。把这种‘真’运用于人伦关系上，侍养双亲就会孝慈，事奉君主就会忠贞，饮酒时就会欢乐，处丧时就会悲哀。对君主的忠贞以建立功名为主，饮酒时以欢乐为主，处丧时以悲哀为主，事奉双亲时以顺应安适为主。功名成就是完美，不需要一种途径；侍养父母使他们安适，不讲究用什么方法；饮酒达到快乐，不在于选择什么器具；处理丧事体现哀伤，不讲究什么礼仪。礼仪是世俗之人设计出来的；真性是禀受于自然的，自然是不可以改变的。所以，圣人效法于天道珍视真性，不受世俗的拘泥。愚蠢的人却与此相反，不能够效法天道而体恤于人事，不知道珍视真性，庸庸碌碌而受世俗的影响不断改变，所以永远不能感到满足。可惜啊！你过早地沉溺于世俗的礼乐之中，而听到大道太晚了！”

孔子再一次叩拜，然后起身说道：“现在我能够遇到先生，真是天赐幸运。先生不以为羞辱，把我当作弟子而亲身教导我。敢问居所何处，让我跟着受业，而最终能够学到大道。”

渔父说：“我听说，可以和迷途知返的人交往，直至传授他玄妙之道；不能迷途知返的人，不会懂得大道，慎勿与他交往，这样自身也就没有什么祸患了。你还是好自为之吧，我要离你而去了，我要离你而去了！”于是撑船而走，缓慢地沿着芦苇之间的水路远去了。

【品评】

孔子愀然曰：“请问何谓真？”

客曰：“真者，精诚之至也。不精不诚，不能动人。故强哭者虽悲不哀，强怒者虽严不威，强亲者虽笑不和。真悲无声而哀，真怒未发而威，真亲未笑而和。真在内者，神动于外，是所以贵真也！”

孔子向渔夫请教何谓“真”？渔夫的回答让我们了解了道家对“真”的追求。“精诚”的极致就是“真”。“真”没有掩饰，没有雕琢，没有虚假，真性存留心中，真情溢于外，这就是“贵真”。一切都源于自然，是自然的流露。我们应该拒绝“假”的东西，希望少一点表演，多一点真情流露，多一点发自肺腑，多一点婴儿般纯真，那么，社会就会多一份温情和实感。

【原文】

颜渊还车，子路授绥，孔子不顾，待水波定，不闻拏音而后敢乘[①]。

子路旁车而问曰[②]：“由得为役久矣，未尝见夫子遇人如此其威也[③]。万乘之主，千乘之君，见夫子未尝不分庭伉礼，夫子犹有倨傲之容[④]。今渔父杖拏逆立，而夫子曲腰磬折，言拜而应，得无太甚乎[⑤]！门人皆怪夫子矣，渔人何以得此乎？”

孔子伏轼而叹曰：“甚矣由之难化也！湛于礼仪有间矣[⑥]，而朴鄙之心至今未去。进，吾语汝！夫遇长不敬，失礼也；见贤不尊，不仁也。彼非至人，不能下人[⑦]，下人不精[⑧]，不得其真，故长伤身。惜哉！不仁之于人也，祸莫大焉，而由独擅之。且道者，万物之所由也[⑨]，庶物失之者死[⑩]，得之者生。为事逆之则败，顺之则成。故道之所在，圣人尊之。今渔父之于道，可谓有矣，吾敢不敬乎！”

【注释】

① 授绥：将上车时用的拉绳交给孔子。拏音：桨声。
② 旁：通“傍”，依傍，靠着。旁车：依靠车子。
③ 由：子路自称。为役：做弟子。威：威严起敬。
④ 万乘之主：指天子。千乘之君：指诸侯。分庭伉礼：古代宾主之礼。
⑤ 腰：一作要。曲腰：弯腰。磬折：形容腰弯得像磬那样曲折。言拜而应：对话时先叩拜而后才回答。
⑥ 湛（chén）：通“沉”，沉溺。有间：有一段时间。
⑦ 下人：使人感到谦卑低下。
⑧ 精：精诚。
⑨ 由：生，产生。
⑩ 庶物：万物，各种生物。

【译文】

颜渊调转车子，子路交给登车的拉绳，孔子不看，直到水波平静，听不到划桨的声音了，这才登上车子。

子路依傍着车子，问道：“我侍奉先生已经很久了，从未见过先生待人如此谦恭肃静。万乘的天子、千乘的诸侯，见到先生没有不分庭伉礼的，而先生还有傲慢的面色，现在渔父手拿船篙面对而立，而先生却如磬一般弯腰鞠躬，对话总是先叩拜而后回答，不是太过分了吗？弟子们都怪先生了，一个打鱼的人为什么要这样对待呢？”

孔子扶着车前的横木，感叹说：“子由，你实在难以教化啊！你沉湎在礼仪之中也有一段时间了，而粗疏鄙陋之心至今未能去除。过来，我告诉你！大凡遇到长者而不恭敬，就是失礼；见到贤人而不尊重，就是不仁。倘若他还不是至人，就不能使人自感谦卑低下，使人自感谦卑低下而不至精至诚，就不能达到本真，所以长期伤害自己。可惜啊！不能见贤思齐，对于人们来说，没有比这祸害更大的了，而你子由偏偏就有这种毛病。况且，大道是万物产生的根源，万物失去它就要死掉，得到它就会生存，做事违逆它就会失败，顺应它就会成功。所以，大道之所在，圣人尊重它。现在渔父对于大道，可以说已经体悟了，我怎么敢不敬呢？”

【品评】

今渔父之于道，可谓有矣，吾敢不敬乎！

渔父在中国传统文化中是一个独具韵味的形象。

庄子的渔父，是借其口向儒家灌输道家的明哲保身和“万物之所由”、“得之者生”、“顺之则成”的虚静、无为之境。庄子以道家“得意忘言”的独特笔法，将“渔父”与自然之道合为一体，从而赋予了“渔父”以超脱旷达、恬淡自适的文化内涵，更使“渔父”定格为隐逸的象征，开启了古代诗歌史上绵延不绝的“渔父”意象。

比如屈原的那个唱着“沧浪之水清兮，可以濯吾缨；沧浪之水浊兮，可以濯吾足”。莞尔而笑、鼓枻而去的渔父，告诉我们要审时度势，适者生存。所以隐逸，淡泊，遵循时命，顺应自然，这些后世隐士所追求的思想和性格在此都得到了充分显现。

再如下面这些诗词，都塑造了渔父的形象，那么给我们怎样认识呢？

“白发沧浪上，全忘是与非。秋潭垂钓去，夜月叩船归。烟影侵芦岸，潮痕在竹扉。终年狎鸥鸟，来去且无机。”（唐·杜牧《渔父》）

“浪花有意千重雪，桃李无言一队春，一壶酒，一竿身，世

上如侬有几人。一棹春风一叶舟，一纶茧偻一轻钓，花满楼，酒满瓶，万顷波中得自由。”（南唐•李煜《渔父词》）

“滚滚长江东逝水，浪花淘尽英雄。是非成败转头空。青山依旧在，几度夕阳红。白发渔樵江渚上，惯看秋月春风。一壶浊酒喜相逢。古今多少事，都付笑谈中。”（明•杨慎《临江仙》）

“一蓑一笠一扁舟，一丈丝纶一寸钩；一曲高歌一樽酒，一人独钓一江秋。”（清•王士祯《题秋江独钓图》）

以上诗词中的渔父，无一不是隐逸者和智慧者。归隐垂钓在中国是一道独特的文化景观。这些隐居于江湖的“渔父”，他们的出身几乎都是避世的文人。他们或因奸佞当道以求洁身自好，或因社会动荡而远世避祸，或因仕途失意而排遣郁闷，或因崇尚自然而放旷通达……最后他们就变成了江湖上来去自由、悠哉游哉的渔父。

渔父的形象是一种精神的象征，使得我们在烦嚣的世界中，能够有一份悠然自得的心境，处于天地之间，看惯春花秋月，花开花落，云卷云舒，在淡然与坦然之间玩味人生的意趣，体验生命的大度，独享一份从容。

杂篇

列御寇

《列御寇》以人名篇。列御寇，郑人，道家学派的先驱者，人称列子，主张贵虚。全篇的主旨在于宣扬不可炫智于外而应养神于心，达到顺应天成，达到无用之用的境界。

本篇主要阐述忘我的『虚而遨游』的思想境界，指出人生在世不应该炫耀于外，不应求仕求禄，不应该追求智巧，不应贪功图报。

【原文】

庄子曰："知道易，勿言难[1]。知而不言，所以之天也；知而言之，所以之人也；古之人，天而不人[2]。"

朱泙漫学屠龙于支离益，单千金之家，三年技成而无所用其巧[3]。圣人以必不必，故无兵[4]；众人以不必必之，故多兵；顺于兵，故行有求[5]。兵，恃之则亡[6]。

小夫之知，不离苞苴竿牍[7]。敝精神乎蹇浅，而欲兼济道物，太一形虚[8]。若是者，迷惑于宇宙，形累不知太初。彼至人者，归精神乎无始而甘冥乎无何有之乡[9]。水流乎无形，发泄乎太清[10]。悲哉乎！汝为知[11]在毫毛，而不知大宁[11]！

【注释】

① 知：认识。勿言难：默不作声而成之者困难。
② 之：向，往。之天：合于自然。天：天道自然。不人：不合人为。
③ 朱泙（píng）漫、支离益：虚拟人物。单：借为殚，尽。家：指家产。技：技术。巧：屠龙的技巧。
④ 必不必：把必然的事视为不必然。兵：争。无兵：无事。

⑤ 顺：顺从，曲从。行：行为。求：贪求。

⑥ 恃：依靠。亡：亡失，不得。

⑦ 小夫：指匹夫，一般世俗之人。知：同智。苞：裹。苴：垫着。竿：通简。竿牍：简牍，古书。

⑧ 敝：疲劳。蹇浅：浅近。济：成。兼济道物：全面地成全、引导万物。道：导。形虚：体内清虚。太一：达到与万物同一的境界。

⑨ 归：复，回。无始：万物还没产生的时代。甘冥：甜睡。冥：通"瞑"，眠。无何有之乡：指虚无的境界。

⑩ 水流：以水比喻道。水流乎无形：指水流是无所不到的。太清：太虚清静无为的自然之道。

⑪ 知：通智。毫毛：指细微琐事。大宁：大安，即无为宁静的境界。

【译文】

庄子说："认识'道'容易，默不作声而成道困难，认识'道'而默不作声，这是通往自然的境界；认识'道'而信口说出，这是走向人为的尘世。古时候的至人，体察自然而不追求人为。"

朱泙漫跟支离益学习屠龙的技术，耗尽了千金的家产，三年学成技术却无处施展这种技巧。

圣人以必然的事而视为不必然，所以没有纷争；一般人以不必然而视为必然，所以引起许多纷争；顺从于纷争，所以有贪求的行为。面对纷争，依靠它就会自取灭亡。

世人的智慧，离不开赠与与酬报，在浅陋的小事上消耗精神，还想着可以普济众生引导万物，以达到太一形虚的境界。像这样，早已被浩瀚的宇宙所迷惑，身形劳累而不知道太初的境况。像那种至人，把精神归属于鸿蒙初开的原始状态，而酣睡于虚无的境地。就像水流于无形，发泄于太虚清静的自然。可悲啊！世俗人把心思用在毫毛的琐事上，而不知道大安宁静的境界。

【原文】

宋人有曹商者，为宋王使秦[①]。其往也，得车数乘；王说之，益车百乘[②]。反于宋[③]，见庄子曰："夫处穷闾厄巷，困窘织屦，槁项黄馘者，商之所短也[④]；一悟万乘之主而从车百乘者，商之所长也[⑤]。"庄子曰："秦王有病召医，破痈溃痤者得车一乘，舐痔者得车五乘[⑥]，所治愈下，得车愈多[⑦]。子岂治其痔邪[⑧]，何得车之多也？子行矣[⑨]！"

【注释】

① 曹商：人名。宋王：宋君偃。
② 说：通悦。益：增加。
③ 反：通"返"。
④ 穷闾：偏僻里巷。厄：狭。屦：麻鞋。槁项：干枯的脖子。馘（guó）：脸。
⑤ 一：一旦。悟：使……觉悟。
⑥ 痈（yōng）：多个脓头的毒疮。痤（cuó）：痤疮，粉刺。一说疽。舐（shì）：舔。痔：痔疮。
⑦ 下：卑下。
⑧ 岂：难道。
⑨ 子：你。行：走。

【译文】

宋国有个叫曹商的人，为宋君偃出使秦国。前往秦国时，获得宋王赠与的几辆车子。秦王喜欢他，增加车辆百多乘。曹商回到宋国，见到庄子，说："住在穷里狭巷，贫苦地靠织鞋为生，搞得面黄肌瘦，这是我所不如别人的地方；一旦使万乘之君主觉悟而使随从的车子达到百乘之多，这是我的长处。”

庄子说：“听说秦王有病召请医生，能够破除毒疮的可以得车一乘，舔痔疮的可以得车五乘，凡是所医治的愈卑下，得到的车辆愈多。你难道给秦王治疗他的痔疮了吗？为什么你得到的车这么多呢？你走开吧！”

【品评】

宋人有曹商者，为宋王使秦。其往也，得车数乘；王说之，益车百乘。反于宋，见庄子曰：“夫处穷闾厄巷，困窘织屦，槁项黄馘者，商之所短也；一悟万乘之主而从车百乘者，商之所长也。”

曹商虽然富贵，却以此骄人，显得俗不可耐，贱身卑己，令人生厌，正像那些以成就骄人，以美貌骄人者。而庄子虽然贫穷，但是恬淡自适，让人艳羡。

君子安而不忘危，存而不忘亡，治而不忘乱，是以身安而国家可保了。

人能谦则无往不利。谦受益，满招损。

老子说：“富贵而骄，自遗其咎。”以富贵骄人，或以学问骄人，或以才能骄人，或所谓恃才傲财傲物者，往往被人鄙视，甚至会失掉现在所拥有的一切。

【原文】

鲁哀公问乎颜阖曰[①]：“吾以仲尼为贞幹，国其有瘳乎[②]？”

曰：“殆哉圾乎仲尼[③]！方且饰羽而画，从事华辞，以支为旨[4]，忍性以视民而不知不信，受乎心，宰乎神，夫何足以上民[5]！彼宜女与？予颐与？误而可矣[6]。今使民离实学伪，非所以视民也[7]。为后世虑，不若休之[8]。难治也！”

【注释】

① 哀公：春秋末年鲁国国君。
② 幹：古代筑墙的工具。借用来指国家重臣。瘳(chōu)：病愈。
③ 殆：危险。圾：通“岌”，危。
④ 饰羽而画：用画装饰有文彩的羽毛。华辞：花言巧语。支：枝末。旨：宗旨。以支为旨：形容言辞不当。
⑤ 性：矫饰性情。视：通“示”。视民：指示民众。知：通“智”。信：信实，诚。受乎心：受心指使。宰乎神：以精神为主宰。上民：为民之上。
⑥ 彼：指仲尼。宜：适合。女：指鲁哀公。予：颜阖自称。而：犹则。
⑦ 实：信，性。伪：华辞，忍性，即指礼。非：不是。视民：教育民众。
⑧ 休：止，作罢。

【译文】

鲁哀公问颜阖说：“我要把仲尼作为辅相，国家有希望了吧？”

颜阖说：“危险啊！危险！仲尼喜欢文过饰非，办事花言巧语，把枝节看作要旨，矫饰性情以夸示民众而全无一点诚信，这样受心指使，以精神为主宰，怎能管理好人民呢？他果真适合于你吗？还是他真的能够安养人民呢？那一定要误人了！现在让民众背离真情朴实而学虚伪，这不足以教育民众。为后世考虑，不如早早放弃这种打算。他难以治理好国家！”

【品评】

鲁哀公问乎颜阖曰：“吾以仲尼为贞幹，国其有瘳乎？”曰：“殆哉圾乎仲尼！方且饰羽而画，从事华辞，以支为旨，忍性以视民而不知不信，受乎心，宰乎神，夫何足以上民！彼宜女与？予颐与？误而可矣！今使民离实学伪，非所以视民也。为后世虑，不若休之。难治也！”

这是庄子借颜阖之口批评孔子。这里值得我们思考的问题是，古代尚且能直言自己的不同意见。颜阖向鲁哀公直言自己对孔子的意见，坦诚相告，孔子不适宜担任辅相，否则会带来社会的不稳定。但是，今天我们几乎看不到、听不见这种直言了。所以，社会的沉默，导致了社会各种突发事件的发生，各种贪腐事件频发。听听这种直言，以引起我们的警醒。

【原文】

施于人而不忘，非天布也①。商贾不齿，虽以事齿之②，神者弗齿③。

为外刑者，金与木也④；为内刑者，动与过也⑤。宵人之离外刑者，金木讯之⑥；离内刑者，阴阳食之⑦。夫免乎外内之刑者，唯真人能之。

【注释】

① 天布：出于自然的布施。

② 商贾（gǔ）：买卖人，商人。不齿：不愿相提并论。事：事务。

③ 神：思想。弗：同不。
④ 外刑：施在体外的刑罚。金与木：金属与木制的刑具。
⑤ 内刑：内心的刑罚。动：妄动。过：过分。
⑥ 宵：通小。离：通“罹”，遭受。讯：刑讯，拷问，问罪。
⑦ 食：通“蚀”，剥蚀，腐蚀，蚕食。

【译文】

施恩于人而不忘回报，这不是自然的布施。施恩图报的行为就是商人也会轻视他，即使因事务不得不与他们打交道，但神人却不齿。

作为体外刑罚的工具是刀斧与桎梏；内心刑罚的工具，则是自身的烦乱和轻举妄动所引起的过失。小人遭到体外的刑罚，是用金木刑具拷问他；小人遭受内心的刑罚，则是用阴阳之气淤积所造成的侵害。能够免于外内刑罚的，只有真人才能做到。

【品评】

为外刑者，金与木也；为内刑者，动与过也。

对人的身体的惩罚是刀具等有形物体，对人的内心的惩罚是妄动和自责。对人的身体的伤害虽然疼痛剧烈，但愈合会很快，好了伤疤忘了痛，说的就是外在的痛。内心的伤害却很难过去，甚至会终生伴随。在庄子看来，世俗之人一般很难避免内外之刑。只有所谓的“真人”才能做到。世俗之人之所以无法做到，是因为无法摆脱名利的诱惑。

【原文】

孔子曰：“凡人心险于山川，难于知天[①]。天犹有春秋冬夏旦暮之期，人者厚貌深情[②]。故有貌愿而益，有长若不肖[③]，有慎懁而达[④]。有坚而缦，有缓而钎[⑤]。故其就义若渴者，其去义若热[⑥]。故君子远使之而观其忠，近使之而观其敬[⑦]，烦使之而观其能，卒然问焉而观其知，急与之期而观其信[⑧]，委之以财而观其仁，告之以危而观其节，醉之以酒而观其侧，杂之以处而观其色[⑨]。九征至，不肖人得矣[⑩]。"

【注释】

① 险：阴险，险恶。知：认识，了解。天：自然界及其规律。

② 期：定时。厚貌深情：貌虽忠厚而其情深藏难测。

③ 愿：端庄老实。益：通"溢"，骄溢自满。长：善，指优良的品德。不肖：指没才智。

④ 慎：一作顺，温顺，柔顺。懁（xuān）：性急，急躁。达：通达。

⑤ 缦：软弱。缓：和缓。钎（hàn）：通"悍"，凶悍。

⑥ 就义：趋义，追求正义。若渴：如饥似渴般急切。去义：抛弃正义。若热：如逃避热火一样快。

⑦ 远使之：派到远处去做事。观：考察。忠：忠贞，不二。敬：恭敬不怠。

⑧ 烦：繁杂。卒：通"猝"，突然。知：通"智"。急：急迫。期：约。信：信用。

⑨ 委：放任。仁：仁德。危：危险。节：节气。侧：同则，规则。杂：混杂。

⑩ 征：征验，检验。至：做到。不肖人：指内外终始不如一的人。得：得到。

【译文】

孔子说："人心比山川还要险恶，比了解天还要困难；天象还有春夏秋冬早晚周期的限定，人却是容貌敦厚而性情深沉。所以有的外貌老实而内心骄溢，有的貌似长者而心术不正，有的外貌温顺而内心暴躁，有的外表坚强而内心懈怠涣散，有的外表和缓而内心急躁。所以他就义急切如饥渴，弃义急迫又如避热。所以君子要让他到远处做事观察他的忠诚，让他在近处做事考验他的恭敬，给他繁杂的任务观察他的能力，向他突然提出问题考验他的心智，把钱财托付给他观察他的清廉，告诉他危险的事考验他的节操。让他酒醉来观察他的仪态，混杂相处来观察他的面色。九种征验得到验证，不肖的人就可看得出来了。”

【品评】

孔子曰：“凡人心险于山川，难于知天。天犹有春秋冬夏旦暮之期，人者厚貌深情。”

孔子不会说“人心险于山川”，而会说“人之初，性本善”。这是庄子说的。因为他看到当时社会的险恶，人与人之间没有信任，他的处世之道是教人处于“材与不材”之间。自然界的千变万化的确难以把握，但人是自然界中最聪明的动物，所以也是最难看透的动物。自然界虽然变化不定，但有春夏秋冬四时的规律可循，而人心可在瞬间变化万千，而又可以掩饰这种变化，以使人们无法看到真正的面貌。庄子往往把这种人心的变化看成社会混乱根源，教导人们返璞归真，顺应自然，也许这是唯一的方法。今天，人们也常常感叹，人心难以捉摸。看来，自古以来人心的变化都让人感到担忧。

【原文】

人有见宋王者，锡车十乘，以其十乘骄稺庄子[①]。

庄子曰："河上有家贫恃纬萧而食者，其子没于渊，得千金之珠[2]。其父谓其子曰：'取石来锻之[3]！夫千金之珠，必在九重之渊而骊龙颔下[4]。子能得珠者，必遭其睡也。使骊龙而寤，子尚奚微之有哉[5]！'今宋国之深，非直九重之渊也[6]；宋王之猛，非直骊龙也；子能得车者，必遭其睡也；使宋王而寤，子为齑粉夫[7]！"

【注释】

① 锡：赐。稺：骄。

② 纬：编，织。萧：芦荻。没（mò）：沉没，潜入水中。千金：价值千金。珠：珍珠。

③ 锻：锤破。

④ 重：层。骊龙：黑龙。颔：下巴。

⑤ 使：假使。

⑥ 宋国之深：宋国危机的深重。非直：不但，不止。

⑦ 齑粉：粉身碎骨。

【译文】

有个人拜见宋王，宋王恩赐他十辆车子。他用这十辆车子向庄子夸耀。

庄子说："河边有个家庭贫困的人，靠编织芦荻为生，他的儿子潜入深渊里，得到一枚价值千金的珍珠。他的父亲对儿子说：'拿石头来砸破它！这值千金的珍珠，一定在九重深渊骊龙的颔下，你能得到这颗珍珠，一定是遇到龙在睡觉。假使龙醒着，你还想活着回来吗！'现在宋国危机的深重，不止于九重的深渊；宋王的凶猛，不止于骊龙；你能得到车子，一定遇到他在睡觉。假使宋王一旦醒着，你就要粉身碎骨了！"

【品评】

庄子曰："今宋国之深，非直九重之渊也；子能得车者，必遭其睡也；使宋王而寤，子为整粉夫！"

庄子用这个故事告诉人们，不要为了名利而粉身碎骨。今天有很多贪官污吏明知到骊龙领下取珠、宋王身边取宝有天大的危险。但仍然甘愿冒险，窃取不义之财，以满足个人的贪欲。

【原文】

或聘于庄子。庄子应其使曰："子见夫牺牛乎[①]？衣以文绣，食以刍菽[②]，及其牵而入于大庙，虽欲为孤犊[③]，其可得乎！"

【注释】

① 牺牛：祭祀用的纯色牛。
② 衣：穿。食：喂养。刍：草。菽：大豆。
③ 大：通"太"。大庙：帝王的祖庙。孤犊：无人豢养的牛犊。

【译文】

楚国有人来聘请庄子。庄子回答使者说："你见过那准备用来祭祀的牛吗？披着纹彩锦绣，喂着饲草大豆，等到把它牵入太庙去，要想做只无人豢养的牛犊，怎能办得到呢！"

【原文】

庄子将死，弟子欲厚葬之。

庄子曰："吾以天地为棺椁，以日月为连璧[①]，星辰为珠玑，万物为赍送[2]。吾葬具岂不备邪[3]？何以加此！”

弟子曰：“吾恐乌鸢之食夫子也[4]。”

庄子曰：“在上为乌鸢食，在下为蝼蚁食，夺彼与此，何其偏也[5]！”

以不平平[6]，其平也不平；以不征征[7]，其征也不征。明者唯为之使，神者征之[8]。夫明之不胜神也久矣，而愚者恃其所见入于人[9]，其功外也[10]，不亦悲乎！

【注释】

① 连璧：两块并连起来的玉璧。

② 珠玑：珍珠。珠：圆的为珠。玑：珠不圆的为玑。赍（jī）：此指送葬品。

③ 备：齐备。

④ 吾：我们。恐：恐怕。乌：乌鸦。鸢（yuān）：老鹰。

⑤ 彼：指乌鸦和老鹰。此：指蝼蛄和蚂蚁。偏：偏心，私心。

⑥ 平：公平。

⑦ 征：征验，引申为可信。

⑧ 明：聪明。之：它，指天道。神：神人。

⑨ 不胜：不及。所见：偏见。入于人：溺于人事。

⑩ 功：功劳。

【译文】

庄子将要死时，弟子们打算为他厚葬。

庄子说：“我把天地当作棺椁，把太阳和月亮当作连璧，把星星当作珠宝，把万物当作陪葬品。我的丧葬用品难道还不齐备吗？还有什么比这更好的呢！”

弟子们说：“我们害怕乌鸦和老鹰吃掉你的身体。”

庄子说："天葬让乌鸦和老鹰吃，土葬让蝼蛄和蚂蚁吃，从乌鸦老鹰那里夺过来给蝼蛄蚂蚁，为什么这样偏心呢！"

用不公平的办法来达到公平，这种公平绝对不是自然的公平：用不能征验的东西来作征验，这种征验也不能算作征验。自以为聪明的人只会被别人役使，精神健全的人才能顺物自然的得到征验。自以为聪明的人早就比不上精神健全的人了，而愚蠢的人还依靠他的偏见陷入世俗之中，他的功利只在于追求身外之物，这不也很可悲吗！

【品评】

庄子曰："吾以天地为棺椁，以日月为连璧，星辰为珠玑，万物为赍送。吾葬具岂不备邪？何以加此！"

庄子为自己安排的葬礼真是惊世骇俗！

庄子对于死的认识是超越我们一般人的。他生时以天地万物、日月星辰为朋友，死后就是回归大自然。他一生无累，做逍遥自得的自己，所以对于死亡也是非常的超脱。一个人赤裸裸地来到世间，最后又赤裸裸地回去，生命就是一种时空的穿越吧。

说实在的，我们每个人都对死亡充满了恐惧，对生存充满了向往和感激。所以我们感激生命，对生命充满了无限的贪恋，尤其是活着时拼命聚敛财物的人们，对死亡更是充满了恐怖。所以才有那句"好死不如赖活着"的俗话。

多多地了解庄子，也许能让我们对于生命过程有一个更清晰的认识。

杂篇

天下

《天下》以篇首二字名篇。"天下"指中国的社会。《天下》的主旨既是《庄子》一书的导言，又是中国最早的哲学史学史。

本篇中，提出了学术问题有道术和方术之分。道术是普遍的学问，只有天人、圣人、神人、至人才能掌握它。学术则是具体的各家各派的学问，这种学问都是各执一词的片面的学问。庄子认为儒家主要是明传《诗》、《书》、《礼》、《易》、《春秋》的。庄子对墨家的非乐、节用、兼爱、节葬以及后期墨者的墨辩都作了充分的肯定和赞同。因为墨家的这些思想与庄子的轻物思想有一致之处。

本篇通过对各家思想成败得失的评点，表达了对混一的原初世界的向往和对现实世界的反思。

【原文】

天下之治方术者多矣[①]，皆以其有为不可加矣。古之所谓道术者[②]，果恶乎在？曰："无乎不在。"曰："神何由降？明何由出[③]？""圣有所生，王有所成，皆原于一。"

不离于宗，谓之天人[④]。不离于精，谓之神人。不离于真，谓之至人。以天为宗，以德为本，以道为门，兆于变化，谓之圣人[⑤]。以仁为恩，以义为理，以礼为行，以乐为和，薰然慈仁，谓之君子[⑥]。以法为分，以名为表，以参为验，以稽为决，其数一二三四是也，百官以此相齿[⑦]。以事为常，以衣食为主，蕃息畜藏[⑧]，老弱孤寡为意，皆有以养，民之理也[⑨]。

【注释】

① 方术：一方之术，即特殊的学问，道术的一部分。

② 道术：反映天道之术。

③ 神：指天，所以说降。明：指地，所以说出。神明：指天道、地道。圣王：指人道。

④ 不离：不分离为二。宗：道，指主宰而言。精：指道，指不杂而言。

⑤ 宗：主宰。本：本根。门：门指天门，途径，万物生死的出入门户。兆：征兆。

⑥ 恩：恩惠。理：分理。行：行为。乐：音乐。和：调和。薰然：温和慈爱的样子。君子：指辅佐圣王的贤者。

⑦ 分：名分。名：职称。表：标志。参：比较，检验。验：验证。稽：考查。决：断定。数：等次。齿：序列。

⑧ 事：指耕、织、工、商的职业。常：恒常，不变。蕃：繁殖。息：生息。畜：积蓄。藏：储藏。

⑨ 民之理：犹民之为道，即民之常情。

【译文】

天下研究方术的人很多，都以为自己的所得无以复加了。古时所谓的道术，究竟何在呢？回答说："无所不在。"若问："圣人从哪里诞生？明王从哪里产生？"回答说："圣人有他诞生的原因，明王由他成就的根由，都是源于大道。"

不背离大道的人，称做天人；不背离大道精髓的人，叫做神人。不背离大道的本真的人，叫做至人。以自然为主宰，以德性为根本，以大道为门径，能预见变化预兆的，叫做圣人。用仁爱施行恩惠，用义来分别事理，用礼教规范行为，用音乐来调和性情，表现温和而仁慈的叫做君子。依照法度确定职分，遵从名号确立标准，反复比较求得验证，凭借会计作出决策，就像一二三四那样分明，百官序列就是这样确定的。百姓以耕、织、工、商的职业为常务，把衣食作为关注的主要问题，用于繁衍生息，积蓄储藏，关注老弱孤寡的生活，让他们都有所养，这是民生的道理。

【品评】

以事为常，以衣食为主，蕃息畜藏，老弱孤寡为意，皆有以养，民之理也。

庄子以“道”为标准划分出天人、神人、至人、圣人、君子的不同，他们对“道”的体悟不同、境界不同。人们读庄子似乎只看到庄子逍遥自由追求理想世界的特点，但我们也看到庄子对百姓的关注，对穷困人的疾苦的深刻体验，这里我们看到庄子对民生的关爱。

【原文】

古之人其备乎！配神明，醇天地，育万物，和天下，泽及百姓，明于本数[①]，系于末度，六通四辟[②]，小大精粗，其运无乎不在[③]。其明而在数度者，旧法、世传之史尚多有之；其在于《诗》、《书》、《礼》、《乐》者，邹鲁之士、搢绅先生多能明之[④]。《诗》以道志，《书》以道事，《礼》以道行，《乐》以道和，《易》以道阴阳，《春秋》以道名分。其数散于天下而设于中国者[⑤]，百家之学时或称而道之。

天下大乱，贤圣不明，道德不一。天下多得一察焉以自好[⑥]。譬如耳目鼻口，皆有所明，不能相通。犹百家众技也，皆有所长，时有所用。虽然，不该不遍，一曲之士也[⑦]。判天地之美，析万物之理，察古人之全[⑧]。寡能备于天地之美，称神明之容[⑨]。是故内圣外王之道，暗而不明，郁而不发，天下之人各为其所欲焉以自为方[⑨]。悲夫！百家往而不反，必不合矣！后世之学者，不幸不见天地之纯，古人之大体，道术将为天下裂。

【注释】

① 配：匹配、合。神明：指神圣明王。醇：通“准”。明：表现。
② 末度：指法度为道的末节。六通四辟：指六合通达，四时通畅。
③ 小大精粗：指万物不论小大精粗。运：运行。其运：指帝道圣道运行而天所积。
④ 搢：笏。绅：长带。
⑤ 中国：指鲁齐卫宋的地区。
⑥ 大乱：指战国。贤圣：指孔子与其弟子。察：通际。一察：一端。自好（hào）：自我欣赏。
⑦ 该：通“赅”，完备。遍：普遍。一曲之士：看问题片面的人。
⑧ 判：分割。析：离析，割裂。理：常理。察：放散。
⑨ 内圣：将道藏于内心的是圣人。外王：将道显露于外的是王。郁：抑郁。

【译文】

古时的圣人是很完备的了，他们配合神圣明王，以天地为准则，养育万物，调和天下，恩泽施于百姓；不仅通晓道的根本，而且维系于法度的末节，六合通达，四时通畅，小大精粗，应时变化，无所不在。那些明显表现于制度的，旧时法规世代相传，史书中还记载很多。那些记载在《诗》、《书》、《礼》、《乐》的，邹鲁的士绅儒者先生们大多还能明白其中的道理。《诗经》是表达思想感情的，《书经》是记载政事的，《礼记》是讲述行为规范的，《乐记》是讲述陶冶情操的，《易经》是预测阴阳变化的，《春秋》是讲述名分尊卑与序列的。这些学问散布于天下而施行在中原，百家学说中时常称引和讲述。

战国天下大乱，贤圣的学说不能彰显于世，道德标准不能统一，天下的学者多是各以一己之见而自以为是。就像耳口鼻都有它的知觉功能，而不能相互交替通用；犹如百家众技一样，各有所长，适时方有所用。虽然如此，但不完备又不周遍物理的，只能是看问题片面的人。他们割裂了天地的完美，离析了万物的常理，放散古人完美的道德，很难具备天地的自然纯美，不能相称于神明的包容。所以内圣外王之道，幽暗而不光明，抑郁而不勃发，天下的人各自以自己想法为自己的方术。可悲啊！百家皆各尽迷途而不知返，也就不能合于大道了！后世的学者，不幸在于不能看到天地的纯美，不能看到古圣人的完美的道德风貌，古代的道术势必要为天下所割裂毁坏了。

【品评】

悲夫！百家往而不反，必不合矣！后世之学者，不幸不见天地之纯，古人之大体，道术将为天下裂。

天下的纯美，在今天，我们可以看见吗？几千年前的庄子的悲叹让我惊然耸动：在今天这个多元化的社会里，我们是不是失去了更多的淳朴和安恬？随着思想的混乱、道德的失衡、社会结构的改变，经济的快速增长，我们对于人性的观照是不是已经到了根本忽视的地步？人性的本真是不是早已经丧失殆尽？

今天我们要建设和谐社会。和谐始于内心。良好的心态、健全的人格，是人的身心健康的重要标志，也是社会和谐的基本条件。我们又如何通过自身的修养和完善，来提高我们的境界、情趣、品位，培育乐观、豁达、宽容的精神呢？

【原文】

不累于俗，不饰于物，不苟于人，不忮于众[①]，愿天下之安宁以活民命，人我之养毕足而止，以此白心[②]。古之道术有在于是者，宋钘、尹文闻其风而悦之。作为华山之冠以自表，接万物以别宥为始[③]；语心之容，命之曰心之行，以聏合欢，以调海内，请欲置之以为主[④]。见侮不辱，救民之斗，禁攻寝兵，救世之战。以此周行天下，上说下教[⑤]，虽天下不取，强聒而不舍者也[⑥]，故曰上下见厌而强见也。

虽然，其为人太多，其自为太少，曰："请欲固置[⑦]，五升之饭足矣。"先生恐不得饱，弟子虽饥，不忘天下，日夜不休，曰："我必得活哉！"图傲乎救世之士哉[⑧]！曰："君子不为苛察[⑨]，不以身假物。"以为无益于天下者，明之不如已也，以禁攻寝兵为外，以情欲寡浅为内。其小大精粗，其行适至是而止。

【注释】

① 累：牵累。饰：掩饰。不苟：不苟从。忮：违逆，刚愎。

② 安宁：没有战争。毕足：满足。白心：纯洁内心，指扫除欲念，抱虚守静，修养内心。

③ 华山之冠：像华山那样上下均平的帽子。别：指别而去之。宥：同囿、蔽。别宥：解蔽，丢掉成见。始：始端。

④ 语心之容：心之用能包容。聏（ér）：柔和。欢：欢心。

⑤ 上说下教：上指人主，统治者，下指百姓臣民。

⑥ 聒：喧扰。

⑦ 固：姑且。

⑧ 图傲：高大的样子。

⑨ 苛：不合理。

【译文】

不受世俗所牵累，不以外物来矫饰，不苟从别人，不违逆众情，希望天下安稳宁静以保全人民的性命，别人和自己的奉养都知足就够了，以这种观点来表白自己的纯洁内心。古时的道术，有属于这方面的。宋钘、尹文听到这种治学风气就喜欢它。制作上下均平像华山那样的帽子来提倡人类生活的平等，应接万物总是先清除成见；称道内心的包容，称作内心的行为，以柔和态度投合别人的欢心，用来调和海内，请求大家以此作为建立学说的指导思想。受欺侮不以为是耻辱，以解救人民的争斗；禁绝互相攻伐，停止战事用兵，平息社会战乱。本着这种意旨来周游天下，上劝君主下劝臣民，虽然天下的人并不接受，但是他们还要喋喋不休不肯舍弃自己的主张。所以说上下都受人嫌弃仍然不遗余力的反复陈述。

虽然这样，他们为别人做得太多，为自己打算得太少。他们说："我们只请求有五升米的饭就够了。"不仅宋尹先生不能吃饱，弟子们也常在饥饿中，但是他们仍然不忘天下人。他们日日夜夜不知道休止。他们说："我们大家必须得活命呀！"多么高大的救世的人啊！他们还说："君子不事事计较而苛求于人，也不会让自身受外物的役使。"他们认为对天下没有益处的，与其竭力阐明它还不如停止不做。他们把禁绝攻伐停止战争作为主要的活动，以抑制个人的情感与欲念作为内心的修养。他们学说的小大精粗，及其所述所行也就如此罢了。

【原文】

公而不当，易而无私[①]，决然无主，趣物而不两[②]，不顾于虑，不谋于知，于物无择[③]，与之俱往。古之道术有在于是者。彭蒙田骈慎到闻其风而悦之[4]，齐万物以为首，曰："天能覆之而不能载之，地能载之而不能覆之，大道能包之而不能辩之[5]。知万物皆有所可，有所不可，故曰选则不徧，教则不至，道则无遗者矣[6]。"

是故慎到弃知去己而缘不得已[7]，泠汰于物以为道理[8]，曰知不知，将薄知而后邻伤之者也[9]，謑髁无任而笑天下之尚贤也，纵脱无行而非天下之大圣[10]，椎拍輐断，与物宛转[11]；舍是与非，苟可以免，不师知虑，不知前后，魏然而已矣[12]。

【注释】

① 公：公正。当：同"党"，偏党。易：平易，平允。
② 决然：随和。无主：指没有自我偏见。趣物而不两：随物而趋没有二意。趣：通"趋"。
③ 不顾：指不顾于虑，不虑过去。不谋于知：不用智慧，即指不谋其将来。无择：无选择。
④ 彭蒙：齐人。田骈：齐人。慎到：赵人。说：通"悦"。
⑤ 覆：遮盖，掩盖。包：包容。辩：分辨。
⑥ 选：选择。徧：同"遍"，全。不至：不能达到，不能备至。无遗：无遗漏。
⑦ 去己：抛开自己成见。缘：因循，因顺。
⑧ 泠（ling）汰：听从自然，任其自然。
⑨ 知不知：把知当作无知。将：要。薄知：鄙薄知识。邻伤：毁伤。
⑩ 謑髁（xīkē）：儿戏，随便的样子。无任：无能力。尚贤：推选贤能。纵脱：放任。无行：不修德行。
⑪ 椎拍：推扑顺遂。物：指事。宛转：婉曲，相应变化。
⑫ 师：用，任凭。魏：通"巍"，独立不动。

【译文】

公正而不结党，平易而无偏私，随和而不存主见，随物变化而一视同仁；不瞻前顾后，对于事物无所选择，随顺事物的变化。古代道术有属于这方面的。彭蒙、田骈、慎到听到这种治学风气而喜好它。以齐同万物为首要，他们说："天能覆盖万物而不能承载万物，地能承载万物而不能覆盖万物，大道能包容万物而不能分辨万物。他们认识到万物都有可以认可的一面，也有可以否定的一面，所以说选择就不能遍及，教化就不能备至，顺着大道就不会有所遗漏了。"

所以慎到主张抛弃知识和主观成见，却因顺于不得已，任其自然，作为他的道理，说："明知不可知却不能顺应而急迫的力求知道，势必再次使自己受到伤害。"自身怠惰不正，无以为能而讥笑天下的尚贤，放任解脱不拘形迹，而非难天下的大圣；顺遂旋转无棱无角，顺从事物推移变化；舍弃心中是非之见，希求可以免于拖累。不用智巧谋虑，不瞻前顾后，巍然独立不动就是了。

【原文】

推而后行，曳而后往[①]，若飘风之还，若羽之旋，若磨石之隧，全而无非[②]，动静无过，未尝有罪。是何故[③]？夫无知之物，无建己之患，无用知之累[④]，动静不离于理，是以终身无誉[⑤]。故曰至于若无知之物而已，无用贤圣，夫块不失道[⑥]。豪桀相与笑之曰："慎到之道，非生人之行而至死人之理，适得怪焉[⑦]。"

田骈亦然，学于彭蒙，得不教焉。彭蒙之师曰："古之道人，至于莫之是莫之非而已矣[⑧]。其风窢然，恶可而言[⑨]？"常反人，不见观，而不免于魭断[⑩]。其所谓道非道，而所言之韪不免于非[11]。彭蒙田骈慎到不知道。虽然，概乎皆尝有闻者也[12]。

【注释】

① 曳：拖。
② 隧：转动，旋转。全：全面，整体。无非：无偏。全而无非：自全而入无非责。
③ 动静：运动静止。无过：没有过失。未尝有罪：不曾有什么罪责。是：这，此。
④ 知：知觉，知识。物：物件，东西。无建己之患：这是指去己的思想。
⑤ 理：指规律。无誉：任何罪都从誉生，无誉就无罪过。
⑥ 至：到达，达到。若：像。已：罢了。块：土块。道：规律。
⑦ 道：学说。生人：活人。行：施行。理：道理。适得：理当，应当。怪：责怪，批评。
⑧ 道人：得道的人。莫之是莫之非：无所谓是非。
⑨ 其：指古代有道人的教化。窢（huò）然：风迅速刮过的样子。恶（wū）：何。言：语言。
⑩ 反人：违反人意。不见观：不为人所欣赏。鲩（yuán）：琓的借字。
⑪ 其：代田骈、彭蒙等人。所谓道：所说的道术。道：天道。下句道同。韪：是。
⑫ 概：概略。尝：曾，曾经。

【译文】

推动而后前进，拖曳而后前往，像飘风的回旋，像羽毛的飘忽，像磨石的转动，保全自己而无非难，动静适度而无过失，这就不会有罪责。这是为什么呢？大凡没有智慧的东西，也就没有标榜自己的忧患；没有使用智巧的拖累，运动和静止是离不开规律的，因此要终身去掉毁誉。所以说："达到像没有智虑的东西那样罢了，无须圣人贤人，譬如土块都不失于大道。”豪杰们都讥笑他说：“慎到的学说，不是活人能施行的，却是死人的道理，理所当然地被人们认为是怪异的主张。”

田骈也是这样，求学于彭蒙，学得不言之教。彭蒙的老师说：“古代得道的人，达到不受是非所左右的境界罢了。好像风迅速刮过一样不留痕迹，哪还用得着说什么呢？”经常违反人的意愿，不为人欣赏，仍然不免于随物婉转。他们所宣扬的道并非是真正的道，而所肯定的东西也不免于错误。彭蒙、田骈、慎到并不真正知道大道。不过，他们还是知道一些道的概要的。

【原文】

以本为精，以物为粗，以有积为不足[①]，澹然独与神明居[②]，古之道术有在于是者。关尹老聃闻其风而悦之。建之以常无有，主之以太一，以濡弱谦下为表[③]，以空虚不毁万物为实。

关尹曰：“在己无居[④]，形物自著。其动若水，其静若镜，其应若响[⑤]。芴乎若亡[⑥]，寂乎若清，同焉者和，得焉者失。未尝先人而常随人。”

老聃曰：“知其雄，守其雌，为天下谿；知其白，守其辱，为天下谷[⑦]。”人皆取先，己独取后[⑧]，曰受天下之垢；人皆取实，己独取虚，无藏也故有余，岿然而有余。其行身也，徐而不费，无为也而笑巧[⑨]；人皆求福，己独曲全[⑩]，曰苟免于咎[⑪]。以深为根，以约为纪[⑫]，曰坚则毁矣，锐则挫矣[⑬]。常宽容于物，不削于人[⑭]，可谓至极。

关尹老聃乎！古之博大真人哉！

【注释】

① 本：指德。有积：物有积。不足：天无积。

② 澹（dàn）然：无心的样子。独：即指道。神明：造化灵明。居：共居，共处。

③ 常无有：指常无，常有。太一：指道。濡弱：柔弱。

④ 在己无居：自己不存私意。

⑤ 静若镜：清静如镜。应：回应。响：反响。

⑥ 芴：同"惚"。亡：音读无。

⑦ 雄：雄性。雌：雌性。谿：沟壑。白：清白，引申为光彩。

⑧ 取先：争先。取后：落后。

⑨ 徐：安舒，舒缓。巧：技巧，机巧。

⑩ 曲全：委曲求全。

⑪ 苟免：姑且免于。

⑫ 深：指深藏。约：指隐约。

⑬ 坚：坚硬。锐：锐利。

⑭ 削：侵削。

【译文】

把天德看作精要，把具体的物视作粗杂，把储积看作不足，心境恬淡闲适单独与神明共处一体，古代道术确实有属于这方面的内容。关尹、老聃听到这种治学风气就喜好。他们树立常有常无的观点，归本于最高的"太一"，以柔弱谦下为表现，以空虚宁寂、不毁弃万物作为实质。

关尹说："内心世界不囿于成见，有形的物体让其自行显露。其运动像流水一样，其静止时像明镜，其反应像回声。恍恍惚惚像一无所有，寂静就像清静宁虚。混同于万物必能和谐顺达，驰逐外物而有所得就必有所失。从未曾争在人先，而经常顺随人后。"

老聃说："认识雄性之强，却坚守雌性的柔弱的一面，所以成就天下的沟壑；认识光彩，持守暗昧，所以成为天下的山谷。”别人都争先，自己独居后，叫做‘甘受天下的垢辱’。别人都求实际，独有自己求空虚，没有储藏因而就是有余；是那么高大独立而充实。他们立身行事，从容舒缓而不浪费精神，无所作为而又讥笑机巧；别人祈求福佑，自己偏偏委曲求全，说是苟且免于祸害。以怀藏深邃奥妙的道为根本，以要约为纲纪，说“坚硬的容易毁坏，锐利的容易挫折”。经常宽容对待事物，不损害别人，可以说达到最高境界了。

关尹、老聃啊！真是自古以来最为博大的真人啊！

【原文】

芴漠无形[1]，变化无常，死与生与，天地并与，神明往与！芒乎何之[2]，忽乎何适，万物毕罗，莫足以归[3]，古之道术有在于是者。庄周闻其风而悦之。以谬悠之说，荒唐之言[4]，无端崖之辞，时恣纵而不傥，不以觭见之也[5]。以天下为沉浊，不可与庄语，以卮言为曼衍[6]，以重言为真，以寓言为广。独与天地精神往来而不敖倪于万物[7]，不谴是非，以与世俗处。

其书虽瑰玮而连犿无伤也[8]。其辞虽参差而諔诡可观[9]。彼其充实不可以已，上与造物者游，而下与外死生无终始者为友[10]。其于本也，弘大而辟，深闳而肆[11]，其于宗也，可谓稠适而上遂矣[12]。虽然，其应于化而解于物也[13]，其理不竭，其来不蜕[14]，芒乎昧乎，未之尽者[15]。

【注释】

① 芴（wù）漠：恍惚茫昧。芴：同“惚”。

② 芒：通“茫”。

③ 适：往。万物毕罗：万物与我为一。罗：排列，罗列。归：归宿。

④ 谬悠：迂远不可捉摸。谬：虚。荒唐：虚诞，夸大。

⑤ 无端崖：无头绪，无边际。恣纵：无拘碍，恣意发挥。傥：片面。不以觭（jī）见：不偏不倚。

⑥ 沉浊：深沉污浊。庄语：庄重的言论。曼衍：委曲遂顺，不拘常规。

⑦ 敖倪：犹傲睨，指轻视。

⑧ 瑰玮：奇伟，不平凡。连犿（fān）：随和。

⑨ 参差：长短、高低、大小不齐。諔（chù）诡：奇异，变幻。

⑩ 造物者：指自然。外：超脱。

⑪ 本：指道。深闳：深邃。肆：显露。

⑫ 稠适：相吻合。稠：本字为调。上遂：上达。

⑬ 应：反应。

⑭ 不蜕：不脱离。

⑮ 芒：通茫。昧：暗昧。未之尽：言未尽其道。

【译文】

空寂广漠没有形迹，变化万千而没有常规，死亡啊出生啊，都与天地同体并存，与神明一起变化往来！茫茫昧昧不知到哪里去，惚惚恍恍从哪里来，万物包罗在内，不知哪里是归宿，古代的道术有属于这方面的内容。庄周听到这种治学风气就很喜好它。以虚空悠远的说教，以广大不可测度的言论，以及茫无头绪、漫无边际的言辞，时常恣意发挥而不囿于成说，从不标新立异显示自己的观点。庄周以为天下是深沉污浊的，不能用庄重的语言与他们交谈，而是以无心的言论委曲随顺，以为人所重视的言论使人信以为真，运用寓言来广泛地阐述道理，唯独与天地精神往来，而不傲视万物，不谴责谁是谁非，以此和世俗相处。

他的书虽然奇特却婉转随和无有伤害。书中的言辞虽然参差奇异变幻妙趣横生引人入胜。他的内心充实而行文不能自已，上与造物者同游，而下与超脱死生无终始分别的人做朋友。他对道的阐述既宏大而又通达，既深远而又广阔；他以天为宗，其精神境界可以说和谐切适而上达最高点。虽然如此， 在顺应事物的变化和解释事物的实情时，所阐述的道理是那么的无穷无尽，来处连绵不断，恍惚芒昧深邃悠长，没有尽头。

【品评】

芴漠无形，变化无常，死与生与，天地并与，神明往与！芒乎何之，忽乎何适，万物毕罗，莫足以归，古之道术有在于是者。庄周闻其风而悦之。以谬悠之说，荒唐之言，无端崖之辞，时恣纵而不傥，不以觭见之也。以天下为沉浊，不可与庄语，以卮言为曼衍，以重言为真，以寓言为广。独与天地精神往来而不敖倪于万物，不谴是非，以与世俗处。

这是庄子对自己学说的评价。由此可以了解庄子学说的精神实质。人的生死聚散皆是自然而然，与天地同体，与自然一齐变化往来。自然万物不知从何而来，不知向往何处。对于这些无形迹、变化无常的状态，用常用的言辞是无法给予描述的，也是不能述说的。所以，“以谬悠之说，荒唐之言，无端崖之辞，时恣纵而不傥，不以觭见之也。”这样就可以与天地浑然一体，不谴是非，混迹于世俗社会。从当时的社会状况来看，庄子的处世方式也许是最好的，可以保全自己的生命。

参考书目

1.《庄子集注》《新编诸子集成》，郭庆藩撰、王孝鱼点校，中华书局，2006 年 1 月；

2.《庄子集解、庄子集解内篇补证》(《新编诸子集成》)，[清] 王先谦撰、刘武撰，中华书局 2006 年 1 月；

3.《庄子校诠》(上、下)，王叔岷撰，中华书局，2007 年 7 月；

4.《庄子解》，王夫子撰，中华书局，1964 年；

5.《读庄子法》，《丛书集成续编》，第 76 册；

6.《庄子正义》，马叙伦，商务印书馆，1930 年；

7.《庄子补正》，刘文典，云南人民出版社，1980 年；

8.《庄子内篇新解》，王孝鱼，岳麓书社，1983 年；

9.《庄子学案》，郎擎霄，商务印书馆，1924 年；

10.《庄子哲学》，蒋锡昌，商务印书馆，1935 年；

11.《庄子研究》，叶国庆，商务印书馆，1936 年；

12.《庄子新探》，张恒寿，湖北人民出版社，1983 年；

13.《庄学研究》，崔大华，人民出版社，1992 年；

14.《庄子哲学及其演变》，刘笑敢，中国社会科学出版社，1988 年；

15.《庄子今译今注》，陈鼓应注释，商务印书馆出版 2007 年 7 月；

16.《解读庄子》，傅佩荣著，上海三联书店 2007 年 7 月；

17.《庄子译注》，杨柳桥撰，上海古籍出版社，2006 年 11 月；

18.《庄子浅注》，曹础基著，中华书局，2007 年 3 月第 3 版；

19.《庄子》，孙通海译，中华书局 2007 年 3 月；

20.《庄子探骊》，周乾溁译注，天津古籍出版社，2004 年 2 月；

21.《庄子选译》，温梦译注，光明日报出版社，2007 年 9 月；

22.《庄子》，陈业新评析，崇文书局，2004 年 1 月；

23.《庄子选译》，杨义主编，陆永品选注、译评，岳麓书社，2006 年 5 月；

24.《〈庄子〉心得》，于丹著，中国民主法制出版社，2007 年 2 月；

25.《庄子哲学新探——道、言、自由与美》，徐克谦著，中华书局，2005 年 8 月；

26.《庄子心读》，王明强著， 经济日报出版社 2007 年 5 月；

27.《老子注译及评价》，陈鼓应著，中华书局，1985 年 6 月；

28.《庄子与中国文化》，李锦全、曹智频著，《大思想家与中国文化丛书》，李宗桂主编，贵州人民出版社，2001 年 10 月；

29.《伟大传统：道家二十讲》梁启超、胡朴安等著，黄河选编，华夏出版社，2008 年 1 月。

后记

受张加才教授的邀约，参加了《中国古典哲学名著品评丛书》的编写，承担《乘物游心:〈庄子〉》一书的编撰工作。虽然对《庄子》一直非常喜欢，也有研究，但对整部《庄子》进行注译和点评仍感到重重的压力。历代注释、解读《庄子》的著作汗牛充栋，其中多有名家泰斗。今天也有众多学者关于研究《庄子》的著作问世，阅读他们的著作使我们受益良多，从中不仅读到诸位学者的精辟见解，也感受到其中的人生经验和个人情感的流露。从这里我们也得到若干启示，在解读《庄子》的时候，每个人除了对《庄子》文本的正确解读之外，还融进了每个人不同的生活经历以及对社会人生的不同理解。我们希望这些思想成果能成为我们研究的起点和基础。我们在阅读《庄子》的时候也常常感悟到其中的人生哲理。这种感悟是独特的，是与自己的生活经历和人生态度密不可分的，是我们自己视野中的《庄子》。从这个意义上说，我们解读的《庄子》体现了自己的个性，倾注了自己的情感，凝聚了自己的生活经验，因此，是不同于别人的《庄子》，也许这就是出版社为什么在已经出版了很多有关经典解读的著作之后还要出版这套《中国哲学名著品评丛书》的原因。她可以丰富人生的经历，可以从中读出不同的人生。

《庄子》是一部永远都不能完全读透的书，每一遍阅读都会有新的体验和收获。在人的不同年龄阶段阅读《庄子》其体验也是不一样的。黑格尔说过，从一个老人和一个年青人口中说出的宗教的意义是不一样的，因为老人说出的宗教，包含着他全部的经验和人生经历。当我们随着年龄的增长，才能更深刻地理解《庄子》那些人生箴言和生活哲理。

《庄子》是一部永远激发人不断思考和反省的书。《庄子》用自己独特的语言表达了想要说的和不能说的。每一遍阅读都会激发你不停地思考，每一个思考都会引导你走向更深刻的思考。《庄子》说"礼为乱之首"，当我们注解这句话时，首先会认为这是针对儒家重"礼"的批评，是意气用事，是为批评而批评；再作思考会觉得"礼为乱之首"是讲"礼"乱了人心，引发了混乱；再作思考，会理解"礼为乱之首"的深刻的意涵，因为有了"礼"，才会有违反"礼"之说，有了违反"礼"的行为才有按照"礼"的标准评判的"乱"；再作思考，才体会出更为深刻的意义，没有"礼"的时代是一个原始朴素美好的时代，是一个令人向往的时代，有了"礼"，就意味着"乱"的开始，"礼"是祸乱的总根源，是祸首，所以"礼为乱之首"。《庄子》中有很多很多引人入胜的命题，有很多很深刻很深刻的哲理，她总能给人无限的思考空间。

随着《庄子》的阅读，我们有越来越多的思考，有越来越多的体验，有越来越多的启发。为了编写这本《乘物游心：〈庄子〉》，我们不断地阅读，每一次阅读都会带来新的发现，希望读者能和我们的这本书一起阅读，共同体味其中的生活道理。我们相信都会有发现，在发现中体验人生的价值，在体验中快乐我们的人生。这样我们这本书就获得了应有的价值。

当我们从深深的思考回到现实时，我们的心会变得更加平静。

编写这本书使我们重游了一次历史，饱览了中华文化的辉煌和智慧。

当我们为本书划上最后一个句号时，紧张的心情才略为缓解，才感到有一种完成任务的轻松。此时，会很自然地想起张加才教授，感谢他为我们提供进一步学习研究《庄子》的机会，感谢他为组织这套丛书所付出的劳动，更要感谢中国民主法制出版社同仁给予的大力支持和帮助。

在撰写中，我们虽然力求准确理解文典上，但是由于《庄子》一书博大精深和我们的水平所限，错漏之处在所难免，恳求读者批评指正。

李道湘

2009 年 8 月